安泰经管学院
ANTAI COLLEGE
Economics·Management

百年安泰

上海交通大学安泰经济与管理学院

1918—2018

主　编　余明阳

副主编　汤石章　何怡婷

上海交通大学出版社
SHANGHAI JIAO TONG UNIVERSITY PRESS

内容提要

本书介绍了上海交通大学安泰经济与管理学院自 1918 年至 2018 年的百年发展历程：1918 年学校设立铁路管理科，1931 年交通大学管理学院成立，1951 年全国院系大调整时期被调往各方，1979 年上海交通大学恢复建立工业管理工程系，1984 年恢复建立上海交通大学管理学院，1996 年接受安泰国际冠名资助，于 2000 年改名安泰管理学院，2006 年将经济学科吸纳进大商学板块，将学院定名安泰经济与管理学院，踏上全力建设国际一流商学院之路。

本书主要针对历史研究者、交大师生和校友，以及对交大安泰发展过程感兴趣的读者。书中将前人的成果和过往的历史进行梳理，是对成果卓著的学者们的纪念，也期望能够成为学院未来发展的重要精神动力。

图书在版编目（C I P）数据

百年安泰：上海交通大学安泰经济与管理学院：1918－2018 /
余明阳主编. —上海：上海交通大学出版社，2018
ISBN 978－7－313－19452－7

Ⅰ.①百…　Ⅱ.①余…　Ⅲ.①上海交通大学安泰经济与管理
学院-校史-1918－2018　Ⅳ.①G649.285.1

中国版本图书馆 CIP 数据核字（2018）第 093815 号

百年安泰
——上海交通大学安泰经济与管理学院 1918－2018

主　　编：余明阳
出版发行：上海交通大学出版社　　　　　　地　　址：上海市番禺路 951 号
邮政编码：200030　　　　　　　　　　　　电　　话：021－64071208
出版人：谈　毅
印　　刷：上海万卷印刷股份有限公司　　　经　　销：全国新华书店
开　　本：787mm×1092mm　1/16　　　　印　　张：20.5
字　　数：446 千字
版　　次：2018 年 6 月第 1 版　　　　　　　印　　次：2018 年 6 月第 1 次印刷
书　　号：ISBN 978－7－313－19452－7/G
定　　价：98.00 元

序

在交大管理学科建立百年之际，收到《百年安泰》即将付梓出版的书稿，颇感欣喜。学院邀我作序，我想也是应尽之责。

跨越三个世纪的交大，因图强而生，因改革而兴，因人才而盛。可以说，交大的历史是一部始终和国家命运紧密相连的发展史，也是一部与民族振兴交相辉映的创业史。而交大经管学科的变革发展交织其中，是波澜壮阔的历史画卷中不可或缺的重要华章。

交通大学的前身南洋公学创办伊始，盛宣怀等先贤就在人才培养方面进行了勇立时代潮头的探索。其中创校之初就设立的政治班、商务学堂和商务专科，成为交大经济与管理学科发展之滥觞。1918年，在时任校长唐文治先生的大力推动之下，交通大学成立铁路管理专科，标志着交大管理学科的正式建立，同时在全国高校中首开工程教育和管理相结合的专业发展道路。这是我国近代高等教育史上的一个创举，也是交大发展历程中的重要一页。此后的几十年时间里，交大的管理学科历经院系调整、重建与恢复，在风雨之中茁壮成长，虽曾涉历艰辛但始终初心不改，为国家和民族培养出了包括丁关根、董寅初、沈秦廷等在内的一批又一批优秀管理人才。

1978年初，在改革开放的春风下，学校决定重建管理学科，次年成立工业管理系。1984年，上海交大恢复建立管理学院。6年，正式冠名为上海交大安泰经济与管理学院，标志着"以管理支持经济、以经济滋养管理"的学科发展思路进一步明确。30多年过去了，安泰经济与管理学院锐意改革、勇于创新，逐步建成一所国际知名、国内领先的经管学院，成为交大的一张亮丽名片。在《金融时报》发布的2017亚太商学院排行榜中，安泰经济与管理学院排名亚太第一。这是对学院办学成效的肯定,也是交大经管学科国际影响力日益彰显的有力体现。

在安泰经济与管理学院蓬勃发展的同时,上海交通大学旗下的中欧工商管理学院和上海高级金融学院亦应运而生、成长壮大,与安泰经管学院交相辉映,共同提升了交大经济与管理学科的整体水平和国际声誉并在人才培养上取得了令人可喜的成绩。在学校建设中国特色世界一流大学的征程上,经济与管理学科的先发优势业已形成,并对人文社会科学的整体发展发挥着积极的引领作用。

铭记来时的道路,才能更好地走向未来。为了纪念交大管理学科的百年发展历程,安泰经济与管理学院组织编撰了这本《百年安泰》,对学院和学科的发展进行了详尽总结和系统梳理。墨香四溢之余,饱含着深情与温度,不失为校史院史研究中的一笔宝贵财富。

岁月不居,春秋代序。在如今古朴厚重、绿树成荫的徐汇校区,历经百年的风云荡涤,安泰经济与管理学院再展新颜,交大经管人正孜孜以求地学习研究,齐心协力地向着更高远的目标上下求索。蓝图已绘就,奋进正当时。党的十九大对高等教育提出了新的要求和期待,对加快完善社会主义市场经济体制也提出了新的任务和课题。面向新时代、开启新征程,交大经管人负有义不容辞的历史使命和时代责任。

继往开来,扬帆再出发。我希望《百年安泰》的出版,能够鼓舞全体安泰经管学院师生传承并发扬百年的优良传统,敢为人先、自强不息、团结拼搏,努力开创下一个百年的辉煌,也希望共同肩负交大社会科学发展重任的安泰经济与管理学院、中欧工商管理学院、上海高级金融学院等能够各展所长、互通共进,协力打造上海交通大学经济与管理学科发展的新高峰,为学校早日建成世界一流大学作出更大贡献!

是以为序。

上海交通大学党委书记

2018 年 5 月

目　录

第一章
初创时期的管理学科
（1896—1936）

一、南洋公学

（一）南洋公学创建背景

1840年，中国遭遇数千年未遇之巨变。以英国为首的西方列强先后发动两次鸦片战争，用坚船利炮轰开了天朝上国的"金锁铜关"，强迫清政府签订了一系列不平等条约，大量输入鸦片和商品，对中国进行经济掠夺和政治压迫，中国开始沦为半殖民地半封建社会。1894年，日本发动甲午战争，清政府惨败，中日签署《马关条约》，中国的民族危机急剧加深。

伴随着列强的入侵，我国的部分士大夫在强烈的冲击之中，接触和了解了西方的先进技术与近代工业文明。反观我国相对落后的军事技术、社会经济和文化教育，无论在朝在野、是官是民，人人都痛彻反思，不同程度地要求学习西方，变革内政，以抵御外侮，挽救危亡。

鸦片战争后，"师夷长技以制夷"的思想揭开了我国早期近代化运动的序幕。19世纪60年代起，洋务运动倡导"自强求富"，积极兴办军事工业和民用企业，开启了中国近代工业化的进程。然洋务派专注于技术层面的引进，并未在政治、经济、文化教育等方面进行全面改革。甲午战争后康有为等发动"公车上书"，提出变法主张，掀起维新运动。中国自此真正开始大规模、全方位地输入西方教育。

盛宣怀于1896年创设南洋公学，是晚清社会大变局之下我国近代教育萌芽、演进的结果，它顺应了鸦片战争以来我国传统教育向近代教育转型的总体发展趋势，更是甲午战争之后，在民族危机空前严重的局势下，部分先进的中国人要求全面深入学习西方的产物。

盛宣怀

盛宣怀(1844—1916),字杏荪、幼勖,号次沂、补楼,别号愚斋,晚号止叟。江苏武进人。中国近代第一代实业家,清末重臣。1866年中秀才。1870年入李鸿章幕府。历任招商局会办、电报局总办、津海关道、铁路总公司督办、太常寺少卿、大理寺少卿、办理商务税事大臣、工部左侍郎、邮传部右侍郎、邮传部尚书等职。参与创办中国第一个洋务民用企业——轮船招商局,主持创办湖北煤铁开采总局、电报局、纺织等工业企业,创办了中国第一家银行——中国通商银行和中国第一所大学——天津北洋大学堂。1896年创办南洋公学,1896—1905年任南洋公学督办。1916年4月27日病逝于上海。

盛宣怀于1870年成为李鸿章幕僚,以办事干练得到器重。在创办和经营洋务企业的过程中,盛宣怀切身感受到新兴企业严重缺乏技术与管理人员,开始兴办电报学堂、驾驶学堂等一些新式实业教育,以培养洋务事业急需的人才。随着时间的推移和实践经验的累积,盛宣怀认为教育要走在洋务实业的前面,务必系统地学习基础理论知识和专业技术本领,使培养出的人才不仅可以掌握高深的技术知识,而且能够从事创造性工作,于是积极筹划建立正规大学堂。

1895年秋,时任天津海关道的盛宣怀在天津创办了中国近代第一所正规大学堂——北洋西学学堂(次年更名为北洋大学堂),同时筹划在上海创设时中书院(即南洋公学)。

上海,简称沪、申,地处长江三角洲前缘,位于南北海岸线的中心,襟江带海,是我国天然的海运、水运港口,有着得天独厚的地理人文环境。便利的交通带来繁荣的经济,促进了文化教育的发展。鸦片战争以后,上海成为最早开埠的通商口岸之一,工商各业得到迅速的发展,到19世纪末,已成为全国最大的经济中心,集中了我国最多的民族工商企业和外国在华资本企业。近代工商业的发展迫切需要新式人才,上海率先迈开了近代教育转型的步伐,一批外国教会办、中国官办或私立的新式学堂开始涌现。

1896年春,太常寺少卿盛宣怀呈秉两江总督刘坤一,拟在上海捐购基地筹款开办新式学堂。当年,刑部左侍郎李端棻上奏《推广学校》一折,建议自京师至各省府州县皆设学堂,盛宣怀深以为然。8月,因筹设学堂地处南洋(当时称江、浙、闽、广等地为南洋),盛宣怀参考西方学堂经费"半由商民所捐,半由官助者为公学",将学堂定名为"南洋公学"。

10月31日起,盛宣怀连续向清廷呈递《条陈自强大计折》《请设学堂片》《筹建南洋公学及达成馆片》等奏折,陈述"育才之要,西国人才之盛皆出于学堂",奏请本"中学为体、西学为用"之旨设立大学堂,并呈明由他督办的招商、电报两局内每年集捐归银10万两,以官督商捐形式来筹办南洋公学。

《条陈自强大计折》要点为:①论述育才之要,"西国人才之盛,皆出于学堂,然考其所为,学堂之等,入学之年,课程之序,与夫农工商兵之莫不有学,往往与曲台之礼,周官之书,左氏公羊之传,管墨诸子之说相符";②认为应采纳刑部侍郎李端棻推广学校一折,广设学堂,"窃谓各府州县,骤难遍设学堂,宜令各省先设省学堂一所,教以天算、舆地、格致、制造、汽机、矿冶诸学,而以法律、政治、商税为要";③拟建南洋公学和达成馆。"臣上年在津海关道任内,筹款设立学堂,招选生徒,延订华洋教习,分教天算、舆地、格致、制造、汽机、化矿诸学,禀经直隶督臣王文韶奏明开办。本年春间,又在上海捐购基地,禀明两江督臣刘坤一,筹款议建南洋公学,如津学之制而损益之……在京师及上海两处,各设一达成馆,取成材之士,专学英法语言文字,专课法律、公法、政治、通商之学,期以三年,均有门径,已通大要,请命出使大臣奏调随员,悉取于两馆。俟至外洋,俾就学于名师,就试于大学,历练三年,归国之后,内而总署章京,外而各口关道使署参赞,皆非是不得与,资望既著,即出使大臣、总署大臣之选也";④其入馆之法是:"两馆各以三四十名为额,京官取翰林编检六部司员,外官取候补候选州县以上道府以下,令京官四品以上,外官三品以上,各举所知,出具切实考语保送,特简专司学政大臣考取,分发上海、京师两馆";⑤办学经费。"常年经费,延请洋教习及馆舍膏奖书籍食用各项,每年两馆约需银十万两,请由臣在所管招商轮船、电报两局内捐集解济,以伸报效";⑥设馆之地。"京师由专司学政大臣酌定,上海附于南洋公学"。

12月,光绪皇帝准奏批示,"育才为当今急务""准设立大学堂",并委任盛宣怀为学校督办。南洋公学于此正式创立。

南洋公学校门

1897年4月8日,南洋公学师范院于徐家汇通合丝厂厂房临时校址内开学,督办盛宣怀聘何嗣焜为总理(即校长),南洋公学正式开办。11月,公学仿日本师范学堂附设小学之例,开办外院,分作大中小三班令师范生分班教授。次年4月,开办中院,定修业年限4年。夏,于徐家汇北面购地近百亩(现徐家汇校址),开始动工修建中院大楼、上院大楼,及教职员住宅等校舍。1899年夏,中院大楼建成,南洋公学全部师生迁入其中。冬,外院学生大部分升入中院,外院停办。1900年春,上院大楼落成,师范生迁入该楼。自此,南洋公学规模初具。

何嗣焜

何嗣焜(1843—1901),字眉孙(梅生),江苏武进人。少有文才。1871年成为直隶总督江苏巡抚张树声的幕僚,先后任广西知县、天津直隶州补用,三品衔。1896年底—1901年春,任南洋公学首任总理(即校长)。

(二)探索培养商务人才

南洋公学初期的设学目标,主要为培养经世致用的高端人才,特别是培养革新危局的政治家。1898年制定的《南洋公学章程》首章"设学宗旨"中,开宗明义地指出:"其在公学始终卒业者,则以专学政治家之学为断。"① 南洋公学上院便是实施"专学政治家之学"的最高教学形式。

开办高等教育层次的上院,培养理财、外交、法政高级人才,是公学设学的最高宗旨。为此,公学在早期课程设计中安排了不少商业、经济类课程,从1896年开办至1905年划归商部管辖前,南洋公学对商务、经济人才的培养进行了多种探索。

1. 经济特科班

早在《条陈自强大计折》中,盛宣怀就已提出要设学堂教授"商税""通商之学"。1901年9月,因中院首届毕业生人数仅6人,又因经费不足,公学暂缓开办上院。恰逢清政府筹备开设经济特科,公学于是为中院首届毕业生开设经济特科班(特班),以为开办上院做准备。

时任公学总理张元济精心筹备特班,前后两次考选黄炎培、邵力子、李叔同等40余名学生,聘蔡元培为特班总教习,专教中西政治、文学、法律、道德诸学,以储经济特科人才。盛宣怀强调"南洋公学添设特班,系为应经济特科之选,以储国家栋梁之材"。② 12日,亦即开学前一天,盛宣怀照会公学总理、提调、教习、特班生,重申特班的办学宗旨,声称自己"期望特班极为郑重,断非寻常可比",要求公学总理及教员严切传谕诸生"格外自重,爱惜声誉,砥砺名节,以副朝廷作育人才之意","不得稍有逾越,贻笑外人"。③ 可见,盛宣怀为特班的成立呕心沥血,对特班的未来期望甚高。

艺术家、教育家李叔同　　　民主革命家、教育家黄炎培　　　政治家邵力子

---

① 《南洋公学章程》(光绪二十四年四月二十四日,1898年6月12日)。《愚斋存稿》第2卷,第19页。
② 盛宣怀:《南洋公学添设特班是应经济特科之选》(光绪二十七年七月卅日,1901年9月12日)。上交档:1s3—001。
③ 盛宣怀:《南洋公学添设特班是应经济特科之选》(光绪二十七年七月卅日,1901年9月12日)。上交档:1s3—001。

特班的课程分为中文（包括译本）、西文两大类，"以西学功课为重"，并处于不断修订的状态，根据 1902 年 10 月 3 日公学总办汪凤藻呈送给盛宣怀的特班学年大考成绩表显示，经济特科班开设的课程有：文词、算学、英文、日文、专研科（分哲学、外交学、法律学、政治学、理财学、行政学、文学、教育 9 个门类）等。

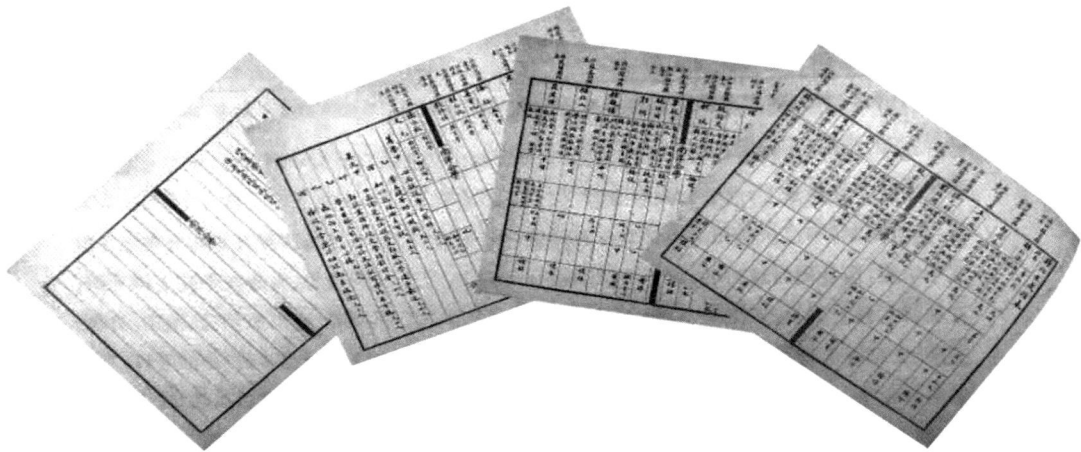

1902 年，南洋公学向盛宣怀呈报特班学年大考成绩表

1902 年 4 月，清政府政务处通知各省，将于年底举行特科考试，要求保荐人才，腊月前齐集京师以备考试。公学呈送特班年考成绩表及经盛宣怀亲自鉴核过的"前十名日记、课作"，均对特班生抱有极高的期待。然而事情出乎预料，11 月爆发的"墨水瓶事件"[①]打碎了盛宣怀对于特班的期待。倾向于民主思想的特班学生不顾盛宣怀派员劝导，抛弃功名仕途，大部分退出公学，参加了蔡元培后来主持的爱国学社。事件后，特班"未散者三人，续到者三人"[②]，仅剩 6 人，已无法重新开课。1903 年春公学开学时，总办刘树屏正式裁撤特班。

2. 政治班

1902 年 7 月，中院第二届学生包光镛等 10 人毕业。9 月，公学总办汪凤藻奉盛宣怀之命特开政治班，以实现早日办成上院的夙愿。当年中院毕业生全部升入政治班肄业，他们是包光镛、张景尧、朱公钊、林嘉驹、张世揆、周帱、侯士绾、张逢辰、王继曾、胡敦复（时名胡炳生）。

政治班课程有宪法、国际公法、行政纲要、政治学、经济学、货币、赋税、审计、统计、国际条约等。[③] 政治班相当于大学预科程度，盛宣怀在 1902 年 10 月上奏中提及该班时称："上院则以现在生徒卒业者，除已派出洋外，所留无多，先设政治专班为预科，俟随后考升，再行定

---

① 墨水瓶事件：1902 年 11 月 5 日，公学中院五班上课时，文科教习郭镇瀛发现教师座上有一只洗净的墨水瓶，认为这是学生有意捉弄他，便严肃追查。以致校方开除一无辜学生，引起五班学生的反对。经与校长申辩力争无效，全班学生决定集体退学以示抗议。临行前，他们至各班级告别说明，表示反对这种专制压迫。校长汪凤藻随后宣布开除五班全体学生，引起全校学生公愤，一致罢课抗议。抗议无效，全校 200 余名学生遂决定全体退学。特班主任蔡元培出面调解无效亦愤然辞职。后经师长复动员，部分学生返校，退学者仍有 145 人。经中国教育会帮助，蔡元培于 11 月成立了"爱国学社"，使退学学生得以继续学习。这是我国学运史上首次大规模反封建反专制的学生运动。
② 《南洋公学收支总册》（1897—1903）。西交档：2278。
③ 杨耀文：《本校四十年之重要变迁》。《交通大学四十周年纪念刊》（1936），第 33 页。

期开班。"①可见,公学仍以审慎态度,考虑到上院生源不足,办理上院不能一蹴而就,咎先设立预科,等学生预科肄业后再行升入上院,届时上院大学部遂能告成。

不过数月之后,11 月公学"墨水瓶"事件爆发,政治班散学。后经多方劝导,部分离校的政治班学生陆续返校,至 1903 年 4 月,政治班学生仅有侯士绾、张景尧、周帱、张逢辰、包光镛等 5 人。夏,政治班学生或预定出洋留学,或预定留校添教,因此 1903 年 9 月开学时,政治班实际已经停办。

3. 争办高等商务学堂

创办商务学堂是盛宣怀多年的梦想。早在 1899 年盛宣怀所上的一份奏折中,就提到要办一所商务学堂,"应准其自己集资开设商务学堂,专教商家子弟,以信义为体,以核算为用,讲求理财之道。数年后商务人才辈出,则税务司、银行、铁路、矿务皆不患无管算之人矣"。②

1901 年 1 月 5 日,盛宣怀任会办商务大臣,驻节上海,协助商务大臣李鸿章在办理"商务"的名义下,就《辛丑条约》签订后的某些具体条款,如商税、商务、内河航运等与英美等列强进行谈判。在与各国专使谈判商约时,他发现"各国使臣不恃恃其国势强词夺理,并系商学出身,细针密缕,每议一事,无不曲折详尽"。而自己随同李鸿章办理洋务商务 30 年,却感到"仅稍知其事理所当然,而于泰西商学商律,何能识其窾要,惟有勉竭愚诚,力图补救"。③

盛宣怀深知商务的重要,为培养商务人才,曾拟于公学内建设商务学堂。1901 年 8 月,监院福开森④回国省亲,盛宣怀令其顺道考查欧美各国商务学堂章程,为公学设立高等商科作参考。同时又委托驻欧美各国使臣代购商学、商律书籍。如驻英大臣罗丰禄曾寄来《英国商律全书》,驻德国大臣吕海寰寄来 31 本相关商学书籍。1902 年福开森返校,也带回了欧美八国的商务学堂章程办法各 1 件、课程表原文 1 件、图样 2 件。盛宣怀令将资料译作中文,以备开办商务学堂参考。

1902 年初,盛宣怀正式提出开办商务学堂。这是盛宣怀政治地位变化后扩展到教育领域的反映,也是他将办学重心由北洋大学堂南移的产物。

1902 年 1 月 26 日,盛宣怀呈奏《请设商务学堂片》,提请"广商学以植其材,联商会以通其气,定专律以维商市,方能特开曹部以振起商战足国足民。"他将设立商务学堂培植人才置于振兴商务的首要地位,认为开设商务学堂,翻译商律全书,应成为将来定商律设商部的根本;并表示设立商务学堂"是臣之责,断难再事缓延"。⑤ 于是奏请拨用轮、电两局原定捐给北洋大学堂的经费,在公学附近购地建设商务学堂,光绪准奏。

1903 年 2 月,因"墨水瓶事件"解散的政治班学生陆续返校,公学将他们编成一班,改称"商务班",但没多久又停办。1903 年春夏之际,盛宣怀与管学大臣张百熙再三会晤,张同意在南洋公学上院开设高等商务学堂,并催令速办。于是盛宣怀又开始厘定章程,延聘外国教

---

① 盛宣怀:《南洋公学历年办理情形折》(光绪二十八年九月,1902 年 10 月)。《愚斋存稿》第 8 卷,第 32 页。
② 盛宣怀:《谨拟商务事宜详细开具清单》。《愚斋存稿》第 3 卷,第 62 页。
③ 盛宣怀:《请设商务学堂片》(光绪二十七年十二月十七日,1902 年 1 月 26 日)。
④ 福开森(John Calvin Ferguson),南京汇文书院院长,美国美以会传教士,1897 年被聘为南洋公学监院,职务类似教务长,任期四年。
⑤ 盛宣怀:《请设商务学堂片》(光绪二十七年十二月十七日,1902 年 1 月 26 日)。

习。1903年9月6日，上院中商务学堂开学，因所聘洋教习尚未到校，课程暂由张美翊与薛来西等教习商订，由薛来西教理财、公法、商律；勒芬迄教宪法、商务、历史；乐提摩教商业、书札、法文（并非法语，而是中国古代文选），每周三小时；其余商业数学由陈伯涵教习讲授，实验化学由黄国英讲授，机器工艺由吴教习讲授。盛宣怀认为尚妥，决定在商务总教习到校后，再行厘定课程；并希望各教习认真授课，学生切实求学。

9月29日，盛宣怀呈奏《南洋公学开办高等商务学堂折》，介绍国外开办商务学校情况，阐述商战的重要性，奏请将公学上院改作商务学堂，"时局既以商务为亟，而商学尤以储才为先，现在各省设立高等学堂，考求政艺，不患无人，独商学专门未开风气。窃惟南洋公学款由商捐，地在商埠，若统称高等学堂，则与省会学堂不甚分别，且无所附丽。"鉴于此，盛宣怀奏请将南洋公学上院作为商务学堂，并请给毕业生颁出身文凭。1903年10月，南洋公学议定更名为"南洋高等商务学堂"。1904年10月，经管学大臣议奏，光绪批准将南洋公学改为南洋高等商务学堂，仍由招商、电报两局拨款办理。不过，自拟更名至次年获清廷批准，南洋高等商务学堂校名实际上并没有使用，学校仍然称作南洋公学。

《开办高等商务学堂折》奏稿

（三）商务专科的设立

1904 年秋，轮、电两局改归商部管辖，1905 年 3 月 16 日，盛宣怀上奏具陈学校历年办理情形，辞去督办职，将南洋高等商务学堂移交商部。南洋公学改属商部，一方面是南洋公学因经费危机、无所隶属而有意于寻求主辖机关，另一方面也是新设商部急需培养商务专才，因而主动要求盛宣怀将南洋公学改隶商部。

3 月 17 日，商部尚书载振派左参议王清穆到校，代表商部宣布该校右参议杨士琦担任监督（即校长）职务，总理一切校务。同日，南洋公学更名为商部上海高等实业学堂，正式开学。

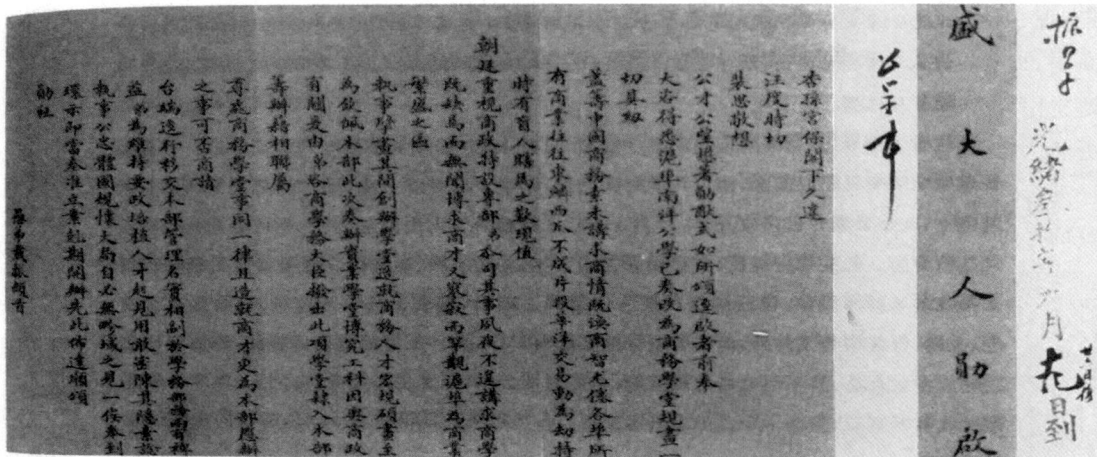

1904 年 10 月 27 日，商部尚书载振致函盛宣怀，商请将南洋公学移交商务部

监督杨士琦（1905 年春—1907 年春在任）　　代理监督王清穆（1905 年秋—1906 年春在任）

杨士琦、王清穆根据学校隶属关系、经费来源及地域特点，在办学方向上作了较大的调整。他们表示，学校地处"通商巨埠、商务最盛"的上海，又隶属商部，应该开设商科类专业。

这种办学思路在 1906 年初制定的《商部上海高等实业学堂章程》中得以明文规定。《章程》中设学总义第一节即明定学校的办学宗旨："本学堂讲求实业，以能见诸实用为要旨，就南洋商务学堂改订学科,冀为振兴中国商业起见,造就人才,力图进步。"①在分科一节中,分为预科、本科两类,预科学制 4 年,本科阶段分为商业、航海、轮机、电机四科,学制 3 年。从中可以看出,商业科为商部所需,其余三科则主要为供款单位轮、电两局所设。这说明学校在办学方向上出现转变,从南洋公学时期主要培养从政人才,转而为商部培养高级工商业专门人才,兼为轮船招商局、电报局培养工程技术人才,学校由此进入专门学校时期,正式转向实业教育,以培养高级实业人才为宗旨。

1906 年春,学校在 1903 年筹设商务学堂的基础上,开设商务专科,这是交大历史上第一个正式专科。商务专科的教员有美籍的薛来西（C. M. Lacey Sites）及其妹薛来西女士（Ms. Lacey Sites）、乐提摩（Lottmore）、密奇迩（Walter A. Mitchell）,代理教务长冯琦也兼任商务专科课程。除薛来西女士、密奇迩两人为新聘教员外,其余都是留用的南洋公学时期教习。商务专科共有杨锦森、林则蒸、杨荫樾、徐经郛、胡鸿猷、赵景简、吴家枚、张骕、王大均、钱淇、张晋、孙润瑾、张汝熊 13 名学生,全部由 1905 年冬中院高等预科第三届毕业生升入。

商务专科开设的课程有:国文、历史、地理、英文、法文、文课、商业道德、商法学、簿记、商品学、商运学、制造学、银行学、理财学、财政学、国际商学、国际公法、商业统计学、商业实习、体操 20 门,分三学年六学期完成。此为本校第一个专科教学计划。

这次办学方向的重要转折,除了延续南洋公学做法,改隶商部、经费来源、人事更张等直接原因外,社会经济、文化教育等因素也促使学校转办实业教育。

实业教育思想的兴起也促进了学校转向。在西学东渐的过程中,我国传统教育中的"经世致用"思想,在新的历史条件下得以复苏,并经过自我改造,注入了新的时代内容。实业教育思想主张摒弃重农轻商的陈腐观念,倾向务实、致用的教育价值观,倡导科技是推动社会进步力量的观念。在实业教育思潮和新学制的影响下,上海高等实业学堂也迎来了改办实业教育的良机。

此外,上海地处中国最大的工商业中心,这为学校改办实业教育提供了现实的条件。20 世纪初年,上海工商业发展较快,成为中国最大的经济中心,集中了我国最多的民族工商企业和外国在华资本,像轮船招商局、电报局,江南机器制造局等大型官办企业也设在上海,相对集中的工商企业发展需要大批商业、技术方面的人才。

1906 年 9 月,清政府将商部原辖"路、电、邮、轮"交通"四政"分出,设立类似于以后交通部职能的邮传部。学校随之于 1907 年 3 月划归邮传部管辖,改名为邮传部上海高等实业学堂。

1907 年夏,商务专科第一届学生毕业。成绩较优的杨锦森、赵景简、徐经郛、胡鸿猷、林则燕、杨荫樾 6 名考选赴美留学,其余学生离校就业。本校高等教育从此有了第一届毕业生。

10 月,前农工商部左侍郎唐文治专任学堂监督,根据邮传部对人才培养的要求,对专业设置进行调整。因商务专科是前商部所办,与交通"四政"所需人才专业不合,遂征得上部同

① 《商部上海高等实业学堂章程》（光绪三十二年,1906）。《交通大学校史资料选编》第 1 卷,第 169 页。

意,将商务专科予以停办。

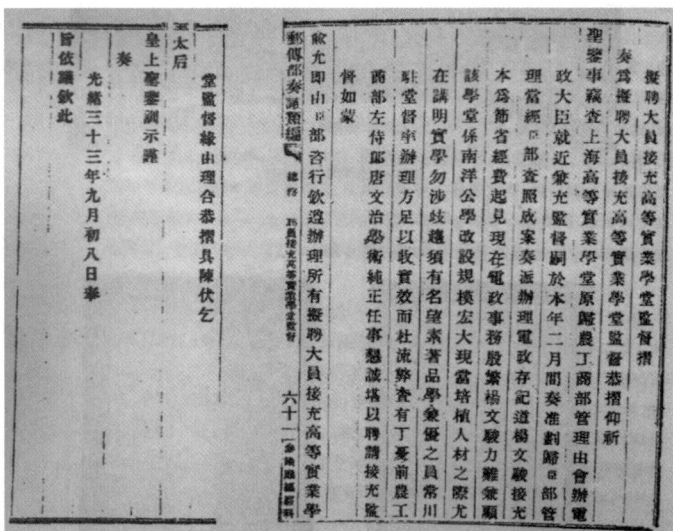

1907 年 10 月,邮传部奏派前农工商部左侍郎唐文治接任学校监督折

二、铁路管理科的创立

(一)设置背景

1911 年辛亥革命爆发,10 月武昌起义后,各地纷纷响应,11 月 6 日,学校为表与清政府脱离关系,改名"中国南洋大学堂"。1912 年,南京临时国民政府成立,下设的交通部继承邮传部各项职能,成为学校新的主管单位,教育部在一般教育业务方面管辖学校。1913 年,学校准交通部令,改校名为"交通部上海工业专门学校",隶属交通部,为国立专门学校性质。

1917 年,校内有教员根据国外学科新发展,向校长唐文治提议增设路电管理科。这项建议引起校方的注意,唐文治立即召开教职员和学生班级代表会议,商议添设管理科。经过讨论,师生员工一致赞同添办路电管理科。1920 年《铁路管理科庚申级级史概略》刊载了会议达成的共识:

大致谓中国铁路、电机事业日益发展,本校土木、电机两科创办近二十载,成绩丕著。惟管理人

交通部上海工业专门学校

才在中国今日之所最需要者，则尚不可多得，本校亟应添设管理科，以资造就。①

　　这一意见得到了唐文治的赞同，他还强调培养管理人才的必要性，说："铁路营业，曰货运，曰载客，行李之往来，财赋之茂迁，云而鳞集，管理不得其法，措置失当，中外人士交相诟病；或偶一不慎，群工执事稍稍染指其间，而弊窦实不可问。②"

任职交大期间（1907—1920）的唐文治

　　由于路、电管理科属于理论学科，无需添置仪器设备，开办费较少，学生来源也不成问题，因学校卓立于得风气之先的沪滨，中等教育程度较高，"东南学生负笈来校者直如归市"，报考本校的学生很多，其中许多学生因数理化成绩稍逊而落选，可以在这部分学生中招收管理科新生。此外，本校附属中学毕业生，或者已经考入土木、电机科的学生中，"性情有近管理方面而不宜工程者"，③也可以升入或转学管理科。

　　增设管理科，不仅是我国交通事业发展对管理人才的迫切要求，也是学校学习西方先进教育经验的结晶。就我国交通事业发展对管理人才的需求而言，正如凌鸿勋所说："以其时铁路展筑渐多，而管理权已逐渐收回，划一会计制度及运输规章，需才至多也。"④交大在记载管理学院院史院情时也称："民国七年，唐校长文治鉴于吾国铁路路政穷败，实由于缺乏管理专才所致，爰呈准交通部，设立铁路管理专科。"⑤1920年交通总长叶恭绰为《交通部上海工业专门学校铁路管理科头班纪念册》所撰序言中，也阐述了培养铁路管理专才对于发展交通事业的意义，他说：

---

① 《交通部上海工业专门学校铁路管理科头班纪念册》（1920），第25页。
② 唐文治：《交通部上海工业专门学校铁路管理科头班纪念册·序言》（1920）。
③ 《铁路管理科庚申级级史概略》。《交通部上海工业专门学校铁路管理科头班纪念册》（1920）。
④ 《友声》第15期，1953年10月8日。
⑤ 《上海管理学院》。交通大学编：《交通大学概况》（1936年4月），第17页。

交通为一国之命脉,而铁路尤为交通之要素,故东西各国莫不视为急务。我国兴筑铁路亦既有年,徒以事实之阻碍或因人才之乏缺,乃至进步殊缓。欧战已还,各国竞谋建设。对于交通一道,刻意改良。我国至此更应急起直追,俾免因循自误。然铁路工业头绪纷繁,经纬万端。即就管理一方面而言,如会计营业、客运、货运、经济运费、列车转运、统计工厂及材料管理等等均非有专门之学及经验宏富者,不能胜任。今年已成之路亟待规划,各路尤待兴筑。种种措置,需才孔殷,诸生等积学有年,对于路务自当具有心得,毕业后苟能再加以实地经验悉心研究,群策群力,共图发展。则其裨益于我国交通前途当非浅鲜也。余企望之。

再就教育变革而言,20世纪初,在第二次工业革命的推动下,科技迅猛发展,社会分工日益细化,各国对生产管理都十分重视。1910年左右,美国少数大学最先开设企业管理的课程,后来逐渐建成管理学专业。这一动向立即引起邮传部、上海工业专门学校师生的注意。1911年9月,邮传部将交通传习所所用教材《行车管理》赠送本校4部,要求铁路专科学生研习。专科生争相传阅该书,以至不敷应用,学校又呈请邮传部增颁了4部。1913年在改革课程设置中,学校在专科课程中开设了工业簿记、工厂管理法、工业经济等工业管理课程,开始在工科教育中引入管理课程,[①]为管理学科的设立创造了条件。

1917年底,为了培养管理人才,学校正式呈文交通部,申述科学管理实为交通工业及商业发展所必需,要求添设路电管理科,以期造就铁路、电机等各项管理专才。

交通部批复同意增设,在名称上,将路、电管理科改为铁路管理科。1918年3月8日,铁路管理科正式开班上课。首届招收新生38人,大部分从附属中学毕业后直接升入,也有少数从土木、电机两科一、二年级转入,定为3年毕业。从1918年开始,新生改为秋季入学,4年毕业。原中学科科长徐经郏担任铁路管理科首任科长。[②] 徐经郏是学校1907年商务专科毕业生,后被派遣留学美国宾夕法尼亚大学,获得理财科硕士学位,1911年回校任教。管理

铁路管理科科长徐经郏(1918－1921年在任)

科教员有留美归国者徐广德、李纯圭、俞希稷等人。管理科开设课程有经济原理、运输学、铁路经济、铁路组织、工场管理、铁路统计学等49门。除了国文、法文、公文程式外,其余都采用英文课本。值得一提的是,管理科的办学经费全部由学校自筹,这在经费支绌的条件下实属不易。1920年12月,铁路管理科首届30名学生毕业。毕业之际,该届学生编印《交通部上海工业专门学校铁路管理科头班纪念册》,汇集该科教职员、学生名录、课程设置、学生成绩及各种照片,以资纪念。

纪念册中铁路管理科头班同学撰写自序。文中回忆了自1918年开办本专业以来三年学习过程中"坚志砥砺,互相始终,以讫于毕业者30人。此30人

---

① 《交通部上海工业专门学校章程(节录)》(1913)。《交通大学史资料选编》第1卷,第224－234页。
② 《铁路管理科庚申级级史概略》。《交通部上海工业专门学校铁路管理科头班纪念册》(1920)。

中或由本校土木、电机各科转入，或由中学升入，相处多者七八年，少亦四五年。鸡鸣风雨，互相切磋，亲爱若家人骨肉。今一旦言别。回忆前尘，怅然神往。况际兹灞桥风雪之秋，忽奏折柳阳关之曲，人孰无情，谁能遣此？于是同人等金议刊印斯册，籍留鸿爪。"

铁路管理科的成功开设，是全体教职员在学校生存困境中探索出的一条新的扩建方式，使学校的专业达到 3 个，因而具备了升格工科大学的基本条件。唐文治在为纪念册所作序文中说，"戊午（1918）之春，余复特设铁路管理班。各国学校通例，有专科三则为完全之大学。余私心窃计，以为中国东南各省无大学，于此，盖始基之矣。……诸生毕业，行将效用于世，是为吾校铁路管理之先河……鄙人无穷之愿望且自此始矣。"①唐文治将铁路管理科的创建视为学校发展为"完全大学"的标志。同时，铁路管理科的设立，也标志着学校在专业上突破工科限制，从原来单一工科走向工程与管理的结合，在全国高校中首开工程教育和管理相结合的专业发展道路，是我国近代高等教育史上的一个创举。凌鸿勋曾撰文称："民国九年（1920）铁路管理科第一届毕业，国内办理此科者，除当时之北平铁路管理学校者，此为最早。"

（二）教学概况与特色

铁路管理科创设于 1918 年 3 月，旨在造就各项铁路管理人才，至 1921 年 7 月交通大学合组、上海工业专门学校正式结束，前后计 4 年时间。铁路管理科的开办，标志着本校的专业设置走向了工管结合。

20 世纪初，学校以"教授高等工业专门学科，养成工业人才，并极意注重道德，保存国粹，启发民智，振作民气，以全高校蔚成高尚人格"为教育宗旨。强调工文并重、注重学以致用是此时期课程设置所遵循的主要原则，编制课程"大抵以功课密，管理严六字为主"。当时学校乃至我国高等工程教育尚处于起步阶段，学制欠完善，缺乏实际经验，各科在编订课程时，在充分考虑上述原则的基础上，除遵循学部、教育部的相关法规，主要还是参照中外大学特别是美国大学的同类专科课程，作出适当的取舍与修改，最后拟定出各级课程与教学计划，整个制订过程细致严谨，力求完善。

铁路管理科的学制先是 3 年，后改为 4 年。铁路管理科 1918 年初开办之际，学校正向交通部建议将 3 年制专科改为 4 年毕业。但对于新设铁路管理科首届学生，唐文治以为定在 3 年为妥。其理由主要是入学学生程度较高，"维时诸生之隽秀者，若徐生承燠、王生元汉等咸入是科肄业，其中并有在路电科已习一二年者。"②唐文治以此等程度的学生不宜拘泥 4 年毕业之例，3 年毕业即可。在向交通部申述理由后，首届学生获准以 3 年为修业年限。此后，所招新生依照专科学制，定为 4 年毕业。

铁路管理科课程分为 4 年学程，课程主要编订者为徐经郛、徐广德、俞希稷等留美归国的本国籍教员，他们参照宾夕法尼亚大学、威斯康辛大学管理及经济专业的课程计划，结合本校专业设置特点和我国铁路管理现状而拟定。在编排课程时，他们考虑几点原则要求：设置课程的主要目标是给有志服务于铁路管理的学生提供广博的知识视野，牢固掌握铁路管

---

① 唐文治：《交通部上海工业专门学校铁路管理科头班纪念册·序言》（1920）。
② 唐文治：《交通部上海工业专门学校铁路管理科头班纪念册·序言》（1920）。

理和财务基本原则;所有课程内容安排不仅能增进学生的铁路管理知识,更要训练学生解决复杂路政问题的实际能力;尽管课程设计主旨在给学生提供全面的铁路管理知识,但仍有所侧重,这个侧重点便是经济学。此外,希望学生不仅获得必需的专业知识,也要获得必要的品格训练,因为品行端正是学生日后能否取得事业成功的关键性因素。[1] 依据上述原则,徐经郛等编订了铁路管理科课程设置与教学计划,刊布于 1919 年上半年印行的英文本《交通部上海工业专门学校概览》(*The Government Institute of Technology Catalogue*),其课程计划如表 1-1。

表 1-1 交通部上海工业专门学校铁路管理科课程表(1919)

科目 ＼ 学年	第一学年		第二学年		第三学年		第四学年		合计
	上	下	上	下	上	下	上	下	
国文	1	1	1	1	1	1	1	1	8
伦理学	1	1	1	1					4
法学	2	3							5
商法	3	3							6
政治经济学	3	3							6
铁路运输学	3	3							6
公司理财	3	3							6
会计和出纳	3	3							6
货币银行学	3	3							6
商业地理	2	2							4
当代商务实践		2							2
机械制图	3								3
英国文学	3	3	3	3	3	3	3	3	24
英文写作	1	1	1	1	1	1	1	1	8
法语	3	3	3	3	3	3	3	3	24
铁路经济学			2	2					4
铁路组织和管理			3	3					6
水道运输学			2	2					4
高级会计			3	3					6
铁路工程学			3	3					6
测量学			2						2
工业管理			3	3					6
统计学				2					2

[1] 1919 年英文本《交通部上海工业专门学校概览》(*The Government Institute of Technology Catalogue*),第 63 页。

（续表）

科目 \ 学年	第一学年 上	第一学年 下	第二学年 上	第二学年 下	第三学年 上	第三学年 下	第四学年 上	第四学年 下	合计
国际法			2	2					4
警律			2						2
捷算法				2					2
商业算学			3	3					6
商业伦理学					1	1			2
置产法					2				2
破产法						2			2
铁路交通和费用					5	5			10
铁路会计和审计					3	3			6
铁路统计学					2	2			4
电机工程学					2	2			4
机械工程学					2	2			4
商业经济学					3	3			6
政治学					2	2			4
公共财政					2	2			4
公文程式					1	1			2
铁路法							3	3	6
铁路运营							4	4	8
电气铁路							3	3	6
电话及电报							3	3	6
政府组织和管理							3	3	6
保险学							3	3	6
经济史							3	3	6
英文书记职务学							3	3	6
英国文学史							2		2
合计	34	34	34	34	33	33	35	33	270

资料来源：1919 年英文本《交通部上海工业专门学校概览》（*The Government Institute of Technology Catalogue*）第 28 - 29 页。这份课程表与 1920 年《交通部上海工业专门学校铁路管理科头班纪念册》所列该班历年课程略有不同，可能与该班学制 3 年有关。

1919年铁路管理专科课程设置

课程计划之后是一份"铁路管理科课程纲要",详述各门课程所属门类、内容要求与教学目标。"纲要"将全部课程分为专业课程与公共课程两类,专门课程又分经济、法律、运输、会计、工程、商业等6种。结合"纲要"分类及说明,可将全部课程作如下分门别类(见表1-2)。

表1-2 交通部上海工业专门学校铁路管理科课程分类表(1919)

课程大类	课程分类	课程名称	课程数量	每周钟点总数	所占百分比(%)
公共课程		国文、英国文学、英文写作、英国文学史、法语、伦理学、商业伦理学、警律、捷算法、公文程式、政治学、英文书记职务学	12	88	32.6
专业课程	经济学	政治经济学、公司理财、货币银行学、铁路经济学、工业管理、商业经济学、公共财政、政府组织和管理、经济史、统计学、保险学	11	59	21.9
	运输学	铁路运输学、铁路组织和管理、铁路交通和费用、铁路运营、水道运输学、铁路统计学	6	38	14.1
	工程学	铁路工程学、测量学、机械工程学、电机工程学、电话及电报、机械制图、电气铁路	7	29	10.7
	法学	法学、商法、国际法、置产法、破产法、铁路法	6	26	9.6
	会计学	会计和出纳、高级会计、铁路会计和审计	3	18	6.7
	商学	商业地理、当代商务实践、商业算学	3	12	4.4

据上述两份表格可知,铁路管理科4年8学期总计开设48门课程,平均每学期6门;每

星期开设钟点数保持在 33～35 小时,平均有 34 小时,4 年合计 270 小时。与同期土木、电气机械两专科相比,铁路管理科的课程总数与前者相差无几,而每周课时数要多于前者。就课程分类而言,公共基础课程与专业课程数量分别是 12 和 36,两者比正好是 1∶3;每周钟点总数分别为 88 和 182,比例约为 1∶2。这与同期学校教学上重视基础学科是一致的。专业课程分六类,以经济学最多,有 11 门,这是要求学生既有广博的专业知识,又侧重经济学的教学原则所决定的。运输学有 6 门课程,每周 38 小时,多属于铁路管理方面的课程。工程学有 7 门课程,基本上是本校电机、土木、机械工程的基础课,属于各专科间的交叉课程,体现了工程、管理相结合的教学理念。与土木、电机两科课程重视试验实习相比,铁路管理科的实践课程几乎没有,只是在假期或毕业之际安排学生至铁路交通部门参观实习。实践课程偏少,既与管理科偏重学理的学科性质相关,也与该科设立较晚,试验设施缺乏的现状有关。直到二三十年代,管理科陆续添置车辆模型、打字机等设备,建成车务、统计、会计等实验室,实践课程才逐渐增多。

当时,本科层次的铁路管理在西方大学中也是一门新兴专业,在我国大学、专门院校中更属首次开设,因此仿照或照搬外国大学同类专业课程与教科书难以避免。铁路管理科的课程设置结构安排较为合理,交叉学科课程的安排也适应了当时社会经济发展对于专业人才的实际需求。美中不足是课程名称繁多,学时过多,导致学生课业加重,学不胜学,学而不精。除此之外,各门课程所用教科书,除国文、法文、公文程式外,其余科目悉用英文课本。[①]

（三）师生概况

1. 教师

管理科 1918 年 3 月初设时,仅有徐经郛一名教师,同时他身兼科长职。从 4 月开始聘请教员,至年底有教员 6 名,其中专业教师徐经郛(兼科长)、徐广德、李纯圭三人,公共课程教师吴采臣、李颂韩、庄振声三人。此后陆续增聘李松涛、俞希稷、朴尔佛等中外教员。至1920 年,管理科教员达 15 名,其中专业教员 5 名,同时担任其他专科课程的兼职教员 10 名。其姓名、籍贯、简历及所任科目详见表 1-3。

李纯圭

俞希稷

---

① 《交通部上海工业专门学校铁路管理科头班纪念册》(1920),第 27 页。

表1-3　1920年上海工业专门学校铁路管理科教员一览表

姓名	字号（英文姓名）	籍贯（国籍）	简历	任教科目	备注
徐经郛	守五	江苏青浦	1907年本校商务专科毕业生,美国宾夕法尼亚大学理财学硕士	银行学等	兼科长（1918年3月—1921年2月）
徐广德		江苏吴江	美国宾夕法尼亚大学沃顿商学院学士	会计学铁路管理等	兼科长（1921年2月—1921年9月）
李纯圭	伟伯	江苏上海	美国瓦伯什大学	法学	
李松涛		江苏嘉定	美国哥伦比亚大学硕士	英文政治学	兼课
俞希稷	行修	徽州婺源	美国伊利诺伊大学商学士、威斯康辛大学政治经济学硕士	工业管理银行学等	
朱文鑫	贡三	江苏昆山	美国威斯康辛大学理学士	捷算学	兼课
李松泉	雨卿	江苏上海	美国哈佛大学电机科硕士	机械工程学电机工程学	兼课
瞿锡庆	季长	江苏上海	美国宾夕法尼亚大学硕士	运输学	
程其达	克竞	浙江吴兴	美国俄亥俄北方大学工程学士	铁路工程学	兼课
胡士熙	春台	江苏嘉定	本校1909年铁路专科首届毕业生,英国格拉斯哥大学工学学士	铁路工程学	兼课
吴采臣	汉声	江苏崇明	清末附生	公文程式	兼课
李颂韩	联珪	江苏太仓	肄业江阴南菁书院,曾任清法部主事	国文	兼课
庄振声	劬庵	江苏吴县	上海徐汇公学毕业	法文	兼课
朴尔佛	H.E. Pulver	美国	美国威斯康辛大学工学士	铁路统计学	兼课
古德	J.K. Gold	美国	美国威斯康辛大学学士	体育	兼课

资料来源:《交通部上海工业专门学校铁路管理科头班纪念册》(1920);《交通部上海工业专门学校同学录》(1919)"教职员通讯录"。

由上表可知,铁路管理科师资有如下特点:一是以本国教员为主。15名教员中,外籍教员只有2名,且为兼课教员,其余大多是留学归国的本国籍教员,科长也由本国人担任。这与土木、电机专科外籍教员比例大、科长长期由外籍教员担任的情况迥然有别,铁路管理科是交大专业师资最早本土化的系科。二是本国教员特别是专业课程教员以留学生为主,且以留美为多。13名本国教员中,除国文、法文、公文程式课程外,其余10人均为留学生,其中9人留学美国,1人留学英国,留美教员大多毕业于宾夕法尼亚大学、威斯康辛大学、哥伦比亚大学等,并获学士、硕士学位。以留美学生为主体的师资队伍使铁路管理科在教学与管理上无形中打上了美国大学的烙印。三是兼课教员多于专业教员。公共课程及部分专业课程

（如工程）教员全为兼课教员，共有 10 人，管理科专职教员有 5 人，这是学校注重公共课程教学、工管结合在师资配置上的反映。

2. 学生

铁路管理科 1918 年 3 月开学后，招收首届学生（庚申级，时称头班）有 38 名，他们多数"由土木、电机各科转入，或由中学升入"[①]。选读该科人数较多的原因，正如当年在校的邹韬奋回忆："据说铁道管理科是不必注重物理、算学的，所以不少同学加入。"另有杨天择、徐植仁、陈汝阆、杜荣棠等 4 人，分别来自商船专门学校、复旦公学、南开中学、北京汇文大学预科等校，他们通过考试或面试来校入读。如南开中学毕业生、周恩来同班好友陈汝阆，1917 年毕业后先入南京金陵大学，旋即赴日留学，与周恩来同在东京东亚预备学校读书。1918 年春奉父命回国，经徐经郛面试合格后入读铁路管理科。[②]

当年 9 月，首届学生升为二年级，又招收一年级新生 24 名。以后每年秋季招新，1919 年招收 22 名，1920 年招收 23 名，生源大多数来自本校中学毕业生，少数或由本校专科初年级转入，或由外校考入。如 1919 年 22 名新生，本校中学毕业生 12 名，专科一年级转入者 3 名，外校考入者 7 名。与首届学生相比，本校生源仍占优势，但外校生源有逐渐增多的趋势。铁路管理科历年招生人数及在校人数如表 1-4 所示。

表 1-4　铁路管理科在学人数一览表（1918—1920）

年度	1918		1919	1920
	3 月	9 月		
招生人数	38	24	22	23
在学人数	62		70	87

资料来源：招生人数参照《交通部上海工业专门学校同学录》（1919 年 12 月）、《交通大学校友录》（1936）统计而成；在学人数参见赵祖康编：《南洋大学概况》（1926）"民国以来全校在学人数一览表"。上列各数除 1918 年外系秋季开学时人数。

1920 年冬，铁路管理科成立 3 年之际，该科学生"深感于在校时，联络情谊、切磋学问之必要"，[③]筹议成立南洋铁路管理协会。12 月 11 日，铁路管理科全体学生在大礼堂集会，通过《南洋铁路管理协会章程》，选举首届职员，该协会遂正式成立，会务主要有交流学术研究心得、编辑学报、参观各工商机构、邀请名人演讲等工作。后交通大学改组成立，该协会更名为经济学会。

1920 年 12 月 28 日，学校为铁路管理科首届毕业生举行毕业典礼，毕业生计 30 名，获经济学学士学位。毕业前，交通部特派前清华学堂校长周贻春来校监试。这是 1921 年交通大学合组前铁道管理科唯一一届毕业生，全部名单如下：

武书常　郭祖寿　姚章樾　王元汉　火贵樟　张元焘　奚　逸　荣士德

---

① 《交通部上海工业专门学校铁路管理科头班纪念册》（1920），第 3 页。
② 陈汝阆：《我就学母校之经过》，《友声》第 25 期，1954 年 10 月 8 日。
③ 《南洋铁路管理协会小史》，《交通大学毕业纪念册》（1922），第 148 页。

曹良栋　冯宝泰　徐承燠　程善身　戴锡绅　俞松涛　陈汝闳　王辅功

夏孙鸿　厉始学　杨天择　张令采　陈仁愔　张骏良　黄守邺　王　镇

顾光实　徐植仁　杜荣棠　张　伦　李树本　沈乃庄

　　毕业学生中成绩优异者武书常、姚章樾、徐承燠、王元汉等4名，次年由交通部资送赴美留学；其余学生派赴沪宁、沪杭甬、湘鄂等各铁路实习，实习期满，任为正式路员。另有首届学生何景崇、梁鼎新、许兰亭、张信孚、查潜文、何信道、陈肇坤、黄韵三等8名学生中途离校，或出校就业，或留学欧美各大学，如黄韵三自费入美国费城大学铁路管理科三年级。

　　毕业生著名者有徐承燠、徐植仁等。徐承燠，1895年生，广东番禺人。毕业后赴美，获宾夕法尼亚大学硕士学位，1929—1937年任交通大学北平管理学院院长，抗战期间任交通部财务司司长。徐植仁，1898年生，江苏嘉定人，他将最早出版孙中山传记的美国人林百克所著《孙逸仙传记》译成中文出版。

1920年管理专科学生群像

三、管理学院的成立

（一）从铁路管理科到管理学院

1918 年唐文治校长首设铁路管理科后,第一届 30 名学生于 1920 年毕业。

1920 年 12 月,交通总长叶恭绰为统一学制,提高程度起见,呈请北洋政府将部属上海工业专门学校、唐山工业专门学校、北京邮电学校、北京铁路管理学校合并,改称"交通大学"。次年 7 月,各校学科调整,沪校铁路管理科并入交大北京学校经济部,徐广德任科长,学制由三年升格为四年;京校原设管理科作为专门部,学制三年。

1922 年夏,交通大学改组,上海、唐山、北平三校分立,沪校和唐校分别定为交通部南洋大学及交通部唐山大学,京校改称唐山大学分校。因北平不是工商、实业、交通枢纽,且学校设备简陋,铁路管理科又迁回上海,称南洋大学铁路管理科,聘胡仁源为科长。1925 年胡辞职后,由校长凌鸿勋兼任科长,10 月又聘俞希稷任科长。

1927 年 7 月,交通大学再次改组,南洋大学改为"第一交通大学",各学科均予以扩充,铁路管理科改为交通管理科,计划分设路政、邮政、电政、航政四门,实际开设普通营业、铁路管理、邮电管理、航业管理系四门。

1928 年秋,交通部又将沪、唐、平三校合组成交通大学,以沪校为本部,改科为学院,沪校设电机工程、机械工程和交通管理三个学院,北平设交通管理分院。交通管理科于是升格为交通管理学院,由原交通管理科主任徐佩琨任院长。11 月,交大改隶铁道部,因此前拟设的邮电和航政两门并未举办,为名实相符,1929 年 7 月,交通管理学院改为铁道管理学院,分车务管理与财务管理两门,聘钟伟成为院长。1930 年又增设材料（仓务）一门。在钟伟成院长的倡议和积极筹备下,1931 年春,铁道管理学院扩充并定名为管理学院,除原有铁道管理科外,添设实业管理、财务管理、公务管理三科。至此,管理学院的规模基本定型。

1899 年落成的中院,早期管理学院教学办公用楼

（二）专业与课程设置

理工科大学里设立管理学科，当时于国内尚属首创。其原因有以下几个方面：一是交通、铁道本身是一个大系统，必须有科学的管理，"有创造之人才，而无管理之人士，则必无效率之可言"；二是鉴于当时"我国工商业失败多由于缺乏善良管理，管理不善，又因缺乏人才"，"衣食住行四大要素，均须有科学管理方法，方克尽善尽美"①；三是当时许多校友在实际工作中的体会和希望；四是当时世界上许多发达国家已将科学管理广泛应用于各个方面，而科学管理的原理和方法又非常复杂，需要大学来培养各方面的管理人才。

交大管理学院的办院宗旨是逐步发展的。早在铁路管理科时期，办学宗旨是"为造就国有铁路属于管理方面的人才"。② 到交通管理学院时期，其宗旨是"造就交通管理专门人才"。一、二、三年级不分科，到四年级分铁路及营业两门。在铁道管理学院时期，宗旨是"造就铁路管理专门人才"，一、二、三年级仍不分科，到四年级分车务和财务两门。③

1931年管理学院成立后，宗旨是："期在养成各项科学管理专门人才，以应政府及社会各界建设之需要。各科以经济学理为体，科学方法为用。在铁道管理科，注重车务、材料管理及会计等各学系。在实业管理科，注重工厂管理、成本会计及人事管理等各学系。在财务管理科，注重财政统计及金融银行等各学系。在公务管理科，注重官厅管理、社会组织及公用事业等各学系。所有各科教材，除课本外，指定参考图籍，并请专家到堂讲授学理，或现代问题，借资研究。"④

由于科学管理在20世纪20年代还是一门新兴的学科，因此在交通管理学院时期和铁道管理学院时期，课程设置比较杂乱，有些课程内容重复，相互脱节；许多课程搬用美国一些大学的教材，脱离我国的实际。钟伟成任院长后，针对这些问题，对课程设置进行一些重要的修订。他提出交大管理学院要培养的不是办事人员，而是指挥负责人员。办事人员所需要者为办事之技能，而"指挥负责人员所需要者，办事技能而外，更须具有高深之见解与健全之决断"，修订课程设设置"即欲谋所以履践此二种需要为目的"。⑤ 对于课程内容，钟伟成认为："科学管理学术，经纬万端，与工程、法规、会计、经济等学科，息息相关……必先养成一班中心之管理人才，于工商基本学术有相当探讨，于科学管理学科更博采精研，再须明了本国之经济情形社会状况，求得合于国情之科学管理方法以实施之于本国一切工商实业。"⑥

这一时期，管理学院课程设置的基本情况是：全院"设铁道管理、实业管理、财务管理及公务管理四科。各科皆以管理学为中心课目，而以经济、会计、统计、预算及组织等为各科共同之基本科目。惟应用专门科目，则以科别而互异，如铁道管理科注重车务、运价、站务管理及行车管理等；实业管理科注重工程程序、工厂管理、成本会计、人事管理等；公务管理科注重行政管理、市政管理、比较政府以及各种公法等；财务管理科注重公司财政以及金融银行

① 黎照寰：《纪念周中黎校长之演辞》，《交大三日刊》第1版，1930年9月24日。
② 赵祖康编：《南洋大学概况》（1926年1月），《交通大学校史资料选编》第1卷，第396页。
③ 《交通大学校史》（1896—1949），第253页。
④ 《交通大学概况及课程一览》，1932年2月。
⑤ 《铁道管理学院第二次院务会议记录》（1929年12月30日）。
⑥ 钟伟成：《告毕业同学书》，《交大三日刊》，1931年1月28日。

等。各科课程,一、二年级授以原理方面,三、四年级偏重应用方面"。[①]

管理学院各科的课程,随着学院的扩大,经过几次修改充实调整,到1936年形成了比较完善的学科体系。

现将1936年度各类课程列表于下。从表1-5中可以看出,在各科课程中,管理基础课程比较多,而本科的专门课程则较少,两者之间的比例,分别为:铁道管理科2.5∶1,实业管理科1.9∶1,财务管理科2.26∶1,公务管理科1.75∶1,各科的专门课程在全部课程中的比例就更小了,一般只占五分之一左右;在实业管理科,专门课程还不到六分之一,而数、理、化及工程技术课程约占三分之一;各科交叉的课程也比较多,如财政学约占各科课程的十分之一;国文、英文约占各科课程的17%。

表1-5　1936年管理学院课程

课程类别	铁道管理科		实业管理科		财务管理科		公务管理科	
	学分	百分比	学分	百分比	学分	百分比	学分	百分比
经济学	18	9.8	16	8.5	22	12.2	16	8.5
会计学	20	10.9	15	8	31	17.1	14	7.4
统计学	14	7.6	8	4.3	14	7.73	14	7.4
政治学	12	6.6	2	1.1	16	8.84	21	11.2
商业学	10	5.5	14	7.5	12	6.63	10	5.3
财政学	19	10.4	15	8	34	18.8	21	11.2
运输学	15	8.2	2	1.1			2	1.05
铁道	27	14.8			4	2.2	2	1.05
实业	4	2.2	22	11.7	6	3.32	11	6.1
政府					3	1.66	36	19.1
专家演讲及研究论文	8	4.4	8	4.3	8	4.42	8	4.2
国文、外文	31	16.9	31	16.6	31	17.1	33	17.5
数理化及工科课程	5	2.7	54	28.9				
共计	183	100	187	100	181	100	188	100

课程内容概要:

(1)经济学。经济学课程共9门:经济学原理、政治经济地理、经济学说、经济统制制度、中国富源、经济思想史、估值学、国际商业政策以及关税问题。

(2)会计学。会计学课程共9门:会计学原理、高等会计、成本会计、政府会计、铁道会计、会计问题、审计学以及银行会计。

---

① 《交通大学概况》(1936年)。上交档:Ls03-433。

（3）统计学。统计学课程共 3 门：统计数学、统计学以及高等统计学。

（4）政治学。政治学课程共 8 门：政治学、国权学说、近代史、党义、近代文化、中国革命史选讲、中国外交史以及远东政治发达史等。

（5）商业学。商业学课程共 7 门：商业组织、国内外贸易、营业管理、广告学、商法、保险学以及商业财务管理等。

（6）财政学。财政学课程共 12 门：货币及银行学、高等银行学、公司理财、财政学、社会学、租税论、理财数学、海关业务、投资学、预算学、铁道财政以及国内外汇兑等。

（7）运输学。运输学课程共 10 门：运输大意、铁道运输原理、运输整联、市郊运输、铁道运输、水道运输、航业管理、港埠管理、道路管理以及道路汽车运输等。

（8）铁道管理学。铁道管理学课程共 11 门：铁道发达史、铁路组织、铁道客运业务、货运业务、铁道货等运价、铁道行车、铁道法规、铁道钟点及车场管理、铁道材料管理、铁道管理以及机车管理等。

（9）实业管理学。实业管理学课程共 9 门：公用事业、工业法规、总务管理、劳动问题、心理学、人事管理、工厂管理、实业运输管理以及采购、贮藏学等。

（10）政府管理学。关于研究政府管理学的课程共 16 门：中国政府、地方政府、比较政府、外交事务、行政管理时事、市政府管理、公务管理、法学大意、民法、行政法、宪法、刑法、国际公法、盐务行政、关务行政以及邮政业务等课程。

（11）国文、外文。涉及国文的有中国文学（即国文）和中文公文程式两门课程，国文为管理学院各科学生前两学年必修课；公务管理科三年级还必修更高深的国文课程一学期。中文公文程式则为公务管理科三年级、实业管理科和财务管理科四年级的必修课程。

20 世纪 30 年代的交大外文教学，最重视英文，也重视第二外语。管理学院一年级学生必修大学英文一年。二年级学生必修现代英文学一年和演说学一学期，还必修第二外语一门。实业、财务、公务各科三年级学生需继续修第二外语一年。公务管理科学生到四年级还需修第二外语一学期。第二外语开设有法文、日文、德文、俄文，管理学院主要以德文作为第二语言，目的在于提高学生吸收德国科学技术的能力。除此之外，从 1932 年起，各管理科三年级学生，还需修公事英文一学期。

管理学院各科都有专家演讲和研究论文两门课程。专家演讲由学校聘请铁道管理专家、银行家、实业界名人等主讲。研究论文即是毕业论文。

交大一向讲究教学与实验并重，1937 年，《南针》杂志专门详细介绍学校实验室情况，当时管理学院的实验室有：①车务电报实验室，成立于 1930 年，备有莫尔斯机 6 架，听音器 20 具；②车务实验室，成立于 1934 年，设有轨道、岔道转撤器、号志、机车及可用电气行驶客货车辆模型等；③统计实验室，成立于 1934 年，备有计算机 3 架，及零星工具等；④会计实验室，成立于 1934 年，备有计算机 2 架及零星工具等。另有幻灯，供各课讲授时映演实际情形所用。学院阅览室有书籍二千余册，杂志十余种。

管理学院 1936 年度各科课程表选引部分如表 1-6 至表 1-9 所示。

表 1 - 6　铁道管理科 1936 年度课程表

课程名称	每学期学分数								课程学分数	每周授课时数	备注
	第一学期	第二学期	第三学期	第四学期	第五学期	第六学期	第七学期	第八学期			
国文	2	2	2	2					8	2～3	
英文	3	3	3	3					12	3～5	
统计数学	3	3							6	3	
制图学	1								1	3	
经济学原理	4	4							8	4	
会计学原理	3	3							6	5	
铁道运输原理	2								2	3	
铁道发展史		2							2	3	
近代史	2	2							4	2	
政治经济地理	2								2	3	
中国富源		2							2	2	
党义	1	1							2	1	
现代文化		2							2	3	
军事训练	0	0							0	3	
法文											任选一门
日文											
俄文			2	2	2	2			8	3～4	
德文											
演说学			1						1	2	
理财数学			2	2					4	3	
货币及银行学			3	3					6	3	
商业财务及管理			2	2					4	2	
高等会计			3	3					6	4	
财政学			2						2	3	
铁道工程				2					2	3	
铁道组织		3							3	3	
铁道客运业务			2						2	3	
经济统制制度			2						2	3	
中国外交史		2	2						4	2	
体育		0	0						0	2	
公事英文								1	1	2	

(续表)

课程名称	每学期学分数								课程学分数	每周授课时数	备注
	第一学期	第二学期	第三学期	第四学期	第五学期	第六学期	第七学期	第八学期			
统计学							3	3	6	5	
商法							2	2	4	2	
国内外贸易							2		2	3	
国内外汇兑								2	2	3	
机车管理						2			2	2	
铁道号志					2				2	2	
成本会计					2				2	2	
铁道财政					2				2	3	
市郊运输						2			2	2	
水道运输					2				2	3	
港埠管理						2			2	3	
道路汽车运输					2				2	3	
航空运输					1				1	2	
铁道货运业务					3				3	4	
铁道货等运价						3			3	4	
航业管理						2			2	3	
中文公文程式								1	1	2	
经济学说							2	2	4	3	
劳动问题							2		2	3	
人事管理								2	2	3	
高等统计学							2		2	3	
运输整联							2		2	3	
铁道行车							3		3	4	
铁道会计							3	3	6	3	
铁道钟点及车场管理								3	3	4	
铁道材料管理							2	2	4	2	
铁道法规							2		2	3	
预算学								3	3	3	
专家演讲							1	1	2	5	
铁道研究及论文							3	3	6	3	
共计	23	24	26	19	15	14	29	28	183		

表 1 - 7 实业管理科 1936 年度课程表

课程名称	每学期学分数								课程学分数	每周授课时数	备注
	第一学期	第二学期	第三学期	第四学期	第五学期	第六学期	第七学期	第八学期			
国文	2	2	2	2					8	2～3	
英文	3	3	3	3					12	3～5	
数学	4	4							8	4	
物理	2	2							4	3	
物理试验	1	1							2	2	
化学	2	2							4	2	
化学试验	1	2							3	2～4	
制图学	1								1	3	
中国富源		2							2	3	
经济学原理	4	4							8	4	
政治经济地理	2								2	2	
党义	1	1							2	1	
军事训练	0	0							0	3	
法文											任选一门
日文			2	2	2	2			8	3～4	
俄文											
德文											
演说学			1						1	2	
会计学原理			3	3					6	5	
货币及银行学			3	3					6	3	
商业组织				2					2	2	
运输大意			3						3	3	
经济统制制度				2					2	3	
应用力学			3						3	3	
机械原理				3					3	3	
材料力学				3					3	3	
心理学			3						3	3	
工厂实习			1	1					2	3	
体育			0	0					0	2	
统计学					3	3			6	5	
商法					2	2			4	2	

（续表）

课程名称	每学期学分数								课程学分数	每周授课时数	备注
	第一学期	第二学期	第三学期	第四学期	第五学期	第六学期	第七学期	第八学期			
国内外贸易					2				2	3	
国内外汇兑						2			2	3	
公司理财						2			2	3	
成本会计					2				2	2	
高等成本会计						3			3	4	
审计学					2				2	4	
机械工程					3	3			6	3	
机械工程试验					2				2	3	
电机工程					3	3			6	3	
电机工程试验						2			2	3	
工程材料					3				3	3	
工业制造概论						3			3	3	
中文公文程式							1		1	2	
公事英文							1		1	2	
高等统计学							2		2	3	
劳动问题							2		2	3	
工业法规							2		2	3	
工厂管理							3		3	3	
营业管理								2	2	2	
广告学								2	2	3	
采购及贮藏学							3	2	5	2～3	
实业运输管理								3	3	3	
保险学（水、火险）							2		2	3	
人事管理								2	2	3	
总务管理							2		2	2	
预算学								3	3	3	
估值学								2	2	2	
社会学							2		2	3	
专家演讲							1	1	2	5	
事业管理 研究论文							3	3	6	3	
共计	23	23	24	24	24	25	21	23	187		

表 1 - 8　财务管理科（三、四年级）1936 年度课程表

课程名称	每学期学分数								课程学分数	每周授课时数	备注
	第一学期	第二学期	第三学期	第四学期	第五学期	第六学期	第七学期	第八学期			
统计学					3	3			6	5	
商法					2	2			4	3	
公用事业						2			2	3	
国内外贸易					2				2	3	
国内外汇兑						2			2	3	
审计					4				4	4	
成本会计					2				2	2	
高等成本会计						3			3	4	
政府会计					2				2	3	
预算学						2			2	3	
高等银行学					1	1			2	2	
铁道管理					2				2	3	
铁道财政						2			2	3	
海关业务						2			2	3	
法文											任选一门
日文											
德文					2	2			4	3	
俄文											
公事英文					1				1	2	
中文公文程式						1			1	2	
经济学说							2	2	4	3	
经济思想史							1	1	2	2	
高等统计学							2		2	3	
租税论							3	3	6	3	
投资学								2	2	3	
国际商业政策							2		2	2	
关税问题								2	2	2	
铁道会计							2	2	4	3	
银行会计							2		2	3	
会计问题								2	2	3	
盐务行政							3		3	3	

（续表）

课程名称	每学期学分数								课程学分数	每周授课时数	备注
	第一学期	第二学期	第三学期	第四学期	第五学期	第六学期	第七学期	第八学期			
人事管理								2	2	3	
专家演讲							1	1	2	5	
财务管理研究论文							3	3	6	3	
一二年级学分数									97		
共计	24	24	25	24	21	21	22	20	181		

表1-9　公务管理科(三、四年级)1936年度课程表

课程名称	每学期学分数								课程学分数	每周授课时数	备注
	第一学期	第二学期	第三学期	第四学期	第五学期	第六学期	第七学期	第八学期			
国文					2				2	3	
中文公文程式						1			1	2	
公事英文					1				1	2	
统计学					3	3			6	5	
预算学						3			3	3	
政府会计					2				2	3	
审计学					4				4	4	
公用事业						2			2	3	
总务管理						2			2	2	
商法					2	2			4	2	
法文											任选一门
日文											
德文					2	2			4	3	
俄文											
国联组织					2				2	3	
国际公法					2				2	2	
地方政府						2			2	2	
市政管理					2				2	2	
宪法						2			2	3	
比较政府						2			2	3	

（续表）

课程名称	每学期学分数								课程学分数	每周授课时数	备注
	第一学期	第二学期	第三学期	第四学期	第五学期	第六学期	第七学期	第八学期			
铁道管理						2			2	3	
经济学说							2		4	3	
高等统计学									2	3	
人事管理							2		2	3	
外交事务							2		2	2	
刑法									2	2	
远东政治发达史							2		2	3	
公务管理									3	3	
行政法								3	3	3	
租税论								3	6	3	
盐务行政									3	3	
关务行政								3	3	3	
铁道会计								2	4	3	
民法									2	3	
专家演讲								1	2	5	
研究论文								3	6	3	
一二年级学分数									91		
共计	24	24	25	24	22	23	23	23	188		

（三）师生概况

1. 教师

1918年铁路管理科成立后，仅有教员4名：徐经郛、徐广德、李伟伯、俞希稷。1922年，从京校迁回上海后，教员增至6名：徐广德、唐荣滔、陈长乐、王季长、俞希稷、周思忠。扩建为学院后，教师队伍亦不断扩大。1928年交通管理学院有教员18名，职员2名。1929年改为铁道管理学院后，在这一年内就增聘了教员12人。1931年成立管理学院时又新增师资，全院有教授2人、副教授3人、特约教授1人、讲师27人、助教4人，合计37名。到抗日战争全面爆发前，教员人数虽变化不大，但学术结构趋于合理。据1937年6月版《交通大学一览》"教员名录"，全院有教员40人，其中教授5人、副教授12人、讲师18人、助教5人。具体情况如下：

教授：钟伟成（兼院长）、林叠、俞希稷、李炳华、汪仲良；

副教授：严砺平、安绍芸、王炳南、查修、郑惠益、曹丽顺、郁仁充、沈奏廷、冯建维、熊大惠、谭炳勋、陈振铣；

讲师:蒋士麒、张宗谦、夏晋麟、周德熙、胡纪常、钟仰麒、余良、翟克恭、崔晓岑、钱素君、何家成、诸肇民、刘泮珠、刘忠业、胡宝昌、杨学坤、王同文、黄宝桐;

助教:黄宗瑜、王烈望、徐松麟、胡亦生、任家诚。

其中留学国外并获得博士学位的有 9 位,获得硕士学位的有 12 位,形成了一支阵容较强的师资队伍。这个时期的教师中不乏国内素有名望、学有专精之人,如会计专家俞希稷,铁路运输专家沈奏廷,经济学家杨荫樾、李权时,以及 1948 年入选中央研究院首批院士的著名经济学家马寅初等。

管理学院教授马寅初

表 1 - 10　管理学院正副教授履历表(1936 年 12 月)

姓名	籍贯	职务	学历及工作经历
钟伟成	江苏江都	院长兼教授	美国伊利诺大学商学士,曾任东南大学、暨南大学教授,铁道部专员,胶济铁路会计处处长
林叠	广东中山	教授	美国夏威夷大学学士、哥伦比亚大学硕士、纽约大学博士,曾任夏威夷大学、浙江大学教授,国民政府侨务委员
俞希稷	江西婺源	教授	美国伊利诺大学商学士、威斯康星大学政治经济学硕士,曾任复旦大学、暨南大学、中国公学教授,财政部会计司长、库藏局长
李炳华	福建	教授	美国芝加哥大学学士、硕士,威斯康星大学运输经济博士,曾任燕京大学教授、系主任
汪仲良	江苏武进	教授	美国麻省理工机械工程师,曾任汉冶萍公司工程师,光华大学、暨南大学讲师,国民政府救济水灾工程师
严砺平	江苏宝山	副教授	本校机械工程学士、美国康奈尔大学硕士,曾在美国威斯汀豪斯电气制造厂实习
安绍芸	河北武清	副教授	清华大学毕业,美国威斯康星大学商学士、经济硕士,曾任复旦大学、暨南大学、沪江大学教授,美国大美查账局会计师,上海中华工业厂会计主任

（续表）

姓名	籍贯	职务	学历及工作经历
查修	安徽黟县	副教授	武昌文华大学文学士，美国伊利诺大学硕士、博士，曾任清华大学图书馆馆员、暨南大学教授兼图书馆主任
郑惠益	福建福州	副教授	美国雪理柯斯大学商学硕士、俄亥俄大学经济学博士，曾任沪江大学商科教授
曹丽顺	江苏溧阳	副教授	本校管理学士，美国宾夕法尼亚大学肄业，曾任民国政府交通部路政司办事员
郁仁充	浙江吴兴	副教授	本校管理学士，美国宾夕法尼亚大学商业管理硕士
沈奏廷	浙江余杭	副教授	本校管理学士，美国宾夕法尼亚大学肄业，曾在宾夕法尼亚铁路公司实习，曾任两路局营业所经理，全国经济委员会专员
冯建维	广东南海	副教授	美国宾夕法尼亚大学硕士，曾任南方大学教务长
熊大惠	江西南昌	副教授	本校管理学士，美国宾夕法尼亚大学运输科硕士，曾在美国雷定铁路公司实习
谭炳勋	广东开平	副教授	本校管理学士，美国宾夕法尼亚大学商业管理硕士

2. 学生

管理学院学生人数相对比较稳定。在 20 世纪 20 年代管理科时期，四个年级一般合计在 120 人左右，平均每班 30 人，如 1924 年有 126 人，1926 年有 124 人。1927 年，管理科招收到首批女学生 3 人。扩为学院后，内分专业，扩大招生，学生人数有所增加。1928 年交通管理学院学生共有 174 人；1929 年铁道管理学院学生共 197 人；到 1936 年，管理学院共有学生 196 人，计铁道管理科 72 人，实业管理科 42 人，财务管理科 59 人，公务管理科 23 人。从 1920 年首届学生毕业到 1937 年为止，共计毕业学生 17 届（1921 年无学生毕业），肄业、毕业共 624 人（见表 1－11）。

表 1－11　管理学科 1920—1937 年历届毕业学生人数

年份	管理学科毕业人数	年份	管理学科毕业人数
1920	铁路管理科 30 人	1929	交通管理学院 23 人
1921	/	1930	铁道管理学院 39 人
1922	铁路管理科 13 人	1931	管理学院 36 人
1923	铁路管理科 16 人	1932	管理学院 36 人
1924	铁路管理科 22 人	1933	管理学院 69 人
1925	铁路管理科 27 人	1934	管理学院 27 人
1926	铁路管理科 35 人	1935	管理学院 38 人
1927	管理科 24 人	1936	管理学院 51 人
1928	交通管理科 21 人	1937	管理学院 30 人

　　管理学院毕业生大多数在铁路、交通部门担任管理工作,也有一些或任职于银行、政府、工厂、学校等部门,或公费自费出国留学深造。后来比较著名的毕业或肄业学生有原中国致公党中央主席董寅初、语言学家许国璋、外交官刘山、国际问题专家宦乡、会计专家龚清洁、足球健将戴麟经等人。

1935 届管理学院全体学生合影

3. 学术活动

1) 学术社团

　　20 世纪 20 年代,中国教育文化界学习美国、仿效美国成为一时之盛,差不多唯"美国马首是瞻"。1918—1919 年,叶恭绰游历日本及欧美各国后,认识到"欧美各国实业之振兴,多由国立、私立之研究局、试验所及各学会之协助,故能新理层出,利用日宏,其重视研究之精神,几引为工业学府之天职。"①因此他组建交通大学的时候就曾考虑创设研究院,把研究学术、服务社会看成是学校的一大任务。

　　为了增进学校的学术气氛,从 1916 年起,学校就不断邀请校外名人来校演讲。1921 年改组交通大学,在教研结合办学思想的影响下,校园学术氛围愈渐浓厚,师生共同开展学术研究,有的进行实验测试,借以辅助实业;有的编写各类专著;有的撰文推广科学技术。学术交流与学术演讲活动也蓬勃展开。

　　学校教授撰写的学术专著引起当时学界关注,管理学科教授如徐广德的《货币银行制度考》、俞希稷的《汇兑论》、徐佩琨的《商情调查法》等,都是他们结合中国工业实际做出的研究和思考。

　　管理学科学生中各种科技社团如经济学会、实业管理研究会、公务管理研究会等也相继建立,并辅之出版各种学术期刊(见表 1-12)。这些学生社团,大都以组织学生参观、邀请名人演讲、组织专题研究、收集书刊供会员阅读等活动为主要内容,所以学生参加活动十分活

---

① 遐庵年谱汇稿编印会:《叶遐庵先生年谱》,第 173 页。

跃。1934 年下半年,学生参观几乎遍布上海各种企业和科研单位。随着社团活动的展开,学生也逐渐加入科学研究活动。20 世纪 20 年代已有学生开始撰写学术论文,如铁路管理科四年级学生高祖武、萧淑恩分别撰写《中国铁路之需要》《铁路学通论》等。

表 1-12　1920—1937 年管理学科所办学术期刊

刊名	主办单位	创刊年月	刊期
经济学报	经济学会	1924.06	月
交通管理学院院刊	交大管理学院	1929.01	季
交大经济	经济学会	1934.05	不定
管理	交通大学管理学院	1936.04	双月

经济学会于 1923 年 11 月 2 日经校长批准立案成立,由铁路管理科学生在南洋铁路管理协会基础上组织起来。会长曹丽顺,副会长周乃洪。经济学会"以研究经济学说,考察经济状况"为宗旨,偏重于社会科学研究。会员以管理学科的师生为主,交通大学附属中学中有志于进入铁路管理科深造的学生为准会员,凡本校本科毕业生为名誉会员,其他有志于研究经济者为特别会员。学会还聘校长、教务长、几位教授担任顾问。学会会长和职员每年年终选举产生,一年一任,不得兼职和连任。至 1925 年学会已有会员一百几十人。

20 世纪 20 年代经济学会留影

在 20 世纪 30 年代,经济学会主要工作是征集书籍刊物供会员阅读参考、聘请名人专家演讲、举行论文比赛、组织一些专题研究等。学会紧密结合实际形势开展研究,如"九一八"事变后组织"东三省铁路问题研究会",研究中东、南满铁路及中俄、中日路权等问题,揭露日本帝国主义侵略中国的罪行,产生很大影响。1924 年 6 月,学会出版《经济学报》(第一期)及《全国铁路提要》等,颇受欢迎。1927 年学会编辑的《经济特刊》,作为上海《时事新报》(周刊)的附刊。《经济周刊》先后出版 140 余期。1931 年学会收集《经济周刊》及历届毕业生论文精华,合编成《经济新论》一书出版,约 20 万字,由孙科题写书名,钟伟成院长作序。1934 年 5 月—1935 年 6 月,学会出版《交大经济》四期,内容涉及社会普遍关注的经济、铁路、管理等方面的问题。① 如第一期就载有叶恭绰的《经济建设与利用外资及技术》、黄伯樵的《经济原则下之人才观》、马彦卓的《中央银行在中国应负之责任》、许冠英的《中国纺纱业之概况》等文章。后来学会还出版《管理》双月刊。这些都是我国最早传播科学管理的专业性书刊。

20 世纪 20 年代经济学会(经济周刊)社留影

1936 年 3 月,经济学会改名为管理学会,成为研究交通经济及科学管理的专门学术团体,学会活动一直持续到 20 世纪 40 年代。

2)经济研究部

1926 年 7 月,在教研结合办学思想的影响和凌鸿勋校长的筹划下,学校成立了国内最早的大学研究所——工业研究所。研究所成立后,国内各公司机关委托实验研究项目不断,研究所都积极承办,获得社会各界称赞。1930 年,工业研究所被扩充并定名为"交通大学研究所",时任校长黎照寰亲任所长,下设工业研究和经济研究两大部,各下设六组。经济研究部主要研究中国经济改造、农村经济、粮食产销、铁道运价和不平等条约对国民经济束缚等问题,下设社会经济、实业经济、交通、管理、会计、统计六组,同时添置设备、兴建试验场所、礼聘学者专家,云集校内外从事交通工业、经济研究的精英,阵容十分强大。

至 1936 年成立 10 周年时,经济部共完成项目 16 个,并完成如柏理的《解决中国运输问题之途径》、曹丽顺的《美国铁道会计实务》(第一编)、沈奏廷的《铁道问题讨论集》、马寅初的《中国经济改造》、许靖的《铁路零担货运安全办法》、黄荫莱的《中国国民经济在条约上所受之束缚》、吴正的《皖中稻米产销之调查》,与陈伯庄的《小麦及面粉》和《平汉沿线农村经济调查》等一批著作。

---

① 霍有光等编著:《南洋公学—交通大学年谱》,陕西人民出版社 2002 年版,第 343、350、362、385 页。

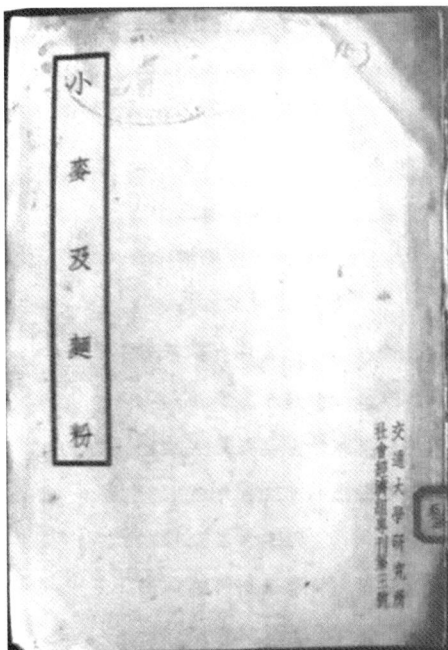

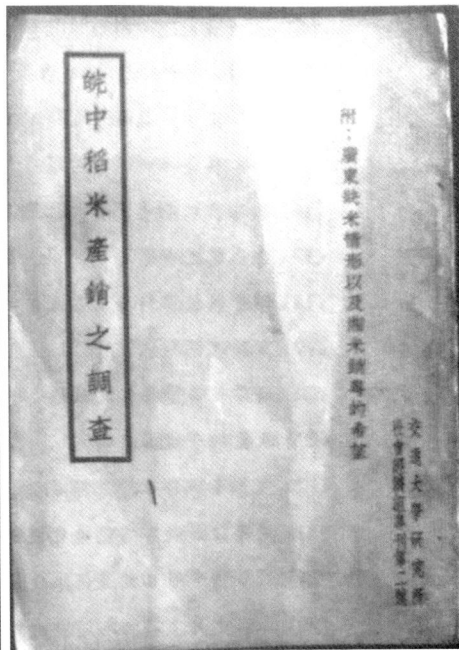

研究成果《小麦及面粉》   研究成果《皖中稻米产销之调查》

交通大学研究所经济部 10 周年来所取得的研究成果有：

（1）中国经济改革造之研究；

（2）中国之新金融政策；

（3）中国国民经济在条约上所受之束缚；

（4）皖中稻米产销之调查（附中国米麦贸易在亚洲米市之地位）；

（5）小麦及面粉；

（6）平汉沿线农村经济调查；

（7）主要商品流通概况、海关贸易及铁路运输统计之分析；

（8）棉花及纺织业；

（9）媒之产运销；

（10）关内黄豆、豆油、豆饼之供需；

（11）机车及车辆使用效率之计算；

（12）中国铁路运价及其应取之政策；

（13）农产各级市场之组织及铁路农产运输负责限期运到之研究；

（14）资本之积极；

（15）银行及汇率对于国际贸易之影响；

（16）铁路统计之分析与研究。

这其中首推马寅初著名经济学名著《中国经济改造》最具代表性。该书作为交通大学丛书之一，1935 年由商务印书馆出版。经济部既有对铁道事业所特有的经济问题的研究，也有对某些地区、部门、行业的实际经济问题的调查分析,都呈现科研立足于服务现实、注重解决实际问题的特点。

总之,这一阶段,管理学科(学院)在科研方面成绩昭然,为中外专家及社会各界所称许。

(四)历任科长、院长

1920 年到 1937 年期间,先后担任管理科(学院)科长、院长的先后有徐经郏、徐广德、胡仁源、凌鸿勋、俞希稷、徐佩琨、黎照寰、钟伟成等 8 人。

首任管理科科长徐经郏,号守五,是交大 1907 年商务专科毕业生,后被学校派往美国宾夕法尼亚大学留学,获得理财科硕士学位。1911 年回校任教,曾任中学科科长、英文科科长。1921 年春,徐辞职另就津浦管理局之职,由管理科教员徐广德接任科长,任职一年多。

1922 年 7 月胡仁源担任科长。胡仁源,字次珊,浙江吴兴人。1901—1902 年曾在南洋公学特班学习,为总教习蔡元培所赏识。后留学英国习工业工程,回国后授予工科进士。1913 年,担任北京大学预科学长,后又担任工科学长、代理校长。1921 年任交大机械科教授,1925 年 2 月辞去铁路管理科科长之职。当时的校长凌鸿勋一时找不到合适的继任人选,暂由自己兼任。

1925 年 9 月,管理科教员俞希稷任科长。俞希稷,江西婺源人,美国伊利诺大学商学士、威斯康辛大学政治经济学硕士毕业,管理科创建时即担任教职。1927 年离校任国民政府财政部会计司司长,后又回校长期担任教授。

俞希稷 1927 年 7 月离校后,徐佩琨接任,改为学院后任院长。徐佩琨,字叔刘,早年就读交大。1914 年土木科毕业后留学美国,获经济学硕士学位。1928 年 10 月交大从交通部划归新设铁道部管辖;1929 年 6 月黎照寰任副校长后,即在校务、人事、教学等方面进行了大刀阔斧的调整,引起少数院系主任的不满,其中以徐佩琨的意见最大。不久,徐佩琨被铁道部调离交大,派往东北三省考察路政,院长一职由黎照寰暂代。

胡仁源　　　　　　　　凌鸿勋　　　　　　　　黎照寰

在叶恭绰、郑鸿年、茅以升的举荐下,1929 年 9 月,孙科校长、黎照寰副校长聘任钟伟成任铁道管理学院院长,从此一直到 1952 年交通大学管理学院调整撤销为止。在长达 20 余年的任职内,钟伟成对管理学院的建立和发展以及形成交大理工管结合的办学特色,起到十分重要的作用。他的管理教育实践和思想是交大办学传统的一个组成部分,为我国早期管理学科的发展做出了重要贡献。

钟伟成,江苏江都人。1915 年就读于上海圣约翰大学。1918 年赴美留学。1921 年获伊利诺大学商学学士后,再入芝加哥大学研究院研修管理学。1922 年回国后先后担任交通部秘书、暨南大学教授等。新中国成立后曾任交通大学校务委员会常务委员、东吴大学第一副校长等。专才铁路材料管理、企业管理,著有《铁路材料管理学》《工商管理》等。

钟伟成是一位力主管理科学救国的爱国知识分子,笃信管理科学是振兴国家经济、提高政府效率的利器。他认为,管理科学方法效果极为显著,"施之于工商业,则生产之效率增加,成本减少;施之于劳工,则工作之能率增加,劳资之纠纷减少;推而至于施行于一切组织,均纲举目张,事无不举。"[①]20 世纪初以来欧美、日本各国在工商业、行政组织及一切领域中推行科学管理,生产激增,行政高效;同时管理学术和教育正方兴未艾,管理科学被称为又一次工业革命,便是最好的例证。然而,他反观我国新兴工业的管理,"实在谈不上什么科学管理,最坏的现象,就是把家庭制度搬到工厂中去,好像一个工厂转为供养亲戚朋友而开的一样。"两相对照,他认为,我国经济落后,除了帝国主义经

管理学院院长钟伟成

济侵略这个外因以外,"则管理的落伍所不能不负一大部分的责任"。作为接受过西方高等教育、体验过西方现代物质文明的中国新一代知识分子,钟伟成痛感我国长期处于贫穷落后、内乱不已、强敌入侵的局面,认为其根本原因在于实业不振,政治不良。要振兴中国实业,"于利用机械之中,同时必须采用管理科学,双管齐下,急起直追,然后方能达到迎头赶上的目的。"要改良政治,创造最高效率的政府,必须"参照国情,积极采用欧美行政管理学的精华"。有鉴于此,他疾呼在我国工业、交通、商业、行政等各个领域实施科学管理;全国工商界以及一切社会企业都需要研究管理科学,职能愈高愈需要;全国大学各学院均应将管理科学列为必修科之一,教育部门应当多办几所训练管理人才的学校,以供给将来建设新中国的需要。

20 世纪二三十年代,管理学刚刚登陆中国不久,在实际运用和学术研究方面未能得到重视。很多人对其不甚了解,甚至还存有误解,认为管理仅为常识而非科学,无需列入教育学科。早在 1934 年 10 月,教育部以不合部令为由,指令交大更改院系名称,其中管理学院应改为国内大学中普遍设立的商学院。由于交大当时隶属铁道部,对更改令未加理会。1937 年 8 月教育部主辖交大后再令改名。黎照寰校长上呈反对更改院名。早年钟伟成发表《辟误解"管理"者》一文,认为管理学院与商学院性质相异,商学是从个人立场研究市场竞争之专门技术,只适用于商业;而管理学则从社会立场研究如何运用诸种科学原理与实验方法,以支配事业中的"人""物""财",可应用于各种事业组织。因性质差异,两者课程内容差别很大,商学院以直接或间接贸易学术为主体;管理学院以组织效能、业务统制、人事管理、

---

①　《交大三日刊》,1931 年 1 月 28 日。

成本会计等问题为主体。钟伟成最后认为,交大管理学院担负着培养全国管理人才的重任,负有特殊使命,非一般商学院培养一般商业人才可比。钟伟成对管理学的本质理解,对管理教育的不懈追求,由此可见一斑。最后,教育部对更名之争作了让步。在钟伟成等人的坚持下,交大管理学院名称和组织维持不变,使全国唯一的管理教育仍旧能够延续下来。

钟伟成在管理学院办院宗旨和人才培养目标上定位比较明确。1931年管理学院扩充时,他发表《告毕业同学书》,明确地说明办院宗旨:"管理学院名下分设四科,一为铁道管理科,所以培养铁道部自用之人才;二为工业管理科,三为财务管理科,四为公务管理科,所以供给工商事业及其他行政机关等一切管理人才。"按照这种观点,1932年管理学院正式确定办院宗旨:"期在养成各项科学管理专门人才,以应政府及社会各界建设之需要。"其中的公务管理即行政管理,是我国高校中最早设立的此类专业。对管理专才的培养目标,钟伟成认为培养的不是办事人员,而是指挥负责人员。办事人员所需要的是办事技能,而指挥负责人员除所需办事技能之外,"更须具有高深之见解与健全之决断",是能务实耐劳、深思力行、"不做大官,要做大事"的管理专家。

在教学中,钟伟成主张管理学院"各科以经济学理为体,科学方法为用",注重"训练学生能将一切经济原理适用于日常生活中,而不致有墨守成规之讥",培养学生"确定学理的治事法则,去代替主观的尝试习惯"。从1931年起,钟伟成陆续对课程设置进行了一些重要的修订,到1936年形成了较为完善的课程体系。他认为管理学院课程"有一贯之体系,主辅相倚,轻重有别",全院铁道、实业、财务、公务各科"皆以管理学为中心课目,而以经济、会计、统计、预算及组织等为各科共同之基本科目……一、二年级授以原理方面,三、四年级偏重应用方面"。他很重视基础课程,各科的"基本科目"比较多,而本科的专门课程则较少,两者比例大致保持在2.1:1,专门课程在全部课程中的比例更低,一般在5:1左右。各科的交叉课程也比较多,如财政学约占全部课程的10%,国文、外文约占17%。对于这种课程设置,他解释道:"治学如造金字塔,基础务其大,上层建筑务其专,及其成也,巍然而不可摇。"

在具体实施教育方针中,钟伟成及时借鉴美国伊利诺大学管理学院、宾夕法尼亚大学沃顿商学院等先进的管理学成果和教育经验。同时,他更注意立足本国国情,使管理学在中国能够开花结果,培养适合中国社会实际所需之才。为努力使管理教育本土化,他在教学中采取一些措施:一是自编教材,到1936年,全院教师写成了50余本比较切合中国实际的讲义和著作,使将近一半的课程采用了自编中文教材,其中他自编教材两部:《铁路材料管理学》《工商管理》。二是注重参观实习。他与教员定期带学生分赴工厂或路局参观实习。三是聘请专家来院演讲。第一个来院演讲的专家是马寅初。此外,钟伟成还重视国文,及有关历史学科如中国外交史的教学和研究。

第二章
战争时期的管理学科
（1937－1949）

一、分设两地

（一）交大迁至法租界

1937年7月7日，"七七事变"爆发,全民族抗日战争随之开始。8月13日,日军由日租界进攻闸北,制造了"八·一三"事变。长达三个多月的淞沪抗战爆发。从此,上海面临着沦亡的危机,交大开始了动荡不安的岁月。

9月23日,淞沪战争激烈,情况危急。10月2日傍晚,敌机在徐家汇上空盘旋,并以机枪扫射。学校警铃大响进入防空状态。4日上午,又有敌机5架在校上空来回,警铃大鸣。14日,敌机经过学校上空,轰炸徐家汇车站及虹桥路,教职员数次受惊。31日,中国守军退出闸北,进入公共租界。

此间,交通大学师生及各地交大同学会曾多次向教育部请求交大内迁,均被否决。11月1日,淞沪战

日军轰炸上海市区

局恶化,威胁着师生安全。为减少学校损失,不使教学中断,学校被迫决定搬至法租界,向震旦大学、中华学艺社等单位借房。商借震旦新舍四楼供一二年级上课,五层作为图书馆,地下室为物理实验室、测量仪器室。三四年级原在法租界校外宿舍,但距火线很近,"亦恐有流弹波及",故又租借法租界爱麦虞限路(今绍兴路)中华学艺社房屋。另外,还租借吕班路(今重庆南路)震旦大学老房及辣斐德路(今复兴中路)中法工专等处以分散教学。在搬迁过程中,师生齐心协力,日夜进行,将徐家汇校区教学实验用具搬迁至法租界。

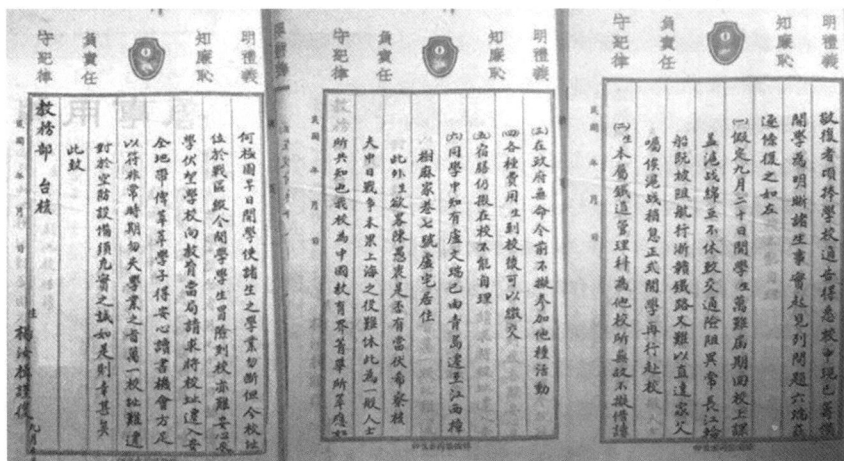

学生复函请求学校迁校

震旦大学

中华学艺社

　　11月12日，日军占领上海，彻底切断了交大内迁的通道。12月30日，日本宪兵队入侵交大徐家汇校园，在校内设立"宪兵队徐家汇分驻所"，校内未迁出的设备、家具、图书、仪器等均落入敌手。同月，南京沦陷，国民政府迁往战时陪都重庆，留在法租界的学校处境愈加困难。1938年3月28日，日伪"中华民国维新政府"成立。4月8日，日本东亚同文书馆进入交大徐家汇校舍，占用大部分校舍。校门上"交通大学"匾额被取下，换上"东亚同文书馆"牌号。校园内房屋任意拆卸改造，器用杂物均被运走或烧毁，损失惨重。

日本宪兵队进入徐家汇校园

　　此时，被迫留在法租界的交大虽勉强设法维持办学，但规模缩减，在校学生急剧减少。

（二）上海、重庆两地办学

1938 年，国民政府内迁重庆，大量国家机关、工厂、高校纷纷向后方转移，后方原有设施顿时不敷应用。同时，抗日战争进入相持阶段，为了坚持长期抗战，国民政府开始着力经营后方，着重建设交通运输业、通信业、兵器重工业及公私营工矿业为主体的国营经济体系，这就需要大量工程技术和管理人才。大后方时局的变化，既为高等院校特别是工科院校的毕业生提供了大量的就业机会，同时也提出了迫切的人才培养的要求。

1939 年 8 月，交大接到重庆国民政府教育部指令，要求增设机械系、电机系各一班，并设立工科研究所培养工科硕士，以满足大后方对高级工科人才的迫切需要。然终因校舍、经费困难，未能成功开办。当时黎照寰校长提出请正在重庆的原交大化学系主任徐名材主持筹备在川增设电机、机械工程各一班的设想也是提而未议。1940 年，为培养后方人才急需的建设人才，教育部在重庆举办各种培训班。在四川的交大校友以此为契机，向教育部提出在内地设立交通大学分校之请求，获得了国民政府教育部和交通部的认同。7 月 29 日，教育部发电文正式通知在上海租界中的交通大学：

> 兹指定该校于下学年增设机械系、电机系各一班。每班普通设备费 2 万元，教学设备费 10 万元，经常设备费 3 万 2 千元。学生由统考分发。惟应在后方办理，仰速派员在川筹备，务于本学期开课。[①]

9 月 10 日，时任资源委员会化工处处长的徐名材被教育部委任为交通大学重庆分校主任，开始主持分校筹备事宜。在校友的大力支持下，经两月余的奔走，11 月 18 日，交通大学重庆小龙坎分校正式开始上课。至此，交大开始了上海、重庆两地办学的阶段。1941 年 6 月，因国民政府另有委任、身兼两职不利教学，徐名材辞职。次月，中央广播事业管理处处长兼交通部技术人员训练所副所长、交通大学校友吴保丰继任。

徐名材　　　　　　　　　　吴保丰

小龙坡校区临时校舍为中央无线电器材厂厂长、交大校友王端骧提供租借的厂房，当时仅为权宜之计，地方狭小，师生借屋而居，凡实验、体育锻炼均需仰借邻近的重庆大学及中央

---

① 　教育部电函交通大学（1940 年 7 月 29 日）。上交档：LS2－133。

大学的场地设施。随着师生人数增加，校舍益发拥挤，不堪调配。1941 年 12 月，日军占领上海公共租界，交大沪校随时有被接管或停办的危机，许多师生表示愿内迁来渝。小龙坡校舍已日渐不敷应用，扩建势在必行。

此时，兼任交通部技术人员训练所副所长的吴保丰看到了一个良机。1941 年底，训练所计划由壁山迁至重庆九龙坡，在此处建造房舍。吴保丰向交通部提出扩大训练所建筑面积，并将新建的一部分作为交通大学分校校舍。吴保丰的提议再次得到了默默关注母校发展的各界交大校友鼎力支持。1942 年 8 月，交大九龙坡分校校舍落成。

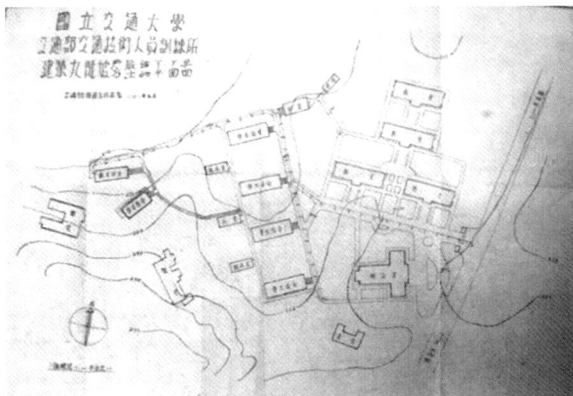

九龙坡校舍

九龙坡校址位于九龙坡黄桷坪，毗邻嘉陵江，距重庆市区约 20 公里，学校占地 300 余亩，中贯公路，路西为大礼堂、总办公室、教室、图书室等，稍后为球场及学生宿舍、浴室、饭厅、厕所，再后山上为教职员丙种宿舍，路东为教职员甲乙种宿舍及运动场等。九龙坡校区虽设施简陋，缺水缺电，图书仪器稀缺、生活艰苦，但胜在场地宽阔，环境清幽，且离城较远，有警报可以不进防空洞，没有昆明、重庆等市区跑警报的慌乱紧张局面，师生们笑谓此地"九龙盘踞，唯我独尊"，是个难得的可以安心教学的好场所。

8 月 3 日，重庆国民政府教育部给在上海的交通大学发出训令，下令学校离沪迁渝，在九龙坡成立交通大学本部，留在上海的部分对外用南洋大学名义，对内改称上海分校。训令全文如下：

兹核定国立交通大学即行由沪迁渝，以该分校九龙坡校址为校址。该分校并入办理。其不能迁渝员生，故准暂在沪上课，暑假后仍准招一年级生，在沪对外用南洋大学名义，对内称交大上海分校。迁渝后，暂设土木、电机、机械、航空、管理 5 系。……该校 31 年上半年应发各费照拨沪校，指定其中 10 万元作员生内迁旅费。7 月份起，沪校经费由该校经费内拨支一部分，定为沪、渝两部，各半分支，渝校半数由国库迳拨具领。除电令该校遵照兹电饬黎校长即行来渝主持校务外，在黎校长未抵渝以前，所有筹备事宜，指定该分校主任负责处理。仰即遵照进行。此令。[1]

---

[1]　教育部训令：令国立交通大学分校（1942 年 8 月 3 日）。西交档。

1942 年 10 月中旬,教育部令吴保丰代理国立交通大学校长(1945 年 5 月 26 日正式任命其为校长),重庆交大分校改为国立交通大学本部,重庆的交大师生迁入新校区,11 月 1 日开始上课。秋意渐浓的九龙坡上人声鼎沸,出现了新的生机。

(三)汪伪接管交大沪校

在重庆的交大迁往新校址,即将踏上新征途的同时,在上海租界中的交通大学,却直面生死,难以维持。

1940 年 2 月 29 日,汪精卫伪“国民政府”在南京成立,对统治区加强控制,法租界里的交通大学面临更加复杂的局面。为了保护校产不被日伪接管,沪校一度成立董事会,对外正式改校名作“私立南洋大学”。1941 年 12 月,日军偷袭珍珠港引发太平洋战争。9 日中午,驻沪日军占领整个公共租界,法租界中的交大彻底陷入了政治困境。①

在敌伪压迫之下,租界里的交大断绝了与国民政府教育部的联系,孤立无援,经费无着,陷入空前危机。为保存校产,1942 年 7 月,沪校第六次董事会会议决议在不被改组、不改变学校制度、保存办学宗旨的前提下,派张廷金代理校长出面与南京汪伪政府教育部接洽,提出只要上面不派人、不改变教学制度,只给经费,愿意续办学校,接受登记,恢复国立交通大学。8 月,汪伪教育部接管了学校。因当时形势复杂,在沪师生能自由出入的不多,且旅费甚巨,告贷无门,交大全校由沪迁渝实属不能办成之事,国民政府教育部的训令无法贯彻,成了空文。黎照寰引咎请退,反复递交辞呈 10 余次,直到 1944 年 10 月才获准辞职。

学校管辖机构变更之后,管理学院教师中有钟伟成、沈奏廷、谭炳勋等离校,或辗转至交大重庆本部,或转至上海其他单位工作。学生中也有一年级郑擎一、沈熙敏、黄师杰,三年级汪苏离沪抵渝。90%以上的师生仍留在租界的交大继续教学,发奋学习,用掌握科学以求救国。

慑于爱国师生的抵制和社会舆论及交大校友的影响和压力,汪伪对学校人事、行政、教学未作变动,只对学校进行登记改名、归属其管辖和拨发经费。学校的培养目标、教学方针、传统作风得以与前基本上一脉相承。

汪伪政府接管之后,虽拨付一定的教育经费,但租界区内的办学环境仍然非常艰难。由于校区狭隘,设备分散,教学只能分散进行,师生们劳碌奔波,三餐不定。教室、实验室等因使用者众多,常需延长每日的开放时间才能让学生们轮流使用得上,且周末也不得休憩。代理校长张廷金屡次向汪伪政府提出要求收回被日军占领的徐家汇校园,均未能成功,只能继续滞留租界,艰难维持办学。

二、法租界的管理学院

(一)课程设置

管理学院在 20 世纪 30 年代本已初具规模,无论在教育宗旨、课程设置、教学方法上都

---

① 日军占领了上海公共租界,却没有占领上海法租界。主要原因是法国的维希政府已向德国投降,名义上成为德国的盟国,法国的海外势力为德国所得。德国竭力怂恿其盟国日本,不要急于改变租界现状。所以日本对德国的利益未敢随便触犯。

已自成系统。1936年,国民政府教育部曾令交通大学将管理学院改称商学院,这一决定遭到广大校友、教授会、师生的强烈反对,教育部只得收回成命,管理学院得以保存巩固。抗战时期,管理学院的特色得以保持。

抗战初期,管理学院抱定"本院为造就各项管理专才而设"的宗旨,课程设置基本与战前相同,有铁道管理、实业管理、财务管理和公务管理4系。1938学年始,公务管理系不再招生,原有学生并入财务管理系,称为财务公务系,后又改称财务管理系。1941年下半年至1945年抗战结束,管理学院维持了铁道管理、实业管理、财务管理3系的设置。

1940年交通大学管理学院的课程设置见表2-1～表2-3。

表 2-1　管理学院铁路管理系 1940 年课程表

课程名称	每学期学分数								课程学分数	每周授课时数	备注
	第一学期	第二学期	第三学期	第四学期	第五学期	第六学期	第七学期	第八学期			
国文	2	2	2	2					8	2～3	
英文	3	3	2	2					10	3～5	
高等数学	3	3							6	4	
经济原理	3	3							6	5	
会计原理	3	3							6	5	
现代史	1	1							2	2	
中国自然资源	1								1	2	
经济地理		2							2	3	
铁道运输原理	2	2							4	2	
社会学	2								2	3	
铁路发展史		1							1	3	
法、日、德、俄文			2	2					4	4	任选一种
财会数学			2	2					4	3	
货币及银行			2	2					4	3	
商业组织与财政			2	2					4	2	
中间账务			3	3					6	4	
铁路组织			2						2	3	
铁路乘客服务				2					2	3	
公共财政			2						2	3	
公共演讲			1						1	2	
铁路土木工程				2					2	3	
中文公文程式				1					1	2	

（续表）

课程名称	每学期学分数								课程学分数	每周授课时数	备注
	第一学期	第二学期	第三学期	第四学期	第五学期	第六学期	第七学期	第八学期			
法、日、德、俄文					2	2			4	3	任选一种
统计学					3	3			6	5	
机车机械					2				2	3	
机车管理						2			2	3	
铁路货运					3				3	4	
铁路货运等级与速率						3			3	4	
火车操作						3			3	4	
行李与载荷						1			1	2	
水路运输					2				2	3	
汽车运输						2			2	3	
城市运输					1				1	2	
空中运输						1			1	2	
铁路信号					2				2	3	
铁路财政					2				2	3	
铁路法						1			1	3	
成本核算					2	2			4	3	
英文公文程式					1				1	2	
经济原理							2	2	4	3	
铁路会计							2	2	4	3	
终点站和站台操作							3		3	4	
铁路储运管理							2	2	4	2	
汽车销售与财务							2		2	3	
汽车协作							2		2	3	
人事管理								2	2	3	
铁路统计								2	2	2	
铁路安全							2		2	2	
铁路操作中心								2	2	3	
政府管理								3	3	4	

（续表）

课程名称	每学期学分数								课程学分数	每周授课时数	备注
	第一学期	第二学期	第三学期	第四学期	第五学期	第六学期	第七学期	第八学期			
铁路操作与交通问题							2	2	4	3	
铁路管理研究							1	1	2	5	
专家演讲											
共计	20	20	20	20	20	18	18	156			

表 2 - 2　管理学院实业管理系 1940 年课程表

课程名称	每学期学分数								课程学分数	每周授课时数	备注
	第一学期	第二学期	第三学期	第四学期	第五学期	第六学期	第七学期	第八学期			
国文	2	2	2	2					8	2～3	
英文	3	3	2	2					10	3～5	
高等数学	3	3							6	4	
物理	2	2							4	3	
物理实验	1	1							2	2	
化学	2	2							4	3	
化学实验	1	1							2	3	
制图	1								1	3	
经济原理	3	3							6	5	
中国自然资源	1								1	3	
经济地理		2							2	3	
法、日、德、俄文			2	2					4	4	任选一种
财会原理			3	3					6	5	
货币和银行			2	2					4	3	
应用力学			3						3	3	
材料强度				3					3	3	
机械零件			2						2	2	
△工业心理学				2					2	2	
商业组织和管理			1						1	2	
公共演讲											

（续表）

课程名称	每学期学分数								课程学分数	每周授课时数	备注
	第一学期	第二学期	第三学期	第四学期	第五学期	第六学期	第七学期	第八学期			
中文公文程式				1					1	2	
翻砂实习			1						1	3	
机械厂实习				1					1	3	
法、日、德、俄文					2	2			4	3	任选一种
统计学					3	3			6	5	
商业法律					2	2			4	2	
机械工程					2	2			4	3	
机械工程实验					1				1	3	
电气工程					2	2			4	3	
电气工程实验						1			1	3	
工程材料					2				2	3	
工程工艺						2			2	3	
中间财会					3	3			6	4	
国内外商业					2				2	3	
国内外贸易						2			2	3	
运输因素						1			1	3	
△英文公文程式					1				1	2	
劳动力问题						2			2	3	
工业法律							2		2	3	
工厂管理						2	2		4	2	
购买与储藏						2	2		4	2～3	
成本核算						2			2	3	
高等成本核算							2		2	3	
工业市场						2			2	3	
工业交通管理							2		2	3	
销售管理与合同							1		1	2	
广告和机车						2			2	3	
保险或车辆管理							2		2	3	
公务管理						2			2	2	
预算						2			2	3	

（续表）

课程名称	每学期学分数								课程学分数	每周授课时数	备注
	第一学期	第二学期	第三学期	第四学期	第五学期	第六学期	第七学期	第八学期			
人事管理								2	2	3	
工业管理研究							2	2	4	3	
经济控制								2	2	3	
专家演讲							1	1	2	5	
共计	19	19	18	18	20	20	19	20	153		

表 2 – 3　管理学院公务管理系、财会管理系 1940 年课程表

课程名称	每学期学分数								课程学分数	每周授课时数	备注
	第一学期	第二学期	第三学期	第四学期	第五学期	第六学期	第七学期	第八学期			
国文	2	2	2	2					8	2～3	
英文	3	3	2	2					10	3～5	
高等数学	3	3							6	4	
经济原理	3	3							6	5	
财会原理	3	3							6	5	
现代史	1	1							2	2	
社会学	2								2	2	
心理学或法律原理		2							2	3	
中国自然资源或政治学	1								1	2	
经济地理		2							2	3	
中国通史	2	2							4	3	
法、日、德、俄文			2	2					4	4	任选一种
财会数学			2	2					4	3	
货币与银行			2	2					4	3	
中外关系			1	1					2	2	
中间财务			3	3					6	4	
商业会计			2	2					4	3	
公共财会			2	2					4	3	

（续表）

课程名称	每学期学分数								课程学分数	每周授课时数	备注
	第一学期	第二学期	第三学期	第四学期	第五学期	第六学期	第七学期	第八学期			
运输基础			1						1	3	
公共演讲				1					1	2	
中文公文程式			1						1	2	
共计	20	21	20	19					80		
（财会管理：）法、日、德、俄文					2	2			4	3	任选一种
统计学					3	3			6	5	
商业法					2	2			4	2	
国内外商业					2	0			2	3	
国内外贸易						2			2	3	
成本核算					2				2	3	
高等成本核算						2			2	3	
预算						2			2	3	
决算					2	2			4	3	
政府核算						2			2	3	
银行核算						2			2	3	
铁路核算					2				2	3	
高级银行					2				2	3	
财经形势分析						1			1	3	
铁路管理					2				2	3	
英文公文程式					1				1	2	
共计					20	20			40		
（财会管理：）经济理论							2	2	4	3	
经济思想史							1	1	2	2	
经济控制							2		2	3	
高等统计学								2	2	3	
铁路统计								2	2	2	
铁路财贸							2	2	4	3	
△计算机问题及○税收							2	2	4	3	

（续表）

课程名称	每学期学分数								课程学分数	每周授课时数	备注
	第一学期	第二学期	第三学期	第四学期	第五学期	第六学期	第七学期	第八学期			
国际商业政策							2	2	4	2	
公用事业经济或所得税计算							2		2	3	
△国际金融或○计算系统								2	2	3	
人事管理								2	2	3	
投资							2		2	3	
财经管理研究							2	2	4	3	
专家演讲							1	1	2	5	
共计							18	20	38		
（公务管理：）经济原理							2	2	4	3	
经济控制							2		2	3	
刑法							2		2	2	
人事管理								2	2	3	
远东政治发展								2	2	3	
公务管理							3		3	3	
税收							2	2	4	3	
政府收益							2		2	3	
铁路管理中的政府法规								2	2	3	
铁路核算							2	2	4	3	
外事机构或土地法								2	2	3	
管理法								3	3	3	
民法							2		2	3	
公共管理研究							2	2	4	3	
专家演讲							1	1	2	5	
共计							20	20	40		

注：△者为会计组学生选修，○者为财政组学生选修。

抗战时期，管理学院在教学上的特点基本得到维持。如教学上注重"经济学"的讲授，重视理论教学联系实际,在困难环境中仍坚持组织参观实习。学院对学生毕业论文仍严格要求,各科四年级论文均有指定教师担任指导,论文题目由教授们逐个核定。在近一年的时间里,毕业生们收集材料,专心研究,至次年 6 月,论文撰成,始准办理毕业事宜。

据《管理学院三十一年度第二学期院务总报告》①载:本院半年来教学情形尚称佳良。教员同上学期并无更动,惟添会计主任肖叔恩为副教授,担任铁道管理二年级客运一课。林时彦兼任讲师,担任财务管理四年级投资学。学生 138 人,均能努力向上,维持过去良好学风。课程仍照原编制实施。四年级论文研究均能续上学期,在原老师指导下完成毕业论文,成绩尚佳。关于事务方面,举办毕业生职业调查及介绍事宜,印就表格先由毕业生填写,并派专人办理,使学校与学生保持经常联络,遇有失业者尽力介绍。对品学兼优者保送去应考银行及本埠三行联合经济研究室,该室录取 4 名,全系本院学生。

《管理学院三十二年度第一学期院务总报告》载:教务方面,教学双方均尚努力,教员正副教授 13 人,只有副教授吴赓夔系新聘,专任讲师 3 人均系旧任,兼任讲师 7 人,新聘者 3 人。学生 160 人。各生处在生活艰难时,尚能安心学习。课程均依旧制实施。四年级论文均由教师分别指导,认真准备。

(二)教师与学生

1. 教师

1937—1942 年,管理学院院长为钟伟成。1942 年 8 月,上海的交通大学由汪伪政府教育部接管,钟伟成决意辞职,暂为主持院务至 11 月,课务正常进行后正式卸任。11 月起,院务由铁道管理系主任郁仁充、财务管理系主任蒋士麒及实业管理系主任郑惠益共同负责。1943 年 2 月始,郁仁充任代理院长,次年底正式任院长。

据编制《31 年度教员名单》记录,1943 年 3 月各学院教员有:

管理学院代理院长:郁仁充(兼铁道管理科主任);

教授:胡鸿勋、徐崇钦、熊宣、安绍云、余良;

副教授:郑惠益(兼实业管理科主任)、郑汝库、冯建维、陈恭谅、张宗谦、蒋士麒(兼财务管理科主任)、肖叔恩;

讲师:樊祥云、任存一、王同文、蒋嘉祥、桂思贞、林时彦;

助教:徐名朴、朱静、苏挺。

抗战时期,学院最初有教师 40 余人,1938 年 8 月骤减为 18 人。1942 年 8 月,汪伪教育部接管学校,原任教师辞职离校者甚多,以致成本会计、铁道会计等课程拖延数周。1942 年秋,管理学院有教授、副教授、专任讲师各 6 人,助教 3 人,兼任讲师 4 人;共计 25 人,其中新聘教师 11 人,高达 44%。此后,教师人数在 25 上下略有增减。

这一阶段,曾在管理学院任教的教师有:钟伟成、沈奏廷、李炳华、严励平、郁仁充、谭炳勋、熊大惠、陈振铣、安绍芸、查修、冯建维、郑惠益、林叠、俞希稷、汪仲良、黄荫莱、张宗谦、夏晋麟、蒋士麒、余良、王同文、黄宝桐、徐松麟、胡亦生、王烈望、任家诚、黄宗瑜、谢铭怡、戴葆

---

① 此处的"三十一年"是指民国三十一年,以下同。

鎏、樊守执、龚清洁、胡纪常、莫若强、徐钟济、蒋士驹、徐名朴、胡鸿勋、徐仁、郑汝祥、倪文宙、沈超、蒋嘉祥、林时彦、朱静、苏挺、濮长庚、徐崇钦、程君耀、陈书绅、吴人杰、陈恭谅、萧叔恩、朱彬元、黄恭仪、崔晓岑、王钧璈、穆家骥、桂思卓、邓显尧、王尔杰、徐松年、吴赓夔、王乃益等。

钟伟成（1898—1986），江苏江都人。1915 年就读于上海圣约翰大学。1918 年赴美留学。1921 年获伊利诺大学商学学士后，再入芝加哥大学研究院研修管理学。1922 年回国后先后担任交通部秘书、暨南大学教授等。自 1929 年起长期担任交通大学教授、管理学院院长。中华人民共和国成立后，曾任交通大学校务委员会常务委员、东吴大学第一副校长等职。

沈奏廷（1904—1963），字谏初，浙江余杭人。1928 年毕业于本校铁路管理学科。1929 至 1930 年在美国宾夕法尼亚大学研究院学习。1932 年回国曾任唐山交大、上海交大教授。铁路运输学科的奠基人。其列入商务印书馆大学丛书、于 1935 年出版的著作《铁路货运业务》《铁路运价之理论与实际》是我国最早出版的铁路运输专业教程。

李炳华，1892 年生，福建林森人。美国威斯康星大学运输经济博士。曾任燕京大学教授及系主任，浙江大学、圣约翰大学、交通大学教授。

严励平，江苏宝山人。本校机械工程学士，美国康奈尔大学机械工程硕士，西屋公司电器制造厂实习。曾任交通大学教授。

郁仁充，浙江吴兴人。本校铁路管理科学士，美国宾夕法尼亚大学商业管理硕士，曾任交通大学教授。

谭炳勋，广东王平人。本校铁路管理科学士，美国宾夕法尼亚大学商业管理硕士，曾任交通大学教授。

熊大惠，1908 年生，江西南昌人。美国宾夕法尼亚大学运输硕士，历任京沪铁路局部派适用、江西公路处、交通部航政司专员，重庆大学、沪江大学、上海商学院、暨南大学、交通大学教授。

陈振铣，福建人。1931 年毕业于交通大学，美国伊利诺大学会计学硕士。曾任东南联大商学院院长、交通大学教授、东吴大学会计系首任系主任。

安绍芸（1900—1976），河北武清人。我国现代会计创始人之一。1923 年清华学堂毕业，美国威斯康星大学经济学硕士，回国后曾任交通大学、国立上海商学院会计学教授，并开设会计事务所。1949 年后，担任财政部会计制度司司长，主持设计全国统一的会计制度。

查修，安徽人。美国伊利诺大学图书馆学学士，政治经济学博士。曾任暨南大学教授兼图书馆主任，交通大学教授、图书馆馆长等职。

冯建维，广东南海人。美国宾夕法尼亚大学硕士。曾任南方大学教务长、浙江大学、交通大学教授等。

郑惠益，福州人。美国俄亥俄州大学经济博士。曾任沪江大学、交通大学教授等。

这一时期教师的学术研究著作有：管院教员李炳华教授著有《中国运输论》，沈奏廷教授著有《铁路货运业务》《铁路运价值理论与实际》，熊大惠副教授著《运输学水道篇》等。

2. 学生

1937 年年底管理学院在校生共 179 人,以后学生人数逐渐增加,1940 学年、1941 学年学生人数突破 200 人,恢复甚至超过 1936 年的在校人数。1942 年 8 月汪伪接管学校后,学生人数一度降到 152 人,比 1941 学年减少 1/4,甚至低于抗战初期因交通不便学生无法按时返学、辍学者甚众的 1937 年第一学期,成为抗战期间管理学院人数最少的一段时间。

表 2 - 4　1937—1944 学年交通大学管理学院学生人数统计表(上海)

人数　　　　届别 级别	1937	1938	1939	1940	1941	1942	1943	1944
一年级	68	49	68	73	68	47	64	98
二年级	44	38	44	59	59	34	38	48
三年级	38	31	38	41	50	36	23	34
四年级	29	44	28	38	39	35	35	25
总计	179	162	178	211	216	152	160	205

抗战时期,管理学院有 8 届毕业生,共计 272 人(见表 2 - 5)。

表 2 - 5　1938—1945 学年交通大学管理学院毕业生统计表(上海)

人数　　　　届别 专业	1938	1939	1940	1941	1942	1943	1944	1945
铁道管理系	21	15	9	9	20	14	16	10
财务管理系	4	10	10	16	10	12	9	8
实业管理系	9	14	5	9	9	6	9	4
公务管理系	3	4	4	3	/	/	/	/
总计	37	43	28	37	39	32	34	22

沈讴

租界局势日渐动荡、环境艰苦,学生们虽然衣食紧张,因教室、实验室散置各处而来回奔波、茶饭无常,但是大家仍然学习热情高涨,积极地参加学校和社团如"交大基督教青年会"、"工余联谊社"组织的如"救济失学义卖"等各项活动。这一时期,中共交大地下党组织也得到了进一步的发展。中共交大地下党自 1944 以来在积极分子中发展党员,到抗战胜利前夕人数已达 25 人。其中运输系:沈讴[①]、张琪华(汤又新);财务系:叶公毅(薛杰)、朱爱菊(杨波)、徐明德(桌清)、孙畹珠(侯英)。

----

① 沈讴(1925—),浙江嘉兴人,中学时加入中国共产党,1943 年考入本校管理学院运输系,1947 年毕业。曾任上海铁路局党委宣传部部长、上海市经委副主任。

管理学院的学生们亦执着地开展以学术为主导的各项活动。1938 年各科均成立了专业学会:铁道管理科学生组织了铁道管理学会,财务管理科学生组织了财务管理学会,实业管理科学生组织了实业管理学会。

1938 年 10 月初,管理学院学生杨天令、杨宝濂、张芝祥、苏挺、邓津梁等人发起重新组织实业管理学会,目标是"提倡科学管理精深之研究,及赞助中国实业发展与改进"。

1938 年,财务管理二年级班长董庆煊、三年级班长顾黄城二人发起组织成立"财务管理学会",目标有三:研究学术;联络感情;帮助毕业生求职。财务管理系四个年级约 100 人参加,顾黄城任会长,董庆煊任副会长。学会还聘请张廷金、范会国、郁仁充、蒋士麒、徐松麟等为名誉顾问。

在教师的指导下,各学会都举行了演讲、参观和研究活动。据《管理学院二十八年度第一学期总结报告》称:学院的 3 个学会,本学期在进行演讲、参观、研究方面颇为努力。

这一时期管理学院的学生在出版物方面也有不少成绩。

1937 年 2 月,管理学院编辑的《管理》(双月刊)第一卷第五期正式出版发行。4 月,《管理》第二卷第一期编辑出版。刊载的主要论文有林叠的《人事行政组织之研究》、许靖的《美国铁路管理到达货运事务之组织与方法》、王烈望的《现代企业组织问题之检讨》等等。7 月,《管理》第二卷第二期编辑出版。刊载内容有钟伟成的《送别本届毕业生》、沈奏廷的《吾国铁路实行货物夜间装卸制度之审订》、任家诚的《退休与赡养金制度》等。钟伟成在《送别本届毕业生》文中,劝勉毕业生在"建立毕业的事业"时需具备五德即"诚实不欺""工作正确""办事勤恳""学识充裕""精神愉快",并进一步阐明"将来欲图非常之成功,仍必以深思为根本"。

1939 年 11 月,《交通大学实业管理学会会刊》出版发行,老校长唐文治先生题签封面。该刊载有发刊词、本会简史,及史志学的《祝实业管理学会会刊之前途》;顾炳元的《人事管理概要》;杨昌龄的《实业军用化危仪》;郁仁充的《实业运输管理问题》;熊大惠的《成本会计之新趋势》;同宝鲧译的《中国工业三年计划》;张积仁的《战时工资问题》等文章。

1943 年 6 月 9 日,汪伪教育部致令解散现有各种社团学会,并不得再成立除青年模范团以外的非法社团,各种出版物亦应依法登记受检后始得发行。从此,学生活动和出版物也受到了限制。

抗日战争的爆发也影响到了学生们的毕业去向。抗战开始后,沿海一带工厂企业纷纷内迁;同时,内地交通工程建设任务繁重,急需大批交通工程和管理人才。奔赴内地,参加建设,成为在上海租界学习的交大毕业生的首选。

1938 年 8 月 14 日,教育部高等教育司司长吴俊升致函黎照寰校长有关毕业生后方服务办法的规定,称制订民国 27 年度毕业生送后方服务办法及分发服务办法。办法规定:①毕业生应全体送后方服务,不服从者不给毕业证书;②来后方者先至昆明集中学习,未分配前每人发 30 元生活费;③来后方毕业生由教育部津贴旅费各 250 元,分 3 次发给。

12 月 21 日,管理学院民国二十六年度(1937 年 7 月—1938 年 7 月)就毕业生分配赴任情况报告校长室。称:毕业生 37 人,均奉交通部令派部属各机关服务,其中金彭令、刘景峰等 20

人已去报到,还有林一鹇、金先邑、钱承汉等 17 人在部令未到前已去湘鄂、粤、贵、川等处。

三、在重庆的管理学科

1940 年 11 月交大重庆分校初开时,并没有设置管理学科,1942 年教育部下令交大上海学校全体迁渝。考虑到交大上海学校学科设置的特点,交大渝校决定开办交大传统学科管理系。为适应抗战和内地建设的需要,学校又逐渐对已有学科进行调整和扩充。这一时期,管理学科在重庆总校得到了迅速发展。

1942 年交大重庆总校恢复管理系;1943 年暑假,管理系改为运输管理系,同时恢复财务管理系,并增设工业管理系;1945 年再增设电讯管理系,至此恢复了战前交通大学管理学科 4 个系的规模。

(一)教学设置

1. 运输管理系

运输管理系即战前的铁道管理系。1942 年秋,国民政府教育部令交大总校内迁九龙坡合并办学,限于经费,管理学科只准设系,称为管理系。该系教师鉴于后方水、陆、空配合运输的重要性,将学科研究范围稍加扩展,1943 年管理系改名为运输管理系。

运输管理系的教育方针,首在使学生认识西方运输管理的各种原理与技术;其次,使其明了中国运输管理现状及改革之道。中西理论相互配合,为学生将来在实际工作中有所创新奠定基础。运输管理课程就性质而言,可分为运输、工程、经济三大类。因为运输管理人才,除应具有管理运输事业之专门技能外,也需了解经济、工程方面的基本知识,方能在工作中触类旁通,游刃有余。

重庆交大运输管理系 1943 年各年级课程见表 2 - 6。

表 2 - 6　运输管理系 1943 年课程表

课程名称	每学期学分数								课程学分数	每周授课时数	备注
	第一学期	第二学期	第三学期	第四学期	第五学期	第六学期	第七学期	第八学期			
国文	3	3							6	3	
英文	3	2							5	3	
商业数学	3	3							6	3	
交通史	1	1							2	2	
经济地理	1	1							2	2	
运输原理学	3	3							6	4	
经济学	3	3							6	4	
会计学	3	3							6	4	
财政学	2	2							4	3	

（续表）

课程名称	每学期学分数								课程学分数	每周授课时数	备注
	第一学期	第二学期	第三学期	第四学期	第五学期	第六学期	第七学期	第八学期			
工商组织与管理	1	1							2	2	
铁道组织与管理			2	2					4	2	
铁道业务			3	3					6	4	
铁道及公路工程				2					4	3	
公司财政			2	2					4	3	
铁道财政			2	2					4	3	
高等会计			3	3					6	4	
成本会计			3	3					6	4	
经济学说与制度			3	3					6	4	
统计学			2	2					4	3	
铁道运价					3	3			6	4	
铁道运输					3	3			6	4	
铁道行车机务					2				2	3	
汽车工程						2			2	3	
车站管理					3	3			6	3	
公路管理					3	3			6	3	
水运管理					3	3			6	3	
材料管理					2	2			4	3	
国际贸易					2	2			4	3	
运输问题							3	3	6	4	
论文							3	3	6	4	
铁道会计							3	3	6		
铁道统计							3	3	6	4	
战时铁道运输与管理							2		2	3	
空运管理							2	2	4	3	
电政管理							3		3	4	
邮政管理								3	3	4	
政府财政							2	2	4	3	
行政学								2	2	3	
共计	23	22	20	22	21	21	21	21	171		

重庆的交通运输管理系首位系主任为战前交大管理学院院长钟伟成。1942年汪伪政府接管交大,钟伟成愤而离校,赴重庆交大,适逢重庆学校恢复管理学科,钟伟成遂任运输管理系主任。不久,钟伟成赴美考察,徐仲宣代理系主任。1943年徐氏辞职,校长吴保丰聘沈奏廷继任。沈奏廷为中国铁道管理专家,其任职两年中,交大运输管理系气象蓬勃,被称作该系在内地的"中兴阶段"。1945年夏,沈离校,熊大惠接任系主任。

1944年底,在运输管理系任教者有李熙谋、沈奏廷、许靖、陈振铣、祝百英、沈立人、王文光、梁传愈、熊大惠、王烈望、周健民、王思立、吴澍、陶大镛、顾家骥、潘慧珠、李竹、黄连荫、周柏栋等。[①] 其中,沈奏廷、陈振铣、熊大惠、王烈望等教师皆从上海交大内迁而来。

2. 财务管理系

1942年汪伪接管上海的交通大学之后,管理学院部分财务管理系的师生内迁来渝,由于人数不多,当年暂入管理系上课。1943年,一方面上海的师生纷纷内迁来到九龙坡,另一方面重庆学校增聘教授、招收新生,昔日交通大学管理学院的财务管理系遂在重庆得以重生。但由于经费、师资及生源等问题,财务管理系一度并在运输管理系内,由沈奏廷兼任系主任,教师也由运输管理系教师兼任。

财务管理系的目标在于培养理财专才,因此设置课程的准则是理论与实务并重,使学生对于财政经济理论有所了解,同时具备财务管理技术。抗战前,交大财务管理系设有财政统计、金融、银行等课程,着重金融、企业等事务,课程偏重于财政、赋税、会计、统计。重庆的交大恢复财务管理系后,增加了经济、财务方面的课程,同时,会计、统计方面的课程也占一定比例。其课程设置标准有三个:一是研究有关经济知识与经济制度;二是讲授财政学术;三是学习有关财政管理技术,以使学生四年内修毕经济、会计、统计三大科目。

重庆交大财务管理系一年级课程和运输管理系相同;二年级设9门课程,计40学分;三年级设9门课程,计42学分;四年级设13门课程,计46学分。财务管理系1943年各年级课程见表2-7。

表 2-7　财务管理系 1943 年课程表

课程名称	每学期学分数								课程学分数	每周授课时数	备注
	第一学期	第二学期	第三学期	第四学期	第五学期	第六学期	第七学期	第八学期			
铁道财政			3	3					6	3	
银行与货币			2	2					4	3	
高等会计			3	2					5	4	
成本会计			3						3	4	
高等成本会计				3					3	4	

---

① 《送达:教育部——赍呈本校职教员学生数等报告简表》。上交档:LS2-147。

（续表）

课程名称	每学期学分数								课程学分数	每周授课时数	备注
	第一学期	第二学期	第三学期	第四学期	第五学期	第六学期	第七学期	第八学期			
铁道组织与管理			1	1					2	2	
铁道业务			3	3					6	4	
经济学与制度			3	3					6	4	
统计学			2	2					4	3	
高等银行学					3	3			6	4	
国际贸易					2	2			4	3	
会计制度					3	3			6	4	
政府会计					2	2			4	3	
银行会计					2				2	3	
审计学					3	3			6	3	本系一年级课程与运输管理系一年级课程相同,故本表中作省略
铁道运价					3	3			6	4	
公路管理					3	3			6	4	
商法						2			2	3	
财务会计问题							3	3	6	4	
政府财政							2	2	4	3	
铁道会计							3	3	6		
金融管理							2	2	4	3	
空运管理							2	2	4	3	
电政管理							3		3	4	
邮政管理								3	3	4	
行政学								2	2	3	
论文							3	3	6		
共计			20	19	21	21	18	20	119		

3. 工业管理系

工业管理系是交通大学1943年重庆创办的一个新专业。当时正处于抗战后期,"工业建国"呼声甚高,不少工业企业界人士深感我国工矿企业"组织散漫,效率低落,缺乏管理方法,无以形成大规模生产的格局;同时认识到工业中工程技术人才与管理人才实有相辅相成的作用"。[①] 交大教务长李熙谋更认为振兴工业,交大"责无旁贷",[②]积极推动创立工业管理系,并自兼系主任,辟划经营,苦心扶持,至抗战结束,交大工业管理系已经初具规模。

教务长李熙谋和管理系教授沈立人参照美国麻省理工学院工业管理学院的标准,注意针对当时中国各大学所办工业管理系偏重于单纯讲授管理知识的局限,在课程设置方面加强基本工程知识的教学,使管理与工业紧密结合,以期提高工业管理人才的素质。

大体上讲,一年级有数理化、国文、外语等基础课程,与工学院没有分别。二、三年级开始工程与管理学科并进,有应用力学、材料力学、机械原理、热机学、工具机、电机等工程类课程,也有初等会计、成本会计、工业会计、统计学、经济学原理、财政学、货币银行、企业组织与理财、工业生产、市场学、生产效率等管理类课程。四年级着重专题讨论,设有工业专题、劳资问题、运输专题等较深专题,促使学生运用各种工业知识与技术分析解决实际问题。由于课程杂且深,学生刚接触时往往有"南辕北辙"之感,然而仔细分析,又会觉得软硬调和,不像纯粹工科般无趣。

虽然李熙谋对工业管理系教授的罗致煞费苦心,但因当时中国国内能够讲授该系课程的专业人士太少,所以相比于运输管理和财务管理两系,工业管理的教师还是比较少的。重庆时期,工业管理系的专任教师有李熙谋、沈立人、祝百英等人。1945年春,因李熙谋公务繁忙,改由祝百英担任系主任。

李熙谋(1896—1975),字振吾,浙江嘉善西塘镇人。1915年入本校,电机专业毕业,考取浙江官费留美生,先后获麻省理工学院硕士、哈佛大学博士学位。回国后任教浙江大学、暨南大学。1927年任浙江大学工学院首任院长,次年兼任浙江第一任电话局局长、省广播电台台长。1941年任交大重庆分校教授、教务长。抗战胜利返沪后兼任上海市教育局副局长。1947年当选国大代表。曾任国民政府驻联合国教科文组织驻日代表、台湾省立博物馆馆长兼行政院原子能委员会执行秘书、教育部常务次长、台湾电子研究所所长、行政院原子能委员会专任委员等职。1970年任台湾私立东吴大学理工学院院长。

李熙谋

祝百英(1902—1990),浙江鄞县人。1926年毕业于本校电机系,1926—1929年在苏联中山大学红色教授研究院学习。回国后,历任交通大学教授、系主任、训导长等职。

沈立人,1927年生。毕业于东吴大学经济系。1949年后,在苏州税务局、苏南财委、江苏省计委工作。1980年任中国社科院经济所研究院兼宏观室副主任。1986年任江苏省社

① 《交通大学民三七级纪念刊》。上交档。
② 《交大概况》,国际交通大学迈社出版社,第26页。

科院经济所所长、省社联副主席。

（二）学生情况

1942 年管理系初建时，只有运输管理一个专业，一个年级，52 名学生，其中女生 8 名（全校女生 13 名），是全校女生最多的专业。随着财务管理、工业管理等系的成立，学校管理学科的学生人数迅速增长，但由于建系较晚，至 1945 年抗战胜利结束，管理学科的三个系尚没有毕业生。

管理学科各系同学多能团结一致，埋头苦读，并能于课余从事各项课外活动。管理学会仍旧活跃，财政学会交大分会又于 1943 年成立，该会以提倡学术研究为宗旨，并开设财政学会图书室，搜集课内课外参考书，定时开放，以补课本之不足。各系系会也活动颇多，财务管理系定期办壁报《交大财务》，作为学生写作园地，内容有关金融、经济、会计、财政，并请学者或教授撰稿。

随着抗日战争的推进，学生们出于爱国热忱，纷纷积极响应政府征调号召。1943 年 10 月，据《32 年度第一学期应征译员学生名单》，运输管理系四年级黄辛箴、陈光裕等 12 人，响应国民党政府征调从军担任译员。1944 年 11 月，学校报名从军学生共有 102 人，其中运输管理系 15 人，财务管理系 5 人，工业管理系 1 人，以后还有学生陆续要求从军。

这一时期，不同于沪校重建中共党组织，队伍逐渐扩大，渝校所在地重庆作为战时陪都，政治气氛紧张，学校成立训导处，限制学生团体、出版、集会等活动，国民党交大区党部、三青团组织相继成立，与训导处三位一体钳制着师生的思想和行动。中共提出"隐蔽精干、长期埋伏、积蓄力量、以待时机"的方针，指示重庆的各大学里不建立中共组织。当时渝校管理学科中有失掉联系的党员和党外围组织成员财务管理系学生吴敢群和运输管理系学生周盼吾等，和其他地下党员们一样，都只能自己根据《新华日报》《群众》杂志等报刊上的公开言论去分析判断形势，以个人身份进行活动。1943 年后，抗日战争形势有了很大的改观，交大渝校中才开始建立进步青年积极分子"据点"，接受《新华日报》青年组的指导进行工作。

周盼吾，1922 年生于四川綦江县一个农民家庭。在綦江县中学学习期间，他在进步教师、中共地下党员夏奇峰、李冰洁的关怀下，阅读了《大众哲学》《群众》等进步书刊。1939 年 3 月加入中国共产党，并担任綦江县中学第一个学生党支部的组织委员。1940 年暑假他和党组织失去了联系。之后于 1943 年秋，考取交大渝校运输管理系。于任学生自治会主席期间，带领自治会组织了诸多如"反美扶日"①"反饥饿、反内战、反独裁"等的进步活动。

周盼吾

---

① "反美扶日运动"是中国人民反对美帝国主义复活日本军国主义的爱国运动。第二次世界大战后，美国政府积极推行重新武装日本法西斯的政策，公开复活日本侵略势力。1948 年 5 月 4 日，上海万余学生集会游行，发起组织"反美扶日联合会"，并通电全国；20 日，又针对美国于前日公布的实质为减少日本战争赔偿、扶持日本财阀的"特赖伯计划"，发起 10 万人反美扶日签名运动，受到社会各界进步人士的支持和响应。运动很快发展到北平、南京等地，把全国反美扶日运动推向了高潮。

四、抗战胜利后的管理学院

(一)学校复员

1945 年 8 月 15 日,日本宣布无条件投降。中国大地一片欢腾,苦难的中国人民终于取得了抗日战争的胜利。交通大学两地师生以无比高兴的心情投入欢庆胜利的活动。交大重庆部分师生当晚得知胜利消息,各个奔走相告,爆竹齐鸣,热泪盈眶,学生们敲着洗脸盆,欣喜若狂。在吴保丰校长带领下,奔出校外,结队参加游行,欢呼抗战胜利。交大上海学校的师生们,同样以欢欣鼓舞的心情迎接胜利。离开美丽的徐家汇校园,寄人篱下八年,现在终于可以回校上课了。师生们纷纷以极高的热情,投入清理、搬运等回校准备工作。

八年抗战是一个特殊的年代,在日军侵华的浩劫中,交大失去了校园,遭受到从未有过的损失和煎熬。然而,沪渝两地交大师生在民族危难之际,体谅时艰,自强不息,无论是在沪借地求存,还是在渝异地办学,都经受住了最艰难的考验。在设备简陋、环境恶劣、经费短绌、生活困苦的条件下,努力向学,共同发扬和继承了交通大学的优良传统。抗战胜利,满怀希望的交大师生重整旗鼓,开始准备返回上海徐家汇校园,迎接学校和国家的新生。

抗日战争结束后,重庆分校奉命复员,迅速组织复员委员会。从 1945 年 9 月开始,历时一年,全员分六批陆续返回上海。9 月 21 日,教务长李熙谋等人赴中华学艺社接收交大沪校。9 月 26 日,国民政府教育部发布《收复区中等以上学校甄审办法》,将沦陷区内专科以上的公立学校核定为"伪学校",一律关闭整顿,其学生也定为"伪学生",不承认其学籍出身。已经在徐家汇校园清理、恢复一个月,并开学复课的交大沪校又被迫停课。在这样的状况下,中共地下党组织领导了反"甄审"斗争,在社会各界的同情和支持下,1945 年底,国民政府教育部决定成立"国立上海临时大学补习班"(简称"临大"),交大沪校被归入在临大四分部(又称交大分部),在徐家汇校园内开学上课。随着渝校三、四年级学生到沪,12 月,沪校学生以"临大"身份与渝校学生共同坐在了同一课堂。1946 年 4 月中旬,渝校师生基本复员上海,重庆交大正式宣布结束。6 月,上海临大四分部补习班期满,学生全部转入国立交通大学。20 日,学校呈函交通部,要求恢复交通大学理、工、管三院,于 9 月 19 日获教育部批准。

(二)复员后的管理学院

1. 学院设置

抗战胜利结束时,交大两校的管理学科设置如表 2 - 8 所示。

表 2 - 8 1945 年 8 月交大沪、渝两校管理学科设置情况

校区	系别
沪校(管理学院)	铁道管理系
	财务管理系
	实业管理系

（续表）

校区	系别
渝校	运输管理系
	财务管理系
	工业管理系
	电讯管理系 （1945 年应交通部电信总局需求而设）

1946 年,管理学院恢复后,一面积极改进课程、充实图书设备,一面在学校支持下,除恢复车务、电信、会计统计等实验室外,还拟新建交通器材模型标本室、商品标本室,创建经济研究室和交通教育函授部。同时,将电讯管理系更名为电信工程管理系;而战前原属管理学院的实业管理系,则与渝校的工业管理系合并,于 11 月改属工学院。

1946 年 6 月 26 日,全面内战爆发,由于经费紧张,1947 年 4 月 4 日,国民政府教育部决定,停办航海、轮机两专科,扬言要撤销开办 30 年的管理学院。经全校师生的护校斗争,轮机、航海两专科得以保存,航海专修科扩充为航业管理系,归入管理学院。

1948 年学院又应电信总局的委托,增办了电信管理专修科。

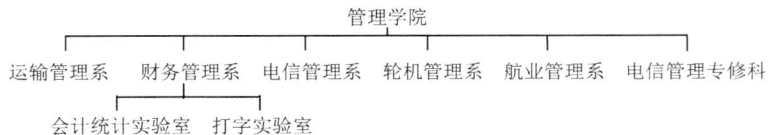

管理学院组织结构图(1949 年 1 月)

恢复后的管理学院由钟伟成任院长。《交大周刊》第三期,赤水在《管理学院人才济济》一文中写道:"管理学院自钟院长重掌院务以来,积极改进,并延揽管理专家担任教授,本学期新聘教授计有陈树曦（授铁路号志应用）、张家谦（经济学人事管理）、铁景远（公路运输安全）、朱啸谷（国际贸易）、程开骝、陈锡（铁路理财）、王雅文（公路工程与汽车结构）等多位。"周刊第四期上,学生以《钟院长掌院以来的管理学院》为题,盛赞"院务发展,一日千里,同学出路,供不应求"。更重要的是钟院长在学校里倡导新思想、新观念。在钟院长的倡导下,管理学院的教授活跃在学校的各类学术活动中,并时有抨击时弊,支持爱国的言行。1947 年护校斗争后,钟伟成院长被迫辞职,管理学院院长一职,先后有程孝刚校长和王之卓校长兼任,具体院务由郁仁充教授协助办理。

在教育宗旨上,管理学院明确为"研究各种管理学术,培养各种管理专才,以适应国家经济建设的需要",[①]较抗战前的"本院为造就各项管理人才而设"有较大发展。

学院的教学方针是:"对于国文、英文、数学、经济学、会计等基本课目,则采取积极灌输与严格训练方法,着重于教员方面之详细解释与严密督促,以明达熟练为目的,对于专门课

---

① 上交档:文书档案 543—5—49。

目则采取指导研究,启发讨论之办法,以专精切实为目的。"[1]

　　管理学院的实习主要靠社会参观与到工厂、企业实习。"然本院教授和学生并不以此而减笃学勤研之精神,各系课程皆经研究改进,内容丰富,一切实用"。[2] 全院课程安排主要分为五大类:各系专门课程、社会科学基本课程、治学必需基本课程(国文、外文)、有关的工程课程、近代科学管理课程。

　　表 2-9 是 1946—1948 年交大管理学院毕业生人数统计。

表 2-9　1946—1948 年交通大学管理学院毕业生统计表

人数　　系别 届别	运输管理系	财务管理系	电信管理系	航业管理系
1946	12(铁道管理)	13	0	0
1947	40	40	0	4(专)
1948	67	65	12(专)	26(专)

2. 各系概况

1) 运输管理系

(1) 课程设置。

　　在重庆交大时,学校将铁路、航空、水运及公路的管理皆包含在该系内,称运输管理系。战后,沪校铁道管理系并入该系。

　　该系的课程设置原则是:"以有关运输管理与实务之专门学术为对象,分别为铁路、公路、水运及民运、航空四大部分,而仍以铁路研究管理之研究为重心,再以铁路管理学术之原理而引申、增益。"[3]

　　运输管理系在战前有车务实验室、会计统计实验室、电报实验室等。战后,这些实验室恢复缓慢,学生寒暑假大部前往各铁路局、轮船公司、航空公司实习。

　　课程按基本课目、专门基本课目、专门课目、选修课目四大类编制。第一类有国文、英文、数学、经济学、会计学、统计学、组织学等;第二类有铁路、公路、水道、航空各种运输原理;第三类有运输的客货业务、运价管理、行车管理、终点及车场管理、机场及航路管理、公路管理、港埠管理、远洋船舶管理、铁路理财及会计等;第四类有劳工问题、人事管理、材料管理、总务管理,及各类商业经济课目。该系于三四年级再分铁路、公路、航空、水道四门。

　　表 2-10 是运输管理系学生 1945—1949 年课程表,基本反映了这一时期该系的课程设置。

---

① 《交通大学校史资料选编》第 2 卷,第 511 页。
② 《交通大学校史资料选编》第 2 卷,第 576 页。
③ 《交通大学校史资料选编》第 2 卷,第 550 页。

表2-10 运输管理系学生1945—1949年课程表

学号＿＿＿ 姓名＿＿＿ 性别＿＿＿ 入校年岁＿＿＿ 籍贯＿＿＿ 省＿＿＿ 县＿＿＿ 市＿＿＿ 学院 管理学院 系 运输管理系 副系＿＿＿

第一学年（民国＿年至＿年）一年级

学程号码	学程名称	第一学期 学分	成绩	第二学期 学分	成绩
	国文	2		3	
	英文	3		3	
	会计学	3		3	
	经济学	3		3	
	运输原理	3		3	
	物理讲授	2		2	
	物理试验	1		1	
	运输大意	2		2	
	经济地理	2		2	
	企业组织	2		2	
	铁道工程	2			
	中国历史	0		0	
	中国地理	0		0	

第二学年（民国＿年至＿年）二年级

学程号码	学程名称	第一学期 学分	成绩	第二学期 学分	成绩
	国文	2		2	
	英文	2		2	
	交通史	2			
	社会学	2		2	
	航空运输	2		2	
	铁道组织	2			
	理财数学	2			
	高等会计	3		3	
	货币银行	2		2	
	企业组织	2		2	
	铁道工程	2			
	心理学				

第三学年（民国＿年至＿年）三年级

学程号码	学程名称	第一学期 学分	成绩	第二学期 学分	成绩
	水道运输	2		2	
	货仓及运输	2		2	
	车辆支配	2			
	铁道行车	2		2	
	铁道车场及管理	2		2	
	货运	2			
	实业管理	2			
	人事管理	2			
	铁道财政	2			
	成本会计	2		2	
	统计学	3		3	
	汽车工程				

第四学年（民国＿年至＿年）四年级

学程号码	学程名称	第一学期 学分	成绩	第二学期 学分	成绩
	论文研究				
	专题讨论	2		2	
	初级日文				
	运输讲座	2		2	
	公路运输	2		2	
	铁路运转经济	2		2	
	公路行车及管制	2			
	铁道会计	2		2	
	铁道号志	2			
	材料管理及采购	2		2	
	三民主义	0			
	体育	0		0	

（续表）

第一学年（民国　年至　年）一年级

科目	年至	年
总理遗训	0	0
总裁言论	0	0
军训学科	0	0
抗战史料	0	0
总计	21	24
平均成绩		
操行成绩		
学分累计		

附注：

第二学年（民国　年至　年）二年级

科目	年至	年
客运		2
货运		3
机车结构		2
总计	23	20
平均成绩		
操行成绩		
学分累计	66	86

附注：

第三学年（民国　年至　年）三年级

科目	年至	年
海洋保险	2	2
劳动问题		2
码头管理		2
船舶管理		2
总计	23	21
平均成绩		
操行成绩		
学分累计	109	130

附注：

第四学年（民国　年至　年）四年级

科目	年至	年
铁路统计		2
机场管理		
总计	14	14
平均成绩		
操行成绩		
学分累计	144	158
毕业总平均：		

附注：

（2）教师。

复员后，运输管理系系主任为黄宗瑜教授。在钟伟成院长和系主任的积极活动下，该系正式聘有 12 位正副教授之外，还聘请了约 16 位兼职教授，大大充实了该系的师资力量。

这一时期在运输管理系先后任教的教师有：黄宗瑜、周仁、张震、郁仁充、严砺平、周凤图、张宗谦、龚清洁、钟伟成、沈奏廷、王同文、曾世荣、徐宗蔚、朱啸谷、陈树曦、陈锡、钱景渊、刘之光、冯建维、朱曾杰、吴乙甲、潘家振、郑惠祥、梁在平、肖立坤、周健民、王思立、顾家骥、褚保聪、王文瀚、李竹、杨媞妹、陈鸿荃、赵伯豪、张新康、周谨、陈湖、孙启霞。其中，教授 26 人，副教授 5 人，助教 8 人。

部分教授前面已有介绍，根据所掌握的材料，其他教授情况如下：

黄宗瑜，1915 年生，字伯鲁，江西南昌人。交大铁路管理学士，毕业后前往美国实习研究铁路运输管理。回国后，先后任交通大学助教、讲师，暨南大学讲师，广西大学兼任教授，京沪杭甬铁路研究所专员，浙赣铁路理事会营运处长，交通大学教授兼运输管理系主任等职。

周仁（1910—1966），字力行，浙江萧山人。1936 年交大财务管理系毕业，1939 年留学美国西北大学，获工商管理硕士。回国后，先后任重庆民生公司会计处专员、重庆上海三北公司会计处主任。曾任大华大学、交通大学、上海财经学院教授。

张震（1916—2008），浙江海宁人。1939 年毕业于交大管理学院，1945 年获美国宾夕法尼亚大学运输经济学博士学位。回国后任交通大学教授。1949 年后，历任北京交通大学副教务长，西安交通大学教授，上海交通大学工业管理工程系主任，运输研究所所长，国务院学位委员会第一届学科评议组成员。

龚清洁（1909—2001），江苏崇明（今属上海市）人。1930 年毕业于交大管理学院，1935 年获美国伊利诺大学会计硕士，1937 年

黄宗瑜

获西北大学工商管理硕士。曾任美国芝加哥赫勃罗会计师事务所助理。回国后，先后任上海东吴大学、复旦大学、光华大学、沪江大学、交通大学教授，上海财经学院教授兼会计统计系主任，中国会计学会副会长。主编有《会计辞典》等。

周凤图，留美博士，长期任职招商局，主持联运业务。抗战时任交通部航政司帮办。1946 年受聘任交通大学教授。著有《水路联运辑要》等。

（3）学生。

运输管理系为管理学院中的大系，学生较多。1947 年 9 月，全系在校学生 287 人，其中一年级 78 人、二年级 78 人、三年级 68 人、四年级 63 人；当年录取新生 55 人。

全系学生均为运输学会会员，与中国运输工程学会交大分会协作，成为校园最活跃的学术团体之一。

2）财务管理系

（1）课程设置。

抗战胜利后,财务管理系的培养目标明确为"造就国家财政及企业管理的专门财务人才"①,较之战时财务管理系"性质上又多少是以铁道财务为主"②有较大发展。在新培养目标下,课程的厘订"以理论与实务并重为准则"。在具体教学上,系主任杨荫溥提出要让学生"在勤习专门知识的时候,不要忽略了技能的训练",③为此要求学生在勤习应修课程外,又定下"五项最低的目标,那就是每个人要具备:'①能自由表达的国文程度;②能随意阅读的英文程度;③有熟练的技能,如书法、珠算、打字、记账技能等。同学们对于这些小节一并未丝毫疏忽,直到三年级了还得朗读国文和英文,算盘珠滴笃地敲个不停;英文打字,大家也练习地很勤'"。④

1947年,学校对该系的培养目标提出了更高的要求,希望培养的学生不仅是"从事于生产银行、事业之活动,而应多从事于政治经济范围之活动"。⑤ 由此,系里加强了会计、经济原理等主要课程的门类完备和内容充实。"对财务方面的专门课程,更不敢丝毫忽视。尤其是与财务管理最切的会计方面课程,门类完备,内容充实,以及加强经济原理方面各课程"。⑥

财务管理系课程设置包括经济类:初级经济学、高级经济问题、经济思想史等;会计类:初级会计学、高等会计学、成本会计学、政府会计、铁道会计、会计制度、审计学等;财务类:财政学、货币银行、企业组织与管理、国际贸易、国际汇总等;统计类:调级统计、高级统计学等。

表2-11是财务管理系学生1945—1949年课程表,基本反映了这一时期该系的课程设置。

（2）教师。

抗战胜利前夕,校方聘中央银行副总裁刘攻芸博士兼系主任,杨荫溥代理公务。管理学院恢复后,杨荫溥任财务管理系主任。

复员初,财务系有教授6人,副教授2人,助教5人。之后,随着招生规模的扩大,经系主任努力,1948年,财务系已形成一支拥有教授13人、兼职教授4人、副教授3人、讲师助教9人的师资队伍。

这一时期先后在该系任教的教师有:杨荫溥、陈振铣、李炳华、龚清洁、方瑞典、安绍芸、蒋士麒、张宗谦、周仁、陈清华、余良、李黄孝贞、刘絜敖、程开骝、陈绍元、桂世祚、郑益惠、邹宗伊、徐松麟、王文瀚、汪旭庄、陈启运、胡审微、苏挺、梅汝和、李碧英、黄连荫、吴彧、章文瑾、李竹等。

---

① 林霖《蜕变中的财务管理系》。《交大周刊》第7期,1947年5月31日。
② 林霖《蜕变中的财务管理系》。《交大周刊》第7期,1947年5月31日。
③ 林霖《蜕变中的财务管理系》。《交大周刊》第7期,1947年5月31日。
④ 《交通大学民三七级纪念刊》1948年6月。
⑤ 林霖《蜕变中的财务管理系》。《交大周刊》第7期,1947年5月31日。
⑥ 林霖《蜕变中的财务管理系》。《交大周刊》第7期,1947年5月31日。

表 2 - 11　财务管理系学生 1945—1949 年课程表

学号＿＿＿　姓名＿＿＿　性别＿＿＿　入校年岁＿＿＿　籍贯＿＿＿　省＿＿＿　县＿＿＿　市＿＿＿　学院管理学院　系运输管理系　副系＿＿＿

第一学年（民国　年至　年）一年级

学程号码	学程名称	第一学期 学分	第一学期 成绩	第二学期 学分	第二学期 成绩
	国文	2		3	
	英文	3		3	
	会计学	3		3	
	经济学	3		3	
	大学数学	3		3	
	理财数学	2		2	
	经济地理	2		2	
	运输大意	2			
	运输原理			2	
	物理讲座				
	心理学				
	中国历史	0		0	
	中国地理	0		0	
	总理遗训	0		0	
	总裁言论	0			
	军训学科	0		0	

第二学年（民国　年至　年）二年级

学程号码	学程名称	第一学期 学分	第一学期 成绩	第二学期 学分	第二学期 成绩
	国二文	2		2	
	英二文	2		2	
	高等会计	3		3	
	统计学	3		3	
	财政学	3		3	
	货币银行	3		3	
	企业组织	2			
	商法	2		2	
	铁道管理			2	
	公司理财			2	

第三学年（民国　年至　年）三年级

学程号码	学程名称	第一学期 学分	第一学期 成绩	第二学期 学分	第二学期 成绩
	公文程式	1			
	成本会计	3		3	
	高等经济	3		3	
	高等统计	3		3	
	财务报告析论	2			
	保险学	2		2	
	中国金融论	2			
	银行实务	2			
	国际贸易	3			
	珠算	1		1	
	银行会计			2	
	国际汇兑			2	
	总务管理			2	
	投资学			2	

第四学年（民国　年至　年）四年级

学程号码	学程名称	第一学期 学分	第一学期 成绩	第二学期 学分	第二学期 成绩
	论文				
	商用英文	2			
	经济思想史	3		3	
	人事管理				
	铁道理财	2			
	铁道会计	3		3	
	政府会计	2			
	会计问题	3			
	审计学	2			
	预算学	2			
	商业政策	2		2	
	银行制度	2			
	赋税论				
	三民主义	0			
	体育	0			
	打字	0		0	

（续表）

科目	第一学年（民国　年至　年）一年级 学期	学年	第二学年（民国　年至　年）二年级 学期	学年	第三学年（民国　年至　年）三年级 学期	学年	第四学年（民国　年至　年）四年级 学期	学年
抗战史料	0							
经济原理								
会计制度							2	
计划经济							2	
劳工问题								
总计	20	21	20	22	22	20	23	14
平均成绩（学期／学年）								
操行成绩								
学分累计	21		61	83	105	125	148	162
附注：								

毕业总平均：

附注：

部分教授前面已有介绍，根据所掌握的材料，其他教授情况如下。

杨荫溥（1898—1966），江苏无锡人。1920 年清华大学毕业，1923 年获美国芝加哥西北大学商学院硕士学位。回国后，先后任中央大学商学院教授、代院长，交通大学教授、财务管理系主任。1949 年后，历任交通大学教授，上海财经学院教授兼财政金融系主任等职。著有《中国金融论》《中国交易所论》《民国财政史》等。

蒋士麒（1903—1997），字嘉禾，上海市人。交通大学铁路管理科毕业。留校后，历任交通大学助教、讲师、副教授、教授。曾先后兼任光华大学、之江大学、震旦大学教授等职。

方瑞典，1909 年生，安徽歙县人。巴黎政法大学毕业，巴黎大学政治学博士，法国岗城大学法学博士。回国后，先后任四川大学政治系教授、重庆大学教授兼训导长、重庆图书馆杂志署处长、交通大学教授等职。

刘絜敖（1908—1995），四川大邑人。1935 年毕业于德国柏林大学经济系。回国后，先后任暨南大学、复旦大学、光华大学、交通大学教授，中央农民银行副经理，重庆、上海汇通银行经理。1949 年后，历任交通大学、复旦大学、上海财经学院教授，著有《国外货币金融学说》等。

（3）学生。

战后，财务管理系招生逐年扩大。1947 年 4 月，全系在校学生 236 人，其中一年级 63 人、二年级 64 人、三年级 68 人、四年级 41 人。当年录取新生 55 人。

该系学生的财政学会交大分会由各级代表组织而成，是各项课外活动的中心。分会在王思立教授的指导下，编制了"上海市民生活费用指数表"，影响较大。

3）电信管理系

（1）课程设置。

1945 年，应交通部电信总局要求，交大创办电信管理系，培养目标为"专门培养能充分掌握工程技术业务知识及管理科学的电信技术与管理人才"[1]，"以期技术与行政，兼顾并重。不致使熟练技术者，对于行政，漠然无知，一旦充任主管，常有不能应付裕如之感"[2]。

电信管理以科学管理科目及国文、英文、经济学、会计学等基本科目为必修课，并配之以电话、电报技术及业务等课程，务使学生读毕四年学程后，对于电信管理能够"应付裕如"。

表 2-12 是电信管理系学生 1945—1949 年课程表，基本反映了这一时期该系的课程设置。

---

[1] 上交档：文书档案 508-3-169。
[2] 《交大周刊》第 3 期，1947 年 4 月 22 日。

表 2 - 12 电信管理系学生 1945—1949 年课程表

学号＿＿＿＿ 姓名＿＿＿＿ 性别＿＿＿＿ 入校年岁＿＿＿＿ 籍贯＿＿＿＿ 省＿＿＿ 县＿＿＿ 市＿＿＿ 学院 管理学院 系 运输管理系 副系＿＿＿

第一学年（民国 年至 年）一年级

学程号码	学程名称	第一学期 学分	第一学期 成绩	第二学期 学分	第二学期 成绩
	国文	2		2	
	英文	5		5	
	微积分	4		4	
	物理讲授	3		3	
	化学讲授	3		3	
	投影几何	1		1	
	机械画	1		1	
	三民主义	0		0	
	普通体育	0		0	

第二学年（民国 年至 年）二年级

学程号码	学程名称	第一学期 学分	第一学期 成绩	第二学期 学分	第二学期 成绩
	法学通论	2			
	微分方程	3			
	物理试验	1		1	
	电磁学	3			
	会计学	3		3	
	经济学	3			
	电力工程	3		3	
	电工学	3		3	
	电信大意	1		1	
	国文	2		2	

第三学年（民国 年至 年）三年级

学程号码	学程名称	第一学期 学分	第一学期 成绩	第二学期 学分	第二学期 成绩
	人事管理	2			
	高等会计	3			
	统计学	3		3	
	直流电机试验	1			
	蓄电池	1			
	电讯传输	2			
	电报学	3			
	线路工程	2			
	工商管理	2			
	中外电讯史	1			

第四学年（民国 年至 年）四年级

学程号码	学程名称	第一学期 学分	第一学期 成绩	第二学期 学分	第二学期 成绩
	论文				
	公用事业经济	2			
	国际电讯公约与业务规则	3			
	电讯会计	2			
	中外电讯概况及制度	2			
	专题讨论			1	
	电话学	2			
	无线电工程	4		4	
	无线电试验	1		1	
	财务报告分析			2	

（续表）

第一学年（民国　年至　年）一年级

课程	学分
总计	16　　16
平均成绩（学期　学年）	
操行成绩	
学分累计	5　　18
附注：	

第二学年（民国　年至　年）二年级

课程	学分
微积分	4
声学光学	3
理财数学	2
货币银行	3
商业组织与理财	2
内燃机	2
物理	3
大一英文	2
总计	31　　24
平均成绩（学期　学年）	
操行成绩	
学分累计	49　　73
附注：	

第三学年（民国　年至　年）三年级

课程	学分
英文	2　　2
大一英文	
成本会计	3
电码收发	1
交流电机试验	1
电话学	3
无线电工程	3
材料管理	2
商法	1
交流电路	3
总计	24　　22
平均成绩（学期　学年）	
操行成绩	
学分累计	95　　117
附注：	

第四学年（民国　年至　年）四年级

课程	学分
国内电信法规	3
电信业务处理	3
电话实验	1
载波电话	3
定价原理	2
电信讲座	1
电信传输	3
总计	16　　24
平均成绩（学期　学年）	
操行成绩	
学分累计	134　　158
毕业总平均：	
附注：	

（2）教师。

这一时期,电信管理系系主任一直由时任上海电信局局长职的郁秉坚教授兼任。

电信管理系的专职教师较少,仅教授 1 人,兼职教授 1 人,助教 1 人。之后,教授与助教各增加 1 位。该系许多电信管理专业课程聘请校外专家讲授。

在电信管理系先后任教的教师有郁秉坚、吴兴吾、杨叔艺、余存竹、陈以鸿。

郁秉坚(1901—1983),江苏无锡人。1924 年毕业于本校电机工程科。1927 年获美国耶鲁大学电工学硕士,并在威斯汀豪斯电机厂、美国利物浦自动电话制造厂、德国西门子电机电信厂工程实习。回国后,历任交通大学、中央大学、暨南大学、浙江大学讲师、教授、教务长、院长。1933 年至抗战任上海电信局总工程师、局长。抗战胜利后继任局长,兼任交通大学教授、电信管理系主任。1949 年后,任上海市人民政府电信局局长。著有《电信大意》《自动电话》《自动电话的技术设计举例》《公共车辆之比较观》等。

（3）学生。

1947 年 7 月,电信管理系有学生 84 人,其中一年级 28 人、二年级 30 人、三年级 26 人。

1948 年 6 月,电信管理系学生成立电管系会,它成为电管系同学的课外之家。[①]

4）航业管理系

（1）课程设置。

1947 年 5 月,学校将航海专修科扩建为航业管理系,并明确学生的培养目标是"造就有志于海事之青年而培养航业全能之人才"。[②]

航业管理系学制四年,包括一年实习。学生毕业的同时由交通部发甲种二副船员证书。一年级课程为基础科目,二年级起各年级课程分为航海技术与航业管理两方面。技术方面的课程按照原航海科课程,如航海术、航海天文、船艺、海图、罗经、水道测量等;管理方面的课程有海洋运输原理、航业业务管理、远洋船舶管理、港务管理、码头管理及船舶运卸、仓库经营、码头劳工、船舶经纪及佣租契约、海洋保险、比较海商法、航业会计、经济学、航运政策等。设置这些课程,目的是为学生毕业后上船可任高级职员,入公司可管理各项业务,担负起航海业重任。

表 2-13 是航业管理系学生 1945—1949 年课程表,基本反映了这一时期该系的课程设置。

（2）教师。

航业管理系扩建创立后,黄慕宗教授任系主任。

该系成立之初,有教授 3 人,助教 2 人,之后增加了教授和助教各 1 人。

这一时期在航业管理系先后任教的教师有黄慕宗、盛建勋、郭懋末、陈嘉震、周旭曦、舒瑞蓉、郭洽铿。

---

①　《电管之家》。《交大周刊》第 23 期,1948 年 5 月 14 日。
②　上交档:文书档案 508-3-169。

表 2 - 13　航业管理系学生 1945—1949 年课程表

学号＿＿＿　姓名＿＿＿　性别＿＿＿　入校年岁＿＿＿　人校年岁＿＿＿　籍贯＿＿＿　省＿＿＿　县＿＿＿　市＿＿＿　学院管理学院　系运输管理系　副系

第一学年（民国　年至　年）一年级			第二学年（民国　年至　年）二年级			第三学年（民国　年至　年）三年级			第四学年（民国　年至　年）四年级		
学程名称	第一学期学分	第二学期学分	学程名称	第一学期学分	第二学期学分	学程名称	第一学期学分	第二学期学分	学程名称	第一学期学分	第二学期学分
国文	2	2	国文	2	2	航海天文	2	2	论文		
英文	2	2	英文	2	2	码头管理	2		人事管理	2	
三民主义	0	0	气象学	2	2	无线电学	2	2	船政法规	2	
体育	0	0	海图	2	2	轮机大意	1	1	港务管理	2	
微积分	2	3	水道运输	1	1	船艺	3	3	国际法	1	
物理	3	3	会计学	3		航海天文	2	3	经济学	3	3
化学	2		电工原理	2	2	磁罗经	2	2	统计学	2	2
运输学	2	2	造船大意	1	1	海商法	1	1	企业组织	2	
船艺大意	1	2	帆缆	1	1	海上保险	1		船舶保险	2	
投影几何	1		船艺大意	2	2	天象测算			国际贸易		
机械画		1	航海天文	2	2	电罗经	2	2	船舶业务		
弧三角	2	2	引港	3	3	实用航海术	1		管理	2	2
航海术	2	2	水道测量	2	2	轮船见习	1	1	船员职务	1	1
信号	1	1	操艇	1	1	铁道运输	2		劳动问题	2	2
应用力学	2		轮机见习		1	原理					
						操艇	1	1			

（续表）

第一学年（民国　年至　年）一年级

总计	21	22
平均成绩		
操行成绩		
学分累计	21	43

附注:

第二学年（民国　年至　年）二年级

航业会计			
总计	26	26	2
平均成绩			
操行成绩			
学分累计	69	95	

附注:

第三学年（民国　年至　年）三年级

总计	22	21
平均成绩		
操行成绩		
学分累计	117	138

附注:

第四学年（民国　年至　年）四年级

总计	14	16
平均成绩		
操行成绩		
学分累计	152	168
毕业总平均		

附注:

黄慕宗（1894—1985），江苏崇明（今属上海市）人。1916 年复旦公学毕业，1926 年毕业于美国万国函授学校远洋航海科。曾任上海招商局江华轮船长，后任船务处处长。1947 年任上海航政局局长、交通大学航业管理系主任。1949 年后，历任上海招商局副总经理、交通部教育司工程师、上海海运局顾问。1950 年曾到香港负责接管十三艘起义船舶。

盛建勋，1894 年生，江苏南通人。海军军官学校毕业。先后任海军舰队军官、舰长、司令部参谋、海军学校教官，重庆商学校和交通大学教授。

郭懋宋，1912 年生，福建闽侯人。英国格林基海军大学毕业。先后任英国海军驱逐舰二副、炮舰舰长、商船学校教授。回国后，先后任中国海军某舰大副、副舰长、交通大学教授等职。

（3）学生。

1947 年，航业管理系在校学生不足百人，包括三年级及一年级各一个班（二年级已归并吴淞商船学校，四年级因 1943 年停招，故无学生）。1944 年招生的 40 人，途中有 10 多人赴美受训，至 1948 年毕业 26 人。1948 年招新生 30 人。

本系学生以航海机械学会为主，协同运输学会，一同开展学生课外活动。

3. 师生活动

1）学术活动

抗战胜利后，交大校内各专业、行业的学会、协会纷纷恢复开展活动。鉴于历史原因或业务需要，社会上许多学会也加强了与交大的联络，或挂靠，或以交大的院系为活动基地。如管理学院的中国财政学会、中国运输学会。学会开展的学术活动，主要为组织学术讲座、出版学术刊物、举办展览、协助会员搞好实习、参观等。

抗战胜利后管理学院内新建立的协会有：中国运输学会交大分会、中国财政学会交大分会、财务管理学会等。

管理学院于 1947 年 4 月在《交大周刊》上发布公告"中国财政学会交大分会自本期改组以来，积极展开会务，倡导学术研究，并加强师生间联系，本期之活动侧重于学术演讲、时事座谈及出版期刊，现在正筹备举办大规模之师生联谊会"；1948 年 2 月，中国财政学会交大分会特地成立统计研究会，编制了《上海市民生活费用指数表》，在《交大周刊》上从第 13 期起按期公布，便于上海市民及时了解当时的经济形势。

6 月 23 日《交大周刊》载：中国运输学会交大分会举办学术讲座成绩卓著，曾于 5 月 17 日请中央银行经济研究处副处长方善桂博士主讲货币政策的将来；5 月 31 日，请中航航空公司副总经理查阜西先生主讲"中国民航之现状及前途"；6 月 14 日，请江南铁路公司副总经理萧卫国先生讲《工矿运输事业国营民营问题》，听者甚众。

1949 年 4 月 4 日，校财务管理学会成立。该会系由财政学会改组而成。学会重新订立章程，规定在本校同学为基本会员，毕业校友为赞助会员，热心本会会务的教职员为顾问，今后工作是加强联系，研究财务管理之学术，并配合时代要求前进。

1947 年 2 月，《管理》第一期（季刊）也出版发行。该期发表的论文主要有：《现代管理发展之方向与管理者之责任》(钟伟成)、《铁路编配调车之方策》(沈秦廷)、《由心理学及社会学的观点应该认识之人事问题》(曾世荣)、《我国金融制度之改进与经济建设》(庄智焕)、《铁路中央控制行车总机运用之方法》(陈树曦)、《铁路终点货运车场之调车管理制度》(黄宗瑜)、《国际货币基金与我国》(邹宗伊)、《铁路货运停留时间之监督问题》(顾家骥)、《货币数量说述评》(吴敢群)、《铁路客运业务之重要》(周健民)、《对学生进一言》(凌鸿勋)、《经济学教材改革刍议》(张明炯译)。

除了学会、社团活动之外,管理学院也增设了"讲座"教授进行讲授。1946年11月,中央信托局出资在学院内设"讲座"一席,先后聘请沈秦廷(1946年11月至1947年10月)和蔡泽(1948年1月至1949年7月)任讲。1948年,中国通商银行总行在财务管理系设"讲座"一席,聘请国内经济理论权威陈清华教授任讲。

在战后动荡的困境中,这些活动支撑起管理学院内的学术研究,对教师和学生们的成长和发展贡献卓著。

2) 爱国民主活动

抗战胜利后,由于国民党坚持独裁、内战政策,导致了严重通货膨胀,物价飞速上涨。国民党政府在内战中屡屡受挫,经济危机日益严重,不断削减文化教育方面开支。交大师生生活每况愈下,逐步陷入贫困的状况。1945年11月,上海私立大中学的学费已经增加到了抗战胜利前的7倍。到1946年春,学费还在继续上涨,大大超出了一般家庭的承受能力。

通货膨胀的情况,从当时的粮价变动可见一斑。

7月21日,上海市政府函寄6月份粮价证明。具体为:6月上旬,中等熟米价每市斗40 680元,中等面粉价每市斤2 446元;中旬,中等熟米价每市斗38 880元,中等面粉价每市斤1 890元;下旬,中等熟米价41 880元,中等面粉价2 105元。

8月18日,上海市政府电送7月份粮价证明。具体为:中等熟米,上旬每市斗43 250元,中旬39 060元,下旬35 900元;中等面粉,上旬每市斤2 700元,中旬2 588元,下旬2 340元。

9月22日,上海市政府电送8月份粮价证明。具体为:中等熟米,上旬每市斗39 520元,中旬37 800元,下旬39 560元;中等面粉,上旬每市斤2 790元,中旬2 835元,下旬2 970元。物价不断变动,不到一个月,又寄来粮价证明单:中等熟米,上旬每市斗45 000元,中旬43 550元,下旬54 750元,均价51 100元;中等面粉,上旬每市斤2 970元,中旬3 150元,下旬3 640元,均价3 255元。

12月12日,上海市政府电送11粮价证明。具体为:中等熟米,上旬每市斗65 680元,中旬63 730元,下旬71 310元,均价66 900元;中等面粉,上旬斤每市斤3 870元,中旬4 262元,下旬4 949元,均价4 349元。

生活困顿的教师们向国民党当局展开了多次抗争。1948年11月12日,交大教授会在《大公报》上发布《教授会为时事告国人书》称:

"一、战后世人向往和平,结果战云又布,实与和平目标背道而驰。政治是为谋人类的生存,科学是为谋文化的进步,现均向相反方向而去;二、政府改革币制失败,决策的人应负严重责任，经济命脉乃由少数人把持，人民已处水深火热之中；三、物价飞涨，公教人员工薪低下，改币初期我们月收入可买五六担米，现在仅两个月，只能买一担。一般平民生存更难。局势危急，不能坐视，望全国同胞共鉴。"

面对高涨的学费和通货膨胀，管理学院师生和其他院系师生一同奋起发动和参与了一系列罢课罢教、反饥饿、反内战、反迫害、抢救教育危机等斗争，并积极响应"反美扶日"的号召，参加各类"反美扶日"的活动。

艰难的生活并没有让师生们退却，一种积极向上、精益求精的精神一直伴随着他们。在师生们的努力下，校内的学习空气并未减弱。教师们一边迅速吸收国外先进教学理论，一边不忘结合本国本校的实际情况，满怀信心地投入到规划系科的建设中；学生们勤奋读书，上课、实验、实习正常进行，教学秩序得到坚持。虽然在教学上，教授们坚持着老交大"要求严"的教学传统，但是在艰苦的环境中，师生之间团结紧密，关系十分融洽。管理学院毕业生的质量，继续受到社会的认可。《上海交通大学纪事》中记录有"1947 年 5 月 27 日，四川綦江县政府汇来该籍优秀学生周盼吾、吴永桢二人补助费各 5 万元"。其中的周盼吾，正是管院运输管理系学生，当时交大大学生自治会主席。

这一时期的学生，经过交大严谨的学习和爱国、民主运动浪潮的洗礼，涌现出一大批拥护共产党、拥护新中国、在解放战争时期的第二条战线上作出巨大贡献的人才。

1949 年 1 月 11 日，中共交大地下党建立党的外围组织"交大新民主主义青年联合会"（简称"新青联"），由管理学院电信管理系学生穆汉祥负责组织发展会员，并起草联合会宣言《春风绿到江南岸》。宣言号召同学们面对敌人疯狂迫害，灵活、沉着、坚决地把斗争进行到底，准备迎接上海解放的日子。到 2 月份，"新青联"会员增至 300 多人，到 4 月份，已发展至 400 余人。中共组织在交大的发展，引起国民党政府的强烈镇压。4 月 26 日，夜 2 点，国民党军警铁甲车撞开交大后门，逮捕学生 55 人，当晚，党组织营救 40 人出狱。4 月 30 日，国民党军队 100 人进驻学校。5 月 1 日，又增加一个团。5 月 3 日，国民党第 58 军、123 军等又先后进校，最多时达千人。交大的白色恐怖达到顶峰。

这一时期，管理学院有不少学生为党的事业献出了生命。

1949 年 1 月 11 日，"新青联"建立的同一日，1948 届运输管理系毕业生汪廷豫和同届工业管理系毕业生杨世恺被国民党军队逮捕后在南京瓜埠镇英勇就义。

汪廷豫（1928—1949），又名汪翔，江苏扬州人。1944 年考入重庆交大运输管理系，后复员至上海，毕业后从事党的地下工作。

杨世恺（1925—1949），又名杨亮成，上海人。1944 年考入重庆交大工业管理系，后复员至上海，毕业后从事党的地下工作。

1949 年 4 月 30 日，穆汉祥在途经交大门口的虹桥路上，被特务学生龚瑞抓捕至徐汇警察分局，随后押赴总局。在狱中，敌人对其严刑逼供，甚至刮掉穆的十个指甲，但穆宁死不屈，还痛斥敌人："反人民的政府一定要灭亡，未来是属于我们的，历史可以作证。"5 月 20 日，穆汉祥及另一位被捕的"新青联"会员、化学系四年级学生史霄雯，经党组织及交大师生员工全力营救无效，被国民党枪杀于上海宋公园（今闸北公园）。

汪廷豫

杨世恺

穆汉祥,生于 1924 年,回族,天津穆庄人。1945 年考进交大电讯管理系(即电信管理系),担任班长。是交大民众夜校的主要创办者。1947 年加入中国共产党,担任交大党总支委员。解放前夕,调至徐汇区分区委员,积极从事工人运动,组织工人协会及人民保安队,为迎接解放作准备。他留给我们的话是:"我愿化作泥土,让人们践踏着走向光明的前方。"

解放战争结束后,1950 年 5 月 7 日,史霄雯、穆汉祥两烈士墓碑在徐家汇校园内落成,时任上海市市长陈毅为纪念碑题字:"为人民利益而光荣就义是值得永久纪念的。"

穆汉祥烈士(1924—1949)

史霄雯、穆汉祥烈士纪念碑

第三章
院系调整中的管理学科
（1949—1966）

一、解放之后

1949年5月20日，中国人民解放军突破上海外围，向市区进军。24日夜，解放军进入上海市区，驻扎在交大校园的国民党军队连夜逃跑。5月25日，上海市苏州河以南解放。交大校门口升起一面鲜红大旗，学校"九头鸟"扩音机播出了"人民解放军进行曲"。学校540多名学生、教师、职工奔走相告，欢呼解放，校园一片欢腾。下午，此前应国民党要求疏散学校而离校的交大师生纷纷回校，清理校园，书写"欢迎中国人民解放军"的横幅、标语，制作小旗，刻印"欢迎解放"的宣传单，投入热烈的欢庆活动。

至5月27日，上海全部解放。中国人民解放军上海市军事管制委员会成立，陈毅任主任，粟裕任副主任。次日，上海市人民政府成立，陈毅任市长。同日，解放前被迫留居在中华学艺社的300名交大学生全部迁返徐家汇校园。6月2日，全校复课。

6月15日，上海市军管委主任陈毅、副主任粟裕签发上海市军管会文字第壹号命令："国立交通大学，兹任命唐守愚同志为本会代表，负责接管该校，仰即知照此令。"当日上午9点，接管仪式在新文治堂举行。届时，学校院系设置为3个学院：管理学院、工学院、理学院和1个电信研究所。管理学院下设4个系：运输管理系、财务管理系、航业管理系、电信工程管理系。

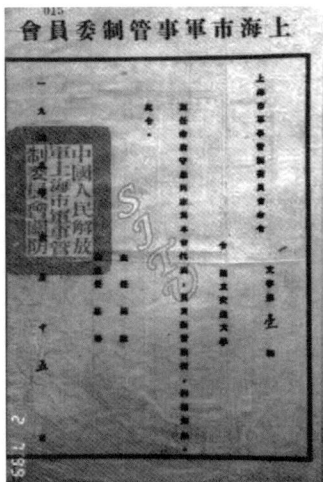

上海市军事管制委员会命令

6月19日，交通大学在军代表的领导下成立了由21人组成的清单委员会。800名学生、100名教职工组成了90个清点小队，对交通大学校产进行了一丝不苟的清点。24日，清点委员会公布《交通大学库存清点》，除去不动产，交大仅剩余流动资产黄金20.033两，银元30枚，及旧币460 015元（1955年旧币改用新币，旧币1万元相当于新币1元）。①

7月29日，上海市军管会主任陈毅，副主任粟裕签署《中国人民解放军上海市军事管制委员会命令》（文高教字第壹号），这是给交大的第二个"壹号令"。令中组织成立了国立交通大学校务委员会，并任命了常务委员及各院院长。常务委员钟伟成被令兼任管理学院院长。同时，中共交大总支在管理学院设立第二分支，由梅焕洲任支部书记。

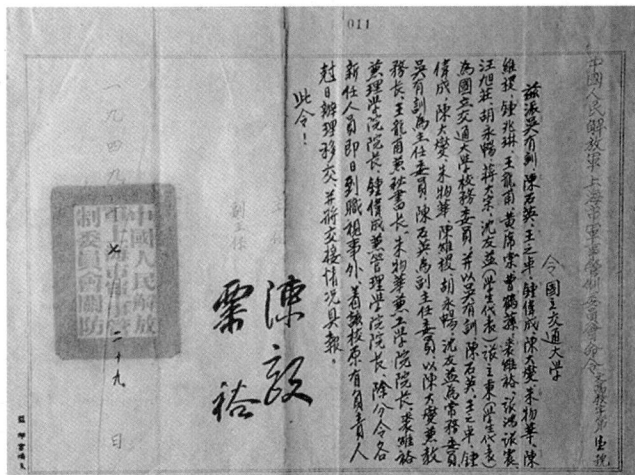

高教字第壹号，任命钟伟成为校长

---

① 《上海交通大学纪事》上卷，第420页。

8月19日,校委会召开第六次会议,讨论通过《国立交通大学行政系统组织条例》,全校设理、工、管三学院。管理学院下设运输管理、财务管理、电信管理、航业管理4系不变。

据1949年11月统计,此时的管理学院共有教师44名,其中专任教授23名,专任副教授6名,讲师1名,助教14名,教师中教授、副教授占比达65.91%。

运输管理系——专任教师16人,其中教授10人:钟伟成(院长)、黄宗瑜(系主任)、沈奏廷、张震、许靖、熊大惠、王思立、周仁、张宗谦、朱啸谷;助教6人。教授占比62.5%。

财务管理系——专任教师14人,其中教授8人:杨荫溥(系主任)、王惟中、邹宗伊、汪旭庄、蒋士麒、龚清洁、蒋凤吾、陈启运;助教6人。教授占比57.1%。

电信工程管理系——专任教师10人,其中教授3人:郁秉坚(系主任)、吴兴吾、卢宗澄;副教授5人:汤天栋、傅绍宗、汪延铺、华士鑑、徐松麟;助教2人。教授、副教授占比80%。

航业管理系——专任教师4人,其中教授2人:黄慕宗(系主任)、唐雄俊;副教授江树德1人;讲师1人。教授、副教授占比75%。

郁秉坚

二、院系调整

(一)调整背景

1949年10月1日,中华人民共和国成立。随着国民经济恢复时期的结束,国家制定了发展国民经济的第一个五年计划。"一五"计划的指导方针和基本任务是:几种主要力量发展重工业,建立国家工业化和国防科学技术现代化的初步基础;相应地发展交通运输业、轻工业、农业和商业。而大规模的经济建设必然需要各种专业技术人员,特别是苏联援建的156项重点建设项目急需的专业技术人才,而旧中国高等教育的院系设置显然已经不能适应国家建设的这一需要,必须进行调整。

院系调整是针对旧中国高等教育体系存在的系科类型分布不合理,不能适应新中国经济建设的需要而提出的。同时,学习苏联是20世纪50年代初的基本国策,因此院系调整也是学习苏联教育经验的重要方面。

1949年10月,全国高等学校在校生不足11.7万人,其中工科仅3万人。1952年全国211所高等学校中,高等工业学校和高等工业专科学校只有33所,仅占全国高等学校总数的15%;高等农林学校和高等农林专科学校只有17所,仅占全国高等学校总数的8%;高等师范学校仅有12所,1952年初才增加到了32所。[①] 学科设置上,文、法、财经居多,工科少。据当时统计,第一个五年计划期间,仅工业、运输业和地质勘探等方面就需技术人员约30万

---

① 《高等教育史》,第82、83页。

人,而已有见习技术员以上技术人员只有 14.8 万人,相差 15 万人。当时高校工科每年仅能招收新生 1.6 万人,第一个五年计划期间只能向国家输送 4 万至 5 万名工科毕业生,不到实际需要的 25%。[①] "一五"计划明确提出:"5 年内,国民经济各部门和国家机关需要补充的各类高等和中等学校毕业的专门人才共约 100 万人左右;中央工业、运输业、农业、林业等部门需要补充的熟练工人约为 100 万人。"[②]

当时,高等学校大多数设在沿海地区和大城市,工科大学更是主要集中于工业经济发达的大城市。内地和边远地区较少。教育部长马叙伦 1950 年曾说:"华东地区就有高等学校 85 所,占总数的 37.4%。单单上海一地就有 43 所,几占全国高等学校总数的 1/5。"[③]

在这种形势下,中央除采取让部分本科生提前毕业,以及在高等工科方面增设两年专修科等临时措施外,决定对全国范围内进行大规模的院系调整,以发展高等教育,适应经济建设需要,建立新中国自己的高等教育体系。

(二)1949－1951 年的院系调整

1949 年 6 月,上海市军事管制委员会接管交通大学时,交通大学是一所理、工、管结合,以工为主的学校,设有 3 院、17 系、1 个专修科和 1 个研究所。

交通大学院系设置见下图。

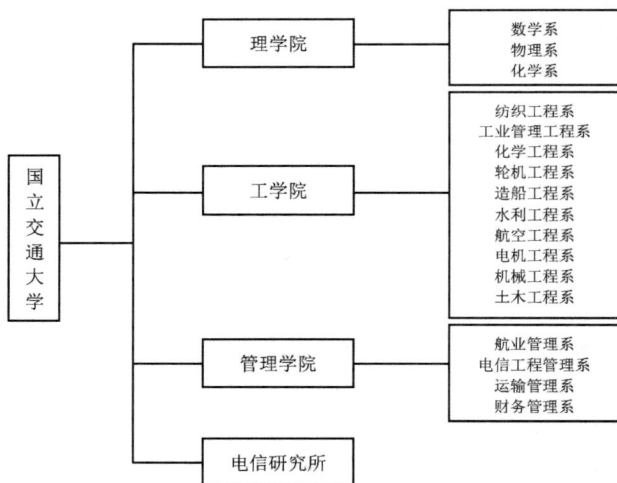

1949 年国立交通大学院系设置

涉及交通大学的院系专业调整,实际上从 1949 年已经逐步开始,既有调出,也有调进,管理学院正处在调整大潮的风口浪尖。

1949 年 8 月 19 日,上海市军管会决定将暨南大学理学院并入交通大学。9 月 9 日,暨南大学理学院 70 余名学生转入交大理学院,另有一部分学生转入交大工学院,管理学院航业管理系、电信管理系也各接收到 1 名学生。之后,暨南大学其他系科的 60 余名学生又陆

---

① 《高等教育史》,第 84 页。
② 《中国教育年鉴(1949－1981)》,中国大百科全书出版社 1984 年版,第 89 页。
③ 《中华人民共和国重要教育文献(1949－1975)》,第 25 页。

续转入交大有关系科。之后,暨南大学裁撤。

　　1949 年 12 月 23 —31 日,中央教育部在北京召开第一次全国教育工作会议,会议确定全国教育工作的总方针,明确改革旧教育的方针、步骤和发展新教育的方向。次年 5 月,学校向华东教育部上报本校管理学院所属各系以及机械系、数学系、电机系的课程改革草案。管理学院的改革方案中写道:本院培养的学生毕业后能实际从事管理工作,并且有自己的研究计划,有专门的管理能力与工程技术相辅有用的管理知识,这就是交大管理学院改革的总方针和总任务。

　　1949 年,上海市航务局委托交大代办航务学院。交大请示华东军政委员会教育部得到的回复是:不必在交大办航务学院,可在吴淞商船专科学校原址成立国立上海航务学院。1950 年 8 月 15 日,华东军政委员会教育部通知交大:"吴淞商船专科学校业经中央人民政府教育部决定改名为吴淞航务学院,并将你校航业管理系并入该院,希即与该院及航务局协商交接手续。"9 月 5 日,华东教育部又来文称:"奉中央人民政府教育部令,将交通大学航业管理系与吴淞商船专科学校合并成立'国立上海航务学院'。"①10 月 12 日,国立上海航务学院正式挂牌,交大航业管理系教授 2 名、讲师 1 名、助教 1 名,一年级新生 40 名,二年级学生 25 名,三年级学生 11 名及该系的仪器设备、图书资料,全部转入上海航务学院。② 唯有四年级学生继续留校学习一年,仍保留航业管理系名义在本校毕业。

　　1950 年,中央人民政府教育部通电交通大学:"据交通大学三月八日电,希望进一步加强电信技术以应国防与和平建设之急迫需要,由该系师生推出代表成立课程研究小组,经二月研究,鉴于该系课程分配情形及该系学生毕业后配合业务之需要情况,认为将该系名称改为'电信工程管理系'较为恰当。"1951 年 3 月 1 日,交大校委会第九十一次会议讨论议定,将电信管理系改名为电信工程管理系。

　　1951 年 6 月 10 日,华东教育部根据中央教育部的指示通知交大,将交大运输管理系学生 136 名,教授、副教授 9 名,助教 6 名,调往北方交通大学。6 月 12 日,华东教育部部长吴有训签署了发交大文,称:"为了更好地培养国家建设人才,兹经呈准中央人民政府教育部,将你校院系作以下调整:①电信管理系调至电机系;……⑤运输管理系调整至北方交通大学;⑥财务管理系调整至上海财经学院;……以上调整方案,应由你校校委会领导,由工会、学生会配合,商定具体进行步骤报部。"③

　　由于此次调整涉及面较大,6 月 13 日,校委会决定专门成立学校相关院系调整委员会负责实施。院系委员会由陈石英、陈大燮、钟伟成、朱物华 4 位校务委员和 11 个系的主任及工会、学生会代表组成,陈石英为召集人。相关系也成立了调整小组。

　　电信工程管理系在交大内部调整;运输管理、财务管理 2 系调离交大。人员方面,财务管理系 14 名教师调往上海财经学院;运输管理系教师大部分调往北方交通大学;少数教师和一部分要求转院、转系的学生,学院汇报学校后,也作了妥善处理。

---

① 上交档:永－8。
② 《交通大学校史(1949—1959)》,第 30 页。
③ 上交档:永－25。

1949 年—1951 年的几次调整,管理学院受影响最大。交大管理学院被撤销,其下所属 4 个系中有 3 个系调离交大,1 个系并入校内其他系。

表 3 – 1　交通大学管理学院院系调整去向

	系别	调整去向
交通大学管理学院	电信工程管理系	交通大学电机系
	航业管理系	国立上海航务学院
	运输管理系	北方交通大学
	财务管理系	上海财经学院

三、薪火相传

院系调整后,交大管理学院不存在了,但是管理学科在交大并没有完全取消。原从事企业管理教学的如周志诚等部分教师,于 1946 年 11 月随工业管理系并入工学院,又在此次院系调整中被并入机械系。这些老师于此后向全校各专业开设了与企业管理相关的课程,使原管理学院的部分师资队伍得以保留。

1953 年,交大机械系正式挂牌建立"生产组织与安全防火"教研组,负责教授三门苏联模式管理课程:企业"生产组织"、企业"安全与防火"和"电力经济"。教研组由周志诚领导,初始成员 5 人。教研组成立之初,由于交大当时缺乏此方面的师资,先后有汪应洛、李鹏兴、严智渊三人被派往哈尔滨工业大学学习和进修。1952 年,汪应洛老师正从交大机械系毕业,便被学校选派到哈尔滨工业大学研究生班学习,主修苏联专家开设的"生产组织"课程,于 1955 年修毕回校。李鹏兴老师也被派往哈工大进修苏联专家开设的"安全与防火"课程,后该课程未能如期开设,李老师唯有返校自学进修,并开设"安全与防火"课程。该课程于 1960 年被裁撤,并入"生产组织"课程。严智渊老师于 1954 年从交大毕业后,被派往哈工大进修"电力经济",并于 1956 年学成回校开课。1956 年,交大西迁分成上海和西安两个部分,机械系的"生产组织与安全防火"教研组 10 位老师大部分被调往西安,上海部分只留下周熙和严智渊老师,仍属交大上海部分机械系。

1956 年 7 月,上海造船学院在交大徐家汇原址成立,并筹建"船舶制造工艺与经济"系,调周志诚为该系主任,徐宗士为副主任。该系不久后停办,仅留下一个"船舶企业组织与计划"教研室,部分教师如陈毓秀等转入机械系"生产组织"教研组,周志诚也从西安返回上海该教研组。此时,"生产组织"教研组的教学已去除"安全防火"和"电力经济"等内容,主要讲述企业"生产组织"。

1959 年 7 月,国务院批准交通大学上海部分和西安部分分别独立成上海交通大学和西安交通大学。60 年代初,上海交大所属的船舶制造系(原上海造船学院)"船舶企业组织与计划"教研室与机械系"生产组织"教研室合并,组成共有 7 名教师的"企业组织与计划"教研室,面向全校学生开设名为"企业组织与计划"的公共基础课。当时该教研室的人事构成如下：周志诚任主任,周煦、徐宗士任副主任,陈毓秀任教研组秘书。

　　至 1966 年,全国进入"文化大革命"时期,管理学科被批判为资产阶级产物,遭到严重破坏,几乎陷入停滞状态。1973 年,上海交大机械系的"企业组织与计划"教研室被撤销,为数不多从事苏联管理模式教学的师资队伍被打散,教学资料大量遗失,管理学科就此陷入了沉寂。

第四章
工业管理工程系的恢复和发展
（1978－1984）

　　1976 年 10 月，"四人帮"被粉碎，"文化大革命"结束。1977 年，邓小平的职务在党的十届三中全会上得到恢复，复职后，他直接领导了科技、教育领域的拨乱反正。此后，上海交大的建设与发展得到了党中央、国务院和上海市委、市政府的重视和支持，被教育部继续列为全国重点高校，领导体制上归属第六机械工业部（简称"六机部"）主管。1978 年 5 月，上海交大第八届校务委员会成立，由国务院副总理王震兼任主任，六机部部长柴树藩兼任副主任。

　　1978 年 12 月，十一届三中全会顺利召开，它标志着新中国成立以来我党历史上一次具有深远意义的伟大转折，开启了我国改革开放和社会主义现代化建设的历史新时期。邓小平在会上作了《解放思想，实事求是，团结一致向前看》的重要讲话，提出并重新确立了党的"解放思想，实事求是"的思想路线，为我党、我国进入改革开放新的历史时期铺平了道路。

　　以党的十一届三中全会为光辉起点，交大全校上下振奋精神，蓄势待发，满怀饱满的政治热情和充实的学术储备，迎接即将到来的教育科技事业大发展的新的春天。交大沉寂已久的管理学科，也迎来了寒冬后的第一道暖阳。

一、重建工业管理工程系

　　"文革"结束后，国内严峻的政治气氛开始缓和，但全国上下的经济形势仍十分严峻，管理一片混乱，许多企业已经破产或濒临破产边缘。改革开放后，国家进入经济大发展时期，但大多数企业的生产秩序缺乏科学性、系统性，人们越发意识到管理的重要性。

　　1978 年初，上海交通大学决定重建管理学院。管理学院曾是老交大理、工、管三足鼎立的重要组成部分,向社会各业输送过大批管理人才。经过反复酝酿,学校决定分两步实现该目标:首先重点重建工业管理工程系,并将原直属学校的相关机构逐步并入,恢复管理学科的基础建设,使其成熟;进而在工业管理工程系发展到一定程度时,同步发展各类管理学科,系统性扩大规模,并及时启动重建管理学院。

9月,上海交大组建了一个以邓旭初为团长,以教授为主要成员的访问团出访美国,学习发达国家高等教育的先进经验。这是新中国成立以来首个访美的大学代表团,在国内外都引起了轰动,在教育界起到了对外开放的带头作用。访问团历四十多天经 20 个城市,先后访问了 27 所高校及 14 所研究机构和企业,与数百名专家、学者进行学术交流,学习和了解了国际学术的前沿动态。通过此次访美,交大领导看到了美国发达的工业和一流的管理专业水平,深感中国在管理方面的落后,更加坚定了重建管理学院的决心。

1978 年 9—11 月,上海交大组成教授访问团出访美国,参观哥伦比亚大学。团长为邓旭初(前排左三)

11 月,学校从船舶及海洋工程、机械工程系等抽调人员,组成工业管理工程系筹备组。1979 年 4 月 12 日,经六机部同意,学校正式成立工业管理工程系,系负责人是周志诚、刘涌康、徐纪良,党总支负责人是徐柏泉、陆旭辉。此后,张震任系主任,徐柏泉任党总支书记。建系之初,仅有教师 6 人,系办公室设在新上院 700 号,在简陋的条件下艰苦创业。

表 4－1　工业管理工程系历任党政主要负责人一览表

职务	姓名	任期	职务	姓名	任期
系主任	周志诚	1979.3.31—1981.12.4	书记	徐柏泉	1979.3.31—1984.6.8
	张震	1981.12.4—1984.6.8		陆旭辉	1979.3.31—1982.1.13
副系主任	刘涌康	1979.3.31—1984.6.8	副书记	武剑明	1982.1.13—1984.6.12
	徐纪良	1979.3.31—1984.6.8		张世民	1983.8.25—1984.4.12
	赵国士	1982—1983		史福庆	1984.4.21—1984.6.12
系顾问	周志诚	1981.12.4—1984.6.8		张永春	1984.4.12—1984.6.12

注:1984 年 6 月 12 日,管理学院重建,工业管理工程系党总支改建为院党总支。

周志诚,上海交通大学教授,浙江杭州人,1908 年 2 月生。1930 年于复旦大学管理学院获会计学士学位,1946 年于美国宾夕法尼亚大学沃顿学院(Wharton school)获管理学硕士学位。从事工业企业管理及管理工程的教学和科研工作,代表性论著有《工业企业管理教程》《现代管理方法》等。1979 年 3 月至 1981 年 12 月,担任上海交通大学工业管理工程系主任。

张震,上海交通大学教授,浙江海宁人,1916 年 4 月生。1939 年 6 月本科毕业于上海交通大学管理学院,1939－1945 年就读于美国宾夕法尼亚大学研究生院,获硕士、博士学位。从事交通运输管理、经济管理的教学和科研工作,代表性论著有《优化铁路技术直达列车的编组方案的总体分析》《交通运输管理概论》等。1981 年 12 月－1984 年 6 月,担任上海交通大学工业管理工程系系主任,此后任上海交通大学管理学院教授。

上海交大工业管理工程系的复建,在上海理工类高等学校中是首例,在全国各类高校中也属先例,老交大理、工、管结合的办学特色,自此得到恢复。

二、组织架构

工业管理工程系初建时,系下并没有设置机构,为了尽快开展教学与科研工作,系领导决定暂时成立“工业企业管理”和“运筹学”两个教学(科研)小组。1980 年管理工程教研室、系统工程教研室设立。其中管理工程教研室建于 1980 年 1 月 22 日,是工业管理工程系下设立最早的机构之一,并于 1982 年 11 月开设交通运输研究所,负责人为张震。自 1981 年 11 月 17 日至 1984 年恢复建院,管理工程教研室共有彭伟朗和吕荣华两位负责人。1980 年初建之时,有教职工 20 人,其中教授 1 人,讲师 12 人;至 1983 年,发展到 30 人,其中教授 1 人,讲师 16 人,助教 8 人。

1982 年 9 月原属学校人事处、教务处领导的工业外贸专业(设于 1980 年)并入。该系 1981 年时仅有教职工 5 人,并入后增至 11 人,其中讲师 1 人,助教 5 人。该专业的并入,使工业管理工程系的学科分支得到了丰富。工业管理工程系将这一以国际贸易、经济学、管理科学为理论基础的学科,运用现代分析技术和计算机工具,对国际营销、对外贸易、跨国企业集团、国际人力资源管理等方面的问题进行了研究,使得在恢复建院之前,就开始了工、贸、外语三方管理学科复合型人才的培养。

虽初建时规模甚小,但经过相关人员的艰苦筹备和努力,工业管理工程系的规模得到了迅速的发展,各类用房、图书资料、实验室的数量和质量都有了较大的进步,各系、所的其他设备也有所更新和改善。这些教学科研设施都是自 1978 年筹备重建以来,自筹经费,经年累月逐步添置起来的。

(一)院舍

工业管理工程系建立时,地点在学校的总部,亦即徐汇校区。最初并无办公用房,经向学校有关领导要求,得以暂借新上院朝北小教室(407 室)1 间用于办公;数月后,因授课需要,迁至铜匠间(原包兆龙图书馆旧址)隔壁一间矮平房;不久,包兆龙图书馆开始建造,工业管理工程系又挪至原南三宿舍二楼的 2 间办公室;半年后,原南三宿舍另有他用,又搬至大礼堂后面西大楼五楼办公;再后,因五楼办公不便,经多次要求,于 1980 年又迁至校总部第一宿舍(现执信西斋)二楼,教学行政用房 2 间,面积 32 平方米。

（二）系资料室

系资料室始建于 1979 年,地点在校本部第一宿舍,面积 20 平方米,起初仅有资料一个门类,计 5 册,服务对象为教师。之后图书资料逐年添置,1982 年已有 2 800 余册;1983 年又于学校大礼堂(文治堂)旁增配房屋 1 间,20 平方米;到建院前夕,已有中外文图书、期刊 3 000 余册,并于 1982 年起收录研究生论文。

（三）实验室

工业管理工程实验室于 1980 年建成,后于 1982 年改名为计算机应用实验室。计算机应用实验室为专业基础实验室,承担了全院教学科研用机任务,主要设备有各类微型电子计算机、静电复印机、空调机等。

表 4 - 2　工业管理工程系机构变化

机构	研究室			实验室	研究室	资料室
1980 年	管理工程教研室	系统工程教研室		工业管理工程实验室		
1981 年	管理工程教研室	系统工程教研室		工业管理工程实验室	心理学研究室	资料室
1982 年	管理工程教研室－交通运输研究所	系统工程教研室	工业外贸教研室	计算机应用实验室	心理学研究室	资料室
1984 年	管理工程教研室－交通运输研究所	系统工程教研室	工业外贸教研室	计算机应用实验室	人力资源研究室(原心理学研究室)	资料室

至 1984 年初,工业管理工程系已经具备一定规模,系下共有教职工 76 人,其中教授 1 人,副教授 6 人,讲师 26 人,助教 17 人,并下设管理工程、系统工程、工业外贸 3 个教研室和人力资源研究室、计算机应用实验室、系资料室。工业管理工程系已经壮大,1984 年 6 月 12 日,工业管理工程系与学校直属系统工程研究所共同组建,恢复成立了管理学院。

三、学科与科研

（一）专业设置及招生

工业管理工程系设有管理工程、系统工程、工业外贸三个专业方向,课程设置方面主要抓住管理科学基础、技术经济、质量管理、库存理论、规划论等重点,实行"一手抓传统,一手抓现代"策略,前者是指在当前国内管理工作中尚在应用的一些传统的制度和方法,如"文革"以前讲授的企业计划管理、生产管理、作业计划、财务管理等;后者主要是指现代化管理的理论和概念。

招生方面,鉴于有过实践经验的同志学习管理知识有优势的原因,工业管理工程系首先开始了对研究生的招收录取,并于获得授予硕士点后分别给予学生硕士研究生的学位学历。该系于 1979 年招收了第一批硕士研究生,1984 年招收了第一批研究生班学生。对本科生的招收始于 1980 年,且只为管理工程、工业外贸两个专业招收了本科生。至 1984 年正式重建时,招收范围涉及本科生、大专生①、无授予学位的研究生培训班以及硕士研究生。其中管理工程硕士点于 1981 年 11 月 3 日获得硕士学位授予权,系统工程硕士点于 1982 年 11 月 3 日获得硕士学位授予权,均为国家教委首批批准的硕士学位授权单位之一。

表 4-3　1980—1984 年管理学院本科生培养情况统计

届数	管理工程		工业外贸	
	招生	毕业	招生	毕业
1980			27	27
1981				
1982	30	30	26	25
1983	31	33		
1984	39	39	51	52

表 4-4　1979—1984 年管理学院硕士研究生培养情况统计

年份	管理工程				系统工程				工业外贸			
	硕士研究生		研究生班		硕士研究生		研究生班		硕士研究生		研究生班	
	招生	获学位	招生	毕业	招生	获学位	招生	毕业	招生	获学位	招生	毕业
1979	10	9										
1980	33	26			1	1						
1981					2	2						
1982	10	8			2	2						
1983	37	38			6	5						
1984	10	8			7	11	15	15			15	15

注:表中 1984 级工业外贸专业的研究生是作为管理工程硕士点下的一个研究方向招收的。

工业管理工程系还与浙江大学、西安交通大学合办过研究生班,培养师资队伍。1979年,工业管理工程系与浙江大学工业管理工程系合作举办了第一届研究生班,这个班共招收研究生 10 名,其中交大工业管理工程系招收 8 名。该届研究生有不少已成为本校乃至国内

---

① 管理工程专业举办过一些大专班,自 1981 年起,共 7 届 504 名学生,到 1995 年全部毕业。

外知名高校的管理教学和科研的骨干，如美国国家工程院院士、美国哥伦比亚大学教授、上海交大上海高级金融学院特聘教授姚大卫；中国"金融工程学之父"、清华大学知名教授朱逢明；还有交大管理学院骨干教师石金涛、季进如等。

此外，工业管理工程系还与山东枣庄、江西南昌、辽宁大连和湖南的一些高校开展了联合办学，进行联合培养，并统一由交大颁发证书。

（二）科学研究

自 1979 年建系至 1984 年恢复建院，工业管理工程系承担了许多重要科研项目，其中涵盖国家自然科学基金项目、国家其他部委项目、省市等政府部门项目、国际合作项目、横向科研项目等。这些项目涉及国家经济建设，社会进步的各个领域，其中有多个项目获得了省市级以上的奖励。在承担和完成科研项目的同时，管理学院的教职工还积极从事科研著作和论文的撰写工作，并于 1979 年起公开出版各类学术著作和教材，并获得了各类不同的奖励，如 1984 年张寿、于清文著《计量经济学》等。

四、成人教育

成人教育是工业管理工程系教育工作的一个十分重要的组成部分。从工业管理工程系成立就明确了 3 个主要发展方向：本科、研究生、成人教育，并认为这样的培养类别区分有利于为国家经济建设培育多种规格的人才，也符合管理教育的特点。

工业管理工程系成立之初，全国正在积极恢复和整顿被"四人帮"破坏的经济和生产秩序，各主管部门都积极倡导培训厂级领导干部。从 1979 年起，工业管理工程系先后受前国家第六机械工业部、国家计划委员会、中国人民解放军航空工程部、上海市经济委员会、上海市交通局、上海市化工局等部门的委托，举办了多期厂长进修班和干部进修班，参加进修的学员后来都成了有关部门和单位的领导骨干。

1979 年 4 月，受第六机械工业部委托，工业管理工程系和镇江船舶学院联合举办的厂级干部企业管理进修班开学。4 月 5 日—6 月 27 日为第 1 期，学员 45 名。6 月 24 日，举行第一期结业典礼。因事未能参加典礼的柴树藩部长致信当时的上海交通大学党委书记邓旭初。信中说，自从中央重新提出四个现代化建设问题，国内国外议论纷纷，都集中在一个问题上：中国的四个现代化建设能否搞成功？中央最近指出，我们的各级领导班子还不适应四个现代化建设的迫切需要，其中问题之一就是各级领导班子还缺乏专业知识和领导才能。因此，如何提高我们各级领导干部，特别是厂一级领导干部的业务水平，就成为决定四化建设成败的当前一个重大问题了。第六机械工业部委托上海交通大学和镇江船院举办的厂级干部轮训，就是为了解决这个问题所做的努力的一部分。

同年 11 月，受六机部委托，工业管理工程系举办了第一期厂级干部企业管理进修班，周志诚教授任进修班班主任。进修班学习时间为 3 个月，学习内容主要有政治经济学、船舶概论、社会主义企业管理、国外企业管理概况和参观学习等。学业结束时，颁发结业证书。当时参加培训的都是国有企业的主要领导干部，他们大都毕业于北京大学和清华大学的理科专业,技术较为精湛,但缺乏系统的管理知识。这些厂级干部长期以来一直处于发展困境之中,有些厂长不熟悉财务,有些厂长无法突破企业发展思路,该厂长班的举办不仅教会了他们系统的管理学知识,也开阔了他们的思路,能够带领企业更快更好地投入生产建设之中。

另有如 1983—1985 年主办"计划干部大专班",每期 1 年,共开办 3 期,培养学员 152 人;及 1984 年主办"海军空军管理工程班",每期 6 个月,共开办 2 期,培养学员 102 人;还有为安徽、浙江、广州等省市机电出口干部进行培训,均取得了良好的效果。

1983 年 12 月,管理干部专修班在学校夜大学开办,管理专业也于同时在夜大学设立。学校向教育部成人教育司递送报告,拟先试办一个理工类管理干部专修班,1984 年暑假后开学,学制 3 年,设入学考试,择优录取,毕业后发夜大学专科文凭。1985 年后,夜大学管理专业本、专科的招生统一纳入上海市高校夜大学招生计划。

五、国际合作办学

改革开放初期,工业管理工程系在学校的指导下,大胆突破国界和地区界限,积极致力于发展与国外和香港地区大学的合作办学,培养大陆急需的人才。该系在对外合作办学方面的探索与实践,成为这一时期学校对外教育交流的一大突破,具有起步早、起点高、形式多样、成效显著的特点。这些国际合作均取得了显著的成绩,为管理学院的复建做了大量教材、师资方面的准备。

1980 年 9 月在美籍华人、美国宾夕法尼亚大学董事朱传榘[①]的倡导和努力下,上海交通大学与美国宾西法尼亚大学沃顿商学院(时称"沃顿管理学院")和工程与应用科学学院签订了长期合作的协议,协议规定两校要在管理与技术领域进行长期合作,共同培养管理和计算机科学双硕士学位研究生,并且进行交换教师、合作研究等。这一合作从协助交大建立管理学院开始,进行了一系列卓有成效的工作。宾州大学派出管理学科教师 20 人来校开设一系列新课并指导学生论文,提供大批教学资料;提供奖学金,接受上海交大派出的攻读博士学位留学人员 7 名。双方还联合举办了管理决策科学和计算机科学双硕士学位研究生班。根据双方共同制订的教学计划,该班由交大讲授英语、计算器程序、计算机构造、微观经济学、宏观经济学、数理统计、运筹学等课程;由宾州大学沃顿商学院、工程及应用科学学院选派各科首席教授索罗门(David Solomans)、瓦尔特(J. Walter)、费薛(M. Fisher)、弗兰德(I. Friend)、肯鲁塞(Howard Kunreuther)、卡尔(John W. Carr)等 10 人,先后来沪讲授会计学、公司理财、财务理论、运筹学应用、建模与算法、数据结构、管理信息系统、计算机信息网络等 14 门课程,并由两校联合授予学位。1983 年 12 月,研究生班共有 28 名研究生以优良

---

① 朱传榘(Jeffrey Chuan Chu 1919—2011),生于天津,1939 年赴美留学。1946 年在美国宾夕法尼亚大学与其他 5 人共同发明了世界上第一台计算机(ENIAC),因此被称为"计算机先驱"。上海交大校务委员会名誉委员、顾问教授、交大教师活动中心捐建人、著名美籍华裔科学家、社会活动家。在计算机原型产生之前,已经有具有计算能力的电子设备出现,但这些设备只能处理特定数据及定向问题,逻辑处理能力还达不到"通用"要求。在具有"通用"数据处理能力的电脑原型设计中,朱传榘成功拿出计算机逻辑结构的数个设计版本,提高了计算机的"通用"逻辑运算能力,也就是"大脑"功能。在计算机原型中,他的贡献是真正点睛之笔,他也是整个电脑原型设计的核心人物;除此之外,他还参与了计算机芯片设计,及计算机小型化、工业化的工作。

的成绩完成学业。1984 年 6 月 12 日，在上海交通大学管理学院成立大会上，举行了该研究生班毕业典礼。这批毕业研究生大部分任教于国内高等院校，或就职于政府部门，还有 7 位毕业研究生出国留学深造。此后经过各自的奋斗，这批研究生有的成为美国著名投资银行的高层管理人员，有的就职于联合国有关机构，更多的成为国内外知名高校的骨干教师。该双学位硕士研究生班，成为学校自新中国成立以来探索国际合作办学之路的开端，为进一步发展对外教育合作项目积累了有益的经验；同时对工业管理工程系来说也是一次创新，这一大胆的尝试为后来管理学院重建后走出国门，开展国际办学，逐步走向国际化奠定了坚实的基础。此后，宾州大学还陆续派出教授来校讲授英语和管理课程。1990 年起，双方再次合作举办高级经济管理进修班 4 期，为上海政界培训高级管理人员。①

第一届上海交大管理决策科学和计算机科学双硕士学位研究生班毕业合影

管理学院在筹建过程中还得到了加拿大国际开发总署（CIDA）和不列颠哥伦比亚大学（UBC）的协助。1982 年 10 月下旬，由教育部和上海交大等 8 所大学组成的代表团，访问了加拿大 27 所知名大学的管理学院。经过在渥太华的 3 天会议以及会后与几所大学进一步协商，教育部与加拿大国际开发总署商定了经济管理教育合作项目，我国 7 所大学同加方有关大学分别草签了合作协议。11 月 25 日，范绪箕校长、翁史烈副校长和管理系领导与来访的不列颠哥伦比亚大学管理学院院长等 7 位代表商定协议文本，由系主任张震和哥大管理学院院长黎诗迪正式签署。协议规定：①哥大管理学院将协助上海交大提高管理教育水平，接受派遣进修教师和博士生 3 名、硕士生 5 名；②哥大管理学院尽快协助上海交大建成管理学科图书馆；③来往人员费用一切由加方支付；④两年检查一次执行情况；⑤两年后经双方满意，可改订 10 年协议。自此，上海交大工业管理工程系与加拿大哥伦比亚大学管理学院建立起合作伙伴关系，主要在以下两方面进行了合作：一方面，由学校向不列颠哥伦比亚大

---

① 《上海交大与美国高校校际合作的情况报告》（1985 年 10 月 17 日）。上交档：永久 1145；《上海交通大学与部分国外院校的合作情况简介》。上交档：短期 1749。

学派遣访问学者和攻读硕士、博士的留学生；另一方面由不列颠哥伦比亚大学派出专家，来校作短期讲学和举办高级研修班，重点培养经济管理专业的教育师资。此后张震和徐柏泉对加拿大 UBC 进行回访时，又根据当时的形势和工业管理工程系的实际需要，与 UBC 商定将大部分留学生名额改派教师进修，为管理学院重建后能够派出大批骨干教师赴 UBC 进修考察奠定了基础。

除了合作办学以外，工业管理工程系还积极与国外院校进行科研合作。1983 年，张震和黄洁纲两位教授与美国宾夕法尼亚州立大学沃顿商学院从事了"卡车调运方法"的合作研究。同年，在加拿大国际开发总署的资助下，工业管理工程系在上海交大举行了国际学术研讨会。

六、社会服务

工业管理工程系成立后，由系主任周志诚牵头，联合上海有关高校组织和成立了"上海市现代化管理研究会"和"上海高校管理专业协作组"，以从事管理学科的普及工作，并推动上海高校管理专业的科研工作。交大管理系有关老师积极参加了研究会的活动。例如刘涌康、武剑明、刘樵良、栾军、严智渊等老师，在中国第一机械工业部有关部门的组织下，由周志诚教授牵头组织全国有关高校编写管理学科教材。周志诚教授曾组织编译过一批管理方面的书籍，包括国家部委和上海市的一些教材用书，还编著有十余部经济管理方面的教材，使当时缺少教材的困境基本得到解决。

此外，工业管理工程系还牵头创建了"城市经济与管理学会"及"上海技术经济与现代化管理学会"，并积极举办管理知识的系列讲座，推广现代化的管理思想和方法，促进了上海市高校之间于经济、管理方面问题进行密切的交流与合作，推动了国内经济与管理学科的发展。

第五章
管理学院的恢复建立
（1984－1996）

一、管理学院恢复建立

（一）管理学院复建

进入 20 世纪 80 年代后，我国开始了经济体制改革，上海交大在与境外高校及校友的交流中意识到，要顺利实现计划经济向社会主义市场经济的转变，中国急需大量的新型管理人才。

1981 年 12 月 4 日，学校认为重建管理学院的条件业已成熟，正式向中华人民共和国计划委员会（国家计委）、第六机械工业部（六机部）、教育部递交了《关于成立上海交通大学管理学院的请示报告》，提出："随着科学技术的迅速发展、国家经济体制的调整改革，以及国际贸易的日益兴旺，十分需要通过对在职干部、本科生和研究生的培养，源源不断地、大量地把具有学士、硕士和博士学位的毕业生，充实到国家各级管理部门、高等学校和科研机构中去。为使这些毕业生能适应现代化科学管理的需要，根据用人部门的反映：须要求他们不仅掌握建设社会主义的经济理论和管理理论，而且还必须具备一定的工业技术知识。因此，工科大学培养管理（包括外贸）人才，是更为适宜的。交大成立管理学院后，将有利于加强对管理人才培养的领导，全面规划，抓深抓细，加速管理学科的发展和提高，满足国家建设的需要。"[1]

1982 年 2 月 18 日，学校又向中共中央政治局委员、上海交大校务委员会主任王震写了

---

[1]　《关于成立上海交通大学管理学院的请示报告》（1981 年 12 月 4 日）。上交档：永久 757。

请示报告,同时抄报柴树藩。王震口头指示:"上海交大成立管理学院,我没有意见。你们要直接向六机部报告,请他们审批。"1982年3月5日,校党委又向六机部再次呈送成立管理学院的请示报告。6月15日,校党委向教育部上报成立管理学院的报告。1983年2月15日和4月21日,学校两次向教育部报告催问。1984年4月11日,教育部批复同意上海交大成立管理学院,全称为"上海交通大学管理学院"。

　　1984年6月12日,由前工业管理工程系和校直属单位系统工程研究所联合扩建而成的管理学院正式成立,杨锡山任首任院长,王浣尘、潘介人任副院长,周志诚、张震任院顾问。在成立大会上,中共中央政治局委员、上海交大校务委员会主任王震发来贺电,"希望管理学院为祖国四化建设多出成果,多出人才,多作贡献"。[①] 上海市政府顾问杨恺到会讲话祝贺:"管理学院的成立既适应了新的经济振兴和技术革命,也是培养高级管理人才的急迫需要,它标志着交大在改革中不断前进,在前进中不断开拓。"[②] 国内兄弟院校和美国宾夕法尼亚大学、加拿大不列颠哥伦比亚大学、香港中文大学的代表及上海交大校系领导、管理学院全体师生员工近200人出席大会。会上,学校党委书记邓旭初向美国宾夕法尼亚大学教授、诺贝尔经济学奖获得者克莱茵(Klein)授予名誉教授证书和校徽。同时还举办了管理决策科学和计算机科学双硕士学位研究生毕业典礼。

1984年6月12日,上海交通大学管理学院恢复成立大会

---

① 《我校隆重举行管理学院成立大会暨双学科硕士研究生毕业典礼》,《交大简报》1984年6月13日。上交档:长期2920。
② 《我校管理学院成立》,《上海交通大学通讯》1984年第1期。上交档:永久991。

1984 年 6 月 12 日，诺贝尔经济学奖获得者克莱茵教授(左)在管理学院成立大会上发言

1984 年 6 月 18 日，《上海交大》报报道管理学院成立盛况

管理学院的成立,标志着上海交大恢复了理、工、管相结合的学科格局。建院后,在学校的领导和支持下,杨锡山院长提出并践行"虚心学习,博采众长,立足国情,面向四化"的办学方针,吸收国外先进的管理经验,开设新专业和新课程;着力推进师资培养和引进工作,注重学科队伍建设;积极开创国际合作办学项目,为国家培养急需的管理人才。

(二)组织架构

1. 机构设置

管理学院成立时,下设 3 个系:工业管理工程系,自前工业管理工程系管理工程教研室发展而来,由黄洁纲任系主任;决策科学系,自前工业管理工程系系统工程教研室发展而来,由刘涌康任系主任;工业外贸系,自前工业管理工程系工业外贸教研室发展而来,由叶懋聪任系主任。此外,还设有系统工程研究所、人力资源管理研究室、计算机应用实验室,和院资料室。同时,又逐步增设了院长、党委、教务、行政、学生工作办公室、成人管理教育培训中心、闵行基础部等职能部门。

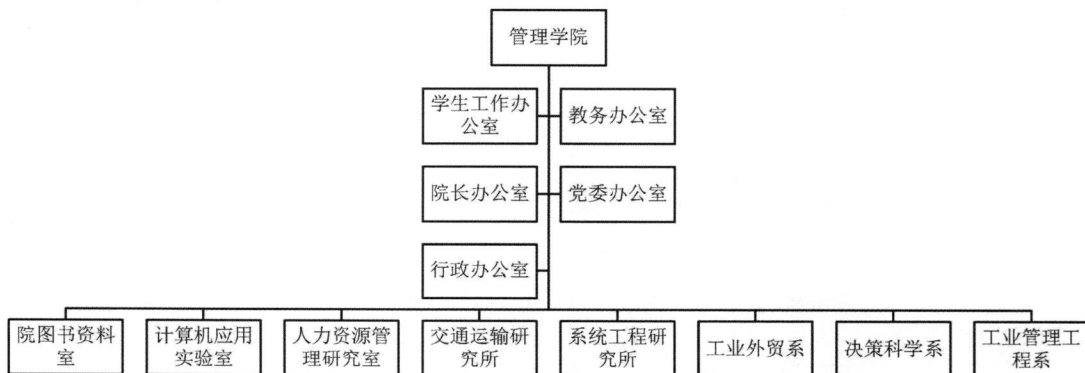

管理学院建院初期机构设置图

1987 年,管理学院办学实体搬迁至法华路校区,教学科研设施得到大幅度改善。此后,院内又陆续增设了旅游管理系(1988 年)、工商管理硕士点(MBA)(1993 年)、会计财务学系(1994 年)、对外事务办公室(1995 年)。1991 年,"上海交大—加拿大不列颠哥伦比亚大学管理培训研究中心"揭幕成立并首期开学。1992 年人力资源管理研究室改制为人力资源研究所。1993 年,交大社会科学与工程系技术经济、国际金融两个专业与决策科学系合并,组建为经济管理与决策科学系。

法华镇路校区老校门,沿用至 2005 年

管理学院法华校区早期办公地点,后称南楼

同时,为了做好学院发展中的宏观决策、加强对经济管理人才的培养,学院于 1991 年成立了顾问委员会,由原上海市市长汪道涵任顾问委员会主任委员,杨锡山、周克任副主任委员,委员有徐匡迪、龚兆源、余永梁、陈祥麟、龚浩成、梁玉源、王祖康、王乃粒、任吉安、王基铭、黄佩洲、李文华、陈美福、李荫瑞。

上海交通大学管理学院顾问委员会会议

1986 年 9 月 16 日,汪道涵应邀来校主持召开了管理学院顾问委员会的第一次会议。在此前后,他数次来校,为师生们讲授《当前城市经济问题》《关于企业管理》等经济管理类学术报告。汪道涵关心学院与国外及香港地区大学合作办班、联合培养管理专业高端人才工作,对学校管理专业的师生们寄予殷切希望:"搞管理的人要增强市场观念、技术观念和财务观念,希望管理学院的同学既要重视书本知识,掌握基础理论,又要深入实际,注重调查研究。"①

---

① 《汪道涵教授来校讲学》。《上海交大》1986 年 3 月 26 日第 1 版。

```
                                        ┌─── 工商管理硕士点
                                        │    （MBA）
                                        ├─── 院图书资料室
                                        ├─── 中加管理研究中心
                                        ├─── 成人教育培训中心
                                        ├─── 学生工作组
                                        ├─── 闵行基础部
                                        ├─── 人力资源研究所 ──── 人类工效学实验室
                    ┌─── 院学术委员会      │
                    │                   │                    ┌── 系统工程实验室
                    ├─── 院顾问委员会      ├─── 系统工程研究所 ──┤
                    │                   │                    └── 系统工程杂志社
                    ├─── 行政办公室        ├─── 会计财务学 ─────── 会计电算化实验室
   管理学院 ─────────┤                   │
                    ├─── 党委办公室        ├─── 旅馆管理系 ─────── 旅馆管理实验室
                    │                   │
                    ├─── 院长办公室        ├─── 工业外贸系 ─────── 语音学实验室
                    │                   │
                    ├─── 教务办公室        │                     ┌── 金融保险研究所
                    │                   ├─── 经济管理与决策科 ──┤
                    └─── 对外事务办公室     │    学系              └── 城市管理研究所
                                        │                     ┌── 计算机应用实验室
                                        └─── 工业管理工程系 ──┤
                                                             └── 交通运输研究所
```

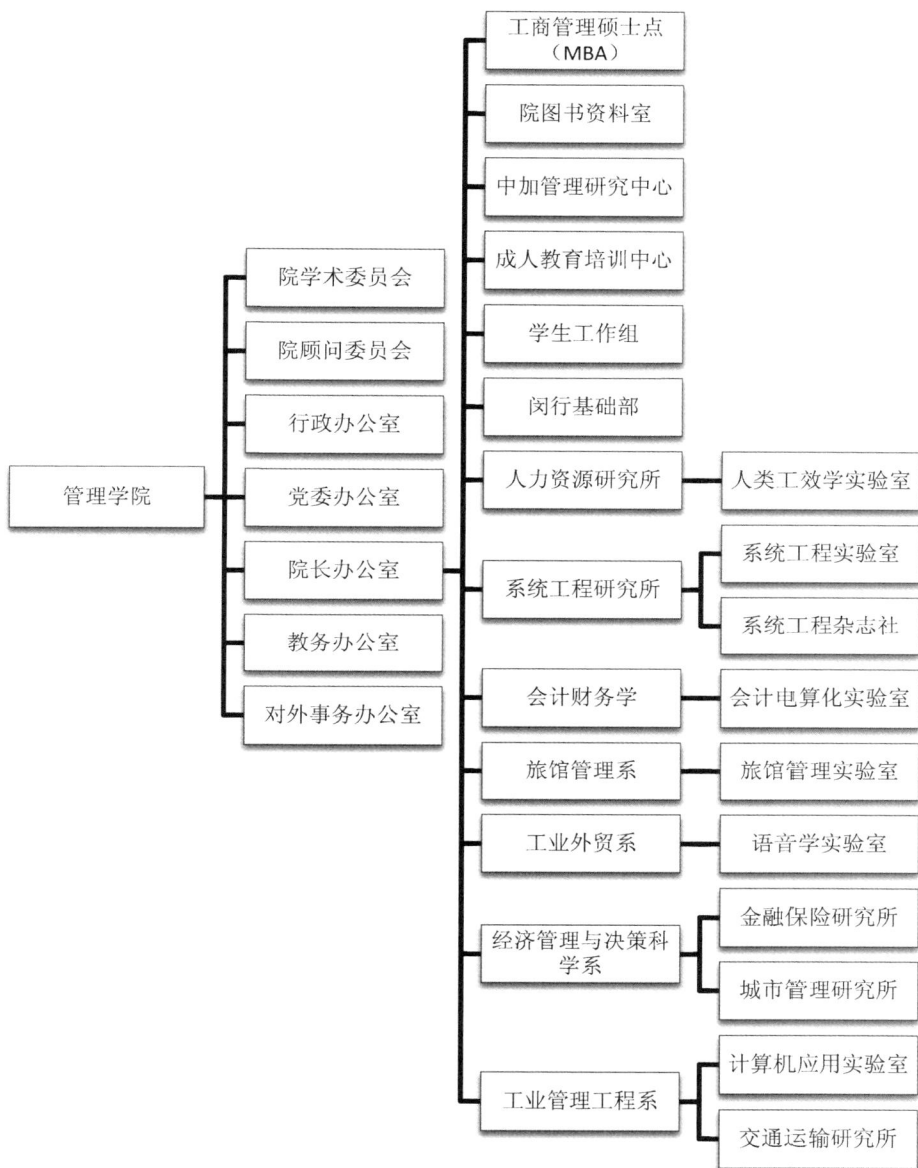

1995 年管理学院机构设置图

2. 领导班子

管理学院成立大会上公布了由杨锡山任首任院长，王浣尘、潘介人任副院长，周志诚、张震任院顾问；同时，前工业管理工程系党总支改建为院党总支。1985 年 12 月 31 日，院党总支又改建为党委，由徐柏泉任分党委书记，武剑明任分党委副书记。

杨锡山，上海交通大学教授，上海宝山人，1916 年 2 月生。1937 年本科毕业于金陵大学农业经济系，1945 年硕士毕业于美国宾夕法尼亚大学

杨锡山

沃顿学院工业管理系。从事上海交通大学工业管理工程的教学和科研工作,代表性论著有《美国工业管理的过去和现在》《西方组织行为学》等。1982 年 12 月任上海交通大学工业管理工程系教授,1984 年 6 月—1987 年,担任上海交通大学管理学院首任院长。

徐柏泉

徐柏泉,上海交通大学教授,浙江萧山人,1935 年 9 月生。1960 年本科毕业于上海交通大学船舶制造系,同年开始工作。1979 年起任上海交通大学工业管理工程系党总支书记,1984 年 6 月—1996 年 3 月,担任上海交通大学管理学院首任分党委书记,并于 1985 年 3 月—1992 年 5 月、1994 年 3 月—1996 年 3 月期间担任副院长,主持学院工作。

1987 年,杨锡山院长退休,学院先后聘任李家镐担任名誉院长、张祥担任院长,但由于前者为上海市人大常委会副主任,后者为国家外经贸部副部长,均工作繁忙,只可兼任,因此学院在安排主持日常工作的常务副院长和党委书记的人选上费心颇多,直到 1998 年才基本稳定。

1991 年,上海交通大学管理学院聘任李嘉镐为名誉院长、兼职教授

1994 年 7 月,上海交通大学管理学院聘任张祥为院长

3. 教师队伍

管理学院最初成立时,有教职工 129 人,其中教授 2 人,副教授 10 人,讲师 28 人,助教 44 人。此后教职工人数呈上升趋势,至 1987 年达到 168 人,其中教授 9 人,副教授 19 人,讲师 33 人,助教 60 人。此后教职工人数又逐年减少,至 1993 年教职工人数为 106 人,其中教授 8 人,副教授 20 人,讲师 32 人,助教 16 人。1994 年开始教职工人数又有所上升至 143 人,其中教授 23 人,副教授 23 人,讲师 42 人,助教 28 人。

1995 年是管理学院阶段教职工人数最多的时期,共计 174 人,其中教师 143 人,占整个教职工队伍人数的 82%。在这些教师中,有教授 27 人,副教授 34 人,讲师 43 人。其中含博士指导教师 6 人,硕士指导教师 44 人。大多数教师为中青年,其中 30 岁以下的 55 人,30~40 岁 43 人,40~50 岁 39 人,50 岁以上 18 人。教师队伍的学历结构为:具有本科学历者 54 人、硕士学历者 34 人、博士学历者 12 人;性别结构为:男 108 人、女 35 人。与建院时(1984 年)相比,1995 年教职工总数增长了 1.3 倍,其中教授增长 13.5 倍,副教授增长了 3.4 倍,讲师增长了 1.5 倍。

这一时期在管理学院先后任教的教授(研究员、教授级高级工程师)有周志诚、张震、杨锡山、黄洁纲、潘介人、万伟勋、徐纪良、王浣尘、吴健中、刘涌康、刘樵良、顾慰文、韩慧君、杨素英、范煦等。

学院还聘有诺贝尔经济学奖获得者克莱茵、美国宾夕法尼亚大学校长海克涅、中国著名经济学家马洪、德国康斯坦茨大学校长吕克斯等多位名誉教授和顾问教授。

4. 学院设施

至 1995 年,管理学院有各类用房 3 300 余平方米,图书资料 10 000 余册,各类实验室 6 个,各种实验设备 160 台/件,此外院部和各系、所还有一批设备,均是学院自筹经费,逐年添置而得。

1) 房舍

1984 年管理学院成立,地点仍在徐汇校区第一宿舍(现执信西斋),教学行政用房扩大到二楼大半楼面,共有房屋 15 间,面积 240 平方米。同年又于学校法华镇路分部增配房屋 4 间,面积 280 平方米。随着学院各项事业的发展,院舍渐觉狭小,遂于 1987 年举院迁至法华镇路分部,占用分部新教学大楼(后称"南楼")的一至四层(共五层)和第四宿舍的二层(共二层),面积增至 3300 余平方米。此后院舍情况无大变化。至 1995 年学院各类用房情况如下:

(1) 行政用房:院部各类办公室 8 间,面积 128 平方米;各系所办公室 19 间,面积 550 平方米。

(2) 教学用房:普通教室 15 间,面积 800 平方米;阶梯大教室 4 间,面积 800 平方米。

(3) 实验室用房:各类实验室 10 间,面积 576 平方米。

(4) 其他用房:图书资料室 2 间,面积 160 平方米;成人管理教室培训中心 1 间,40 平方米;《系统工程理论·方法·应用》杂志社 1 间,40 平方米;行为科学学会 1 间,65 平方米;管理信息系统学科组(MIS)2 间,60 平方米;储藏室 1 间,16 平方米;工贸公司 1 间,20 平方米;正源公司 1 间,40 平方米。

管理学院部分教师在学院大楼前合影，背后是现今的执信西斋，当时楼名为管理学院

2）图书资料室

图书资料室主要集中在院资料室（各系所还有部分藏书和资料），该室设于 1979 年，原属前工业管理工程系。1984 年管理学院成立，系资料室改称院资料室，服务对象扩大到全院的教师和研究生。1987 年资料室随学院移至法华镇路分部新教学大楼一楼，面积 80 平方米。1987 年为适应与欧共体联合办学的需要，又增面积 80 平方来，图书资料有 5 000 余册，服务对象扩大到全体教师、研究生、本科生。1992 年资料室由新教学大楼一楼迁至四楼，图书资料增至 7 000 余册。截至 1995 年，院资料室共有图书资料 10 000 余册，其中：中文图书 7 800 余册、外文图书 2 500 余册、中文期刊 200 余种、外文期刊 20 余种。此外，资料室从 1982 年开始收藏研究生论文，到 1995 共收研究生论文 469 份。

3）实验室

管理学院共有 6 个实验室。计算机应用实验室建于 1980 年，系统工程实验室和人类工效学实验室建于 1984 年，视听实验室建于 1987 年，旅馆管理实验室建于 1991 年，会计电算化实验室建于 1994 年。

1995 年 6 个实验室共有面积 576 平方米。各类实验设备 160 台（件），固定资产 248 万元。主要实验设备有：各类微型电子计算机 76 台，计算机工作站 1 个，行走机器人 1 台，语言实验成套设备（48 座）2 套，运筹管理软件 1 套（各实验室详细情况见下节）。

（三）专业与教学

1. 学科设置

1984 年，管理学院恢复建立之初，学院下设 3 系 1 所，即工业管理工程系、决策科学系、工业外贸系和系统工程研究所。1985 年 12 月 31 日，系统工程专业获得博士学位授予权。1986 年 7 月 28 日，经国务院学位办批准，设立"管理科学"硕士点；在管理工程系设立"工业管理工程"博士点。9 月，系统工程研究所与自动控制系联合建立"系统工程"博士后流动站。1988 年 1 月 13 日，经国家教委批准，旅馆管理系（旅游管理系）成立。1990 年，经国务院学位办批准，设立"技术经济"硕士点，并开始招生。1991 年，经国务院学位办批准，设立"工业外贸"硕士点，并于当年开始招生。1993 年 5 月 18 日，工商管理硕士点（MBA）获国务院学位委员会批准进行试点工作,为国务院学位委员会第二批批准的 17 个试点单位之一(1995 年全国共有 26 个试点单位)。

1992 年之后,管理学院的专业设置已经趋向系统化、科学化和合理化,而且随着发展的需要又新增了一些专业,并且对于相近的专业进行了合并成立了系。

1992 年 1 月 6 日,经学校批准,将"人力资源管理研究室"升格为"人力资源管理研究所",并经国家教育部批准,于 1995 年开始招收本科生。1993 年 4 月,学校将管理学院原决策科学系与社会科学及工程系技术经济、国际金融两专业合并后,改名为经济管理与决策科学系。1994 年 10 月,学院又抽调教师成立了会计财务学系。

在全院教职工的共同努力之下,管理学院的学科专业布点日臻完善,师资队伍学历结构逐步优化。至 1995 年底,管理学院共有 11 个专业,主要包括管理工程、管理科学、技术经济、国际金融、房地产、工业外贸、旅馆管理、会计财务、系统工程、人力资源、工商管理硕士(MBA)等 11 个专业,其中 8 个专业招收本科生,6 个设有硕士点,2 个设有博士点,还于 1985 年同自动控制系联合建立了系统工程博士后科研流动站。此后于 1998 年,管理学院又在新的学科目录指导下,新增金融系、会计系、旅游管理 3 个硕士点,管理科学与工程博士后流动站也申报成功。

表 5－1　管理学院专业设置及相关情况一览表

专业名称	设立时间	所在部门	设立站点年份			开始招生年份					
			硕士点	博士点	博士后流动站	大专	本科	研究生班	硕士生	博士生	博士后
工业管理工程	1979	工业管理工程系	1981	1986		1981	1982	1987	1979	1987	1995
管理科学	1984	经济管理与决策科学系	1986						1986		
技术经济	1985		1990				1986		1989		
国际金融	1993		1998				1990				
房地产	1994						1994				
工业外贸	1980	工业外贸系	1991			1989	1980	1984	1992		
宾馆(酒店)管理	1988	旅游管理系	1998			1990	1987				
会计财务	1993	会计财务学系	1998				1993				
系统工程	1982	系统工程研究所	1982	1985	1986			1984	1980	1986	1986
人力资源管理	1995	人力资源管理研究所					1995				
MBA	1993	管理学院	1993						1993		

这一时期,管理学院共培养本科生 1 796 名、硕士研究生 424 名、研究生班研究生 181 名、博士研究生 75 名,招收博士后研究人员 6 名。

经过 10 余年的建设,管理学院得到了迅猛的发展,综合办学实力在国内高等院校管理专业中名列前茅。1985 年、1990 年,管理学院两次获得"上海市高校管理专业综合办学水平评估"第一名。

2. 教学情况

1) 本科、大专生

管理学院 1980 年开始招收本科生,到 1995 年共招各类专业本科生 15 届,培养本科生共 1 796 人。在本科生培养中,招收过包括一些特殊类型的班。一是新疆班,具体情况为:管理工程专业 1985 年招收 30 人,工业外贸专业 1988 年招收 30 人,1991 年 30 人,1993 年 25 人,这些学生的培养有利于推动少数民族地区社会经济的发展,加强各少数民族的团结。二是劳模班,技术经济专业 1993 年招收 25 人,学员为省或全国劳动模范,其中有 3 人是全国五一劳动奖章获得者。三是体育班,具体情况为:工业外贸专业 1992 年招收 46 人,1993 年招收 53 人,1994 年招收 54 人,1995 年招收 46 人,学员为各类运动员。

在培养本科学生的同时,管理工程、工业外贸、旅馆管理三个专业还举办过一些大专班,到 1995 年已全部毕业,培养大专生共计 669 人。其中管理工程专业 504 人(7 届)、工业外贸专业 75 人(2 届)、旅馆管理专业 126 人(4 届)。

表 5－2　1980－1995 年管理学院本科生培养情况统计

年份	管理工程		技术经济		国际金融		房地产		工业外贸		宾馆管理		会计财务		人力资源管理	
	招生	毕业	招生	毕业	招生	毕业	招生	毕业	招生	毕业	招生	毕业	招生	毕业	招生	毕业
1980									27							
1981																
1982	30								26							
1983	31															
1984	39								51	27						
1985	58								60							
1986	86	30							43	25						
1987	91	33							63			30				
1988	101	39							110	52	31					
1989	69	57	34						69	55	31					
1990	55	87	30		20				62	43	31					
1991	54	106	28		23				90	63	34	27				
1992	55	98	60		57				158	104	45	30				
1993	29	69	113	34	111				162	68	29	30	74			
1994	34	54	31	29	106	20	30		151	63	29	28	66			

（续表）

年份	管理工程		技术经济		国际金融		房地产		工业外贸		宾馆管理		会计财务		人力资源管理	
	招生	毕业	招生	毕业	招生	毕业	招生	毕业	招生	毕业	招生	毕业	招生	毕业	招生	毕业
1995	32	52	31	26	103	23	29		146	89	30	33	58		27	
总计	764	625	327	89	420	43	59	/	1218	589	290	148	198	/	27	/

注：①技术经济、国际金融专业1989—1992年的本科生均为在社会科学与工程系时所招，因毕业时间在两专业并入管理学院之后，故统计在管理学院的培养范围之内。②工业外贸专业1980级本科生系隶属校人事处教务处时所招。因毕业时间在划入前工业管理工程系之后，故统计在管理学院培养之列。

2）硕士研究生

管理学院1979年开始招收硕士生，1984年开始招收研究生班。到1995年共招硕士生17届，研究生班10届，培养硕士生共计424人，研究生班研究生181人。

表5-3　1979—1995年管理学院硕士研究生培养情况统计

年份	管理工程				系统工程				工业外贸				管理科学		技术经济		MBA	
	硕士生		研究生班		硕士生		研究生班		硕士生		研究生班		硕士生		硕士生		硕士生	
	招生	获学位	招生	毕业	招生	获学位	招生	毕业	招生	获学位	招生	毕业	招生	获学位	招生	获学位	招生	获学位
1979	10																	
1980	33				1	1												
1981					2	2												
1982	10	9			2	2												
1983	37	26			6	5												
1984	10				7	11	15	15			15	15	11	11				
1985	20	8			15	15	15	15			23	23	12	12				
1986	24	38			19	17	8	7					11	11				
1987	26	8	40	40	17	13							10	9				
1988	25	15	15	15	13								7	7				
1989	18	12	19	19	13	12							11	10				
1990	16	24	9	9	13	11							9	8				
1991	9	22	9	8	7								8	8				
1992	18	16	11	10	11	11			6	7			15	14	9	8		
1993	25	15	5	5	17				11				23			8		
1994	16	8			16				15				14			8	86	
1995	14	15			13				31				16			13	41	

（续表）

年份	管理工程				系统工程				工业外贸				管理科学		技术经济		MBA	
	硕士生		研究生班		硕士生		研究生班		硕士生		研究生班		硕士生		硕士生		硕士生	
	招生	获学位	招生	毕业	招生	获学位	招生	毕业	招生	获学位	招生	毕业	招生	获学位	招生	获学位	招生	获学位
各专业统计	311	206	108	106	172	113	38	37	63	7	38	38	147	90	38	8	127	/

注：①管理科学、工业外贸二专业1984、1985两级研究生是作为管理工程硕士点下的一个研究方向招收的。②工业外贸专业1995年所招31名研究生中，在深圳者22人。③技术经济专业1989、1990年还招收过两届研究生，但在该专业隶属社会科学工程系时已毕业，故未计入。④工商管理硕士（MBA）采取异地办班的方法：1994级86名研究生中在上海者28人，在深圳者31人，在新加坡者27人；1995级41名研究生中在上海者26人，在新加坡者15人。

3）博士、博士后

管理学院1986年开始招博士生，到1995年共招博士生9届100人，23人获得学位（至1999年共计75人获学位）。此外系统工程专业还建立了博士后流动站。截至1995年先后有6名博士后进站工作。

表 5－4　1986－1995 年管理学院博士培养情况统计

年份	系统工程		管理工程	
	招生	获学位	招生	获学位
1986	5			
1987	1		1	
1988	4		2	
1989				
1990	6	5	2	
1991	7	1	1	1
1992	9	3	3	1
1993	8		5	
1994	12	4	5	2
1995	15	5	14	1
合计	67	18	33	5

4）开办 MBA 教育

20世纪70年代末，我国确立了改革开放和以经济建设为中心的大政方针，中国对国外尤其是美国的 MBA 教育开始有所了解。1984年起，由原国家经贸委与美国、欧共体等陆续联合举办国际合作工商管理培训和 MBA 教育项目。

　　1990 年 10 月,国务院学位委员会第九次会议通过了《关于设置和试办工商管理硕士学位的几点意见》,正式批准设立 MBA 学位和试办 MBA 教育。1991 年 3 月,清华大学等第一批 9 所高校获批开展 MBA 试点教育工作,上海交大管理学院当时没有申办 MBA 试点。1993 年,国务院学位办批准了第二批 17 所 MBA 教育试点院校,上海交大管理学院成功申请成为 MBA 教育试点,并于 1994 年开始招生。同年 10 月 26 日,全国工商管理硕士(MBA)教育指导委员会成立,成员由国务院学位委员会和教育部聘请国内管理教育专家和企业家组成,是全国 MBA 教育指导和咨询组织,其宗旨是:指导协调全国工商管理硕士教育活动;推动我国工商管理硕士教育的发展;加强与工商企业界的联系及国际交流与合作;促进我国工商管理硕士教育水平的不断提高。在全国工商管理硕士(MBA)教育指导委员会的指导下,上海交大管理学院的 MBA 教育红红火火地开办起来。1997 年 1 月,MBA 招生实行国家联考,管理学院的 MBA 招生从开始举办时的 30 人,跃升至 200 人。自此上海交大管理学院的 MBA 教育得到快速发展,迅速进入了全国高校前列。

首届 MBA 毕业照

　　此后,经国家教育部和学校同意,上海交大管理学院又分别于 1994 年和 1995 年在新加坡、深圳市设立 MBA 硕士点,改变了一贯的"请进来"国际合作办学模式,开启了"走出去"模式。这两个硕士点分别由新加坡华夏管理学院和深圳市青年学院负责招生和日常教务工作,教学和管理工作则由上海交大管理学院派遣老师前往负责。新加坡 MBA 教学点于 2003 年升格成为研究生院,十年来共培养 MBA 毕业生 300 余名。

　　(四) 科学研究

　　管理学院注重发挥自身的优势,积极从事科学研究,承担了许多与国计民生有关的科研项目,以直接为社会主义现代化建设服务。自 1979 年至 1995 年,管理学院承担了 200 余项重要科研项目,其中包括国家自然科学基金项目 21 项;国家其他部委项目 45 项;省市等政府部门项目 52 项;国际合作项目 29 项;横向科研项目 66 项;其他项目 18 项。

这些项目涉及国家经济建设、社会进步的各个领域,对推动国家建设和社会进步起到了重要的作用。其中获得省市以上奖励的项目 21 项。具体情况为:国家科技进步奖一等奖 1 项(合作单位);国家科技进步奖三等奖 1 项(主办);国家教委科技进步一等奖 2 项(其一为合作单位),二等奖 2 项,三等奖 2 项;上海市科技进步一等奖 1 项,二等奖 1 项,三等奖 2 项。其中,1987 年国家科委主任宋健、管理学院教授王浣尘等主持合作完成的"人口系统定量研究及其应用"课题,获国家科技进步一等奖,为学院收获了第一个国家科技进步奖项。1988 年,王浣尘等 8 人的《动态模式经济控制论模型在我国钢铁工业中的应用及钢铁需求预测研究》获国家教委科技进步奖二等奖。1989 年,王浣尘主持的《动态模型经济控制论模型(DYPECM)开发研究》获国家教委科技进步奖二等奖。1991 年,王浣尘主持的《新疆经济计划工作模型》获国家教委科技进步奖二等奖。1992 年,吴健中主持的"江西省山江湖发展治理宏观战略研究"项目获国家科技进步三等奖。

此处将部分重点课题作如下介绍:

1. "人口系统定量研究及其应用"课题

为适应管理科学化的需要,学校积极开展软科学的研究,主要进行管理科学、系统工程和重大科学技术的预测、论证工作。国家科委宋健、校管理学院王浣尘等主持合作完成的"人口系统定量研究及其应用"课题,应用系统工程和控制论的思路,理论与实际相结合,定性与定量相结合,进行因素分析,找出了我国约为 70 年的人口大周期;应用大系统理论及最优理论,得出了人口控制的大系统结构及优化方案。有些建议被相关政府部门采纳和实施,这对我国人口控制的战略研究和应用做出了贡献。该成果荣获 1987 年国家科技进步一等奖。

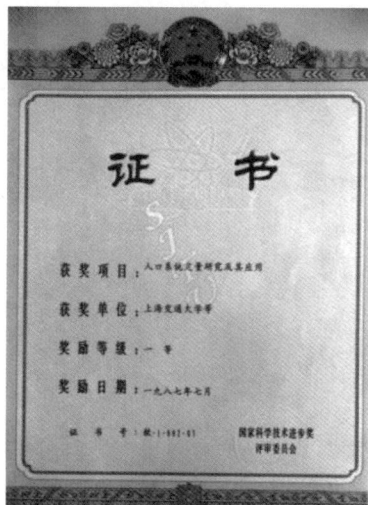

"人口系统定量研究及其应用"获奖证书

2. 上海市货车调运优化系统（市交通局）　负责人：张震

此为当时工业管理工程系教授张震与美国宾夕法尼亚大学沃顿商学院 M.Fisher 教授的国际协作项目，对上海市交通局所属沪南车队的货车作优化调度。M.Fisher 教授向美国国家科学基金（NSF）申请经费并立项。张震、黄洁纲教授与市交通局协议，由市交通局提供经费资助研究。由于市交通局所属货车车队组织，因体制改革，几经变动，因而所拟优化方案无法实施。后来张震教授申请国家自然科学基金，建立"城市货车汽车运营组织优化的理论"项目，使该项课题在理论上得到一个结果。

3. 上海桑塔纳轿车横向配套（国产化）可行性研究（市经委）　负责人：刘樵良

1984 年 6 月，市经委综合规划室主任黄奇帆来校，要求交大用系统工程方法进行桑塔纳项目的横向配套（国产化），以实现上海汽车工业快速发展。由于德国总理在九月来沪为上海大众奠基，因此要求该项目在 8 月份完成，9 月初提出正式报告文本。学院方面实际参加该项工作的有：刘樵良、吴定华、韩慧君以及在读研究生吴冲锋、郑淑蓉、丁专鑫、蒋益军四人。此外，上海汽车拖拉机联营公司（上海汽车总公司前身）、上海汽车拖拉机研究所、市机电一局情报所和规划处均派人参加。桑塔纳轿车国产化带来的巨大经济效益以及对后来上海汽车工业发展产生的重大影响是毋庸置疑的。该项目的报告结果被政府部门直接采用，得到了高度评价，这在学校所作咨询报告中是少见的。当时的评价是"报告已为有关部门采纳，横向配套件的选点及投资等等工作正按报告中所提方案逐步落实"。

4. 在华中德合资企业成功因素研究（与西柏林工业大学合作研究课题）

此为 1987 年 5 月—1989 年 9 月与西柏林工业大学间的国际合作课题。中方研究人员有杨锡山、王浣尘两位教授，以及刘樵良、徐纪良、潘伯文、宣国良等研究人员。德方有Wilpert、Trommsdorf、Blohm 三位教授及 Jakubowski 律师等研究人员。德方获西德大众汽车公司基金会资助总计 55 万西德马克（约合 100 万人民币）。中方分别向国家经委和市科委申请立项，即"中德合资企业——上海大众汽车公司等——经营管理的调研报告"（国家经委），负责人刘樵良；"在华中德合资经营企业成功因素"（市科委），负责人徐纪良。两项课题分别由国家经委和市科委组织鉴定，得到好评。

5. 中国社会经济发展的系统动力学模型（国家经济社会发展中心、国家计委）

系统动力学是由 MIT Forrest 教授首创、经杨通谊教授介绍、最早引入上海交大的一种系统工程方法。"中国社会经济发展的系统动力学模型"是"2000 年中国"的一个子课题。于管理学院成立不久后，由国务院社会经济发展中心立项，得国家计委资助约 6 万元。课题负责人前期为杨通谊，后换成徐纪良，当时管院参加的人员有：于骏民、程玉玺、陈仁杰、戴志豪等。总课题"2000 年中国"后获得国家科技进步一等奖，该模型和其他 5 个定量分析模型获得全国计算机应用一等奖。

在承担和完成科研项目的同时，管理学院的教职工还积极从事科研著作和论文的撰写工作。到 1995 年，全院公开出版各类学术著作和教材 70 多部，发表论文 600 多篇，其中发表在国内一级刊物和国外学术刊物上的 300 多篇。曾经获得过各种不同奖励的著作和教材有：《价值工程学》《国际会计教程》《工业企业营销管理学》《现代财政学》《技术经济学》《战略管理》《试验设计的技术和方法》《会计学》《企业经营战略》《系统仿真》《人口系统工程》《制造资源计划——MPRII 原理与实践》《上海经济区旅游概貌(上海卷)》。

1992 年 5 月,管理学院创办了季刊《系统工程理论方法应用》,该刊是经国家科委、国家教委批准的向国内外公开发行的综合性学术期刊,以为介绍系统工程学科、管理科学与工程学科创新性研究成果,构建学术交流平台,推动学科建设与发展为宗旨,主要刊登的内容为:系统科学、系统工程与管理科学等学科在理论和方法上的最新研究成果,以及实际案例分析,并择优刊登博士论文摘要。2006 年,该刊更名为《系统管理学报》,并改为双月刊。

(五)社会服务(成人教育)

原工业管理工程系 1979 年即开始从事成人教育,管理学院成立后,这方面的工作起初由各系、所、教研室负责。为了加强管理,更好地探索成人教育的规律,有效地组织师资力量,1985 年 1 月 17 日,管理学院增设了"成人管理教育培训中心"。1979－1995 年,学院承接六机部、国家计委、中国人民解放军空军航空工程部、海军装备部、上海市经委、交通局、化工局等部门的委托,举办各类培训班 70 余期,培训学员 3000 余名。

管理学院历年所办各种在职培训班详情如下:

1. 学历教育培训班

1983－1985 年,主办"计划干部大专班"3 期,每期 1 年,培养学员 152 人。

1987－1992 年,主办"管理工程研究生班"2 期,每期两年半,培养学员 22 人。

1987－1992 年,主办"企业管理研究生班"7 期,每期一年半,培养学员 91 人。

1991－1993 年,与本校研究生院合办"技术经济大专班"1 期,为时 2 年,培养学员 32 人。

1987 年 1 月 7 日,国家计委首届研究生毕业留念

1993年，第六期高级企业管理培训班结业典礼

2. 非学历教育培训班

1984年，主办"海军空军管理工程班"2期，每期6个月，培养学员102人。

1985年，主办"对外项目谈判轻机班"2期，每期6个月，培养学员80人。

1986—1988年，主办"上海金三角对外贸易班"3期，每期6个月，培训学员90人。

1992—1993年，主办"涉外秘书班"2期，每期3个月，培养学员180人。

1992—1995年，主办"硕士课程进修班"3期，每期两年半，招收学员100人，其中技术经济专业17人；系统工程专业25人；工业外贸专业58人。

1993—1994年，与上海市财政局合办"会计上岗证书班"2期，每期5个月，培训学员180人。

1993—1995年，主办"计算机通用能力班"5期，每期3个月，培训学员200人。

1993—1995年，主办"美国口语强化班"4期，每期4个月，培养学员200人。

1993—1995年，受上海市化工局染料公司委托主办"英语听力、写作培训班"1期，3个月，培训学员19人；与上海市徐汇区外经委、外资委合办"徐汇区外商投资企业中、高级管理人员涉外实务培训班"3期，每期1个月，培养学员125人。

1994年，主办"经济课程系列讲座班"1期，3个月，培养学员60人。

通过这些形式的成人教育工作，不仅为国家培养了大批急需的管理人才，而且密切了学校与社会的关系，促进了学院教学、科研工作的发展。此外，办班获得的经济收入还为学校与学院补充了办学经费，推动了学院的建设和发展。

（六）国际学术交流

早在管理学院筹建的过程中，即得到了美国宾夕法尼亚大学和加拿大不列颠哥伦比亚大学的协助，与两校建立了长期合作关系。进入 20 世纪 80 年代，我国开始了经济体制改革。上海交大在与境外高校及校友的交流中意识到，要顺利实现计划经济向社会主义市场经济的转变，急需大量的新型管理人才。学院成立后，在上海市政府的大力支持下，先后与联邦德国、美国、加拿大、新加坡、中国香港等国家或地区的许多大学和科研机构建立了不同程度的合作关系，互派学者讲学，互派人员进修、考察，合作科研，进行广泛的学术交流。学院多次与国外及香港地区大学联合举办高层次的培训班，培养管理专业高端人才，直接为上海和华东地区经济发展和对外开放服务。从 1984 年起，学院与香港中文大学、德国康茨坦斯大学、加拿大不列颠哥伦比亚大学、美国宾夕法尼亚大学联合举办各类经济管理培训班 30 多期，培训管理人才约 1300 人。

1. 合作办学

从 1984 年起，在香港中文大学潘光迥博士的积极推动和香港友好人士孔祥勉、利荣森、胡法光、唐翔千、刘浩清等的大力赞助下，学校与香港中文大学合办上海高级企业管理培训班（S.M.D.）5 期。培训班由上海交大管理学院和来自香港、新加坡等地的中外专家联合授课，开设的课程有组织与管理原理、会计及控制、国际法律常识、财务管理、国际企业、市场管理、信息系统分析与设计、经营管理和沟通技术等。学员在校学习后，赴香港参加对口实习，实地考察香港有关企业的先进管理。从 1986 年起，双方又合办上海旅馆管理培训班（T.T.T.）4 期，上海旅馆管理培训班的学员先在交大培训 4 个月，然后由香港酒店业管理协会安排赴香港十大五星级酒店顶岗实习 2 个月。该培训班对整个上海市宾馆管理水平的提高和上海交大管理学院复建后成立旅游管理系都起到了重要的作用。这些班的学员后来有许多成了上海市或其他省市的领导成员。

1984 年—1991 年与香港中文大学合办"高级企业管理培训班"5 期，每期 6 个月，包括赴香港实习参观 1 个月，培养学员 400 余人；与香港中文大学、酒店业协会举办"旅游管理培训班"4 期，每期 5 个月，包括赴香港实习 2 人，培训学员 300 人；1991—1992 年与香港中文大学合办"管理培训班"2 期，每期 4 个月，包括赴香港实习 1 个月，培养学员 160 人。

1980 年，上海交大与德国康斯坦茨高等工业学校建立校际关系，开始了与德国巴登—符腾堡州高校的广泛合作。其中最为成功的项目是上海交大和康斯坦茨大学合办的上海高级企业经济管理干部培训班（MPCS）。从 1985 年起，在德国巴登—符腾堡州的财政资助下，学校与德国康斯坦茨大学联合举办上海高级企业经济管理干部培训班 17 期，培养学员 300 多名。培训班开设的课程有商业政策、企业金融、生产管理、人力资源管理、市学、成本计算等，学员在沪培训 9 个月后，赴德相关企业实习 1 个月。

上海交大管理学院与德国康斯坦茨大学联合举办上海高级企业经济管理干部培训班

1986年以后，美国宾夕法尼亚大学又陆续派出教授来校讲授英语和管理课程。从1990年起，在交大新加坡校友莫若愚的资助下，学校与美国宾夕法尼亚大学沃顿商学院再次合办高级经济管理进修班4期。培训时间虽然只有两周，但均由美国宾夕法尼亚大学的工商、金融管理教授来沪讲学，学员大部分为市委、市政府和各区负责人，培养学员160名。结业典礼在新锦江饭店举行，当时朱镕基市长和汪道涵顾问均参加，结业学生有华建敏、孟建柱、蒋以任等。

1988年3月，美国宾州大学澳顿管理学院副院长 Tethey Sheehan 来校访问

管理学院与加拿大不列颠哥伦比亚大学（UBC）的教育合作项目源自1983年，从1989年起，在加拿大国际开发署的项目资助下，学校与UBC合办上海市高级经济经理培训班5期，培养学员75名。每期学员先在校学习理论知识3周，其中加拿大籍教师来华讲学1周，而后赴加拿大培训、考察2周。至1991年，学院已向UBC派出进修教师20人，其中攻读博士学位6人，硕士学位10人，访问学者4人；UBC派出专家6人，相继来校讲授城市土地经

济效益、企业法、会计控制和策略规划等新课,并向学校赠送微机、复印机、图书杂志以及视听录像设备,有效地增强了教学科研能力,充实了师资后备力量,加速了管理学科的建设。

1987年3月24日,加拿大对外关系部长朗得里一行与翁史烈校长(中)和管理学院潘介人代理院长(左)会面

1987年4月8日,管理学院杨锡山院长(中)、徐柏泉书记(左)和来访的加拿大UBC洽谈继续合作事宜

1990—1991年与新加坡华夏管理学院合办"国际金融与贸易高级研究班"1期,5周,包括赴新加坡访问3周,培养学员30余人。1994年开始,经学校同意,国家教委批准,上海交通大学管理学院在新加坡设立工商管理硕士课程教学点,与新加坡人力资源管理学院合作办工商管理硕士课程教学班,上海交大管理学院负责提供整套教育计划,并派遣教师赴新授课和负责学位管理工作。华夏管理学院负责招生报名和日常教务工作。1996年首批24名新加坡籍工商管理硕士研究生毕业,被授予中国工商管理硕士学位,这也是上海交大在境外

授予研究生学位的第一批学员。该硕士点在 2002 年升格为研究生院。从此改变了以往一直是"请进式"的国际合作办学模式,为"走出去"国际合作教育开了个头。

这类培训班的办学模式大体相仿,具有几个新颖之处:一是学习内容新,基本以介绍市场经济理论和实践经验为主;二是学习形式新,分为上海听课和国外、香港地区实习两部分;三是任课教师新,除一部分交大管理专业教师外,还邀请了许多国外、香港地区的教师来沪授课;四是由外方提供办学经费,主要用于派遣外籍教师来沪讲学和资助学员出国出境考察实习。

上海市历届领导都对这类培训班的开办,给予了莫大的关注与支持。1983 年,学校向上海市政府报送《上海交通大学与香港中文大学合办企业管理人员培训班的计划》。1984年 1 月 22 日,时任上海市市长汪道涵批复学校:"原则上应予支持,具体仍请经委与交大商洽,并协助之。"正是在汪道涵的支持下,市政府有关部门大开"绿灯",使得第一期上海高级企业管理培训班如期顺利开办。9 月 17 日,在第一期培训班的毕业典礼上,汪道涵会见香港中文大学前校长李卓敏博士时表示"这个班要继续办下去"。他还一再叮嘱办学人员,招收的学员不能局限于上海,要考虑整个长江三角洲,华东各省都要给名额,要顾全大局。有了举办高级企业管理培训班的先例,1986 年又在汪道涵的关心下,举办了上海旅馆管理培训班。上海高级企业经济管理干部培训班的开办,得到上海市政府和德国巴登—符腾堡州政府的共同重视。时任上海市副市长阮崇武、朱宗葆、谢丽娟先后亲自过问该培训班的举办和进展情况,并多次指示有关部门对办班提供实质性支持。上海市经委更是从疏通渠道、选拔学员、提供资助、办理各种手续方面全力协助,为合作办班创造了良好的外部条件。1990年,学校与美国宾州大学沃顿商学院合办高级经济管理进修班,在当年 8 月举行的结业典礼上,上海市时任市长朱镕基和时任市政府顾问汪道涵到会予以祝贺。

上海交大通过对外合作办班,充分利用海外智力和资金,为上海及邻近省市培养了千余名高级管理人才,对上海乃至于华东地区经济建设和对外开放,提供了强有力的人才支持。培训班学员多为政府机关、事业单位、企业和宾馆业管理人员,后来绝大多数人成为各行各业的管理骨干,有的成为经济体制改革后一些新型国有企业的负责人,还有人相继担任中央和省市领导职务,如华建敏、孟建柱、蒋以任等。合作办班也使交大教师接触和掌握国际前沿信息,了解先进的教学手段和方法,提高教学科研水平,推进管理学科的建设和发展。

2. 人员交流

学院成立以来,公派出国人员计 100 余人次。由于与加拿大不列颠哥伦比亚大学商学院及维多利亚大学的交流得到"中加管理教育合作项目"的资助,派往加拿大的人员最多。从 1983 年到 1994 年共计 76 人次。其中攻读博士学位 11 人次、硕士学位 11 人次、访问学者 23 人次、考察访问 28 人次、合作科研 2 人次,派往其他国家的情况为美国 25 人次,澳大利亚 4 人次,新西兰 2 人次,德国 4 人次。

1990 年至 1994 年加拿大不列颠哥伦比亚大学及其他相关学院派来人员共计 59 人次。其中讲学 34 人次、合作访问 13 人次、合作科研 12 人次。其他国家的派来人员为:美国 3 人(留学生)、德国 1 人(留学生)、俄罗斯 1 人(访问学者)。此外,管理学院每年接待作短期访问的国外学者、学生及其他有关专业人员共计数百批,数千人次。

建院初期的国际交流活动

与国外高校合办的研究生班、成人教育培训班均由双方派教师授课。从1984年到1992年,仅成人教育培训班的来访教师近200人次。其中香港中文大学60余人次,联邦德国90余人次,加拿大18人次,美国20余人次。此外,管理学院每年还聘请外籍教师或学者为研究生、本科生开课或作讲演,每年长期2人次,短期20人次。管理学院也有教师派出讲学或为来访的外国团体讲演。

杨锡山教授任院长期间,聘请了美国波士顿大学知名教授陈郁立和沈爱丽每年来院讲学,提高管理学院这门学科的教学、教研和应用水平。陈郁立教授是美国"组织人事"学科知名专家笛儿教授的同事,二人往来甚多。笛儿曾任中美合作我国大连管理培训中心的美方教务长,是世界知名的学者。陈郁立每年来院讲学,前后共坚持了四、五年时间,不拿交大的一分报酬,而为交大管理学院培养了这门学科的几名骨干师资,如徐纪良、徐柏泉、李德、石金涛等。

改革开放以来学院的迅速发展,凝聚了诸多海外著名专家学者的智慧和心血。为表彰他们对教学、科研、学科建设及对外交流等方面做出的贡献,并为了加强合作、增进友谊,学院从1985年起聘有诺贝尔经济学奖获得者克莱茵、美国宾夕法尼亚大学校长海克涅、德国康斯坦茨大学校长吕科斯㧑等多位名誉教授和顾问教授。

此外,管理学院也积极举办、参与各类国际会议和国际合作。1986年举办"中加合作管理教学研讨会",中国和加拿大双方各有8所高校的50多名教授和专家出席。1987年5月,学校和柏林工业大学在西柏林共同举办"中欧管理和技术合作的前景和问题"国际研讨会,管理学院张震教授和刘樵良教授出席会议。同年,上海交大管理学院与柏林工业大学合作从事"在华中德合资企业成功因素"的研究，课题得到德国大众汽车基金、中国国家经委和上海市科委的资助。

（七）学生活动

1984 年 7 月 6 日，在时任上海交通大学党委副书记王宗光教授的关心支持下，交大校团委成立"上海交大学生科技应用开发中心"，暑假起正式开始对外服务。这个中心以在校的研究生和高年级本科生为主要对象，同时吸收交大近几年毕业的研究生和本科生参加中心的业务活动。他们在教师的指导下，独立承接课题，在研究中学习，在学习中开发。在面向全校师生征集图形及文字标识过程中，材料系学生饶德林的应征作品获选，即中文名称"昂立"，意为昂首挺立，英文名称"ONLY"，意为唯一、第一。"上海交大昂立勤工俭学中心"和"昂立沙龙"成立，同时开展学生商店、打字复印、录像放映等业务。

据 1983 级校友，携程旅行网联合创始人、天海邮轮创始人、董事长范敏回忆：1983 年他考入上海交通大学，主修的是工业管理工程专业。在大四的时候，他和其他同学发起成立了交大昂立学生科技开发公司，由他本人担任公司的副总，公司的主要业务是做课题咨询，给企业和外地的城市做规划。当时在上海的高校中，只有交大和复旦两所大学有学生发起成立的公司。初次创业尽管以失败告终，但对范敏来说，在校期间参与一个小公司的创建，一方面是学生的勤工俭学，另一方面也锻炼了自己的动手能力。范敏说："其实上海交大毕业的学生基本上都有一个共性，就是比较务实，在工作中不会好高骛远，而是做好眼下的事情，目标明确，步步推进。"

二、管理学院系所介绍

（一）管理工程系

管理工程系隶属管理学院，其前身为前工业管理工程系管理工程教研室。该室建于1980 年 1 月 22 日，为前工业管理工程系下设立最早的机构之一。1984 年 6 月 12 日，前工业管理工程系和系统工程研究所组建管理学院，此时，管理工程教研室发展成为工业管理工程系。1993 年，鉴于实际的教学科研领域已超出工业管理范围，又改名为管理工程系。

1. 组织机构与人员

管理工程教研室下设有交通运输研究所（建于 1982 年）。工业管理工程系建立后，除原有的交通运输研究所外，系下又设立了 5 个学科组，即市场营销经营战略与国际化学科组、会计财务学科组、工业工程与管理工程学科组、技术经济学科组、生产管理学科组。此后组织结构的变化为：1992 年技术经济学科组并入决策科学系，1994 年会计财务学科组发展为会计财务学系，同年原属经济管理与决策科学系的计算机应用实验室改隶于该系。至 1995年工业管理工程系下属的机构为：3 个学科组，1 个研究所，1 个实验室。

表 5-5　工业管理工程系历任主要负责人一览

机构	职务	姓名
管理工程教研室	负责人	彭伟朗、吕荣华
工业管理工程系	系主任	黄洁纲、范煦
	副系主任	范煦、吴振寰、杨思远、宣国良、陈俊芳

1980 年管理工程教研室有教职工 20 人,其中教授 1 人,讲师 12 人。1983 年发展到 30 人,其中教授 1 人,讲师 16 人,助教 8 人。1987 年教职工人数达到 37 人,其中教授 2 人,副教授 5 人,讲师 8 人,助教 15 人。以后各年教职工人数有所减少,1995 年管理工程系共有教职工 28 人,其中有教授 5 人,副教授 9 人,讲师 5 人,助教 3 人,有高级工程师 1 人,工程师 1 人。与 1984 年相比,1995 年教授人数增长 3.5 倍,副教授人数增长 4.5 倍。

2. 专业与教学

1)专业设置

工业管理工程系设有管理工程专业,培养本科、硕士、博士三种层次的学生。该专业设于 1979 年,它以经济学、管理学、管理数学为基础,运用现代分析技术和计算机工具,研究解决工商企业中经营、管理、预测、决策等方面的问题。其主要研究方向有:企业国际化、经营管理、投资项目评估、组织行为学、质量管理与可靠性等。该专业与一般综合大学、财经学院管理专业的不同之处在于:注重工程技术基本知识和技能的训练,培养既懂工程技术,又懂经营管理具有较高外语水平和计算机运用能力的复合型企业管理人才。该专业毕业的学生适合到大中型企业、合资企业、国家经济管理部门、技术管理部门从事规划、设计、调控等方面的工作,也可到高等院校、科研机构从事教学和科研工作。

2)各类学生的培养

(1)本科和专科教学。

本科学制四年。课程设置 54 门,专业主干课程为:西方经济学、国际市场学、管理学、会计学、财务学、质量管理、战略管理、人力资源管理、生产作业管理、工程经济学、运筹学、管理信息系统、国际金融、企业跨国经营等。

本科教学强调基础能力和专业能力的培养。要求学生具有的基础能力包括:①准确、精练的口头和书面表达能力;②使用一门外语进行专业交流的能力;③较熟练地运用计算机工具的能力;④一定的处理公共关系和社会交际能力。要求学生具有的专业能力包括:①调查,研究和预测分析的能力;②组织管理和协调工作的能力;③对一个系统进行技术经济分析的能力;④定量优化计算的能力;⑤处理经济信息的能力。为了达到上述要求,教学上注重案例分析和实验课程的设置。另外,安排了较多的外语训练和计算机应用操作实践。

管理工程专业 1982 年 9 月开始招本科生。至 1995 年已招本科生 14 届,其中已毕业 10 届,共计 625 人,未毕业 4 届,共计 150 人。

在进行本科教学的同时,管理工程专业于 1981 年至 1988 年间还招收过 7 届专科生,到目前为止已全部毕业,培养学生共计 504 人。

（2）硕士生教学。

管理工程硕士点 1981 年 11 月 3 日获得硕士学位授予权，为首批获得国家教委批准的硕士学位授权单位之一。硕士点下设 8 个研究方向：①经营管理；②企业国际化；③国际营销；④国际投资项目评估；⑤生产系统优化及集成生产系统；⑥质量管理与可靠性；⑦交通运输；⑧人力资源。1995 年有硕士指导教师 14 人，其中教授 8 人，副教授 6 人。硕士学制两年半（研究生班两年），课程设置 24 门，其中学位课程 10 门：①公共必修课：马克思主义理论课、第一外国语；②基础理论及专业课：统计学、运筹学、微观经济学、生产作业管理、国际市场营销学、管理信息系统、财务学。非学位专业课程 14 门：管理学原理、宏观经济学、国际贸易与金融、企业战略管理、管理会计、投资项目效益分析、系统仿真、软件工程基础、决策理论和方法、人力资源管理、国际企业管理、外贸英语（必修）、会计原理（非管理专业毕业本科生必修）、市场学。

管理工程专业 1979 年开始招收硕士生，到 1995 年已招硕士生 16 届，已毕业 13 届，共计 206 人。其中包括新疆维吾尔自治区委培 5 人，与加拿大不列颠哥伦比亚大学（U.B.C）联合培养的 34 人。硕士生多从应届本科生中招生。

管理工程专业 1987—1993 年还招收过 7 届研究生班，已全部毕业，培养学生共计 106 人。这些研究生班大多是受国家计委、上海市委组织部委托举办，培养对象主要是这两个系统的工作人员。研究生班学制 1.5～3 年。

（3）博士生教学。

管理工程专业 1986 年 7 月 28 日获得硕士学位授予权。博士点下设四类研究方向：①外向型企业管理；②宏观经济管理；③企业文化；④交通运输管理。1995 年有博士指导教师 3 人。

博士学制三年。如确有必要可延长学习年限，但延长期一般不超过 1 年。在职博士学制可相应延长一至两年。

博士课程设置 9 门。分为公共必修课和基础理论及专业课两类。公共必修课有：马克思主义理论课、第一外国语、第二外国语；基础理论及专业课有：现代管理的有关问题、现代人力资源开发与管理、人工智能和专家决策系统、西方市场学在中国的应用、比较管理、战略管理。

管理工程专业 1987 年 9 月开始招收博士生，每年招收两届，至 1995 年已招博士生 11 届，其中已毕业 6 届，共计 8 人，目前还有在校博士生 6 届，共计 24 人。

（4）成人教育。

管理工业专业从建立开始即开始成人教育。1979—1995 年共举办各种形式的在职培训班 31 期，培养学员 800 余人。这些班有的是管理工程系单独承办，有的是受学院委托与海外有关大学合办，学习期限长则 1 年，短则几个月。

（5）教学成绩。

在长期的教学实践中，管理工程系教师精心为国家培育高质量的管理人才，取得了一系列成绩，建系以来共获各类教学奖 12 次。具体情况如下：上海交通大学教学优秀奖 4 次，其中一等奖 1 次，二等奖 2 次，三等奖 1 次；上海交通大学研究生优秀导师奖 3 次；上海交通大学优秀班主任奖 2 次；上海市教学改革一等奖 1 次；上海市普通高等学校优秀教学成果一等奖 1 次；南京大学商学院优秀教学质量奖二等奖 1 次。

3. 科研和学术交流

1）科研项目

管理工程系的主要科研方向有：工业工程、交通运输、市场营销、人力资源、会计财务、国际企业投资等。建系以来共完成或参与完成各类科研课题 57 项，其来源如下：国家自然科学基金项目 8 项；国家其他部委项目 7 项；省市等政府部门项目 15 项；国际合作项目 5 项；横向科研项目 16 项；其他项目 6 项。

建系以来完成和参与完成的主要科研项目有：江门市拟建 3000 万块大规模集成电路生产线可行性研究等 17 项。管理工程系参与的科研项目"2000 年中国：中国社会经济发展的系统动力学模型"，1994 年获国家科技进步一等奖。

2）著作和论文

建系以来公开出版学术著作和教材 40 余部，在国内外各种刊物上发表学术论文 150 余篇。在出版的著作和教材中，《价值工程学》，1991 年获全国高等院校价值工程研究会年会优秀教材二等奖；《工业企业经营管理学》，1992 年获第二届普通高等学校优秀教材二等奖；《技术经济分析》，1985 年获上海交通大学优秀教材二等奖；《战略管理》，1994 年获汽车工业教育基金一等奖；《试验设计的技术和方法》，1992 年获上海交通大学优秀教材二等奖；《会计学》，1994 年获汽车工业教育基金三等奖；《企业经营战略》，1993 年获上海交通大学优秀教材二等奖。

获得过各种奖励的论文有：《研究生柔性课表编排》《价值工程学学科体系中几个理论问题的探讨》《强制评分法对功能评分值正确性的检验》《运用正交设计技术提高波峰焊质量的试验研究》《运用创造学原理进行创新的探讨》等。

3）学术交流

工业管理工程系建立以来，先后与美国宾夕法尼亚大学沃顿管理学院、加拿大不列颠哥伦比亚大学、德国康斯坦茨大学、香港中文大学、台湾新竹交通大学、淡江大学以及国内的许多大学和科研机构建立了较为稳定的合作关系，与国内外同行进行了广泛的学术交流，其主要内容有：与美国宾夕法尼亚大学、加拿大不列颠哥伦比亚大学、德国康斯坦茨大学、香港中文大学联合办班 30 余期。主办首届国际 OD 学术研讨会一次，参加国际合作科研项目 3 项，参加各种国际学术会议 9 人次，参加国内各种学术会议 7 人次。

此外，还经常邀请国内外有影响的学者、专家、企业家来做学术报告，以了解最新学术动态。

4. 实验室

计算机应用实验室建于 1980 年，设立之初属前工业管理工程系。1984 年管理学院成立时，改隶于决策科学系，1994 年又改隶于管理工程系。至 1995 年全室共有面积 140 平方米，各类设备 82 台/件，固定资产 89.7 万元。主要设备有：各类微型电子计算机 40 台（其中有

PC/38614 台、PC/4862 台),静电复印机 1 台,空调机 7 台。

计算机应用实验室为专业基础实验室。目前承担全院教学科研用机任务。实验室成立以来,共获校先进实验室称号 4 次,特别表扬 1 次。

此外,系内还有英文打字机 2 台、中文打字机 1 台、微型计算机 1 台、彩色电视机 1 台、四通打字机 1 台、空气调节器 1 台,固定资产总值 5 万元。

5. 交通运输研究所

交通运输研究所设于 1982 年 11 月,为当时上海市科委领导下成立的 10 个软科学研究所之一。建立之初与工业管理工程系系所不分,1986 年曾独立出来,1988 年又与工业管理工程系合二为一。主要负责人有:

所　长:张震、黄洁纲;

副所长:刘樵良。

交通运输研究所人员有 7～8 人,均为兼职:其中工业管理工程系教师 4～5 人,决策科学系教师 3～4 人。1995 年有教授 2 人,讲师 5～6 人。

交通运输研究所主要从事交通运输规划、管理方面的科研工作。主要研究方向有:出租车、货车、公交车的调度、铁路管理、码头管理、交通运输的投资结构等。建所以来共完成或参与完成科研项目 13 项,包括国家自然科学基金项目 1 项,国家经委项目 2 项,世界银行项目 2 项,国际合作项目 1 项。主要科研项目有:城市货运汽车运营组织优化的理论,综合交通运输,长江三角洲经济区交通运输的建设与规划,上海港口吞吐量季节性波动研究,关于沪宁走廊各种运输方式流量、流向及成本分析等。市区立体化综合交通网络配套建设方案研究,1995 年获上海市决策咨询研究成果三等奖。

交通运输研究所从事的教学工作主要是为管理学院有关专业本科生开设课程,培养交通运输为研究方向的硕士生、博士生。建系以来共培养硕士生 20 余人。此外,1986—1988 年还举办过成人教育大专班 4 期,学制 2 年,每期招生 30～40 人,学员为上海市交通局干部。

(二) 经济管理与决策科学系

经济管理与决策科学系建于 1984 年 6 月 12 日,隶属于管理学院,其前身为前工业管理工程系系统工程教研室。该室设于 1980 年 1 月 22 日,1984 年 6 月 12 日管理学院建立时发展为决策科学系。1993 年 4 月 16 日该系又与社会科学与工程系技术经济、国际金融两专业合并后,改名为经济管理与决策科学系。

1. 组织机构与人员

原决策科学系下设有管理信息系统、运筹学、经济学 3 个教研室;改建为经济管理与决策科学系后,系下所设机构为:城市管理、金融与保险两个研究所和国际金融、经济学、技术经济、管理科学、房地产 5 个学科组。

1981 年原系统工程教研室有教职工 16 人,其中副教授 3 人,讲师 6 人;1982 年有教职工 23 人,其中副教授 6 人,讲师 5 人。1984 年决策科学系成立时,教职工增至 28 人,其中副教授 3 人,讲师 5 人;此后教职工人数逐年增加,至 1987 年有教职工 34 人,其中教授 2 人,副教授 3 人，讲师 9 人；1989 年以后，因院内调动及其他原因，教职工又逐渐减少，至 1993 年仅有教职工 12 人，其中副教授 5 人，讲师 5 人。1994 年经济管理与决策科学系成立，此时教职工人数又增至 35 人，其中教授 1 人，副教授 9 人，讲师 18 人。1995 年经济管理与决策科学系有教职工 39 人，其中教授 6 人，副教授 13 人，讲师 12 人，助教 7 人，在这些人员中具有本科学历者 25 人，硕士学历者 9 人，博士学历者 4 人。

表 5-7 经济管理与决策科学系历任主要负责人一览

时期	职务	姓名
系统工程教研室	负责人	潘介人、黄洁纲
决策科学系	系主任	刘涌康
	副系主任	于骏民、朱道立、张孟越、屠梅曾、吕荣华、朱象贤
经济管理与决策科学系	系主任	唐元虎、李家镐、俞自由
	副系主任	屠梅曾、吕荣华、李湛、朱家贤、俞自由、杨朝军、马晔华、唐元虎

2. 专业与教学

经济管理与决策科学系下设管理科学、技术经济、国际金融、房地产 4 个专业。在这些专业中有 3 个招收本科生，2 个设有硕士点。

1）管理科学专业

（1）专业方向。

管理科学专业设于 1984 年 6 月，该专业以管理科学、宏观经济学为基础，运用自然、社会、工程技术科学的理论和方法，对国民经济、工业工程、企业管理中的各类决策问题进行科学分析。管理科学专业目前只招收硕士生。其主要研究方向有：运筹学、管理学、投资分析、决策分析、宏观经济分析、管理信息系统等。培养目标为中高级管理人才和高等院校师资。

（2）硕士生培养。

管理科学专业 1986 年 7 月 28 日获得硕士学位授予权。硕士点下设 10 个研究方向：①国民经济的信息、计划、调节管理系统 NEIPPAS；②国民经济及政策分析；③决策分析；④决策理论与决策方法；⑤投资评估；⑥管理科学中的数量方法 f 管理仿真；⑦管理信息系统；⑧证券投资分析；⑨风险管理与保险；⑩不动产研究。

1995 年有硕士指导教师 7 人，其中教授 3 人，副教授 4 人。

硕士学制两年半，课程设置 22 门，其中：学位课程 7 门：①公共必修课：马克思主义理论课、第一外国语；②基础理论及专业课：运筹学、随机过程与数理统计、决策理论与方法、经济学、管理信息系统。非学位课程 14 门：系统仿真、软件工程基础、经济预测方法、计量经济学、系统动力学、谈判决策、决策支持系统与专家系统、证券投资分析、证券市场学、经济控制论、人力资源管理、国际贸易与金融、生产作业管理、企业战略管理。

1984—1985 年管理科学就作为管理工程专业硕士点下的一个研究方向招收过两届硕士生，具体情况为：1984 级招生 11 人，获学位 11 人；1985 校招生 12 人，获学位 12 人。

1986 年 9 月管理科学专业开始独立招收硕士生。至 1995 年 10 月共招收硕士生 11 届，其中已毕业 8 届,总计 72 人,尚未毕业的还有 3 届,总计 48 人。

2）技术经济专业

（1）专业和培养目标。

技术经济专业设于 1985 年,原属社会科学与工程系。1993 年 4 月 16 日与决策科学系合并后,始隶属于经济管理与科学系。该专业属新兴学科,它以宏观经济学、管理学及相关的数学为基础,运用现代分析技术和计算机工具,研究技术与经济如何相互促进、制约和协调发展。技术经济专业目前招收本科生和硕士生。其主要研究方向有:项目投资决策理论与方法、资产评估理论与方法、技术创新与经济增长。

（2）本科教学。

本科学制四年,课程设置 54 门,专业主干课程为工科类主要基础课和宏观经济学、会计学、财务学、货币银行学、技术经济原理方法、运筹学、资产评估、可行性分析、项目研究与技术经济分析、项目管理、证券投资分析、技术贸易、预测决策等。本科教学突出数学、计算机、外语能力的培养。

技术经济专业 1986 年开始招收本科生,到 1995 年共招收本科生 10 届,其中前 3 届在该专业隶属于社会科学与工程系时已经毕业。其余 7 届中已毕业 3 届,计 90 人,在校的还有 4 届,计 200 人。在 1992 级本科生中含 1 个劳模班。该班学员均为省级或全国劳动模范。其中还有 3 名"五一"劳动奖章获得者。

（3）硕士生培养。

技术经济专业 1990 年获得硕士学位授予权。起初由原决策科学系和社会科学与工程系合办,1993 年 4 月起隶属于经济管理与决策科学系。硕士点下设 6 个研究方向:①投资项目评估(包括可行性研究);②技术进步对经济增长的定量研究;③经济结构优化和技术经济研究;④技术优势转化为经济优势研究;⑤生产力经济应用研究;⑥国际技术经济合作研究。

1995 年有硕士指导教师 7 人,其中教授有 3 人;副教授有 4 人。

硕士学制两年半,课程设置 23 门。学位课程:①公共必修课:马克思主义理论课、第一外国语;②基础理论及专业课:运筹学、技术经济与可行性分析、管理信息系统、宏观经济学、计量经济学。非学位课程:随机过程与数理统计、预测与决策分析、系统仿真、现代西方经济学价值工程、国民经济综合平衡、经济控制论、技术进步经济学、生产力经济学、投资学市场学、技术评估、技术贸易、国际金融、财政与信贷、组织行为学。

技术经济专业 1989 年开始招硕士生,至 1995 年共招硕士生 7 届,其中前 3 届在该专业隶属社会科学与工程系时已经毕业,其余 4 届中已毕业 1 届,计 8 人,未毕业 3 届,计 29 人。

此外,技术经济专业从 1988 年开始就进行成人教育,到 1995 年共举办技术经济专科班 6 期,每期 3 年,培养学员 300 余人。

3）国际金融专业

设于 1993 年,原属社会科学与工程系,由该系技术经济专业分化而来。1993 年 4 月 16 日该专业与决策科学系合并后,组成为经济管理与决策科学系下属的专业。

国际金融专业培养熟悉国际金融理论与实务的复合型人才,主要研究方向有:国际金融市场、国际金融管理、国际投资学、保险学、证券投资理论、货币银行学、财政学、技术经济学、项目管理学等。

国际金融专业目前只招收本科生。本科学制四年,课程设置 52 门,专业主干课程为:国际金融、微观经济学、会计学、货币银行学、财政学、宏观经济学、外汇银行会计、资产评估、财物管理、国际投资学、商业银行经营管理、证券投资分析、保险学原理、国际金融市场。

本科注重理工知识和外语的教学,课程中设有数学、物理、计算机等理工课程,外语开设了英语和日语。

1990 年,技术经济专业内已开设国际金融方向班。1993 年国际金融专业设立后,开始正式招收本科生。从 1990 年到 1995 年国际金融专业共招本科生 6 届,其中已毕业 2 届,总计 44 人,在校 4 届,总计 397 人。

国际金融专业还从事成人教育。从 1990 年开始,每年举办国际金融第二专科文凭班 1 期,学制 3 年,到 1995 年已举办 3 期,其中已毕业 1 期,总计 240 人,在校 2 期,总计 400 余人。1994 年又举办国际金融专业专科转本科班,至 1995 年,已举办 2 期,学制 3 年,招收学员 200 余人。学生多来自银行、证券公司和三资企业。

4)房地产专业

1994 年设立。该专业以宏观经济学、微观经济学、城市土地经济学、城市规划和建筑学为理论基础,对房地产经营与管理进行科学研究,其主要研究方向有:城市土地经济学、房地产投资与评估、房地产金融和房地产法规。专业培养目标为:熟悉房地产经济理论,具有较高计算机和外语水平,从事房地产开发经营、咨询工作的高级复合型人才。

房地产目前只招收本科生。本科学制四年,课程设置 54 门,专业主干课程为:城市规划与管理、城市土地经济学、运筹学、抵押贷款技术、房地产投资与评估、投资学、财务管理、房地产法规、房地产估价与案例、房屋建筑学等。

房地产专业 1994 年开始招收本科生,到 1995 年已招收 2 届,计 59 人。

3. 科学研究

1)科研方向

管理科学的主要研究方向有:国民经济的信息、计划、调节管理系统 NEIPPAS、国民经济及政策分析、决策理论与决策方法、投资分析、管理科学中的数量方法 f 管理仿真、管理信息系统、证券投资分析、风险管理与保险、不动产研究等。技术经济专业的主要研究方向有:投资项目评价及可行性研究、经济结构优化的技术经济研究、技术优势转化为经济优势的研究、生产力经济应用研究、国际技术经济合作研究等。国际金融专业的主要研究方向有:国际金融、证券投资和保险等。房地产专业的主要研究方向有:城市土地经济学、房地产投资与评估、房地产金融与房地产法规。

2)科研成果

1980 年以来,经济管理与决策科学系共完成或参与完成各类科研课题 40 项。公开出版学术著作(包括教材)10 余部,在国内外各种刊物上发表学术论文 120 余篇。这些成果涉及决策科学和经济发展的各个领域,取得了不少优秀的成绩。

完成或参与完成的获奖项目有：1990 年获河南省科技进步二等奖 1 项，1991 年获上海市科技进步三等奖 3 项。

公开出版的主要学术著作（包括教材）有：《证券投资分析》《现代经济谈判致胜方略》《房地产证书教程：房地产评估》《宏观经济学》《上海经济区旅游概貌（上海市卷）》（1990 年获上海市经济学会优秀著作奖）《管理学课程》《现代城市管理》。

获得过各种奖励的主要论文有：《我国单科制度的非科学性》（1992 年获中国加拿大管理国际学术会议二等奖），《AHP 方法在劳动负荷综合评判中的作用》（1994 年获上海市哲学社会科学优秀论文三等奖），《三资企业经营管理的成功因素》（1994 年获上海哲学社会科学论文三等奖）。

（三）工业外贸系

工业外贸系建于 1984 年 6 月 12 日，隶属于管理学院，其前身为直属学校人事处、教务处领导的工业外贸专业。该专业设于 1980 年，1982 年 9 月划入前工业管理工程系，成为系下所设的工业外贸教研室。1984 年 6 月 12 日管理学院成立时，在该室的基础上正式建立工业外贸系。

1. 组织机构与人员

原人事处、教务处直属的工业外贸专业只设负责人，工业外贸教研室建立后，始设正副室主任，工业外贸系建立后系内设正副系主任，1994 年又设常务副系主任，历任正副系主任姓名如下：

系主任：叶懋聪、张祥。

常务副系主任：仰书纲。

副系主任：邓宗熙、罗叔儒、黄国祥、强敏毅、姚凯。

1995 年，工业外贸系共有教职工 28 人，其中教授 3 人，副教授 2 人，高工 1 人，讲师 10 人，助教 8 人。在这些人员中具有本科学历者 13 人，硕士学历者 5 人，博士学历者 2 人。教职工人数与职称结构情况为：1981 年 5 人；1982 年 11 人，其中讲师 1 人，助教 5 人；1986 年 27 人，其中副教授 3 人，讲师 7 人，助教 13 人；1990 年 18 人，其中教授 1 人，副教授 1 人，讲师 6 人，助教 5 人；1994 年 23 人，其中教授 3 人，副教授 2 人，讲师 5 人，助教 8 人。

工业外贸系的主要教学科研设施为语言学实验室。该室于 1987 年由国务院机电产品出口办公室资助建立，位于新教学大楼四楼，面积 200 平方米，其中视听室面积 80 平方米，工作室面积 40 平方米。有：语言实验室成套设备 2 套（其中一套在上中分部），电子计算机、电动英文打字机、空调机、翻拍机各 1 台，无线话筒 4 部，固定资产总值 27.7 万元。该室主要承担该系及全院学生的外语听力训练任务。

2. 教学

1）专业设置

工业外贸系于 1980 年设工业外贸专业，它以国际贸易、经济学、管理科学为理论基础，运用现代分析技术和计算机工具，研究对外贸易，国际营销，跨国企业集团，国际人力资源管理等方面的问题。培养目标为：德、智、体全面发展，具有一定 212 程技术基础知识，又掌握外贸理论和实务,并能熟练运用 1 门外语的高级工业外贸人才。该专业毕业的学生适合到对外经贸部门、大中型涉外企业、三资企业、驻外商务机构工作,也可到高等院校、科研单位从事教学和科研工作。

2) 各类学生培养

(1) 本科生培养。

本科学制四年,课程设置 51 门,其中公共课 7 门,技术基础课 20 门,专业课 13 门,英语课 5 门,选修课 6 门。主干课程为:计算机、机械、电子等工科课程,基础英语,专业外贸英语、国际贸易、外贸会计、外贸统计、进出口业务、国际商法、国际营销学、国际技术贸易、世界经济地理、国际经济合作、市场行情调研。

本科教学强调培养工、贸、外语三结合的复合型人才。1982 年前,在强化英语和外贸专业学习的同时。就注重机械、电子、造船等工科课程的设置。1983 年为改变工科课程设置分散,广而不精的缺点,曾试行从各系二年级学生中择优组班,集中两年由该系进行英语和外贸专业训练的方法。1988－1989 年又在两届学生中试行兼修计算机学科的双学科制。1990－1991 年又在两届学生中试行在两年基础课学习的基础上,自由选修其他工科主干课程的双学位制。

1980 年开始招收本科生,至 1995 年共招本科生 14 届,其中已毕业 10 届,共计 591 人,目前在校的还有 4 届,共计 617 人。

在进行本科培养的同时,工业外贸专业于 1989－1990 年还招收过 3 届专科生,培养学生共计 75 人。

(2) 研究生培养。

工业外贸专业 1991 年获得硕士学位授予权,为同类学科中最早获得国家教委批准的硕士学位授权单位之一。硕士点下设 5 个研究方向:我国对外贸易体制改革研究;国际商品(以工业品为主)市场研究;发达国家及发展中国家对外贸易研究;商品贸易、技术贸易、引进外资、对外直接投资研究;外资企业、三资企业、跨国公司与企业集团研究。1995 年有硕士指导教师 6 人。其中教授 4 人,副教授 2 人。

硕士学制两年半,课程设置 22 门。其中学位课程 8 门:①公共必修课:马克思主义理论课、第一外国语;②基础理论及专业课:国际营销学、国际贸易、国际金融、国际商法、进出口实务、国际企业与跨国公司。非学位课程 14 门:计算机高级程序语言及应用、会计学概论、外贸统计、数理统计分析及应用、技术贸易、世界经济地理、中国涉外经济法、公共关系学、第二外国语、国际经济学、对外经济技术合作、外贸企业管理(含组织行为学)、国际人力资源管理。

1984－1985 年,工业外贸专业曾作为工业管理工程专业硕士点下的一个研究方向招收过 2 届研究生班,培养学生 38 人。1992 年开始独立招收硕士生,到 1995 年共招研究生 4 届,其中已毕业 1 届,共计 7 人,在校学习的还有 3 届,共计 57 人。

(3) 在职培训。

工业外贸系是国务院机电产品出口办公室指定的机电外贸人才在职培训点,该点每年为机电办举办在职人员培训班 1 期。到 1995 年已举办 10 期，招收学员共计 680 人，其中已毕业 640 人。目前在校者 39 人。

（4）教学成绩。

由于教学中取得的成绩，工业外贸系建系以来，共获学校颁发的教学优秀奖 12 人次，班主任工作优秀奖 11 人次，课程改革和教材建设鼓励奖 1 次。

3. 科研和对外交流

在进行教学工作的同时，工业外贸系还积极开展科学研究，建系以来完成和参与完成的主要科研项目有：中德合资企业经营管理的调查等 4 项；完成的学术著作有：《国际金融实务》《企业联合若干法律问题的研究》《实用国际贸易法》《对外工业贸易概论》《工业商品外贸实务》《当代国际经济合作》《实用工业外贸英语会话》《实用公司手册》《中国证券法学》。

与国内外学术合作与交流的主要内容有：①办班：1984—1989 年与美国 ESEC 在该系联合举办青年教师工业外贸进修班 2 期，与加拿大 UBC 在该系举办研究生班 3 期。②讲学：1987—1994 年联邦德国工业大学教授，美国国务卿先后来系讲学 2 人次；该系教师先后为荷兰阿姆斯特丹大学暑期来访师生、墨西哥大学商业代表团作学术报 2 人次。③派出访问学者：1990—1995 年该系共派访问学者 5 人次前往加拿大不列颠哥伦比亚大学进行学术合作与交流。

（四）系统工程研究所

系统工程研究所（简称"系统所"）成立于 1982 年 11 月，是国内最早建立的系统工程专门研究机构之一。早在 1977 年，中国科学院学部委员①、上海交通大学电工及计算机科学系教授张钟俊就在国内推动了系统工程的建立和发展。1978 年秋，张钟俊随交大代表团访问美国，对美国 20 余所大学和研究机构在系统工程领域的教学、科研情况进行了广泛的考察，回国后提出倡议建立系统工程学科。

1981 年，在张钟俊的倡导下，由吴健中等人负责在上海交大筹建了"系统工程跨系学科委员会（筹）"，并着手在国家能源决策领域开展系统工程研究。1982 年 4 月，"交大系统工程跨系学科委员会"获得学校正式批准，由分布于各系的 13 名不脱离原岗位的教师组成，内设主任 1 人，副主任 3 人，正副秘书长各 1 人，工业管理工程系亦是其组成成员之一。同年 9 月，在张钟俊的推动下，又在电工及计算机科学系内组建了系统工程研究室，由 8 名教师组成，内设主任 1 人。1982 年 11 月，在"系统工程跨系学科委员会"和"电工及计算机科学系系统工程研究室"这两个组织的基础上，经上海市科委、上海市教卫办批准，建立了系统工程研究所，吴健中任所长，张钟俊任顾问。

系统工程研究所曾名"上海交通大学能源系统工程研究所"，1983 年 4 月，因实际研究领域已经超出研究范围，遂改名为"上海交通大学系统工程研究所"。建立之初，系统所为独立机构，直属学校领导。1984 年 6 月，系统所与工业管理工程系共同组建管理学院，成为管理

---

① 我国于 1955 年成立中国科学院学部，选出第一批中国科学院学部委员。1994 年，国务院决定中国科学院学部委员改称为中国科学院院士。同年成立中国工程院，产生中国工程院院士。院士，是国家设立的科学技术或工程科学技术方面的最高学术称号，为终身荣誉。

学院的一个下属机构。1995 年系统工程研究所有教职工 17 人,下设 5 个研究室,一个实验室和一个杂志编辑部。所内先后设有硕士点、博士点,并建立了博士后流动站。

1. 组织架构

1982 年成立之初,系统所仅有教职工 10 人,1983 年发展到 21 人。1984 年管理学院成立后,有教职工 22 人,其中副教授 4 人,讲师 5 人,助教 6 人。1987 年教职工人数增至 26 人,其中教授 2 人,副教授 6 人,讲师 4 人,助教 8 人。以后各年教职工人数逐年减少,1991 年有教职工 18 人,其中教授 3 人,副教授 6 人,讲师 4 人,助教 2 人。至 1994 年有教职工 14 人,其中教授 6 人,副教授 3 人,讲师 1 人,助教 2 人。1995 年系统所教职工又增至 17 人,其中教学科研人员 15 人,行政辅助人员 2 人。教授 9 人,副教授 2 人,讲师 3 人,助教 1 人,工程师 1 人,干部 1 人。

改隶管理学院之前,系统所内并无机构划分。1984 年,系统所开设系统工程实验室,1985 年又设大系统理论及应用——经济控制论、社会经济系统工程、系统仿真、系统集成、运筹学 5 个研究室,并于 1992 年增设《系统工程理论·方法·应用》杂志编辑部。

该时期系统工程研究所历任主要负责人如下:

顾问:张钟俊。

所长:吴健中、王浣尘。

副所长:王浣尘、顾慰文、刘樵良、袁天鑫、张乃光、陈宏民、方云安。

2. 专业与教学

1)专业设置

系统工程研究所设有"系统工程"专业,该专业设于 1982 年 11 月,同属"自动控制""管理科学及工程"两个国内一级学科。

系统工程专业属现代新兴学科,它以控制论、信息论、系统论、规划及决策理论、大系统论为基础,运用计算机技术,对各类系统组成部分的相互关系及整体优化进行科学分析。其主要研究方向有:大系统理论及应用,经济控制论,社会经济系统工程,系统结构学,系统仿真,企业系统化管理,专家系统和系统集成。

系统工程专业设有硕士点、博士点和博士后流动站,培养目标旨在造就德、智、体、美全面发展的系统工程高级管理人才。毕业生可从事高等学校的教学和科研工作,亦可担任各级管理决策机构的高级管理职务,从事系统规划和决策咨询工作。

2)硕士研究生教学

系统工程专业 1982 年 11 月 3 日获得硕士学位授予权,是首批获得国家教委批准的硕士学位授权单位之一。硕士点设 5 个研究方向:大系统理论及应用——经济控制论;企业系统化管理,社会经济系统工程;系统仿真与决策;系统集成管理技术;复杂系统管理与控制。1995 年有硕士指导教师 10 人,其中教授 9 人,副教授 2 人。另有顾问教授 1 人。

硕士学制 2 年半,研究生班 2 年。硕士课程设置是根据对美国多所著名大学的考察,结合中国国情和多年教学实践经验,不断改革和完善起来的。以 1995 年为例,硕士课程 28 门,其中学位课程 8 门:①公共必修课:马克思主义理论课、第一外国语;②基础理论及专业课：数理统计、社会动态系统理论、运筹学、系统仿真、管理经济学、管理学。非学位课程 20 门：系统工程导论、决策分析、系统动力学原理及应用、专家系统、CIMS 与 MRPII、经济控制论、生产系统工作、系统可靠性、大系统原理及应用、系统策划、系统科学概论、金融系统分析与工程、城市管理系统工程、高级数据库与网络技术、项目管理系统分析、多媒体技术在管理中的应用、城市交通管理系统、风险管理与决策、对策与协商、智能信息系统。

系统工程专业于 1980 年开始招硕士生，1984 年开始招研究生班，至 1995 年 10 月，共培养硕士生 113 人，研究生班研究生 37 人。

3）博士研究生教学

系统工程专业于 1985 年 12 月 31 日获得博士学位授予权，为国家教委特批的授权单位之一。博士点下设三类研究方向：①社会经济类系统工程；②工程类系统工程；③理论类系统工程。1995 年有博士指导教师 5 人。脱产博士学制三年，如有必要可延长学习年限，但不可超过一年；在职博士学制比脱产博士相应延长一至两年。

1995 年博士课程设置 11 门。其中公共必修课 4 门：马克思主义理论课、第一外国语、第二外国语和系统科学专题；基础理论及专业课 6 门：系统结构学和泛函分析在系统优化中的应用、人工智能及其应用、经济控制论专题、CIMS 专题，以及大系统专题。

系统工程专业 1986 年 2 月开始招博士生，每年招收 2 届，至 1995 年 10 月共招博士生 16 届，培养博士生 22 人。

4）博士后流动站

1986 年 9 月，系统工程研究所与自动控制系联合建立了博士后流动站。到 1995 年 10 月，共有 6 名博士后进站工作。系统工程研究所有博士后联系教师 2 人。博士后工作年限一般为 2 年，进站后主要从事科研工作，也兼开一些课程。

5）非学历教育

1993 年，系统所举办首届"系统策划硕士课程进修班"，进行非学历教育。该班旨在培养运用系统策划理论方法和现代管理技术来从事企业经营管理的人才。进修班学制两年半，面向社会招生，主要以大学本科毕业生为主。第一届学员 38 人，其中本科生 23 人，大专生 15 人。第二届学员 18 人，其中本科生 14 人，大专生 4 人。

3. 科学研究

系统所建立后，在进行教学工作的同时，积极开展科学研究。经过多年努力，逐渐形成了 6 个研究方向：系统策划与系统工程方法论研究、一般系统论研究、经济管理研究、城市管理研究、系统集成与并行工程研究、系统仿真与计算机应用技术研究。

6 个方向各具特色，相辅相成，在理论、方法、应用 3 个层面上一气贯通，相互促进，形成一个立体型多领域的研究整体。在理论研究上，一方面注重基础理论的研究，如大系统理论、复杂系统理论和混沌控制的研究等；另一方面又重视在系统工程实践中提炼新的理论和方法论，如旋进原则的提出，克星循环理论的开发，系统结构学的研究等。在技术研究上，着重发展系统仿真技术和计算机应用技术，如 DSS、IDSS、ES、AI 等，以加强理论与应用成果的衔接与深化。在应用研究上，主要对社会经济系统和城市系统进行研究，力求从整体上把握问题的实质。

至 1995 年,系统工程研究所公开出版学术著作和教材 8 部,发表学术论文 460 余篇,其中发表在国外学术刊物和国内一级刊物上 200 余篇。获奖的学术著作和教材有:《系统仿真》,1987 年获电子工业部电子类优秀教材二等奖;《人口系统工程》,1990 年获华东地区大学出版社首届优秀图书二等奖;《制造资源计划——MRPII 原理与实践》,1994 年获上海市汽车工业发展基金会优秀教材二等奖。

1982—1995 年,系统所共承担科研项目 90 项,协议经费 318.35 万元。其中各类基金项目 19 项,国家"三委"项目 7 项,其他部委省市项目 29 项,企事业单位项目 23 项,教育事业项目 7 项,国际合作项目 5 项。这些项目涉及科学技术、社会经济发展的各个领域。其中获得国家科技进步奖 1 项、国家教委科技进步奖一等奖 1 项,二等奖 4 项,上海市科技进步奖二等奖,三等奖 1 项等。

4. 教学科研设施

系统工程研究所的主要教学科研设施为系统工程实验室、《系统工程理论·方法·应用》杂志编辑部及所属小资料室。

系统工程实验室设于 1984 年,主要任务是为教学科研提供计算仿真条件,设立以来设备逐年添置,到 1995 年共有各类设备 24 台/件,固定资产 62.3 万元,主要设备有:计算机工作站 1 个,微型电子计算机 10 台,绘图机,行走机器人(迷宫),扫描仪,绘图仪,激光打印机 1 台,并进行计算机联网。

《系统工程理论·方法·应用》杂志编辑部创办于 1992 年底,由上海交通大学主办,编辑部设在系统工程研究所,主要刊登系统科学、系统工程与管理学科在理论、方法上的研究成果,以及运用系统工程思想、理论、方法创造性地解决实际问题的案例。该杂志是面向国内外公开发行的综合性学术刊物,被中国科技信息研究所信息研究中心列为"中国科技论文统计与分析"用刊之一,是国内唯一由高校主办的系统工程类期刊。自 1992 年刊物发行到 1995 年共发行四卷 11 期。

所属小资料室主要收集各类会议论文资料,内部科研工作报告和本专业主要学术刊物。

5. 国内外学术交流

国内外学术交流的主要内容有:1986—1995 年接受访问学者 6 名,其中俄罗斯 1 名,国内 5 名;参与上海市系统工程学会的建立和组织工作,开展各种学术交流活动;与国内其他部门、单位、院校、系合作进行科研;出国进修、讲学,合作科研共 20 多人次;参加国际会议,与国外同行进行学术交流共 100 余人次。

(五)旅馆管理系

1984 年管理学院已开始为锦江集团联营公司(简称"锦江集团")举办旅馆管理培训试点班。创建旅馆管理系的设想这时已酝酿起来。系的筹建则始于 1986 年,其过程与锦江集团有密切关系。1986 年 12 月 1 日上海交大与锦江集团签订了合作协议。协议规定:1987—1990 年上海交大为锦江集团培养 120 名本科生,锦江集团则为建系提供开办经费。

1986 年 12 月 11 日,旅馆系筹备组正式成立。1987 年 12 月 3 日,受国家教委委托在上海交大召开了旅馆管理专业设置论证会。1988 年 1 月 13 日,论证报告获得国家教委批准,旅馆管理系正式成立。

1. 组织机构与人员

旅馆管理筹备组。1986 年 12 月 11 日设立,负责系的筹建工作,共有成员 4 人,1988 年 1 月 13 日建系时自行撤销。

1988 年 3 月 4 日,上海交通大学、锦江(集团)联营公司联合办学理事会成立。汪道涵任名誉理事长,上海交大校长翁史烈任理事长,上海锦江集团董事长任伯尊任副理事长,理事 10 人。

旅馆管理系历任正副系主任姓名如下:

系主任:张光曜、李国振。

副系主任:李国振、武邦涛。

1995 年旅馆管理系有在岗人员 10 人,其中教学人员 9 人,教学辅助人员 1 人。其职称结构为:教授 1 人,副教授 1 人,讲师 4 人,助教 2 人,其他 2 人。1989 年起还聘有兼职教授 1 人,副教授 2 人。

旅馆管理系历年人员构成情况为:1988 年 11 人,其中副教授 2 人,助教 5 人;1990 年 10 人,其中副教授 2 人,讲师 3 人,助教 4 人;1992 年 11 人,其中副教授 3 人,讲师 3 人,助教 3 人;1994 年 9 人,其中教授 1 人,副教授 1 人,讲师 4 人,助教 2 人。

2. 专业与教学

1)专业设置

旅馆管理系设宾馆(酒店)管理专业。该专业设立于 1988 年 1 月 13 日,是国家教委系统批准的第一个宾馆管理专业。

宾馆管理专业是现代商品经济高度发展的产物,它以现代管理学、经济学、旅游学、营销学、公共关系学为基础,对现代宾馆的经营决策、市场开发、客房管理、餐饮服务、营养卫生等进行科学探讨。其主要研究方向有:宾馆经营决策、饭店市场开发、客源市场调查和预测,饭店机电设备管理、饭店餐饮管理、客房与前厅管理、营养与卫生等等。培养目标为:造就有社会主义觉悟,有现代宾馆管理知识,有较强服务意识的德、智、体、美全面发展的高级宾馆管理人才。

学生毕业后,可从事现代宾馆及与宾馆相关企业的高层次管理工作,也可以从事与本专业有关的教学和科研工作。

2)教学情况

(1)本科。

旅馆管理系 1987 年 9 月开始招收本科生,截至 1995 年 10 月已招本科生 9 届,其中前 4 届是按 1986 年 12 月 11 日与锦江集团签订的合作协议,为锦江集团定向培养的。完成协议任务后,1991 年起面向全国招生,毕业生按双向选择原则分配。截至 1995 年 10 月,旅馆系已毕业本科生 5 届,共计 148 人,尚未毕业 4 届,共计 133 人。

本科学制四年。历年课程设置变化不大。以 1995 年为例,课程设置 51 门,其中公共课

7 门,技术基础课 4 门,管理基础课 8 门,专业课 12 门,选修课 14 门,实习课 3 门,其他课 3 门。其专业主干课程为:旅业管理概论、会计学、饭店财务管理、饭店营销学、公共关系学、饭店设备管理、客房前厅管理,餐饮服务管理、饭店信息系统与经营决策。

本科教学有如下特点:

①强调英语能力的培养。在四年的课程设置中,有 3 年安排了英语课程,总学时达 760 学时,约合一学年学时量。教学上要求学生做到听、说、读、写四会,不仅注重书面英语的教学,更强调口头交际能力的培养。

②注重实践性教学环节,其目的是培养学生的服务观念,职业意识和实际操作技能。为此,在整个教学计划中安排了 35 周实习,相当于一学年的学时总量。在实习的安排上也颇具特色,将整个学习过程划分为认识实习、服务实习、管理实习、毕业实习 4 个阶段,分设于 4 个学年之中。

③要求学生有较广的知识面。为了达到这一要求,在教学计划中设置了一定数量的必修课程和相当数量的选择课程,规定学生至少学习 3 门选修课程,共计 108 学时以上。

(2)专科。

为了适应社会的需求,培养多种层次的旅馆管理人才,旅馆管理系从 1990 年开始面向全国招大专学生。到 1995 年 10 月共招大专生 5 届,共计 156 人。其中 1990 年 16 人(为海南省定向培养),1991 年 30 人,1992 年 44 人(一半为山东省定向培养),1993 年 36 人,1995 年 30 人。前 4 届已经毕业。大专学制两年,学生从参加全国高校统一考试的学生中选拔,培养目标为旅馆行业的中层管理人员,两年共开课程 24 门。

与本科教学相似,大专也注重英语水平和实际操作能力的培养,教学计划中,开设了两年大学基础英语,还另设英语口语课程,安排认识实习 6 次,服务操作实习一个学期。

(3)在职培训。

除了进行正规的本科和大专教学,旅馆管理系还举办各种类型的在职培训班,开展成人教育。从 1984 年到 1995 年,先后举办旅馆管理培训试点班 2 期,旅馆管理培训班 2 期,宾馆管理培训班 1 期,旅馆管理专业证书大专班 3 期,高级厨师班 6 期,这些班长则一年半,短则半个月,培养学员 900 余人。

(4)教学成绩。

由于教学中取得的成绩,1984－1995 年旅馆管理系共获学校颁发的各类教学奖 11 次,其中一等奖 3 次,二等奖 1 次,研究生优秀教学奖 1 次,包玉刚教学奖 2 次,宝益奖 2 次,优秀班主任奖 1 次,教学改革和教材建设奖 1 次。

3. 科研与学术交流

主要科研方向有:市场开发、饭店经营管理决策、饭店营销、客源市场调查和预测、旅游市场开发、饭店机电设备管理、饭店服务、饭店公关沟通、旅游经济、饭店客房餐厅前厅管理、广告与促销。旅馆管理系取得的科研成果主要是著作和论文。1986－1995 年共完成和参与完成著作 7 部,在国内外学术刊物上发表论文 18 篇。

学术著作名称如下:《市场经营销售学》《消费心理学》《美、德、日、苏经济发展的比较》

《旅游市场营销学》《饭店公关部的运行与管理》《饭店销售部的运行与管理》《实用饭店营销学》。

学术交流主要内容有：

1986—1998 年，与香港中文大学酒店业协会合办旅馆管理培训班 2 期，每期 6 个月，培养学员 400 人。

1988 年，美国纽约市立大学教授 1 人前来授课半年，旅馆系则派访问学者 1 人前往该校进修半年。同年，与日本神户旅游专门学校合办旅馆管理培训班 1 期，为时 2 周，该校教师 6 人前来授课，培养学员 30 人。

1989 年，与奥地利旅游管理学院举行学术交流会。

1989—1990 年，聘美籍专家 1 人为青年教师和高年级学生授课 3 个星期。

1991 年，聘上海太平洋大酒店总经理授课 54 时。

1994 年，该系教授 1 人前往新加坡讲课、马来西亚考察；赴香港参加国际学术会议。

1994—1995 年，派教师 1 人前往加拿大不列颠哥伦比亚大学进修一个学期。

此外，1988 年以来，每年均聘国内外专家为四年级学生开讲座 50 学时。

4. 实验室

旅馆管理实验室设立于 1991 年，综合模拟宾馆前台酒吧、餐厅客房服务项目，供全系本科、大专学生上岗实习操作训练，培养学生具有上岗顶班能力。该室设在管理学院新教学大楼三楼，占地面积 100 平方米，有双向移门酒池调理台，冰箱等设备 10 台件，固定资产 2.5 万元。现由教学系主任负责，领班教师协助管理。

（六）会计财务学系

会计财务学系创建于 1994 年 10 月 24 日，隶属管理学院。该系是在管理学院前院长杨锡山教授的推动下建立起来的。经杨锡山联系，长江集团叶仲午、兴利集团张曾基、AST 电脑公司和北京超凡科技有限公司为系的建立做了捐赠。

该系教师主要由学院工业管理工程系抽调组成，1995 年共有教师 8 人，其中教授 1 人，副教授 4 人，讲师 2 人，助教 1 人。系主任由石成岳教授担任，金铭为副主任。

会计财务学系现设会计财务专业。该专业建于 1993 年 9 月，原属工业管理工程系，会计财务学系建成后，始隶属于该系。会计财务专业的主要研究方向有：会计学、财务学、审计学、税收及会计电算化。专业主干课程为：基础会计、中级财务会计、成本会计、管理会计、国际会计、审计、财务管理、会计电算化。部分课程用英语开设。学术毕业后可到国营大中型企业、三资企业、会计事务所、银行、证券、保险公司从事核算、财务、审计、金融方面的工作。会计财务专业 1993 年 9 月开始招收本科生，到 1995 年共招收本科生 3 届，共计 198 人，其中 1993 级 74 人，1994 级 66 人，1995 级 58 人。

会计财务学系下设会计电算化实验室，该室设于 1994 年，地点在新教学大楼 103 室，面积 80 平方米。主要设备有：AST486 微型电子计算机 25 台，运筹管理系统软件 1 套（价值 10 万元），固定资产 64 万元。

（七）人力资源管理研究所

人力资源管理研究所建于 1984 年 6 月 12 日，隶属于管理学院，其前身为原工业管理工程系管理心理学研究室。该室建于1981年,1984年6月12日管理学院成立时,成为院属人力资源管理研究室。1992年1月6日鉴于研究室自身的迅速发展,扩大对外联系和进行学术交流的需要,经学校批准又将人力资源管理研究室改制和定名为人力资源管理研究所。

1. 组织机构

管理心理学研究室最初只设负责人,转为人力资源管理研究室后设正副室主任,改制为人力资源管理研究所后始设正副所长,所长由徐纪良担任,石金涛任副所长。

1984年建院初有教职工10人,其中教授1人,副教授1人,讲师2人;1995年人力资源管理研究所有教职工8人,其中教授2人,副教授1人,讲师2人,助教2人,另外聘有兼职教授2人,顾问教授3人。

2. 教学情况

人力资源管理研究所于1995年设人力资源管理专业。当年招生1个班,它以现代管理科学、心理学、管理数学等理论为基础,运用现代测评分析技术和计算机工具,研究解决工商企业及事业单位中人力资源开发、管理、预测、评价、决策等方面的问题。其培养目标为:德、智、体全面发展,掌握现代人力资源开发与管理的系统知识,具有较好外语和计算机应用能力的高级人力资源管理人才。学生毕业后可到大中型工商企业、跨国企业、集团公司、各类事业与行政管理机关从事人力资源开发与管理工作。

本科学制四年,课程设置53门。专业主干课程为:人力资源管理,工效学,作业研究与测定、组织与人力资源管理方法、人力资源经济活动分析、人事评价理论与方法、沟通理论与实践、工资与报酬、社会保险、组织理论与组织决策、人事管理信息系统、人力资源决策支持专家系统、公共关系学、领导科学与领导艺术。

人力资源管理研究所建立以来从事的主要教学工作是为本院各系(所)的本科生、硕士生、博士生开设人力资源管理方面的课程。至1995年已开各类本科生、研究生课程22门,其中本科生课程13门,研究生课程9门。培养以人力资源管理为研究方向的硕士生32人、博士生5人。

除了正规的学历教育,人力资源管理研究所还从事成人教育。建所以来曾受上海经委委托,主办"组织人事与劳动管理大专合格证书班"4期;"劳动保护与安全工程大专合格证书班"5期(每期两年);受上海市劳动局委托,主办"劳资干部岗位培训班"8期(每期3个月);受江西、河南平顶山市委托,与上海市人民政府合办"外省市厂长经理高级研修班"8期(每期3个月)。培养学员共计1 000余人。

3. 科研

人力资源管理研究所的科研方向为:人事评价与决策、人力资源开发、人员激励、工效学、人力资源经济活动分析、团队建设、人力资源管理信息系统、国际人力资源开发与管理,以及企业管理文化研究等。

建所以来共完成科研项目28项,其中国家自然科学基金项目2项,省市级以上的科研项目12项。主要获奖项目有:上海市科技进步一等奖1项,三等奖2项。1987年获上海市轻工系统企业管理优秀奖1项。另有完成学术著作:《组织行为学讲义》《西方组织行为学》

《组织行为学手册》《人类工效学》《组织行为学与宝钢管理》，还在国内各种刊物上发表学术论文学 90 余篇。

4. 教学科研设施

人力资源管理研究所的主要教学科研设施为管理工效学实验室，主要供研究人类工效学服务。该室设于 1984 年，地点在法华镇路分部新教学大楼一楼，面积 16 平方米。主要实验设备有：照度计，声级仪，放映机，放录两用机各 1 台，固定资产 2 万元。该室所内还设有小资料室，计有图书资料 1 500 余册。

（八）其他科研机构

1. 城市管理研究所

城市管理研究所建于 1994 年 6 月，致力于城市问题研究，重点为宏观行政管理，有成员 4 人（非脱产人员），设有金马城市研究基金，由香港金马房地产有限公司捐赠，总额 100 万元，用于学科建设与科研活动。该所主要从事高级行政管理人才的培训工作。1994 年秋举办现代城市管理研讨会两期，全国近百位市长、市委书记、副市长出席了会议。同年还举办过城市新区的社区发展，办公室自动化问题等研讨会，出席者近百人。1994 年，城市管理研究所出版了《现代城市管理》《管理学课程》等学术著作。

2. 金融保险研究所

金融保险研究所 1992 年 7 月成立。旨在组织力量参与上海市金融与保险业开发，进行科研与咨询，培养现代金融与保险高级人才。当时有正教授 3 人，副教授 5 人，讲师 6 人（均为经济管理与决策科学系教授兼职）。研究所内设有保险、证券投资、银行与国际金融、房地产四个研究室，科研项目有：社会资金总量、中国证券市场研究，1995 年上海重大决策咨询课题《上海证券市场发展战略研究》等。

第六章
安泰冠名——安泰经济与管理学院成立
（1996—2009）

一、发展概要

（一）安泰冠名

20世纪90年代，随着我国金融保险市场不断对外开放，美国安泰国际集团正热切希望进入我国保险市场开拓业务。

美国安泰国际保险公司属于安泰保险金融集团，美国安泰（Aetna）保险金融集团是世界上历史最悠久的健康保险公司之一，1850年开设了Annuity部门，专门从事人寿保险业务，1853年该部门独立出来成立安泰人寿保险公司。安泰保险金融集团是美国财富100强和世界财富500强企业，有遍布全美及世界各地的服务网络，资产超过960亿美元，是全球性的金融保险集团，旗下三个主要业务范围：健康医护、退休规划、国际业务。在美国，该公司在医疗、牙科、药物以及人寿和团体残疾保险利益行业位居前列。

为开辟中国市场，美国安泰国际集团对中国教育事业的发展进行了积极的资助，彼时已为北京大学光华管理学院捐建了安泰大楼，此时又将目光投注到了华东地区的高校之上。在北大光华安泰大楼的落成典礼上，安泰集团驻台湾代表尹衍梁博士遇到了上海交大校长翁史烈。尹衍梁博士谈起安泰集团有意在上海选择一所大学捐建教学大楼，翁校长听了兴趣斐然，表示返校商讨后会立即给予正式的回复。

翁校长返校后与管理学院党委副书记徐柏泉就此事进行商议，徐柏泉当即表示了对外资赞助的热烈欢迎。经过几轮商讨，院校相关领导一致决定接受该捐赠项目，并委派当时兼任管理学院工业外贸系主任的国家外经贸部副部长张祥代表学校执行后续落实工作。

1996 年 4 月 7 日，在张祥主任的积极联系与洽谈之下，美国安泰国际集团和上海交大正式签订协议，由安泰国际集团出资 1 000 万美元，合作共建上海交大安泰管理学院。协议规定，共建项目计划拟在 5 年左右的时间内分阶段实施，包括学科建设规划、校园、教学办公综合大楼建设、师资培训、教学科研人员交流和图书师资建设等。其中 300 万美元用于支付美方对大楼的设计费用及美方来华、交大访美的考察费用，700 万美元用于教学大楼的实际建设费用。协议还规定，大楼落成后上海交大管理学院正式定名为"上海交通大学安泰管理学院"，教学大楼定名为"安泰教学楼"。当天，双方举行了简单而隆重的签约仪式，上海交大校长翁史烈院士、安泰国际集团总裁柯溥仁作为双方代表签约，时任上海市副市长谢丽娟出席仪式并对交大管理学院与美国安泰国际集团的成功合作表达了高度赞扬和充分肯定。8 月 12—16 日，双方项目组在上海召开了共建项目第一阶段第一次会议，讨论项目进程、主楼规划和教育计划。9 月初，国家教委正式批准了共建计划。

1997 年 11 月 25 日，上海交大安泰管理学院董事会第一次会议召开。上海交大校长谢绳武、副校长盛焕烨，安泰管理学院院长张祥、副院长王笃其、金纬，以及安泰国际集团 Michael Stephen 董事长、Patrick Poon 高级副总裁等领导共同出席了会议。经与会人士的一致同意，安泰管理学院董事会成立。会上正式宣布了上海交通大学和安泰国际集团共建"上海交通大学安泰管理学院"，任命了谢绳武校长为董事长，盛焕烨、张祥、王笃其以及安泰国际集团 PatrickPoon、尹衍梁、孙穗芬为董事，金纬为秘书长，并讨论通过了董事会章程。

1996 年 4 月 7 日，上海交通大学管理学院院长张祥与安泰国际集团签署合作办学协议

1996 年 4 月 7 日，上海交通大学校长翁史烈与安泰国际集团总裁柯溥仁为合作干杯

1996 年 4 月 7 日，上海交通大学管理学院与安泰国际集团合作办学签字仪式盛况

　　1998 年 4 月，安泰教学楼在法华校区正式动工兴建，经过近两年的建造，于 2000 年 4 月校庆前竣工。2000 年 4 月 8 日，安泰教学楼的落成典礼召开，张祥院长主持当天的庆典仪式。上海市副市长谢丽娟、美国驻华大使 Joseph Prueher、安泰国际集团董事长 Michael Stephen 等中外贵宾和师生代表 500 余人出席仪式。仪式上，上海交大管理学院正式更名为"上海交通大学安泰管理学院"。

1998年4月,上海市副市长谢丽娟在安泰综合楼开工仪式上发言

法华镇路校区安泰教学楼

法华镇路校区安泰教学楼高7层,建筑总面积9 265平方米,设有配备先进多媒体设施

和音响设备的 300 座多功能报告厅 1 个,与学校局域网相连的大小教室、实验室、办公室 80 多间。每间教室均配备电脑投影仪、胶片投影仪、无线话筒。有 25 间教室配备了当时最先进的多媒体设备和网络设施,包括两台电脑投影仪、电脑、DVD、录像机、实物投影仪,以更好地与国际化教学环境接轨;其中 3 间教室还配备摄像器材,用于纪录老师上课全程内容,提供学生网络点播的功能,并在每个学生座位上配备话筒和网络接口,提供学生和老师间交互式的教学与讨论。3 间计算机房供学生上机实习,研究生、博士生论文打印等。除此之外,还有 3 间语音视听室,可供 150 人进行外语教学;2 间远程教育教室,可供 90 人与国外进行实时教学;院资料中心的电子阅览室配备 60 台电脑可供学生上网查询资料。该教学楼于 2000 年 4 月校庆前竣工,其建筑工程被评为优良工程,获得了上海市"浦江杯"奖。法华镇路安泰教学楼以其现代化的设备和优雅的环境,在管理学院的发展之路上添了浓墨重彩的一笔。

这一时期,管理学院党政主要领导为:

院长:张祥(1994.7—2003.1)。

分党委书记:蒋秀明(1996.7—1997.8);王笃其(1997.8—2001.3);潘敏(2001.3—2002.7)。

常务副院长:俞自由(1995.9—1997.8);王笃其(1997.8—1998.7);黄培清(1998.7—2000.10);王方华(2000.10—2003.1)。

张祥,教授、博导。1941 年出生于上海。1959 年—1968 年,先后于清华大学工程物理系和研究生院获学士和硕士学位。1968 年—1978 年,在机械部上海工业自动化和仪表研究所担任工程师。1979 年—1984 年,于美国哥伦比亚大学获硕士和博士学位。1984 年—1986 年,于美国福克斯波罗公司就职。1986 年—1996 年,担任上海市政府对外经济贸易委员会副主任。1996 年—1997 年,在美国纽约担任上海美洲集团副董事长。1997 年—1998 年,任职于中共中央财经领导小组办公室。1998 年—2002 年,担任中国对外贸易经济合作部副部长。1994 年—2003 年 1 月,任上海交通大学安泰管理学院院长,后任上海交通大学安泰经济与管理学院名誉院长至今。

张祥

蒋秀明,上海交通大学教授,1941 年 2 月生,江苏南通人。1959 年 9 月—1964 年 9 月先后于上海交通大学和复旦大学物理系学习。1996 年 7 月—1997 年 8 月任上海交通大学管理学院党委书记。后于 1999 年任上海交大党委副书记兼农学院党委书记。

王笃其,上海交通大学副教授。1946 年 3 月生,江苏扬中人。1970 年 7 月毕业于上海交通大学船舶设计与制造专业。1997 年 8 月—2001 年 4 月,任上海交通大学管理学院党委书记。此前曾任上海交大船舶及海洋工程系党总支书记。

潘敏,1968 年 12 月生,上海市人。1991 年 8 月参加工作,在职研究生毕业获工商管理硕士,副教授。上海市青联名誉主席,中共十八大代表,上海市第十五届人民代表大会代表。

曾任上海交通大学党委办公室副主任、主任，管理学院党委书记，校党委副书记等职。2008 年 4 月任共青团上海市委书记、党组书记。2013 年 4 月任上海静安区委副书记、区人民政府党组书记、副区长、代理区长。2013 年 7 月任上海静安区委副书记，区人民政府党组书记、区长。2015 年 5 月任上海市委宣传部副部长、市文明办主任。

潘敏

（二）愿景和使命

继毛泽东提出"教育必须与生产劳动相结合"和"依靠现代教育和科技发展社会生产力"的方针，到邓小平提出"科学技术是第一生产力"和"教育优先发展"的战略思想，国家领导人始终对教育投注以高度的关注和重视。2002 年 11 月，十六大召开，以江泽民同志为核心的第三代领导集体确立将"科教兴国"作为我国的基本国策，此后"科教兴国"就成为在中国大地上和人民群众心目中影响最深远广泛，最能代表时代的"关键词"。

与国家政策相呼应，1998 年 1 月，中共上海交大第七次党代会上制订了学校到 2010 年前的远景建设目标：高举邓小平理论伟大旗帜，全面贯彻党的教育方针，继续发扬优良办学传统，博采世界著名大学所长，大胆创新，深化改革，努力把上海交通大学办成一所以高新科学技术为先导，以坚实的理科为基础，以强大的工科为主干，管理学科具有特色，文法医农协调发展，基础设施完善，校园环境宜人，学术大师汇聚，社会贡献卓著，具有高度精神文明的世界一流大学。8 月，党委会常委扩大会议又确定了"服务上海、发展学校"的市校互动发展战略。2001 年，学校制定了"十五"建设计划，明确了上海交大分三步走，到 21 世纪中叶全面建成世界一流大学，并在中国高校中较早提出了"综合性、研究型、国际化"的总体战略。2004 年，学校第八次党代会进一步明确了上述战略目标。

在国家以及学校的政策指引之下，身处中国改革开放前沿、国际大都市的上海交大安泰管理学院，决定与时俱进，乘着"科教兴国""科教兴市"的东风，紧扣上海交通大学的发展战略目标和指导思想，进行体制改革，建立新的领导班子，描绘新的学院愿景，明确新的学院使命，以期取得更大的发展。

2003 年初，上海交大安泰管理学院任命了新一届领导班子，原任上海交通大学管理学院常务副院长的王方华教授被任命为上海交通大学安泰管理学院院长，季建华教授被任命为学院党委书记、副院长，该届领导班子陆续上任的其他成员还有：副院长吴冲锋、陈宏民、金纬（2004 年 3 月免）、史福庆、吕巍（2003 年 3 月任）、徐飞（2004 年 2 月任，2006.3—2009.4 任常务副院长）、赵旭（2004 年 3 月任）；院党委副书记田新民、潘杰（2004 年 3 月任）。

当年，新班子在院务会议上讨论提出了学院的初步愿景："将上海交通大学安泰管理学院建设成为国内领先，亚洲一流，世界知名的商学院"，并确定了近期的工作目标：以学科建设为抓手，以 EMBA 教育为重点，全面提升学院的教学、科研等各项工作，为实现愿景"国内领先、亚洲一流、世界知名"的战略目标而努力。

王方华,教授,博导。1963 年毕业于上海第二科学技术学校(现上海科学技术职业学院);1984 年于复旦大学管理学院管理科学系获经济学硕士学位。1984 年—1998 年先后担任复旦大学管理学院工业经济教研室主任、院长助理、企业管理系系主任;1998 年—2000 年任上海交通大学管理学院副院长;2000 年—2003 年任上海交通大学管理学院常务副院长;2003 年 1 月—2010 年 3 月任上海交通大学安泰经济与管理学院院长;现任上海交通大学校长特聘顾问、上海市管理科学学会理事长等职。

王方华

季建华,教授,博导。国内首批研究运营管理和物流管理的专家之一,安泰经济与管理学院运营与物流管理研究中心主任。于 2002 年 7 月—2007 年 4 月期间担任上海交通大学安泰经济与管理学院党委书记。现任中国物流与采购联合会指定的中国物流专家,国家"十一五"中长期科技规划物流规划专家,中国管理现代化研究会运作管理委员会委员,《系统工程理论与实践》《天津大学学报》等核心期刊论文评审专家,美国供应链管理协会会员。

季建华

徐飞,教授,博导。1996 年获西南交通大学博士学位,1998 年从上海交通大学自动控制博士后流动站系统工程方向出站后,曾任上海市信息投资股份有限公司战略发展部经理,上海展望集团总裁。2002 年 6 月—2013 年 9 月在上海交通大学工作,先后任安泰经济与管理学院院长助理、副院长、常务副院长、院党委书记,校党办主任、校长助理,校党委副书记,副校长,创业学院院长,校通识教育指导委员会主任,国家大学生文化素质教育基地主任等职务。现任西南交通大学党委副书记、校长。

徐飞

随着中国经济的强势崛起与上海国际化都市的快速发展,学校与社会对安泰的未来提出了更高的要求和期待。2005 年初,学院制定"十一五"发展规划,明确将深入贯彻"人才强院"战略,加大学科建设力度,进一步完善管理,深化改革,实现由教学研究型向研究型商学院的转变,保持优势学科国内领先,综合办学能力与水平进入国内前三,争取进入亚洲一流商学院行列,并在国际合作与交流方面有所突破。年底,经过对全体师生和其他学院相关人士的网上投票调查,学院领导慎重决定将上海交大安泰管理学院的愿景调整为"将上海交通大学安泰管理学院建设成为国内领先,亚洲一流,经过若干年的努力,进而成为世界一流商学院"。

愿景是对学院未来发展的一种期望和描述，是一种为之奋斗的意愿，体现了学院的立场和信仰。对学院愿景进行清晰地描述，有助于令上级单位、广大教职工、校友以及社会合作资源等利益相关方对上海交大安泰建立起更为清晰的认识，并能不断激励安泰自身奋勇向前、拼搏向上。交大安泰愿景的提出并非横空出世，它的实现有着以下五个方面的支撑：

（1）依托上海交通大学作为中国一流高校的优势。学院对学校的依托可以实现学校资源与学院资源的对接。通过学校提供的物质、人才和策略支持实现学院的愿景。

（2）强化学院的国际化战略。国际化战略包括贯彻"走出去和请进来"原则，整合各类资源，多层次、多渠道地开展教师和学生的国际交流，改善师资队伍结构，提高教学科研水平，营造良好的学习氛围，激发学生学习的积极性，提高教学质量，完善课程体系和教学方法。

（3）加强师资队伍建设。学院实施海外人才特殊制度，提高师资队伍国际化程度；并通过"海天计划"等项目，加强内部人才的培养，最终达到师资的一流标准。

（4）进行卓有成效的体制创新和改革。学院采取学院办学体制的改革，在现有国家教学体制中，最大限度地提高办学的自主权。为学院建设"国际一流"创造良好的发展机制。

（5）贯彻落实交大安泰的品牌发展战略。通过品牌创建，品牌宣传，品牌深化，走学院的品牌化发展道路，提高交大安泰在国内、国际上的品牌认知度。

为了实现上述愿景，交大安泰需要对自身和社会发展做出承诺，明确自身承担的职责与义务，亦即学院使命。为此，学院领导在充分考虑学院历史文化、自身的资源和竞争力优势以及相关人士的意见之下，进一步制定了学院的使命目标："上海交通大学安泰管理学院致力于培养具有全球视野和国际竞争力的经济管理人才。同时注重学术研究和社会服务，为国际、国内企业和机构的发展提供智力支持。以其独特的风格，力争成为'亚洲一流，世界知名'的管理教育机构。"

此后，学院领导团结率领全体教职工锐意进取，奋力拼搏，经过不懈的努力和探索，取得了累累硕果，不啻为中国实施科教兴国战略、促进国家经济发展和社会进步的一个真实写照和闪光点。

（三）安泰经济与管理学院成立

经过数年的发展，上海交大安泰管理学院的规模迅速扩充，招生规模和办学层次不断提高，教学质量始终在上海市高等院校管理专业中名列前茅，并在学科建设、科研和管理创新等方面取得了跨越式的成长，已然成为在中国乃至全世界都有一定影响的商学院。然而，尽管管理学科发展可喜，但当时交大相对弱势的经济学科却已无法适应中国经济的快速发展和上海国际化大都市建设的需要；与此同时，"没有一流的经济学科也就没有一流的管理学科"这样的认知也越来越成为大家的共识。学校经过认真研究和充分酝酿，决心坚定不移地支持安泰管理学院把经济学科搞上去，通过体制创新，来达成以管理支持经济、以经济滋养管理的双赢效果。成立安泰经济与管理学院以及下设的经济学院和管理学院，正是学校和学院经过深思熟虑后的产物。

2006年3月，随着学科布局和特色的发展完善，为了进一步加快学科建设力度，安泰管理学院在学校党委的领导下进行了体制转变,改革下设机构,按照国际一流大学的要求进行建设,设立了新的学院组织架构和系所。学院成立了管理学院和经济学院 2 个二级学院,其中管理学院院长为陈方若,执行院长为田澎;经济学院院长为周林、李德水(名誉),执行院长为费方域。学院对各种资源进行全面统筹管理,下设的两个学院主要负责学科建设、教学与科研等。新组织架构的成立,是交大安泰为实现愿景、完成使命而采取的重要举措,也标志着学院的发展进入了新的阶段。

3 月 29 日,学院召开"全球商学院院长论坛",在开幕式上,校长谢绳武正式宣布上海交通大学安泰管理学院更名为"上海交通大学安泰经济与管理学院",王方华任上海交通大学安泰经济与管理学院院长,上海交大校长助理徐飞兼任上海交通大学安泰经济与管理学院执行院长。揭牌仪式上,对外经贸部副部长、安泰名誉院长张祥,上海市人大常委会副主任、安泰名誉院长朱晓明,上海交通大学校党委书记马德秀,校长谢绳武,安泰院长王方华及党委书记季建华共同上台为"上海交通大学安泰经济与管理学院"揭牌。

"上海交通大学安泰经济与管理学院"揭牌仪式

仪式上,马德秀书记寄语安泰经济与管理学院:"应当为中国经济的发展作出更大的贡献,在贡献中求发展,在发展中创一流。国际化是上海交通大学发展中最重要的战略,也是安泰经济与管理学院必须牢牢把握的发展战略,国际化不仅仅是目的,更是一种手段,一种方式,它让我们以世界一流大学、一流商学院的要求作为标杆,推动自身的发展。"

此后的三年间,安泰完善了体制建设,在大学院的带领下,管理学院和经济学院两个二级学院经过一个阶段的磨合,在学科建设、人才引进、创新型人才培养、科学研究、社会服务等方面都取得了显著成绩。

2009 年,为顺应学院体制的变化,学院修订并确认了新的愿景和使命。安泰经济与管理学院的愿景为："将上海交通大学安泰经济与管理学院建设成为国内领先，亚洲一流，世界知名的商学院"，使命为："上海交通大学安泰经济与管理学院致力于培养具有全球视野和国际竞争力的经济管理人才。同时注重学术研究和社会服务，为国际、国内企业和机构的发展提供智力支持。以其独特的风格，力争成为'亚洲一流，世界知名'的经济管理教育机构。"

（四）建院 90 周年

2008 年 6 月 12 日，安泰召开了以"薪火相传，思源致远"为主题的建院 90 周年院庆庆典，上海交大校领导、安泰学院领导，以及来自国内外商学院、企业界、学校各院系部处的嘉宾、交大安泰的师生、校友 1 000 余人欢聚一堂，共同见证交大安泰 90 年来所走过的风雨历程和取得的不平凡成就，共同感受交大安泰 90 年来所形成的"饮水思源，点石成金"的学院文化，共同庆祝交大安泰的 90 华诞。

庆典上，王方华院长的致辞荡气回肠：交大安泰 90 年的历史是一部"敢为人先，自强不息，团结拼搏"的奋斗史诗，是一曲"气势磅礴、恢宏远大、震撼人心"的交响乐章，是一幅"色彩瑰丽、意境深远、难以忘怀"的感人画卷。他强调，交大安泰能够历经创业时期的艰难、克服动乱时期的危机、承受发展时期的风险，发展成为中国最优秀的商学院之一，是因为始终秉承交大"饮水思源，爱国荣校"的校训，发扬交大"起点高、基础厚、要求严、重实践、求创新"的优良传统，凝聚着几代交大人的智慧和汗水，也离不开学校的帮助和指导，离不开社会各方和海内外校友的关心和支持。回首过去，辉煌让我们骄傲；展望未来，目标让我们奋进。国家"十一五规划"建设和科技中长期规划的全面展开，以及上海市和长三角地区在国家发展中的重要位置和强劲的发展势头，为学院带来了前所未有的历史性发展机遇。在新的历史时期，机遇与挑战并存，光荣与梦想同在，交大安泰必须以全球的视野、前瞻的眼光、博大的胸怀、睿智的策略和坚定的信念，以学院向徐汇校区转移为契机，进一步开拓发展空间，深化内涵建设，大胆探索体制机制创新，积极进行教育教学改革，努力把握发展机遇，求真务实，开拓创新，不骄不躁，稳步前进，实现全面、均衡、协调、高质量、可持续的科学发展。

上海交通大学党委书记、校务委员会主任马德秀也在讲话中希望安泰经济与管理学院在既往成绩的基础上，按照学校党委提出的"聚焦、落实、突破"的要求，坚定走内涵式发展道路，着力改革和创新，始终坚持"以人为本"，走"人才强院"之路，不断提升学院学科建设和科研水平，深化文化内涵及制度建设。并希望安泰抓住并放大转移到徐汇校区的历史机遇，进一步加快国际化建设的步伐。

2008 年 6 月 12 日，安泰经济与管理学院成立 90 周年庆祝大会

二、制度建设

（一）管理体制革新

1. 巩固"学院"办学主体

1984 年管理学院建院时，曾确定了以"院"为办学实体，下属系所为教学、科研单位的体制，但随着办学规模的扩大及生源的扩充，院为实体的"管理体制"逐渐被削弱，院下属系所不仅是教学、科研实体，也渐渐成为财务核算单位，各系陆续形成了自己的"土政策"，学院慢慢退化成为从事服务的松散"联邦"，这对教学秩序产生了较严重的影响，使学院的一些教学任务得不到完善的安排和落实。1997 年 9 月，以院长张祥和执行院长、党委书记王笃其为中心的新一届院领导层决心以"改革、发展、稳定"为主线，重申学院是办学实体，并围绕着教职工考核奖惩办法、人事管理、财务核算、教学行政四方面制订了新的管理制度。这些管理制度的制订和实施，使学院的教学秩序重新走上了正轨。

2. 劳动人事制度改革

1997 年起，学院推行将教学和科研工作量定为核算单位的劳动分配制度，由于指导思想明确，方法措施得当，在稳定教学秩序、调动教职工积极性及提高教学质量与科研水平等方面均取得了显著成效。1998 年，学院积极响应号召，推行"全员聘用合同制"，并与学校签订《院系 1998 年度目标管理任务书》，全面实行"目标责任管理制"，正式推出了以资源与任务直接挂钩的"工资总额包干制"。

进入 21 世纪后，学院的建设与发展面临着许多新的机遇和挑战，原来实行的劳动分配制度已不能适应新的发展形势,经多次会议讨论,学院决定改革制度,在全院推行以年薪制为基础的全员岗位聘用制。全员岗位聘用制是建立在全体员工按岗聘用、职责分明、目标明确的基础上,把工作的质与量有机结合在一起的劳动分配制度,是以激发与调动全体教职工积极性为宗旨,以提高教学质量与科研水平为目标,以年薪制为手段的一种全方位创新的劳动人事管理制度。《管理学院 2002 年劳动人事制度改革实施细则(试行)》规定:2002 年 6 月30 日在册的正式员工,采取自愿申请、学院审定的办法实施,试行期从 2002 年 7 月 1 日起开始。

面对这项重大的改革举措,学院党政领导动员党员、干部发挥模范带头作用,率先接受制度转变,并积极为全院职工分析、解释新旧制度的利弊,做通思想工作。在学院党政领导的带领和努力之下,该项改革取得了绝大部分教职员工的理解与支持,90%的教师自愿申请参加改革后的考核办法。安泰管理学院得以率先在本市高校中推行"年薪制",年薪的高低由教师根据授课情况、科研水平高低在年初自我申报,最后由学院通过教学考评制度统一审定。

新制度以教学定基本工资,以科研定浮动工资,引导并激励广大教师加大教学投入,热心教改,重视质量,并通过加强学术研究进行学科建设,达到建设国际知名学院的目标。改革施行后,教职工的精神面貌焕然一新,工作责任心、主动性空前提高,极大地活跃了全院的学术氛围。

在屡次改革中,安泰管理学院全体教职工解放思想、实事求是、与时俱进,以创造性的实践破解量改革、发展中的一道道难题,在促进劳动人事制度改革的同时,推动学院工作登上一个新台阶。

(二)"人才强院"战略

学科建设以人为本,师资力量始终是学院发展的根本,安泰管理学院十分重视教师知识结构的更新和调整,采取引进与培养相结合的办法,积极为教师拓宽学科视野,活跃学术环境。1998 年,学校第七次党代会明确提出"要把加强师资队伍建设,努力构筑'人才高地',作为学校各项工作的中心环节"[1],2004 年,学校第八次党代会提出"重点实施人才强校主战略"[2]。与此对应,学院不断探索与实践新思路、新政策,制订各种人才计划,确立"人才强院"战略,通过人才引进和内部培养不断改善教师结构,提高教师的学术和教学水平,完善和出台了一系列引进海外人才以及用好人才、培养人才的规章制度;并以引进和培养学科带头人为突破口,加快学科建设速度,推动中青年教师的快速成长,通过调整课程和研究方向为中青年骨干教师创造一个更有利的成长环境。

为了进一步加快向一流商学院不断迈进的建设步伐,针对学科发展的目标与要求,安泰管理学院于 2003 年开展了一系列瞄准国际先进水平,与国际一流院校对接的工作,如:加强师资队伍建设的"海天计划";帮助青年教师提高科研水平的"青苗计划";跨学科、跨系组织

① 王宗光:《抓住机遇,开拓进取,为创建世界一流大学而努力奋斗——在中共上海交通大学第七次代表大会上的报告》。上交档:1998-DQ11-047。
② 马德秀:《振奋精神,开拓创新,为加快建设世界一流大学而努力奋斗——在中共上海交通大学第八次代表大会上的报告》(2004 年 12 月 28 日)。载《上海交通大学年鉴 2005》(总第 9 卷),上海交通大学出版社 2005 年版,第 19 页。

大项目,争取承接国家和省部级重大课题的"金穗计划";针对提高教学质量,培养创新人才的"名师计划""名课计划"和"新星计划"。这六大计划推出后,全院19个学科组都重新制订详细的学科发展规划,迎接学科建设的新一轮高潮。

学院加大国际交流合作,通过制订柔性引进、兼职聘用、合作研究、联合指导研究生等形式灵活的聘用政策,吸引了国内外各层次的一批知名度高、责任心强的优秀人才,发展学科带头人,并支持向国外期刊投稿发文,以加速提高整体教学水准和科研水平。

2003年,学院利用"海天计划"邀请海外著名大学教师利用学术休假来学院讲学或从事研究,为当时国内大学首创;学院还专门设立了200万元的博士后基金,筑巢引凤,面向全球招聘博士后,吸引国内外优秀人才来院进行合作研究。学院以国际标准提供研究经费,旨在将国外的先进理论引进中国,研究中国当下存在的问题,让自身的学科建设能在与国际接轨的平台上发展。2006年,学院大力引进包括管理学院院长、美国哥伦比亚大学陈方若教授和经济学院院长、美国亚利桑那大学周林教授等海内外人才11名,其中陈方若、周林两位教授被聘为"长江学者奖励计划"讲座教授,一举实现了上海交通大学文科"长江学者"零的突破。2007年至2009年,学院共引进教师30名,其中教授3名,特聘教授1名,副教授2名,讲师24名,均具有博士学位,大多具有海外博士学位,其中还有外籍教师3名。

学院重视人才引进的同时,也十分注重对院内教师的培养,不断加强培养力度。为提高青年教师的教学科研水平,保证人才培养和教学改革的可持续发展,学院于1999年实行"青年教师导师制"。"导师制"的实行对象是35周岁以下,从事教学或在本校工作不满3年、讲师职称以下的教师,以及根据实际情况认为需要提高教学水平和教学效果的教师。由各系遴选出具有教授或正高级技术职务、师德高尚、教学经验丰富、教书育人成绩突出的教师担任导师,对青年教师进行师德教育,指导青年教师掌握一门课程的教学内容和相关的前沿知识、教学要点和难点等。导师与青年教师签订《帮学协议》,通过为青年教师上示范课、指导编写教案等方式指导他们掌握正确的教学方法,熟悉并把握各教学环节。鼓励青年教师运用现代教育技术,大胆创新,提高教学质量。规定每名导师任期1～2年,原则上只带一名青年教师。青年教师、导师及学院执行导师制的情况每年都由学校进行考核,根据考核情况给导师一定的岗位津贴;青年教师未接受过导师指导或考核不合格的,不能担任主讲工作,不能晋升高一级技术职务。

进入21世纪,随着与国外名校双向交流的渠道越来越畅通,学院不断派出教师赴海外进修学习。2004年,6名教师经"海天计划"资助出国进修访问。其中经济与金融系和管理科学与工程系两位教授分别在加拿大多伦多大学经济系和美国耶鲁大学做为期6个月的高级访问学者。两位教授在访学期间,撰写并发表了多篇研究论文,积极参加访问学校的学术会议和学术交流,与两校著名教授进行了良好的学术研究和互动。2005年至2009年,学院派出教师46人次前往美国哈佛大学、MIT、宾夕法尼亚大学、哥伦比亚大学、斯坦福大学、加州大学、佐治亚理工、德国曼海姆大学、英国谢菲尔德大学、法国马赛商学院、澳大利亚昆士兰理工等世界一流学府进行为期三个月到一年的学习进修。其中,不少教师前往宾大沃顿商学院学习其名课"管理100",还有诸多教师前往参加MIT"世界制造业领袖项目"以及进行哈佛案例培训,均于学成归国之后在学院推广。

表 6 - 1　2005—2009 年 三个月以上公派出国交流情况表

类别	2005 年 (人次)	2006 年 (人次)	2007 年 (人次)	2008 年 (人次)	2009 年 (人次)	小计 (人次)	备注
海天计划	9	5	5	4	2	25	含 MIT 项目、哈佛案例培训各 1 次
国家公派	3	/	1	1	2	7	含 MIT 项目 1 次
院际合作、双语培训、哈佛案例培训、MIT 项目等	/	2	5	2	5	14	
总计	46						
出访国家比例	美国 78.3%、加拿大＋德国 8.7%、英国＋法国＋丹麦＋澳大利亚 13%						

通过积极地引进人才和大力推行教师培训,学院努力构筑"人才高地"。到 2009 年,学院已形成了一支以博士生导师和研究生导师为核心、年龄和知识结构愈加合理、教学和科研的总体水平均居国内前列,并积极参与国家和上海市重大社会经济问题研究的教学和科研队伍。当年,学院共有在职教职工 334 人,其中教师 172 人,包括教授 54 名、副教授 68 名,拥有博士学位比例达 79.6%,拥有海外院校博士学位比例达 19.2%。学院教师团队中不乏如长江学者讲座教授周林;国家杰出青年科学基金获得者、"百千万人才工程"国家级人选吴冲锋教授;教育部跨世纪人才孟宪忠教授这般国内外知名的学术领军人物,另有诸多教师具有重要的社会和学术兼职,并接连入选校级、市级的人才计划,使学院对学界和业界的影响力大增。

三、架构转变

(一)院系结构的发展

20 世纪 90 年代末,管理学院共有企业管理、经济管理与决策科学、国际商务、人力资源管理、会计学、管理科学与工程、旅游管理、金融与保险 8 个系。2001 年,学院进行大规模改革,撤销了企业管理等七个系,整合设立为工商管理系、经济与金融系以及管理科学与工程系。2001 年 9 月,作为学校"985 工程"中"高水平农学院建设"项目上海交通大学农学院主要建设子项之一的农村经济系并入管理学院,并于次年编入经济与金融系。2004 年 10 月,学院增设会计与财务学系。2006 年 3 月,安泰改制成立安泰经济与管理学院,分设经济学院和管理学院,下设市场营销、运营管理、组织管理、会计与财务、管理科学、管理信息系统、会展与旅游管理、经济、金融 9 个系,以及系统工程研究所、市场营销研究中心和现代金融研究中心等 35 个研究机构。2009 年,安泰再次调整院系,管理学院下设管理科学、会计与财务、市场营销、运营管理、组织管理、管理信息系统 6 个系,经济学院下设金融、经济、应用经济 3

个系,院系体系更趋合理、系统、顺应时代,这为学院的学科发展提供了良好的平台。

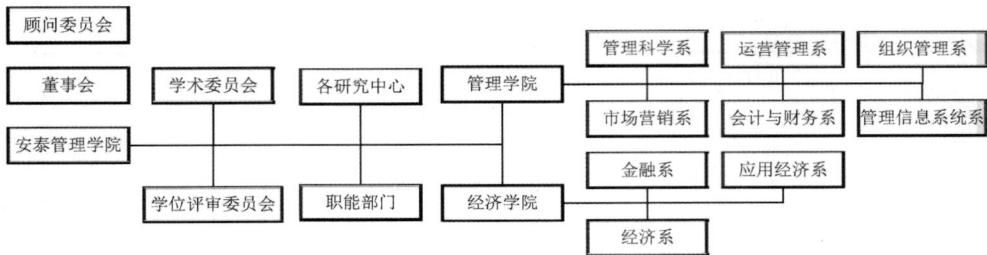

2009 年安泰管理学院组织架构图

(二)专业设置

1. 学科调整

随着社会形势的迅速发展,人们对于管理学的理解不断深化,1997 年,国家教育部和国务院学位委员会颁布了《授予博士、硕士学位和培养研究生的学科、专业目录》,将"管理学"设置为与"工学"并列的学科门类,下分管理科学与工程、工商管理和公共管理等五个一级学科,一级学科下设若干二级学科,并颁布了二级学科目录。次年,教育部又颁布了《普通高等学校本科专业目录》,对管理学科进行了细致的分类。从此,各校的管理科学专业,均按国家教育部颁布的二级学科目录进行调整、设置。

管理学院参考目录,经过大量讨论,对自身的学科体系进行了大刀阔斧的改革。首先,撤销了"系统工程"专业,将其改变为国务院学科分类中的一级学科"管理科学";其次,将"工业管理工程"专业改为"管理工程"。

2. 学科建设

上海交通大学"十五"和"十一五"计划建设期间,是安泰经济与管理学院学科建设的快速发展阶段,其中,管理科学与工程获评国家重点学科,一批新的硕士、博士点申报也获得成功。2001 年,澳大利亚《亚太商业》周刊公布了该年度亚太地区商学院的排名,上海交通大学安泰管理学院名列第 23。2009 年,安泰管理学硕士项目首次参加英国《金融时报》排名,即创下全球第 37 位的佳绩。

学校在 2001 年《上海交大学科建设"十五"规划》中明确把管理科学与工程、工商管理(企业管理)纳入国家高等学校重点学科建设的学科之列;把应用经济学(金融学、国际贸易学、数量经济学)纳入上海市重点学科建设的学科之列。此后的两年间,教育部开展了高等学校重点学科评选,这次重点学科评选的主要目的是促进高等学校的学科建设,进一步提高高等学校教学科研的能力,形成一批立足在国内培养高层次专门人才、解决经济建设和社会发展重大问题的基地。经评选,管理科学与工程于 2002 年被核准评为国家重点学科,为当时上海地区管理学门类唯一的一个国家重点学科。同年,管理科学与工程又成功通过专家论证,成为学校"211 工程"二期建设的 12 个重点学科建设项目之一。

2003 年至 2005 年,学院学科点申报工作也喜报频传。2003 年,工商管理成功申报一级学科博士点,农业经济管理获新增二级学科博士点;西方经济学、应用心理学获新增硕士点。

2004 年,一级学科工商管理博士后流动站获批成立。2005 年,学院获得教育部"都市圈发展与管理"文科研究建设基地项目,又成功申报"金融学"和"产业经济学"2 个经济类二级学科博士点,填补了学校在经济学领域博士点的空白。

至 2006 年,有 1 个国家重点学科(管理科学与工程)、2 个一级学科授权博士点、8 个博士点、1 个二级学科博士点、1 个一级学科授权硕士点、10 个硕士点(二级学科点),以及 2 个一级学科博士后流动站(管理科学与工程、工商管理)。

表 6 - 2　2006 年安泰经济与管理学院有权授予博士、硕士学位学科专业名称

一级学科名称	二级学科名称
★应用经济学	♯西方经济学
	＊产业经济学
	♯国际贸易学
	♯应用心理学
☆管理科学与工程(1998 年 6 月)	＊管理科学与工程
	△金融工程
☆工商管理(2003 年 9 月)	＊会计学
	＊企业管理
	＊旅游管理
	＊技术经济及管理
	＊农业经济管理

注:☆号为一级学科授权博士点;★为一级学科授权硕士点;＊号为博士点;△号为一级学科下自设二级学科博士点;♯为二级学科硕士点(所有博士点同时也是硕士点)。

2006 年－2007 年,安泰陆续通过"211 二期工程"和"985 二期工程"的验收,管理科学与工程、工商管理参加了一级学科评估和全国重点学科的评估申报工作,管理科学与工程被认定为国家重点学科,工商管理下的二级学科"企业管理"被评为上海市重点学科、国家重点培育学科。

3. 学科点介绍

1) 管理科学与工程一级学科博士点

前身为系统工程学科点,由张钟俊院士、王浣尘和吴健中教授等倡导建立,于 1981 年获得硕士学位授予权,1985 年获得博士学位授予权,同年(与本校自动控制学科联合)被批准设立博士后流动站,1995 年被评为上海市重点学科,1997 年学科目录调整为管理科学与工程,1998 年获得一级学科博士点,并独立建立该学科博士后流动站,2002 年被评为国家重点学科。

该学科点受到教育部、上海市教委和上海交通大学的重视,多次给予重要支持。上海交大"九五"计划期间,上海市教委投入 50 万元,启动"企业兼并仿真实验系统"等五个研究项目;学校配套投入 56 万元,用以改善设备和加强教材建设。1999 年,本学科点又得到学校

"985 工程"300 万元的投入,以加强重点研究方向的学科建设。在有关各方的大力支持下,本学科点以学科发展为龙头,在各方面都取得了长足的进步。

该学科点经过 20 多年的建设,拥有一支年龄结构和知识结构都比较合理的教师队伍,在教学和科研的总体水平上均居国内前列。曾承担和完成了百余项纵、横向科研项目,包括国家杰出青年科学基金、国家自然科学基金、国家社会科学基金、国家"863"高技术计划、教育部跨世纪优秀人才基金、教育部优秀青年教师基金、上海市政府重大决策咨询项目、上海市重点学科基金、上海市科技启明星计划、上海市曙光计划等重要科研项目,获得国家级科技进步奖 2 次,省部级科技进步奖 10 多次,在国内外享有较高声誉。

该学科点与美国麻省理工学院在技术管理与创新领域有密切的合作关系,双方定期互派学者交流并合作建立了研究中心;与加拿大不列颠哥伦比亚大学和香港城市大学在产业组织与管理领域保持合作,定期派遣访问学者前去合作研究;与日本东京工业大学在管理信息系统领域合作开展研究并举办学术会议。该学科点组织或承办了多次国际学术会议,如2000 年在上海举行的"亚太金融学会第七届年会",与会者超过 500 人,海外学者达 200 人。

该学科点还陆续建立了一批专业实验室和研究中心,包括"现代金融研究中心"(与国内外金融机构合作)"金融工程实验室""路透国际金融工作室""产业组织与技术创新研究中心"(与 MIT 合作)"信息化与互联网经济研究中心"(与上海市信息办合作)和"物流与营运实验室"等。

管理科学与工程专业致力于培养具有扎实的管理理论基础和一定的系统科学、经济学、数学和计算机应用等知识和专业技术,能够理论联系实际,具有较强创新能力的管理人才。

2) 工商管理学科一级学科博士点

该学科点于 1979 年开始招收研究生,1986 年获博士学位授予权,2003 年被评为一级学科博士点,同年被批准设立博士后流动站;在 2004 年 2 月结束的第二次全国学科评估中,安泰工商管理学科排名仅次于清华大学,位列第二;2007 年,二级学科"企业管理"被评为上海市重点学科和国家重点培育学科。历经十多年的学科建设,逐步形成了以十几位博士生导师为核心的教学和科研队伍,并且聘请了社会上知名学者担任兼职博士生导师,已成为我国管理学科高级人才培养的重要基地之一。

该学科的研究方向主要为:市场营销、战略管理、生产运营管理、人力资源管理,在工商企业的战略管理、人力资源开发与管理、跨国投资和跨国经营、资本运营、企业重组、质量管理、运营与物流管理、农业经济管理、金融与财务管理等前沿领域有着卓著的研究成果。

该学科点曾承担并完成了数十项国家自然科学基金、上海市自然科学基金、上海市科委、市政府重大咨询课题等重要研究项目,并多次获得上海市或省部级奖,如:宣国良的研究课题获 2002 年上海市人民政府重大决策咨询项目奖,在国内名居前列。

在教学方面,该学科点亦成果颇丰,王方华、季建华等负责的《工商管理学科改革与建设》荣获 2000 年上海市优秀教学成果一等奖;石金涛主编的《现代人力资源开发与管理》在2001 年再版经国家教育部研究生办公室组织全国专家评选获全国推荐研究生用教材;王方华主编的《企业战略管理》在 2000 年 8 月获得上海市优秀教材一等奖;张祥、王方华等主编的《知识经济与国际经济贸易》获得外经贸部科研成果特等奖等。

该专业致力于培养具有扎实的工商管理理论和一定的经济学、社会学和计算机应用等知识以及较强研究能力、实践能力和创新能力的工商管理专业人才。2002年,在全国"工商管理"学科排名中"企业管理"获得研究生专业第一名。

3）农业经济管理二级学科博士点

该学科点于2003年8月获得博士学位授予权,受到985一期、二期和211二期的重点支持。所涵盖研究方向主要为:农业经济理论与政策、生态经济管理、土地资源管理、区域经济、农业标准化、食用农产品安全、农业信息化、农业技术经济、农户经济行为和农村社会经济政策等。农业经济管理博士点以农村经济研究所和经济金融系作为学科建设和学术研究的主要支撑。

从2001年到2006年,发表学术论文600余篇,出版学术专著30余部,出版教材10余部;获得省部级科研项目和教学成果奖10多项。2004年到2006年三年间可支配科研经费400多万元,至2006年底在研项目30多项,其中国家及国务院各部门项目3项,国家自然科学基金7项,国家社科基金3项,国际合作项目5项。

4. 研究机构

随着安泰科研实力和社会影响的不断提高,不同方向的科研机构也纷纷成立,或自筹自建,或对外合作,一时间形成了百花齐放百家争鸣的局面,大大加快了学院科研水平的发展步伐。

2000年2月,"上海交通大学现代金融研究中心"成立,吸引了一批当时世界一流的经济、金融学专家云集上海交大。该中心是由交大10多位校友、年轻的旅美经济学家和学校共同发起,并由安泰管理学院具体组织成立,得到了国内外一批知名专家的支持和响应。中心旨在成为金融教学、研究、产品开发的基地及金融政策咨询的"智库",为中国现代金融业界培养一批高素质的教学、研究和开发的高级人才。中心聘请了1999年诺贝尔经济学奖获得者罗伯特·曼德尔教授、意大利罗马银行副行长和欧盟"资本市场专家团"主席等国际著名经济学家、金融家以及全国人大常委会副委员长成思危作为研究中心顾问,并在成立仪式上为罗伯特·曼德尔授予名誉教授称号。

罗伯特·曼德尔(R. A. Mundell),1932年出生,加拿大籍,经济学博士,国际著名经济学家。哥伦比亚大学教授,1999年诺贝尔经济学奖金获得者,被誉为"欧元之父",首创最优货币区域理论。曾任联合国世界银行、国际货币基金组织、加拿大政府、美国联邦储备银行、美国财政部以及欧洲经济委员会等国际组织和政府机构的顾问。

2001年3月,"上海交通大学中国创业资本研究中心"成立,该中心是融创业资本研究、学术交流、培训、咨询、产品设计等功能为一体的科研机构。4月,学院按照学校"985工程"的要求,成立了"上海交通大学现代物流研究中心",由电子信息学院、管理学院、机械学院、船舶与海洋工程学院等院系的专家、教授和相关人员共同组成中心成员。

2002年3月,"上海交通大学东方管理研究中心"正式批准成立,该中心以发掘东方传统管理学思想,弘扬中国优秀传统管理文化,增强交大管理学院的综合竞争力,扩大上海交大的国际影响,切实为将交大办成世界一流大学作贡献为宗旨,争取促使本校在东方管理学的研究上居于国内一流、世界领先水平。该中心成员阵容强大,以王方华、颜世富、孟宪忠、陈忠等教授为主的教师团队对东方传统管理学思想以及中国的商务管理理解深刻,通过举办高层次的东方管理论坛、开展与国际接轨的研究、引进人才、发表论文出版著作、创立学术杂志等途径,以逐渐实现这一宏伟目标。中心设立中国管理研究、日本管理研究、印度管理研究、韩国管理研究、香港管理研究、台湾管理研究、华商管理研究、区域文化与管理研究等众多研究室,采取开放式的组织结构,吸纳国内外对东方管理研究感兴趣的专家学者、企业家、政府官员参与。中心的成立符合上海交大学科建设和国际化的需要,对于促进校企合作有着十分积极的影响。

2003年12月8日,"上海交通大学Smith实验经济学研究中心"成立,并聘请了2002年诺贝尔经济学奖获得者弗农·史密斯教授为中心主任、校名誉教授。这是上海交大第一次以诺贝尔奖获得者姓名命名的研究中心。

上海交通大学Smith实验经济学研究中心揭牌仪式

弗农·史密斯(Vernon Lomax Smith),美籍。1949年于美国加利福尼亚理工学院毕业,1952、1955年分别获得堪萨斯大学和哈佛大学硕士和博士学位。现任美国George Mason大学教授。历任Purdue大学、Brown大学、Masschustts大学、Arizona大学、Mason大学教授等职。著名经济学家,实验经济学的创始人,2002年获得诺贝尔经济学奖。

2005年8月,"中国都市圈发展与管理研究中心"成立,这是国家"985工程"二期哲学社会科学创新基地建设项目之一。该中心以安泰为依托,同时整合有关院系的科研力量进行联合项目攻关。次年5月,中心召开了"首届国际都市圈学术研讨会",在学院及全体教师、科研工作人员的帮助下,初步构架了都市圈研究基础数据库,成功申请到各级科研项目26项,发表相关论文82篇,出版《中国都市圈发展与管理研究系列丛书》,并进一步密切与长三角城市经济协调会的友好合作关系,合作编写了《长三角城市经济协调发展报告(2006)》。

此后的两年间，以中心为平台的研究成果获得省部级以上奖励 10 项，国家自然科学基金 9 项；持续出版《经典译丛》及《中国都市圈发展与管理研究系列丛书》等书籍；并陆续召开"第二届国际都市圈发展论坛""长三角地区发展国际研讨会""中法国际都市发展论坛"等活动，大大提升了学院的国际和国内影响力。

到 2009 年，学院还建立了包括"上海交通大学保险培训考试中心"（与荷兰保险有限公司合作）、"上海交通大学品牌研究中心"、"上海交通大学旅游发展研究中心"等数十个专业实验室和研究中心。

表 6 - 3　2009 年安泰经济与管理学院部分科研机构一览表

序号	名称	序号	名称
1	系统工程研究所	19	复杂性与系统方法论研究中心
2	人力资源研究所	20	房地产与项目管理研究中心
3	城市管理研究所	21	信息化与互联网经济研究中心
4	交通运输研究所	22	金融工程研究中心
5	好易康达电子政务研究所	23	供应链管理研究中心
6	证券金融研究所	24	组织发展与战略研究中心
7	现代金融研究所	25	组织发展与战略研究中心
8	产业组织与技术创新研究中心	26	中小企业发展研究中心
9	市场营销研究中心	27	智能化管理与计算机仿真应用研究中心
10	中国创业资本研究中心	28	复杂系统与智能管理研究中心
11	运营与物流管理研究中心	29	WTO 与经济全球化研究中心
12	东方管理研究中心	30	发展与转型经济学研究中心
13	旅游发展研究中心	31	上海交通大学保险培训考试中心
14	现代企业管理研究中心	32	管理型系统研究中心
15	企业竞争力研究中心	33	经济生态发展研究中心
16	资产管理创新研究中心	34	实验经济研究中心
17	应用统计与决策分析研究中心	35	农村经济研究中心
18	货币理论与货币政策研究中心	36	中国都市圈管理与发展研究中心

5. 信息化和实验室建设

学院成立初期，实验室承担着整个学院电脑维护、网络维护、教室多媒体设备技术支持以及 2 间教学实验用计算机机房的管理维护工作，2002 年起增加了建设学院网站和信息化职能，2006 年，随着学院改制为安泰经济与管理学院，实验室正式更名为"信息与技术支持中心"。

学院一直非常重视信息化建设，进入新千年后就着力筹备建设学院网站，2001 年正式开始网站建设工作。2003 年，带有基本教学交互功能的学院门户网站成功上线。次年，部分业务应用系统(如 EMBA 管理系统、MBA 管理系统、校友管理系统、资源预定系统、职业发展系统、学生工作等应用系统)和财务系统也正式建设完成、投入使用。2005—2010 年间,信息中心持续对这些业务应用系统进行优化完善,陆续追加建设其他应用系统(如网上报名系统、信息发布系统、科研统计系统等),并开始建设学院数据中心。

网站建设作为展示学院形象的一张名片和信息化工作主抓手,一贯为学院信息化建设的重点之一。安泰分别于 2001 年 10 月和 2003 年完成中、英文版学院网站的初期建设,于 2005 年正式推出了栏目、内容一体化的中、英文版网站;此后基本每年对中、英文网站进行完善改版,以配合学院的国际化发展。自 2007 年起,英文网站委派专人进行维护,使网站内容更加专业化。

2003 年起,学院在法华和闵行校区陆续建设了 7 个专业实验室,包括信息管理实验室、应用统计与决策实验室、实验经济学实验室、心理学(行为)实验室、财务系统实验室、金融工程实验室、数量经济实验室,皆隶属于学院"信息技术与支持中心"(时称"管理学院实验室")。

四、办学情况

进入新世纪,江泽民对上海的发展提出了"发展要有新思路、改革要有新突破、开放要有新局面、各项工作要有新举措"的"四新"要求。上海交通大学高等教育的发展按照"四新"要求,坚持站高一步,看远一步,想深一步,以新思路勾画发展蓝图,以新理念开创教育新局面。随着全球一体化的国际大环境建立,以及招生规模扩大,生源水平提高,安泰管理学院自觉进入高等教育的国际大环境,参与学习,参与竞争,不断提高办学水平和办学能力,争取发挥特色,取得优势。

2002 年十六大报告进一步提出"坚持教育创新、深化教育改革,优化教育结构,合理配置教育资源,提高教育质量和管理水平,全面推进素质教育",教育事业从此开启了一片培养"创新人才"、进行"素质教育"的新天地。

上海交大安泰自 1979 年起招收硕士研究生、1980 年起招收本科生、1986 年起招收博士生以来,招生规模及生源质量均逐步上升;1993 年学院开设 MBA 项目;2002 年又开设 EMBA 项目。

(一)本科教学改革

1. 招生方式变革

安泰的本科生教学理念为注重学生个性发展,因材施教,同时不放松对基础课的严要求,夯实其专业能力。

2001 年,学院在工商管理系新生中搭建基础平台课,鼓励学生自我发展,学生可以在规定范围内,按照自己的意向和本人条件选择课程、上课时间、任课教师、自主安排学习内容和进程,并在完成基础课程学习后,根据自己的专业、兴趣和爱好,申请第二自主选择专业,从三年级开始,可以从四个管理类专业中选择其一。2002 年,学校取得设置本科专业自主权,对学生的培养逐步转为按专业大类区分；同时，学校全面推行学分制改革，使学生在选科、选课、选师、选时方面获得更多自主权。

2003 年，安泰管理学院作为学校第一批 13 个学院之一，正式实行以院平台为基础的宽口径招生办法，即一、二年级不分专业，主要学习公共基础课以及经济管理学科的基础课，大二下学期按照经管类进行专业分流；从三年级起根据市场需求和就业形势，以及学生自身兴趣及能力，为学生动态设置专业方向，可选择的专业和方向有：经济学、金融学、国际经济与贸易、工商管理（市场营销、物流管理、技术经济）、会计学、人力资源管理、信息管理与信息系统、旅游管理 8 个专业；另有 10% 的学生可进行跨学院转专业。学生在取得规定的学分后可提前毕业。如学生因选读双学科学士学位，提前介入科研和科技创业，也允许延长学习年限。2004 年，在中国管理科学研究院对中国大学的排名中，安泰的"工商管理"和"人力资源管理"本科专业均排名全国第一。

2007 年，安泰改为按照经济学类和工商管理类两个大平台招生，大二下学期进行专业分流；2009 年，经济学类不再进行专业分流，改为大三下学期进行专业申请，可申请专业有：经济学、金融学、国际经济与贸易；工商管理类依旧从大二下学期进行专业分流，可申请专业有：工商管理（市场营销、物流管理）、会计学、人力资源管理、信息管理与信息系统。

2. 复合型人才培养

2004 年，学校掀起了教育思想大讨论的风潮，经过讨论，安泰师生一致认为管理类本科教育的定位应该是培养面向国家经济建设主战场的复合型管理人才，打破学科专业之间壁垒森严的界限，使学生能够接触和学习不同专业领域的知识以及不同学科的思维方法。

为符合社会各行各业用人单位对复合型管理人才的需求，学院推出了本科复合型人才培养项目。从课程设置、教材选用和教学模式进行全方位改革与创新。由就业市场反馈，学院本科毕业生很大一部分就业于电子、生物、材料等高新技术行业。根据"培养懂技术的管理人才"的定位，学院与信息科学、生命科学、材料科学的相关学院的教学院长一起专门设计了各方向的课程体系，该体系的特点是成为某一领域的百科全书，让学管理的学生对这些行业的技术及发展有一个总体认识，学院把这些课程称为第二学科的课程，邀请相应学院资深教师授课，并专门根据管理类学生特点备课和编写教材，在实践中取得了良好的效果。

3. 特色课程、双语课程

安泰非常重视师生知识结构的更新和调整，注重拓宽学科视野，活跃学术环境，利用现代化的教学手段，采用原版教材，实行"双语教学"，着力培养学生的创新能力、应变能力、独立思考能力、实际动手能力和主动性。

学院深知科学技术是先进生产力的集中体现和主要标志，是社会发展的原动力，故而非常注重科学技术与管理的结合，多次邀请院内以及校内其他优秀学科的院士、教授来学院为本科生授课。早在 2003 年，学院就曾邀请包括王方华院长在内的 16 名知名博导一同为本科学生开设、讲授《经济与管理通论》课程。2004 年初，学院开设《现代科学技术概论》课程，由中国工程院院士、上海市第四届科协主席、交大原校长翁史烈为本科生作了课程的第一讲《我国的能源形势与对策》，学院还邀请了学校各个优秀学科 18 名分别来自能源、电力、环境、生命、机械、动力、科学史等各学科的著名院士、教授走上讲台共同授课。这些特色课程的开设,不仅让管理类学生得到理工科环境熏陶,还能使其对科学技术的总体发展情况有所了解,使学生的思维方式与知识结构具有复合型的特点。

此外,安泰深入推进双语教学,2006—2007年间开出30门双语课程,其中有16门为全英文课程,大大提高了学生们的国际化水平。

4. 实践性、创新型教学

为响应"素质教育"和"培养创新人才"的号召,学院积极购买专业应用软件,以期增强学生的动手能力和探索问题的创新精神。2001年10月,学校正式启动推行本科生研究计划(Participation in Research Program,简称PRP)、实验计划(Participation in Experiment Program,简称PEP),要求一至三年级本科生开展"PRP"和"PEP",提前实行理论和实践、教学和科研、教学和实验的结合,成为培养本科生创新意识和动手能力的一项有效措施。学院积极鼓励同学参与实验教学项目,突出学生在学习中的主体地位,锻炼其动手能力,培养其探索和创新精神。到2004年同学参与的项目达66个,参加学生人数达到208人。2006年度单年,参加PRP项目的学生达86人,占学生总数6%。

2007年,在原校党委书记马德秀亲自倡导和推动下,学校开设了以"让创新成为凝结在交大学子血液中的一种精神,让创业成为交大学子生命中一种力量的迸发"为使命的通识教育课程《创新与创业大讲堂》。大讲堂开设以来,安泰邀请了柳传志、王石、俞敏洪、李彦宏、马云、江南春、张旭豪、郭广昌、诺基亚副总裁韦圣博等创业成功的著名企业家,国际创投奇才、交大校友沈南鹏,华谊兄弟董事长王中军及著名作家、锦江国际集团高级副总裁海岩等文化产业创业者,交大资深创新思维与领导力教授徐飞、战略管理教授孟宪忠等各界名师来为学生上课,并组织举行学生创业计划大赛对课程进行评估。

《创新与创业大讲堂》部分嘉宾

为了让学生在学习过程中得到更专业、细致的指导,学院适时推出了"导师制"和"职业导航计划",后者从国内著名企业单位CEO及院内EMBA学员中,选拔企业导师对学生进行辅导帮助，以推动学生参与企业实践及就业。

总结该阶段学院本科培养体系，主要有以下特点：

（1）经济管理类专业之间的交融。要求学生除了选择本专业的课程之外，还必须选择一定比例的管理类其他专业的课程，以实现管理类学科之间的交融，扩大学生的就业适应面。

（2）经济管理学科与理工科的交融。实施复合型人才培养计划并进行教学管理制度的全面改革，实行在教学计划和导师指导下的自由选课学分制。理工类课程占全部课程22%左右。推进高新技术三个方向的第二学科课程体系，使学生在学科交融的基础上对高新技术的某一方向有较系统的了解。

（3）理论与实践的交融。加强学生实践环节，实现实践环节的多层次与多样性，使学生在四年学习期间实践环节不断线，由浅入深，由面到点。一年级社会调研；二年级企业参观；三年级为期一个月的企业实习，要求系统了解一个企业的管理情况；四年级企业调研，要求结合毕业论文进行深入的专题研究。

学院职业发展中心负责为学生实习、参观和就业提供单位；基础部负责组织学生，确定学生参观的时间及地点；教务办负责安排带队老师。学院搭建良好的实习环境，和一些具有国际背景的大企业、公司合作，让学生进行有机、双向的实践活动，组织学生参加科研课题，以打造复合型的管理人才。

（4）国内与国外教育模式的交融。为了提升学院的复合型人才培养模式，继续推进教学国际化的进程，学院积极引进海外高素质人才，将国外的教学模式带入课堂；并积极推进双语课程建设，提升教师和学生双方的国际化专业能力和水平。

（二）会计专业硕士（MPAcc）项目

为适应社会主义市场经济发展和经济全球化的需要，健全和完善国家高层次人才培养体系，建设高素质、应用型的会计人才队伍，国务院学位委员会、教育部于2003年底正式批准设立会计硕士专业学位（Master of Professional Accounting，简称MPAcc）。MPAcc的开设，为进一步改善注册会计师队伍的知识结构和学历结构，提升行业队伍素质，以及广大会员实现知识更新、素质增长提供了一条有效的途径。2004年，上海交通大学安泰管理学院成为首批21所MPAcc学位培养院校之一。

该项目2010年前是业余制培养模式，招生对象是从事财务工作的或将职业发展定位于高级财务管理领域的在职人员，并坚持少而精的招生策略，坚持走国际化特色品牌道路，在课程设置上注重会计实务和操作能力，如1/3课程外聘国际著名师资、与美国南加州大学（University of Southern California）会计学院开展联合培养；同时，注重实际工作能力的培养，建设大型会计电算化实验室开展教学以及与大型企业共建MPAcc考察、实习基地等。其目标是培养企业的理财专家、财务经理。

（三）MBA教育

安泰管理学院的MBA项目自1993年开办以来，迅速成为上海交大的热门专业，先后于当年和次年设立新加坡、深圳MBA教学点。该项目每年报考的学生人数持续增长，1997

年,MBA 招生开始实行全国联考制度,次年 3 月,学校出现"MBA(在职工商管理硕士)热",据研究生招生办统计:"在本校 3 594 名研究生报考者中,报考 MBA 的有 1 072 名",堪称"大热门"。进入 21 世纪以来,安泰 MBA 的教育方式日趋多元化,率先在全国推出了专业化教学,授课方式分为全日制、业余制、集中制;专业方向分为 IMBA、金融 MBA、技术 MBA、综合 MBA 等多种形式。为培养高层次国际职业经理人,安泰 MBA 改进了入学程序,在全国统一的工商管理硕士研究生入学联考(GRK)基础上,强化面试考核,更注重考生的阅历和潜在素质。2008 年,安泰 MBA 于国内率先推出提前面试的招生政策,2009 年,项目提前面试申请人数达到 1 300 多人,在全国名列前茅。

安泰 MBA 项目的目标是培养在高新技术产业、金融与风险投资领域和国际化企业经营方面具有全球经济视野、掌握现代管理理论与方法的管理精英和职业经理人;设置了创业与投资、公司财务与金融、物流与供应链、国际商务与企业管理、市场营销与战略、企业商务智能与 IT 应用集成等课程方向。

其办学特色可以概括为四点:①国际化:引进国外大学的先进管理理念,融会国际先进的培养模式,采用国际前卫的教材,配备一流的师资,其中优秀的外籍教师占 10%。2001 年增设的 IMBA 项目采用全英文授课,吸引全球各地生源,并与国外著名大学交换学生。②整合化:强调课程间的有机联系,整合管理学科的主要内容,推出的整合核心课程先讲各学科的基本原理,在界定清楚学科界限的基础上,深入各科自身的教学,注重综合案例分析。③信息化:使用先进的技术教学手段授课,包括多媒体互动、互联网远程教学等,教学硬件设施水平已达国际水平。④互动化:课程力求在理论和务实之间,沟通性训练和分析性训练之间,个人创意与团队合作之间取得平衡,强调互动的教学方式,包括:师生互动、案例探讨、管理游戏、电脑模拟、参观考察、独立或小组研究报告等,使学员在交流中获益与提升。

国际化办学是安泰 MBA 项目的最大特色,学院一直致力于培养 MBA 学员的创新精神和国际视野。国际 MBA 项目正是利用广泛的国际合作等优势资源开发的 MBA 创新品牌,注重用国际化的教学理念来构造与国际接轨的项目体系,在全球精选教师,进行全英文教学,采用研讨班互动教学形式及个案教学方法。国际 MBA 项目学员不仅专业知识扎实,而且在学习期间获得了可贵的全球视野,并因其浓烈的国际化色彩,深受跨国公司的青睐。学院还在 MBA 学员中大力开展从基础英语向商务英语转变的教学改革,强调实用性、多样性,增添新的内容、新的信息,充分体现商务运作中的实际技能,将提高 MBA 学员的英语能力和素质培养贯彻于全过程。

2002 年是安泰国际化办学的一个丰年,学院与加拿大不列颠哥伦比亚大学(UBC)尚德商学院(Sauder School of Business)合作开设了国际工商管理硕士(International MBA,IMBA)课程,全部使用 UBC 的师资,使我国的学生在继续自己事业的同时,不出国门就能体验全英文教学环境中世界顶尖大学系统完善、独树一格的课程安排。IMBA 学程 20 个月,包含在温哥华本部学习 2 周,学生毕业后获得由 UBC 颁发的 IMBA 学位(受中国教育部认证）。学院与法国马赛商学院①紧密合作 MBA 项目，包含投资与金融、全球管理、人才领导力以及品牌、设计与创新等九大专业方向，针对公司紧缺高级人才进行强化培养，以满足中国企业国际化和国际企业本土化的需要。学院与香港科技大学携手推出"技术管理硕士（MTM）"学位教育项目，以填补上海在技术管理、技术产品与商务发展方面学位教育和培训项目的空缺。学院还与香港城市大学推出合作培养 MBA 项目，课程设置与教学力求与中国的商务环境相联系，同时符合国际化、资讯化的发展趋势，实用性强，适应中国国有企业、港资企业和外资企业的需求。

2001 年 12 月，UBC 教授为安泰管理学院学生上课

上海交通大学—法国马赛高等商学院
金融工商管理硕士项目开学典礼

上海交通大学—香港城市大学合作协议签字仪式

同年 10 月，新加坡 MBA 教学点升格成为研究生院，地点设于南洋理工大学。这是经教

---

① 法国马赛商学院成立于 1872 年，是法国历史上的第一所商学院，也是法国十大精英商学院之一，获有 EQUIS、AACSB 和 AMBA 三大国际认证，其管理学硕士项目获《金融时报》2012 全球排名第 42 位，"交大－马赛 MBA"亦进入《金融时报》2012 全球排名第 48 位。马赛商学院于 2013 年和波尔多商学院正式合并成立 KEDGE 商学院。

育部批准在海外成立的第一个研究生院,标志着我国学位与研究生教育正式走向国际。同时,南洋理工大学也在安泰设下海外教学点,培养中国急需的高层次外向型企业管理人才。

2002 年 10 月 30 日,上海交通大学新加坡研究生院成立仪式兼 MBA 新生入学典礼

2006 年 8 月 29 日,学校与美国麻省理工学院及合作企业代表在上海明天广场 JW 万豪酒店签署中国制造业领袖项目(China Leaders for Manufacturing,CLFM)备忘录。9 月 4 日,学校宣布国内首个专门培养中国下一代生产及运营领袖的双学位教育项目诞生。CLFM 项目是由上海交通大学安泰经济与管理学院、机械与动力工程学院、电子信息与电气工程学院联合发起,并经美国麻省理工学院(MIT)授权打造的集理论和实践于一体的教育项目,获得领先制造型企业的支持与合作,其第一批学员于 2007 年 9 月正式入学。CLFM 项目采用已成功运营了 18 年的 MIT 制造业领袖项目的模式,由 MIT 提供学术授权与学术支持,集工程和管理于一体,为国内首个学制二年半的全日制双硕士学位(MBA 和工程硕士)项目。CLFM 项目与制造业领袖企业有着良好、密切的互动合作关系,拥有众多世界著名的跨国制造业企业合作伙伴,如:戴尔、英特尔、霍尼威尔、联合技术、伟创力、卡特彼勒、诺华、中国龙工等。

为丰富学生生活,拓展其知识,培养其能力,在正常的教学秩序之外,MBA 项目还组织、举办了多次内容丰富、形式灵活的活动。

首先,学院斥资建设了中国 MBA 案例库。国内院校在 MBA 案例的开发上起步较晚,尤其是精品案例少之又少。哈佛商学院靠精彩的案例赢得了广阔的市场,曾引得国内院校以每个 1 万美元的高价购买。但利用西方案例教学的缺陷在于,国内院校师生不熟悉决策背景,无法顺利进行分析。交大的中国 MBA 案例库旨在创造一批中国式的 MBA 分析型案例,计划每年出版一套相关教材,涵盖约 100 个案例。2003 年 6 月 13 日,学院举办了第一届"上海交大 MBA 管理案例挑战赛"。该赛事由安泰 MBA 同学会主办,《哈佛商业评论》(中文版)协办,得到众多企业和管理学院教师的鼎力支持。

其次,MBA 的各种论坛活动也举办得热火朝天。2003 年 10 月 19—20 日,上海交通大学在上海国际会议中心主办了"2003 年中国 MBA 发展论坛",该论坛为中国 MBA 界规模最大、最具影响力的年度盛会,汇集了中央和上海市的重要领导、教育部领导、知名专家、学者和企业家,以及国内外各商学院的相关领导和优秀学生代表等约 800 人前往参会,影响巨大。

2003 年 中国 MBA 发展论坛

学院还不断邀请国内外著名嘉宾到校做学术报告,将学界和业界的尖端前沿信息带给学生。2004 年度,MBA 论坛共举办了 27 场活动,规模从 100 人到 300 人以上不等;在形式上灵活多样,有单一嘉宾独自演讲,也有多位嘉宾的对话形式,如 2004 年 10 月 27 日的"创业投资:抓住中国经济的未来"论坛,邀请了 6 位嘉宾同台演讲、互相辩论,受到 MBA 同学的欢迎和好评。除此之外,"中国 MBA 精英论坛"、寻访"中国 MBA 真心英雄"、评选"最受中国 MBA 尊敬的十大企业家"等活动,也大大开阔了学生的眼界,丰富了 MBA 学习的内涵。

为提高毕业生就业工作质量,学院于 2001 年成立"上海交通大学 MBA 职业发展中心"。"中心"以职业发展为理念,为 MBA 学生以及其他专业毕业生的求职、实习提供相应的培训、设计及模拟面试等服务;同时重视对毕业生进行长期跟踪研究,加强校内外的联系与沟通,不断进行教学与人才使用部门对毕业生评价等信息的反馈,不断改进教学内容与方法,进一步提高学校教学质量和毕业生的就业工作质量。学院还积极组织各类 MBA 创业计划和企业案例赛事,旨在提高学员的综合能力水平。在学院和师生的共同努力之下,安泰 MBA 毕业生的社会评价日益增高,2005 年,安泰 MBA 项目毕业生平均年薪在全国高校中位居前五;2006 年,该项目毕业生评价在《福布斯》MBA 排行榜中更是高居全国第二。

安泰管理学院 MBA 毕业典礼盛况

　　学院对 MBA 教育始终狠抓质量，用心培育，经多年发展已越趋成熟完善，各项成果及指标排名均成绩喜人。2004 年，MBA 项目《亚太商业周刊》中排名东亚地区第三；《经理人》杂志（2004 年 11 月号）中"中国 MBA 商学院排行榜"排名第四。2004 年获得上海交通大学教学成果特等奖，次年获两项上海市教学成果奖，安泰作为独立单位完成的《上海交通大学 MBA 教育品牌的构建与提升》（王方华主持）更荣获国家教学成果二等奖。在由中央电视台、亚太 MBA 联合会联合中国二十家主流媒体及亚太地区百所知名管理学院共同举办的"国际 MBA 群英会暨 2006 中国 MBA 人物评选活动"中，王方华院长荣获"推动中国 MBA 教育贡献人物奖"。安泰 MBA 还推出《中国 MBA 发展报告》，描述十几年来中国 MBA 教育的发展历程，探索中国 MBA 教育的模式。报告中与国际发达国家的 MBA 教育（美、欧、亚）进行比较，分析了中国 MBA 教育存在的问题及原因，给出改进或解决问题的对策，并探讨了进入 21 世纪知识经济时代，中国全面实现小康的战略进程中，中国 MBA 教育应该承担的历史使命和责任，意义深远。

　　2008 年，安泰 MBA 项目正式获得国际 MBA 协会（AMBA）认证，在英国《金融时报》国际 MBA 项目排名中名列全球第 41 位，并蝉联 2008、2009 年《经理人》"中国最佳 MBA"榜单四强，大大提升了品牌内涵和影响力。同年，安泰 MBA 项目还获得多项校级年度教学成果奖，课题"以国际 CFA 认证提升培养质量的金融 MBA 人才培养模式"荣获上海市教学成果奖三等奖。

（四）EMBA 项目

高级管理人员工商管理硕士（Executive Master of Business Administration，EMBA）

项目是面向企业和政府经济管理部门高级管理人员的硕士层次管理教育项目。交大安泰的EMBA项目开办于2002年，为中国首批经国务院学位办批准开办的EMBA教育项目。学校领导高度重视该项目，由校研究生院、安泰及学校相关职能部门三方负责人联合成立了"校EMBA专业学位教育领导小组""校EMBA招生考试委员会"及"校EMBA学术委员会"，专门指导、协调、管理与EMBA有关的各项事宜。谢绳武校长亲自担任领导小组组长，叶取源副校长担任副组长，同时兼任两个专业委员会主任，安泰王方华院长担任领导小组副组长，兼任两个专业委员会副主任。安泰作为办学单位，其下设的EMBA办公室在校EMBA领导小组和两委会的领导下，开展招生、教学、市场、校友和日常管理等各项工作。

2003年3月1日，谢绳武校长在首届EMBA开学典礼上发言

安泰EMBA项目秉承上海交通大学"天地交而万物通，上下交而其志同"的精神，以"贡献管理智慧，培养有德的领导者，引领经济社会发展"为使命，着力培养具有全球化视野、战略性思维、卓越领导力和社会责任感的领导者。项目在校EMBA专业学位教育领导小组制定的"国际化、前瞻性、实战型、模块式"培养战略的指导下，专门为处于事业上升期的中高级管理人员设计，主要帮助学员扩大业务视野，丰富管理知识，提高领导能力，建立和拓展人际关系、业务网络，全面掌握现代企业管理理论和决策方法，深入了解国内外企业的商业模式，具备在复杂的国内外经济、社会和技术环境下制定企业发展战略、进行企业日常经营管理决策、领导企业参与国内外竞争的能力和知识，为学员已经和将要承担的领导责任做好准备。这一战略目标赢得了社会的广泛认同，为安泰EMBA招生工作的顺利进行奠定了良好的基础。

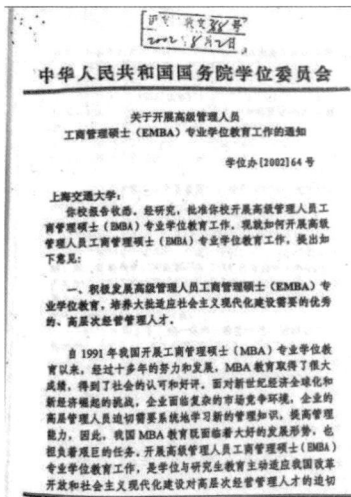

国务院学位委员会〔2002〕64 号文件

安泰 EMBA 项目作为学制 20 个月的在职工商管理硕士专业学位教育,在课程设计、师资配备、教学组织和学员服务等方面均居国内领先地位。该项目的入学考试以笔试和面试并重,课程实行弹性学分制,课内总学时不少于 500 学时,课外总学时不少于 1 000 学时,每月集中授课四天,采用高强度、密集化的教学方式,既能有效解决学员在学习与工作中的时间冲突问题,又能在短时期内传授丰富知识、切中学员关心的实际管理问题,收到事半功倍的效果。

安泰 EMBA 的师资阵容强大,教授大都来自美国哈佛大学商学院、美国 MIT 斯隆管理学院、美国奥斯汀大学、美国南加州大学、美国耶鲁大学商学院、英国曼彻斯特商学院等海外顶尖大学和上海交通大学、清华大学等国内一流大学,首届国际师资比例达到 2/3。在课程设置上,项目充分借鉴美国哈佛大学、MIT 斯隆管理学院、中欧国际工商学院等著名大学及商学院的成功经验,分为工具课程、管理基础课程、管理实务课程和专业方向课程 4 大模块,比之 MBA 更加强调整合性和决策导向,强调密切联系实际和面向国际竞争环境。项目采用课堂讲授、案例研讨、管理实战、情境模拟、项目作业、境外考察等教学方式,学生需要提前预习材料,课堂时间内以实践运用和小组讨论为主,通常运用案例分析方法,将传统授课与各种经验式学习相结合,如团队活动、电脑模拟竞争对抗、课题报告和出国学习。项目采用国际一流商学院的最新教材和教学手段,案例与作业则以国内问题为主。

2002 年,安泰 EMBA 招收了首届学员 300 名,占全国 30 个 EMBA 办学单位的 12%。该届学员就职单位中国有企业占 30.67%,外资企业占 36.33%,民营企业占 24.67%,政府和事业单位占 4.33%。学员平均年龄 37.9 岁,人均工作年限 16 年,高管任职比例为 80%,其中还有许多身居首席执行官和董事长等要职。此后几年,安泰 EMBA 的招生持续保持全国领先。

除了一般教学,安泰 EMBA 设有不少特色项目。2003 年下半年,学院联合学校媒体与设计学院,在国内首开了专门为传媒行业高级管理人才量身定做的传媒 EMBA;2005 年 6 月,安泰和中国社会科学院金融研究所又合作开办了金融 EMBA。

安泰 EMBA 积极与国际一流商学院进行合作。2002 年,获教育部及国务院学位办批准,上海交大与新加坡南洋理工大学联合在上海举办了面向企业领导的高级管理课程(EMBA)项目。该项目是为希望在中国获得南洋理工大学研究生管理学位但不必中断职业的有经验的管理人员所设计的对等合作项目。首届共招收学生 53 人,平均年龄 41.5 岁,人均工作年限 20 年。2003 年 3 月 14 日,学校邀请新加坡教育部代理部长尚达曼一行,专程来校参加该项目课程开启仪式暨研究生课程合作意向书签字仪式。上海交大校务委员会主任马德秀、新加坡南洋理工大学校长徐冠林参加仪式。上海市副市长严隽琪发来贺信,代表上海市人民政府祝贺该项目成功启动。同年,安泰与法国马赛商学院合作开办了 EMBA 双学位项目，通过实战型的学习，提升学生的战略视野与领导力。2004 年 5 月，安泰又正式启动优势强劲的 GEMBA 全英文项目，与美国南加利福尼亚大学马歇尔商学院合作为中国培养具有全球领导力的高级管理精英。GEMBA 的毕业生可获得美国南加州大学马歇尔商学院MBA 学位，并自动加入南加大 Trojans 校友网络。同年，安泰 EMBA 组织学员走出国门赴美游学，开启了全新的海外课程学习之路。

2003 年 11 月 7 日，南洋理工大学－上海交通大学联办 EMBA 开启典礼

　　优秀的生源及强大的师资，为安泰 EMBA 的发展奠定了良好的基础。安泰 EMBA 项目以团队建设与课程改革为抓手，规范工作流程，深化品牌内涵。2005 年 12 月，项目在国务院学位办的评估检查中，获得专家组的一致好评。2008 年，项目论文《EMBA 整合性教学模式探索——上海交大 EMBA"公司赢利模式"的实践与思考》荣获"纪念改革开放 30 周年中国 MBA 教育创新研讨会"优秀论文奖。

　　为开阔眼界、提升悟性、增广信息，让学员在开放式教学中体会交通大学兼收并蓄的风格，EMBA 开办了自己的特色活动"EMBA 名家论坛"和"EMBA 专题报告会"。项目邀请了众多著名专家、学者和企业家到校进行主题报告，2003－2009 年期间，平均每年举办活动超过 20 次，大大丰富了学员们的学术生活。项目将论坛精华集结成册，于 2008、2010 年出版《大象无形——在交大安泰听演讲》和《大方无隅——在交大安泰听演讲》二书，对于推动校园文化建设，弘扬大学精神，加强通识教育、素质教育、人文教育和创新教育起到了积极的推动作用。

表 6－5　部分 EMBA 论坛开展情况

时间	嘉宾	报告题目
2003 年 11 月 30 日	樊纲，中国社会科学院研究生院教授，中央货币政策委员会专家顾问组成员	当前中国宏观经济形势分析
2004 年 2 月 15 日	江平，原中国政法大学校长	中国公司法与现代企业制度
2006 年 12 月 3 日	李扬，中国社会科学院金融研究所所长，中国社会科学院首批学部委员	中国金融业发展的中长期问题
2007 年 3 月 10 日	芬恩·基德兰德，卡内基－梅隆大学教授，2004 年诺贝尔经济学奖获得者	中国能从阿根廷发展中学到什么
2007 年 5 月 16 日	柳传志，联想集团有限公司董事局主席	不要辜负了这个伟大的时代
2007 年 6 月 8 日	王志东，新浪网创始人	企业是实现个人梦想的载体
2007 年 7 月 4 日	沈南鹏，红杉中国基金创始人及执行合伙人	创业要有所为有所不为
2007 年 9 月 18 日	熊光楷，上将，中国国际战略学会会长	当今中国的安全政策
2008 年 4 月 9 日	李彦宏，百度公司创始人	做自己最擅长的事情
2008 年 4 月 17 日	贾樟柯，著名导演	聆听沉默工人的记忆——《24 城际的随想》与贾樟柯导演的心路历程
2008 年 5 月 15 日	吴敬琏，国务院发展研究中心研究员，国务院发展研究中心市场经济研究所名誉所长	中国经济的崛起和它面临的挑战
2008 年 9 月 16 日	傅佩荣，台湾大学哲学系教授，中央电视台《百家讲坛》栏目知名主讲人之一	哲学与人生
2008 年 10 月 18 日	张涤生，中国工程院院士，中国整复外科、显微外科及颅面外科专家	医生与平常人—张涤生院士美丽修复六十载
2009 年 10 月 16 日	吴晓灵，原中国人民银行副行长	国际金融背景下的中外货币政策比较
2010 年 1 月 16 日	周海宏，教授，中央音乐学院副院长	走进音乐的世界

为增进学员的交流与合作，2003 年 10 月 17 日，上海交通大学 EMBA 俱乐部正式成立，上海交通大学党委宣传部部长谢海光和安泰院长王方华共同为俱乐部揭牌。EMBA 俱乐部的成立为学员提供了更好的交流平台，其宗旨是以活动为载体，以交流为内容，以合作发

展为目标,传递成功经验,谋求资源整合,共促发展。依托俱乐部平台,2006 年安泰 EMBA
成功组队参加"重走玄奘之路"首届商学院戈壁挑战赛。同时,安泰 EMBA 校友也积极参与
并支持学校的校友活动。2009 年,上海交大北美同学会与上海交大基金会、校友总会在美
国洛杉矶"天使之城"共同举办首届"上海交大北美校友峰会"暨美洲基金会成立庆典,安泰
EMBA 校友会及游学团参与此次盛会,并获"上海交通大学美洲基金会 2009 年度特殊贡献
奖"。

2003 年 10 月 17 日,安泰管理学院王方华院长在 2003 秋季 EMBA 欢迎晚宴暨 EMBA 俱乐部成立仪式上讲话

　　2008 年 1 月,上海交大安泰与 CCTV－2、《21 世纪经济报道》以及《品位》杂志联合主
办,并由荣威汽车特别呈献了"2007'上海交大 EMBA 首届年度企业评选",对优秀的 EMBA
校友企业进行了评选,获奖者覆盖了金融、风险投资、新能源、工程机械、影视传媒等行业和
领域;次年又隆重举办了"第二届上海交通大学 EMBA 年度评选颁奖盛典",当选人覆盖了
金融、风险投资、零售、IT、航空、新能源、电器等行业和领域的校友。两次颁奖盛典彰往察
来,高树榜样,传播正能量,造成了非常大的影响。

　　经过数年的发展,安泰 EMBA 获得了各界的瞩目与看好。在 2004 年首届"中国市场最
具领导力 EMBA"排名中,安泰 EMBA 在国内商学院中排名第三;2005 年,获该排名综合第
二名以及"人际关系增量"第一名;2006 年,安泰 EMBA 蝉联该排名综合第二名,并获"财富
增量"单项第一。2007 年,项目顺利通过国务院学位委员会 EMBA 专业学位教育合格评估,
由试点转为正式实施。在评估中,交大安泰 EMBA 项目成绩名列前茅,获得专家组一致好
评。2008 年,项目获得 AMBA(国际 MBA 协会)认证,并在胡润百富《2008 至尚优品——中
国千万富豪品牌倾向调查》中获得年度"中国 EMBA 最佳表现奖"。2007 年－2010 年,安泰
EMBA 连续获得"中国市场最具领导力 EMBA"评选综合排名第一,并位居《经理人》"最佳
中国 EMBA"四强;在"中国市场最具领导力 EMBA"等评选中,项目多位学生荣获"荣誉毕

业生""中国 EMBA 社会责任人物"等殊荣,连年成为获奖学生最多的院校。EMBA 办公室也凭借其优质的服务,获评"上海交通大学 2007—2008 年度'三八红旗集体'""2008 年上海市教育系统三八红旗集体",并在"迎世博 600 天"上海市巾帼文明岗创建行动中,被评为"上海市教育系统巾帼文明示范岗"称号。

(五)高层管理培训项目

安泰素来重视成人教育,以期使经济管理思想更好地推动企业实践。进入 21 世纪,学院在国际化和市场化方面探索创新,先后举办创新管理高级研修班、CME 高级销售工程师研修班、中国企业物流经理研修班、财务总监研修班、企业法律顾问高级研修班、中国房地产董事长及总裁高级研修班、中国 HR 经理人高级研修班等多种形式的研修班,并与我国台湾和香港地区、德国、新加坡、加拿大、日本等国家联合举办围绕经济、经营管理主题的各种高级经理短期课程,培养了一批适应国际化、市场化管理环境的高级企业管理人员。以产学研一体化的方式,密切了学校与社会的联系,促进了教学、科研和国际合作交流。

学院高层管理培训项目(Executive Development Program,EDP)中心主要负责各类非学位教育与培训,依托整个交大的教育资源与优势聘请到国内外客座教授、著名专家及成功企业家参加管理教育,成功举办了一系列的管理人员培训项目,包括:

(1)公开培训项目。如,中国 CEO(执行总裁)创新管理高级研修班、中国 CME(销售工程师)研修班、中国 CLO(物流经理)研修班、CFO(财务总监)研修班、中国房地产董事长总裁高级研修班、中国 HR(人力资源)经理人高级研修班、企业法律顾问高级研修班、CEM(注册会展经理)培训认证研修班等。其中 CEM 项目是由中国贸易促进会从美国引进的全球唯一的专业会展培训认证体系;CEO 创新管理项目则已办 14 期,1 200 多名学员在社会上形成了交大一个很强的品牌,尤其是 CEO 俱乐部的活动更成了一个学习型组织,其他各种培训班共招生 2 000 多人,成为学院社会服务的重要手段。

中国 CEO 创新管理高级研修班班级活动

上海市副市长蒋以任主持首期(CME)高级销售工程师研修班开学典礼

（2）公司内训。为贵州省、四川省、宁夏回族自治区、重庆市、浙江温州、江苏大丰等企业领导和企业管理人员，举办了各类中高层次培训班；为中国银河证券、中国华源集团、中国纺织机械集团、太原钢铁集团、宝钢集团、上海仪电集团等大型企业、集团公司等进行度身定制、个性化的企业内训。

学院培训中心还与我国台湾、香港地区、德国、新加坡、加拿大、日本等地联合举办围绕经济、经营管理主题的各种高级经理短期课程培训班。

学院积极响应党和国家以及学校的号召，参与西部大开发。2001年5月19日，首期四川省自贡市青年企业家学会一行22人，来院参加为期八天的科技研修班。该班是学校适应西部开发，满足西部地区青年企业家的需要而举办的。学院教师为其讲授了系列知识管理与创新管理、现代企业管理等方面的课程。学院还积极参加援疆建设等国家开发事业，为西部人才培养献出力量。此外，学院培训中心还与上海远程教育集团联合开展了利用卫星频道进行多地多点的远程培训，为提高我国边远地区的人才素质提供了良好的培训途径。

（六）教学成果丰硕

1. 课程建设及教师获奖

2003年，教育部启动国家精品课程的评选工作，同年学校又出台《上海交通大学"精品课程"建设奖励实施办法》，通过制度化的保障措施，建设由校一类课程、校级精品课程、上海市精品课程和国家级精品课程组成的优质课程体系。

在"开拓思路、完善方法、不断提升"的原则指导下，学院自2004年起就投资大量资金设立精品课程、特色课程建设计划基金项目，并挑选了量大、面广且基础较好的10门课作为院精品课和特色课进行建设。经过学院和教师的不懈努力，至2009年，学院共有7门市级精品课程：《市场营销学》《运营管理》《金融工程学》《战略管理》《管理学原理》《人力资源管理》《经济学原理》，其中前4门荣获国家级精品课程。

表 6-4 2003—2009 期间安泰精品课程建设情况

序号	课程名称	级别	负责人	评定年份
1	市场营销学	国家级	王方华（创建人：黄沛）	2006
2	运营管理	国家级	季建华	2008
3	金融工程学	国家级	吴冲锋	2008
4	战略管理	国家级	王方华	2009
5	管理学原理	市级	王方华	2005
6	人力资源管理	市级	顾琴轩	2007
7	经济学原理	市级	胡海鸥	2007

教学是学院立足的根本,学院坚持开展院内教师培训,选派教师赴国内外其他知名商学院进修,学习其优秀的课程内容和教学方式,并坚持开拓创新,积极探索、发展自己的教学特色。经过不懈的努力,全院教师的教学水平得到了长足的进步,获得了诸多教书育人相关的奖项,如:王方华、陈宏民获"上海市育才奖";王方华、黄沛、任建标获校"迪比特优秀教师奖";王浣尘、黄桐城获学校"思源优秀教师"三等奖;顾锋获校"周徐锦芝优秀教师奖";马晔华获校"通用电气优秀教师奖";邵晓峰被评上海交通大学第五届"教学新秀"等。

学院在各级教学成果奖上也多有斩获。2002 年"修订教学计划、调整课程内容,培养适应改革开放要求的外向型人才"项目获评上海市教学成果一等奖;"面向非管理专业(管理基础)教学改革与实践"项目获得上海市教学成果二等奖;2004 年"上海交通大学 MBA 教育品牌的构建与提升"项目获得了国家级教学成果二等奖;"依托学校学科优势,创建管理类本科生复合型人才培养体系"项目荣获上海市教学成果一等奖等。

2. 学生活动与就业

以大学生创新意识和创新能力的培养为目标,学院积极搭建创新人才培养的大平台,以营造良好的创新人才培养氛围。学院鼓励学生积极参加全球商务挑战赛、欧莱雅商业策划大赛、TRUST 达能国际商业挑战赛、CFA 协会大学投资分析比赛、中国商业计划书大赛等国内外知名大赛,培养学生的创业能力;并重点依托"挑战杯"、上海交通大学创业计划大赛等项目,深入推进青年就业创业行动。

1998 年 12 月,学院学生在中国首届高校企业管理案例分析挑战赛中夺冠。2002 年、2005 年,安泰学生两度获得美国西雅图华盛顿大学举行的"全球商务挑战赛"(GBC)亚军。2003 年,在由高等学校大学外语教学指导委员会和高等学校大学外语教学研究会主办的全国大学生英语竞赛中,安泰参赛学生的英语语言能力和表达技能突出,其中本科 F0112202 班吴丹同学获特等奖,全校仅此一位。2004 年是安泰的获奖丰年,3 名学生获得了包含美国林肯土地研究院学位论文奖学金、英特尔杰出项目成就奖和美国国土资源部政府奖在内的 8 项国际奖项;同年获 11 项国家级大奖,包括第四届"挑战杯"中国大学生创业计划大赛 2 项金奖 3 项银奖,以及 25 人次、三个团体获得上海市级奖项荣誉 22 项。2006 年,安泰研究生团队在"全球社会创业挑战赛(GSEC)"荣获亚军,MBA学员团队获得第五届"挑战杯"金奖。2007—2009年间,安泰学生在各级各类竞赛评比中获得骄人成绩,共获国际奖项15项,国内奖项超51项,包括2009年Intel全球商业挑战赛全球第五名,2009年全国英语竞赛特等奖,在欧莱雅大学生就业创业基金、全国大学生数学建模竞赛(CUMCM)等比赛中也屡屡获奖,另有获市级奖项45项,校级获奖近600人次。

2002年,安泰管理学院学生赴美国华盛顿大学参加国际商务挑战赛获亚军

除了要求学生牢固掌握专业知识、学历专业能力之外,安泰也非常注重学生德智体美劳等全面素质培养。学生们积极参加学校组织的各种文娱、体育社团及赛事,屡屡斩获佳绩,获得各种荣誉,在体育方面的表现尤其突出:1999年,学院本科生、游泳运动员蒋丞稷获得上海市"十大杰出青年"头衔;2000年,张军(张军/高凌 羽毛球 混合双打)、龚智超(羽毛球女子单打)、黄楠雁(羽毛球 女子双打)三位学生在第27届悉尼奥运会夺得金、银牌。

学生活动

突出的个人能力造就了安泰学子的高就业率,2007—2009年,安泰本科生平均就业率达到98.05%,硕士生平均就业率达到99.21%,博士生平均就业率更是达到100%。

五、学术与科研

（一）学术活动

为拓展学生知识面,丰富学习生活,学院广邀资深学者、业界精英、政府官员走进校园举办各类学术论坛,分享国内外最新研究成果、管理实践和政策动态,使学生了解21世纪管理发展新趋势、新思路的框架,开阔视野。如吴敬琏、樊纲、邹至庄等著名经济学家都曾在学院举办讲授前沿学术信息的讲座;如IBM大中华分部、卓越、美国科尼尔公司等一些国内外著名企业的高管人员也带来了先进的管理理念和宝贵的商务经验,这些活动让学院与政府、业界建立起了有效的沟通平台,使学术论坛成为学生的第二课堂。

2001年起,学院的讲座信息还在《文汇报》学术报告栏中发布,仅11月3日-11月16日两周内,就发布了8场学术讲座信息,吸引了东华大学等就近院校师生及民众前来听讲座。此举加强了院校之间的学术交流,进一步提高了学院的学术声誉。

表6-6　2001年11月安泰经济与管理学院部分学术报告一览表

日期	报告题目	报告人	单位
11.3	面向21世纪的中国创投产业与全球华人经济	陈友忠	宏基技术投资亚太有限公司
11.6	电子商务沟通综论	Shirley Taylor	伦敦工商会
11.11	中国加入WTO与上海经济发展	蒋以任	上海市政府
11.15	互联网经济与企业信息化管理	盛焕烨	上海交大
11.15	积极推进上海工业企业信息化	朱维嘉	上海市经委信息中心
11.15	物流管理与企业信息化	陈文玲	国务院研究室工交贸易司
11.15	关于信息化发展的理论思考	王浣尘	上海交大
11.16	加入WTO与企业管理创新	王忠明	国家经贸委经济研究中心

2004年6月,学院重磅推出"院士论坛",请到郭重庆、汪应洛、刘源张三位院士来学院做出《中国制造业企业创新与品牌之路》《先进制造模式与管理》《管理学的理论与实践》的报告,引得众多师生踊跃参加,倾听院士之声。

2006年,随着学院系别及学科架构的完善,各系及各部门积极组织学术活动,使得学院的讲座、论坛数量骤增,比之前两年呈倍数增长,大大活跃了学术氛围。

表6-7　2006-2009年安泰各部门召开学术讲座、论坛情况

组织部门	2009年	2008年	2007年	2006年
管理学院	35	20	32	23
经济学院	16	10	17	12

（续表）

组织部门	2009 年	2008 年	2007 年	2006 年
MBA 办公室	28	18	28	32
MPAcc 办公室	23	27	31	29
EMBA 办公室	21	19	32	18
EDP 高层管理教育培训中心	11	9	7	7
安泰经管学院	2	5		2
合计(场次)	62	47	56	43

学术讲座之外,学院积极举办各类学术组织年会、研讨会、大型论坛等学术活动,推动了校际师生及业界人士之间的学术交流与信息沟通,加强了合作,并成功推出了一系列如"经济学人上海圆桌会议"等安泰品牌活动。

表 6－8　2003－2009 年安泰部分重要会议列表

年份	活动名称
2003 年	第一届经济学人上海圆桌会议
	世博会与上海经济研讨会
	中国经济转轨与发展:理论与政策学术研讨会
2004 年	中国高新技术企业创业和风险投资研讨会
	上海市金融工程研究会年会
	第二届中国管理科学与工程论坛
2005 年	中美新市场经济论坛暨经济学人上海圆桌会议论坛
	2005 年全国中青年农业经济学者年会
	上海市行为科学学会 20 周年暨 2005 年学术年会
2006 年	中国经济发展与中日产业协作国际研讨会
	产业组织理论研讨会
	2006 IEEE 服务运作、物流与信息技术国际会议
2007 年	第十二届上海交大－大阪大学学术研讨会(经济学会分会)
	中国杰出营销奖全国巡讲暨营销精英论坛
	海峡两岸名企调研高层论坛
2008 年	2008 年度世界经济形势及中国宏观经济报告会
	中国创投与私募股权投融资发展机遇高峰会
	2008 亚太地区企业创新峰会
2009 年	第二届全国高校"战略管理"学者论坛
	"企业社会责任与创新"学术研讨会
	2009 卓越论坛年会:趋势－机遇－创新

为鼓励学生积极参与学术交流,促进其科研能力,学院还高起点地规划组织"博士生论坛""硕士生论坛""本科生论坛"等一系列由学生组织、参与的学术论坛,召开了如"海峡两岸暨香港博士工作坊""第三届长三角农业经济管理学科研究生论坛"等活动,建设让学生了解社会、交流思想的窗口,并对学生的学术观点和研究论文,进行研讨、整理、评比,结集发表。

(二)科研发展概况

在为国家培养建设人才的同时,安泰致力于从教学型学院向科研型学院转变,注重利用自身的理论优势,积极从事科学研究,以更好地服务于国家和上海市的经济建设和社会发展。

进入 21 世纪后,学院对科研的关注逐步加重,制订并实施了促进科研的一系列制度和措施。2002 年学院推行人事改革新制度,以科研定浮动工资以后,大大提高了全院教师搞科研的积极性。2001 年到 2009 年间,学院成功申请到国家自然科学基金项目 133 项,国家社会科学基金项目 23 项,其他省部级项目 190 项,获批纵向、横向经费总额达到 8445 万元。

2004 年,学院申请到自然科学基金资助面上项目 14 项,使上海交大的管理学部基金项目数首次在全国位居并列第二。2005—2007 年,学院省部级项目数连续在全国高校同类学院当中名列第二,2006—2007 年蝉联人均排名第一,创下学院历史新高。至 2009 年,学院已承担并完成了包括国家自然科学基金重大项目、国家 863 高技术项目、国家杰出青年科学基金、教育部跨世纪优秀人才基金项目等一批重要课题,这些项目涉及国家和社会发展的各个领域,屡屡获得国家级和省部级奖项,对推动国家建设和社会进步起到了重要的作用。

随着科研实力的迅速发展,学院教师创造了多项历史性的科研成果"第一项"。比如,1999 年王浣尘获得学院的第一项国家自然科学基金的重大项目子课题;学院有史以来的第一个国家自然科学基金杰出青年科研项目由吴冲锋在 2000 年获得;张鹏翥于 2005 年获得学院第一个国家自科基金重点项目;2009 年,潘英丽、陈宪、于冷同时各获一项国家社会科学重点项目,使学院"第一项"国家社科重点项目喜迎三花并蒂。

表 6 - 9　安泰经济与管理学院国家级重要项目列表(1999—2009 年)

年份	负责人	项目名称	类别
1999	王浣尘	支持宏观经济决策的人－机结合综合集成体系研究	国家自然科学基金重大项目子课题
2000	吴冲锋	金融工程与金融复杂性	国家杰出青年科学基金项目
2000	吴冲锋	/	教育部跨世纪人才项目
2005	张鹏翥	电子政务管理理论与方法的基础研究	国家自然科学基金重点项目
2006	徐丽群	动态网络分解技术(基于交通流特性的动态交通小区智能划分技术子课题)	科技部 863 高技术项目
2007	隽志才	城市大规模综合交通网络仿真与评估技术	科技部 863 高技术项目
2007	季建华	应急运作管理和鲁棒计划	国家自然科学基金重点项目

（续表）

年份	负责人	项目名称	类别
2008	王方华	中国城市消费者行为研究	国家自然科学基金重点项目
2008	吴冲锋	基于产业链的国家外汇储备多元化和国际资产配置研究	国家自然科学基金重点项目
2009	潘英丽	国际金融体系调整和我国对策研究	国家社会科学基金重点项目
2009	陈宪	新型工业化道路研究	国家社会科学基金重点项目
2009	于冷	完善我国大宗农产品价格形成机制研究	国家社会科学基金重点项目

表 6－10　安泰经济与管理学院科研获奖列表（1999－2009 年）

编号	年份	项目名称	获奖人员及参加人员（排名）	奖项	等级
1	1999	浦东空港地区产业发展研究	宣国良(1)	上海市决策咨询研究成果奖	二等奖
2		21 世纪上海农副产品保障体系建设的技术经济研究	顾海英(1)		三等奖
3	2000	知识经济与国际经济贸易	王方华(1)	外经贸部科技开发计划奖	一等奖
4		可持续发展评估专著	朱启贵(1)	上海市第五届哲学社会科学优秀成果奖	三等奖
5	2001	优化上海城市空间环境形象的研究	赵旭	上海市第四届重大决策咨询研究成果奖	一等奖
6		全球 500 强	李湛(1)		专著奖 三等奖
7		上海市国民经济和社会信息化"十五"规划研究	王浣尘(1)	第四届上海市决策咨询研究成果	一等奖
8		上海市轿车消费政策研究	宣国良(1)		二等奖
9	2002	世纪之交:国民经济核算的回顾与前瞻	朱启贵(1)	全国统计科研优秀成果二等奖	二等奖
10		一种新的汇率波动度量方法:波动率法	冯芸(1) 吴冲锋(2)	上海市第六届哲学社会科学优秀成果奖	三等奖
11		加入 WTO 与中国农民问题	顾海英(1)	上海市第四届邓小平理论研究和宣传优秀成果论文	三等奖
12		世纪之交:国民经济的回顾与发展	朱启贵(1)	国家统计局全国科技统计优秀论文	二等奖

（续表）

编号	年份	项目名称	获奖人员及参加人员（排名）	奖项	等级
13	2003	上汽集团价值链与国际汽车工业价值连的比较研究	陈俊芳（1）	上海汽车工业教育基金会优秀课题成果二等奖	二等奖
		金融工程研究	吴冲锋（1）	中国高校人文社会科学优秀成果著作奖	二等奖
14		可持续发展评估	朱启贵（1）		二等奖
16	2004	上海城市灾害综合管理模式研究	高汝熹（1）等	上海市决策咨询研究成果奖	一等奖
17		世博会与上海经济	王方华（1）等		二等奖
18		关于郊区农业劳动力转移问题研究	顾海英（1）等		三等奖
19		世博会与上海经济	王方华（1）等	上海市哲学社会科学优秀成果奖	三等奖
20		从"党管干部"到"党管人才"的战略转变	王方华（1）		内部探讨奖
21		论农业剩余积累的制度创新	侯守礼（1）顾海英（2）	第五届邓小平理论优秀成果奖	三等奖
22		国企经营者人力资本价值计量与收益分配激励研究报告	顾琴轩（1）石金涛（2）郭培芳（3）周铖（4）	第四次全国人事科研获奖成果奖	二等奖
23		企业人力资本产权理论研究	郑兴山（1）唐元虎（2）		三等奖
24		人事测评理论与方法	唐宁玉（1）单茂洪（2）李效云（3）		三等奖
25		供电行业服务质量指数和技术平台	王浣尘（3）田澎（6）	上海市科学技术进步奖	二等奖
26		绿色GDP核算的现状与我们的任务	朱启贵（1）	上海市社会科学界第二届学术年会	优秀论文奖
27		顾客满意与顾客忠诚之间关系的实证研究	张新安（1）田澎（2）		优秀论文奖
28		上汽集团"走出去"全球经济战略	宣国良（1）	上海汽车工业教育基金会优秀课题成果	二等奖
29		上海石化物流一体化、系统化研究优化方案	季建华（1）邵晓峰（3）	中国物流与采购联合会科学技术奖科技进步奖	三等奖
30		中国东部地区农地使用权市场发育模式和政策研究	史清华（3）	浙江省哲学社会科学优秀成果专著奖	二等奖

编号	年份	项目名称	获奖人员及参加人员(排名)	奖项	等级
31	2005	化工销售物流一体化方案与信息系统设计实施	季建华(1)	中国物流与采购联合会科学技术进步奖	一等奖
32	2006	公平、有效、和谐:农业保险制度建设的目标取向	顾海英(1)	上海市第六届邓小平理论研究和宣传优秀成果奖	论文类三等奖
33		经济全球化测度理论	冯芸(1)吴冲锋(2)	上海市第八届哲学社会科学优秀成果奖	著作类三等奖
34		绿色国民经济核算论	朱启贵(1)		著作类三等奖
35		支持宏观经济决策的综合集成办法体系与系统学研究	王浣尘(1)张朋柱(3)	上海市科学技术进步奖	二等奖
36		交易量和交易量驱动的股价动力学分析方法	吴冲锋(1)王承炜(2)吴文锋(3)	第四届中国高校人文社会科学研究优秀成果奖	论文三等奖
37		上海城市灾害事故综合管理模式研究	高汝熹(1)罗守贵(2)陈志宏(3)		报告三等奖
38	2007	上海知识经济发展及科技进步指标体系研究	罗守贵(1)高汝熹(2)史占中(3)	第六届上海市决策咨询研究成果奖获奖	一等奖
39		"十一五"期间上海建设国际金融中心的阶段性目标、主要瓶颈问题及推进思路的研究	潘英丽(1)		二等奖
40		国外共性技术创新的组织管理模式剖析及其对上海市新兴共性技术研发的启示	费方域(1)徐永国(2)谈毅(3)		二等奖
41		到2010年上海"三医"联动改革的目标模式和制度体系的思路研究	黄丞		二等奖
42		上海市生物技术产业发展战略规划研究	高汝熹(1)罗守贵(2)		三等奖
43		上海国有大企业增强创新能力的体制研究	田新民(1)		三等奖

（续表）

编号	年份	项目名称	获奖人员及参加人员（排名）	奖项	等级
44		上海市"十一五"时期若干重要资源供需趋势预测研究	屠梅曾（1）		三等奖
45		中小企业集群化成长与科技园区集约化发展	史占中（1）屠梅曾（2）		三等奖
46		上海纯农户现状与增收问题研究	史清华（1）顾海英（2）卓建伟（3）		三等奖
47		引领郊区农业实现跨越式发展的主导要素研究	顾海英（1）		三等奖
48		上海为全国"三农"服务的重点、途径与方式研究	顾海英（1）		三等奖
49		上海都市旅游瓶颈问题研究	武邦涛（1）		三等奖
50		长三角都市圈制造业企业国际化战略研究	王方华（1）曾赛星（2）蒋录全（3）		三等奖
51	2008	长三角农家行为变迁：1986—2005	史清华（1）	上海市第九届哲学社会科学优秀成果获奖	三等奖
52		国家控股、超额雇员与公司价值	曾庆生（1）		三等奖
53		证券市场流动性风险管理	刘海龙（1）		三等奖
54		基于信用激励的买卖双方库存的协同控制研究	骆建文（1）		三等奖
55		基于期权分析方法的动态联盟合同条款设计	王惠（1）吴冲锋（2）王爱民（3）		三等奖
56		中国农业新政策变化的政策效应：来自2003—2006年田野调查与跟踪观察的农户数据	史清华（1）	上海市第七届邓小平理论研究和宣传优秀成果奖	三等奖
57		农户经济可持续发展研究：浙江十村千户变迁	史清华	教育部高等学校科学研究优秀成果奖（人文社会科学）	二等奖
58	2009	西部地区公路运输大通道集疏运应用技术研究	隽志才（1）侯立文（7）	中国公路学会科学技术奖	一等奖
59		长江三角洲旅游精品建设与世博会联动	武邦涛（1）	2009年上海旅游决策咨询研究成果奖	一等奖

　　在承担和完成科研项目的同时，学院教职工还积极从事科研著作和论文的撰写工作。据 2001 年统计数据显示，全院公开出版各类学术著作和教材 120 多部，发表论文 1000 多篇，其中发表在国内一级刊物和国外学术刊物上有 300 多篇。

　　2003 年，学校中文文科论文有 394 篇被 CSSCI 检索，其中我院论文达 246 篇，占比 62.4%。根据中国社会科学引文索引提供数据，学院在管理类重要期刊《管理科学学报》《管理工程学报》上发表的论文数量喜人，当年已超过国内其他高校，占据第一。

　　2004 年起，学院的国际论文发表数开始呈现快速增长趋势，当年发表各类国际会议论文（在 ISTP 检索源内）44 篇，及国际期刊论文 9 篇；次年，发表 SCI\EI 检索论文 17 篇，各类国际会议论文 39 篇；此后，学院发表的国际期刊和国内 A 类期刊论文在数量和质量上均有显著提高。

　　在学术著作及教材编写方面，学院也保持着稳定发展的步伐，2002 至 2009 年间，共出版学术专著/译著及教材 358 本，已接近 2001 年出版物统计数据的三倍。

表 6-11　安泰经济与管理学院科研项目、论文、出版物情况（2001－2009 年）

内容	2001 年	2002 年	2003 年	2004 年	2005 年	2006 年	2007 年	2008 年	2009 年
自科项目数	6	11	11	14	18	19	20	20	14
社科项目数	1	2	5	2	2	2	3	4	3（重点）
省部级项目数	7	5	18	16	22	27	31	26	37
纵向项目数	14	19	34	33	43	45	54	24	52
总经费	469	596	650	1050	845	1000	990	1310	1535
CSSCI/CSCD	246	277	412	479	654	702	656	530	574
SSCI/SCI/EI	2	3	9	7	24	32	28	39	46
专著/译著＋教材	/	31	42	40	24＋29	16＋34	22＋35	26＋24	19＋16

　　如何将科研成果和服务地方经济发展相结合，一直是学院孜孜不倦为之探索的大问题。在"科教兴市"和"市校互动发展战略的"指导下，学院教师踊跃投身上海市政府决策项目，众多研究成果得到了政府的采用和好评。1997 年，王浣尘等参加的《上海人口负增长与人口管理对策研究》项目获国家教委科学进步奖二等奖。1999 年，宣国良的《浦东空港地区产业发展研究》获上海市决策咨询研究成果二等奖。此外，在长三角区域经济发展；上海金融中心、物流中心建设、"大飞机"项目、世博经济研究等方面，学院都做出了较大的贡献。

　　2002 年 12 月，上海申博成功，使中国成为第一个成功申请到世博会承办权的发展中国家。安泰在上海交大"世博战略领导小组"领导下，群策群力，由一批学术功底扎实、在经济管理理论各方面学有专长的知名教授挂帅，将长期科研积累与世博会机遇有机契合，秉承上海交通大学一贯的严谨治学的风格，在参考了国内外大量文献资料的基础上，从不同视角来研究和论证了世博会与上海经济的关系。这些研究深化和丰富了"世博会与上海新一轮发展"的主题,为上海市政府成功举办 2010 年的世博会提供了决策上的有力支持。全院师生通过对"世博会与上海经济"等问题进行了深入而细致的研究,悉心撰写 72 篇论文,从中选出具有代表性的 50 篇进行进一步加工,最后收录 32 篇共计 110 万字形成《世博会与上海经济》书稿。该书于 2003 年 7 月世博会与上海经济研讨会上进行发布,并获得该年度上海市决策咨询研究成果二等奖,以及上海市哲学社会科学优秀成果三等奖。

《世博会与上海经济》

六、国际化程度加深

(一)国际合作项目增加

从 20 世纪 90 年代开始,学院在继承原有对外学术交流的基础上,持续加强与不同国家和地区间的学术交流与合作,巩固了与联邦德国、美国、加拿大、澳大利亚、新西兰、新加坡和中国香港等国家和地区的科研与教学合作关系,并拓展了更为广泛的学术交流。新千年以后,学校将"国际化"作为"十五"计划的重要战略之一,加速对外开放,积极倡导合作,吸引了许多海外著名院校前来建立合作关系。安泰亦提出了一系列实施国际化战略目标的构想,其基本内涵是:顺应时代的发展,培养具有国际竞争力的创新人才,融合国际先进办学理念,加强国际学术交流,形成全方位参与国际竞争意识与机制,争取达到"国内领先,亚洲一流,世界知名"的目标。

在此过程中,安泰逐渐与美国麻省理工学院斯隆管理学院、美国宾夕法尼亚大学沃顿商学院、美国华盛顿大学、美国哥伦比亚大学、加拿大不列颠哥伦比亚大学、新加坡南洋理工、德国康斯坦茨大学、德国曼海姆大学等 20 多所海外著名大学的商学院建立了深入且长远的合作关系,保持每年互派师生进行交流,并有一定数量的外籍教师来院参与教学活动。学院的海外合作项目也正逐步向合作科研及师资联合培养过渡,至 2006 年已与不同国家和地区开展了六个研究生层面的合作办学项目,包括:上海交大－新加坡南洋理工大学 EMBA 项目、上海交大－加拿大不列颠哥伦比亚大学国际 MBA 项目、上海交大－美国南加州大学 GEMBA 项目、上海交大－法国马赛商学院 AEMBA 项目、上海交大－香港科技大学 MTM 项目、上海交大－香港城市大学 MBA 项目等。学院与麻省理工学院合作启动了 CLFM（中国制造业领袖）项目,于次年起培养跨学科双硕士学位;同时,还与宾夕法尼亚大学沃顿商学院、麻省理工学院、哈佛大学、加拿大不列颠哥伦比亚大学、美国南加州大学等建立了稳定的师资培养合作项目。到 2009 年,学院海外交流合作伙伴院校数量已达到 60 余所,包含美国南加州大学、华盛顿大学、旧金山大学、加拿大哥伦比亚大学、英国利兹大学等。

学院也积极探索与海外业界的合作方式,或承接研究项目,或进行学科共建。1999 年 1 月,系统工程研究所与日本 Advanced Systems Engineering Co. Ltd,共同开发"文献全文高速检索系统"软件,由该所 MIS 课题组教师承接并负责系统的研制与开发。2000 年,学校与 IBM 中国有限公司在教育培训、项目开发以及科学研究等各方面合作开展电子商务学科建设。通过合作项目,学校将筹建电子商务专业,为研究生、本科生、双学位生开设相关课程,编写教材;研究和开发在 IBM 平台上的电子商务软件、电子商务解决方案,研究电子商务的组织架构、商务模式和政策法规等,管理学院与上海交大计算机系共同参与其中。

国际师生交流

（二）积极举办国际会议

自 20 世纪末起,学院不断召开大型国际会议,从承接办理,到主办自己的特色会议,安泰的国际影响力渐渐扩大,社会号召力持续增长。

1998 年 7 月,学院承办了"第三届管理国际大会",大会针对亚洲金融危机所暴露的问题及全球经济形势发生根本性变化的需要,以"21 世纪的管理"为主题,对金融工程及管理、知识经济等 40 个专题进行研讨,是当时我国管理学界规模最大、层次最高的一次学术盛会。来自 17 国家和地区的专家、学者及国内近 30 所管理学院的院长共 450 余人出席了会议。

2000 年至 2005 年期间,学院接连召开"第七届亚太金融学会年会""国际系统科学学会第 46 届年会""第二届国际复杂性科学学术研讨会""海峡两岸组织行为与人才开发首届学术研讨会""决策行为＆实验经济学国际论坛""2005 中法国际论坛"等一系列高水平的国际论坛,其中"国际系统科学学会第46届年会"是我国、也是发展中国家第一次承办的大型国际性系统科学大会,26个国家的400余名专家、学者出席大会。

2002年8月3—5日,第46届国际系统科学年会

2002年8月28—30日,海峡两岸组织行为与人才开发首届学术研讨会

2006年后,学院在"国际化"战略的指导下,加大了会议投入,每年都有重量级的国际会议召开,引得参会报名涌动,媒体争相播报,并成功推出了一系列如"全球商学院院长会议""上海金融论坛""诺奖中国行"等后期成为安泰特色的品牌活动,极大地增强了学院在国内外的影响力。

表 6 - 12 安泰大型国际学术活动列表（2006—2009）

年份	会议名称
2006 年	IEEE 服务运作、物流与信息技术国际会议
	首届"全球商学院院长论坛"
2007 年	第十七届亚泰期货研讨会
	中欧国际物流论坛
	首届上海金融论坛
	国际审计大会
2008 年	2008 全球营销学大会
	2008 亚太地区企业创新峰会
	金融论坛（与巴黎九大合办）
2009 年	2009 宏观经济论坛
	第二届上海金融论坛
	2009 中国营销峰会
	AMBA 亚太地区商学院领导人峰会
	"诺奖交大行"——2008 年诺贝尔经济学奖获得者保罗·克鲁格曼

2006 年 3 月，学院召开了首届"全球商学院院长论坛"，以"跨文化的领导力——东西方管理思想的融合"为主题，邀请了来自全球知名院校、机构的 300 多位商学院院长及代表到会，共同商讨商学院的未来发展，盛况空前。2008 年 11 月，第二届"全球商学院院长论坛"召开，超过三十多个国家和地区的 200 多位商学院院长前来共谈"商学院的社会责任"。该论坛成为安泰的双年特色论坛得到持续开办。

2006 年 3 月，第一届全球商学院院长论坛

（三）启动国际认证工作

2005年，安泰决心加快国际化进程。为了与国际著名商学院的发展保持同步，积极参与国际管理学的共同创新和发展，王方华院长决定启动AMBA（国际MBA协会）、EQUIS（欧洲质量发展体系）和AACSB（国际精英商学院协会）三大国际顶尖商学院认证申请工作，并确定了学院的使命和目标：上海交通大学安泰管理学院致力于培养具有全球视野和国际竞争力的经济管理人才；同时注重学术研究和社会服务，为国际、国内企业和机构的发展提供智力支持；以其独特的风格，力争成为"亚洲一流，世界知名"的管理教育机构。

国际MBA协会（The Association of MBAs，简称AMBA）于1967年在英国成立，是专门从事MBA质量认证的独立机构，将推广研究生层次的管理学教育、培养高层次职业经理作为其历史使命。AMBA认证是其针对商学院MBA项目的国际认证体系，注重体现商务和管理实践的发展，是全球最具权威的管理教育认证体系之一。

EQUIS（European Quality Improvement System，欧洲质量改进体系）是由欧洲管理发展基金会（EFMD）创办的一个以认证为形式，对高等管理教育机构进行质量评价，推动教育进步的国际认证体系。该认证于1996年起推行，是欧洲最严格的质量认证体系，它以国际性管理教育的卓有成效为认证标准。EQUIS的基本工作内容为辨别各种高等管理教育方法——包括本科和研究院课程——的异同及其优势，其基本目标是提高全世界的高等管理教育水平。

欧洲管理发展基金会（European Foundation for Management Development，EFMD）成立于1971年，总部设在比利时布鲁塞尔，是管理发展学界最大的国际组织，以致力于服务全球管理教育为理念，旨在推动全球管理发展。EFMD是欧洲最为顶尖的关于引导管理发展理论创新研究与实践信息交流与对话的平台，其通过举办各种年度峰会、管理学院院长论坛、总裁会议等会务活动，为每一个机构成员提供各种学术交流、知识共享和商业合作的机会，以达到共同促进的目的。在六大洲、82个国家共拥有767个会员组织，拥有500多家商学院会员，包括沃尔顿商学院、英国伦敦商学院、澳大利亚墨尔本商学院以及南非大学的商学院等等。另外还有企业会员，包括IBM、微软、欧莱雅、英国石油集团等等各个行业的顶尖企业。此外还包括欧盟委员会、联合国等等在内的约100多家公共会员组织，以及12 000多位遍及全球65个国家的来自学术界、商界、公共服务业以及咨询业等不同领域的个人成员。

AACSB（The Association to Advance Collegiate Schools of Business，国际精英商学院协会），成立于1916年，是一个由商学院、社团和其他机构组成的非营利组织，致力于提高并促进工商管理学和会计学高等教育水平，是工商管理和会计学专业学士、硕士、博士等学位项目的首要认证机构。AACSB自1919年推行高等管理教育认证，采取由该协会专门执行、高等管理教育机构自愿参与的方式，目的在于为学士及硕士学位课程进行学术鉴定。AACSB教育认证制度之严、标准之高，冠居全球，世所公认，其代表着一所商学院的最高成就，是商学教育达到世界级水平的重要标志。

2005年7月，学院组建了对外交流与公共关系办公室。经过前期大量的信息整理和讨论分析,学院将认证工作的顺序确定为:①申请 EFMD 的会员资格;②申请 AACSB 的会员资格;③申请 EQUIS 的认证;④申请 AACSB 的认证。

经过大量的准备工作,学院于 11 月初正式向 EFMD 和 AACSB 递交会员申请。12 月 2日,学院接获通知:经过 EFMD 会员资格审查委员会的严格审核,上海交通大学安泰管理学院成功获得"非欧洲"会员资格,成为 EFMD 的正式会员之一。2006 年 1 月 6 日,学院再获喜讯:经过 AACSB 会员资格审查委员会的严格审核,上海交通大学成功获得其会员资格,成为 AACSB 的正式会员之一。彼时,安泰已经获得 AACSB(国际精英商学院协会)、EFMD(欧洲管理发展基金会)、AAPBS(Association of Asia-Pacific Business Schools,亚太商学院协会)三项会员资格,是除中欧商学院、长江商学院以外,中国大陆唯一一所同时获得此三项会员资格的商学院,是学院国际化战略发展的重大里程碑。

获得 EFMD 和 AACSB 会员资格,代表着安泰的国际认证工作向前迈出了坚实的一步,正式吹响了安泰进军国际顶级商学院组织的号角。在 EFMD、EQUIS 及 AACSB 的国际发展标准指导下,安泰朝着既定的使命目标有条不紊地前进。2007 年 4 月,安泰启动了 AMBA 国际认证工作,并于 2008 年 1 月接受评审专家小组来院审查。4 月,AMBA 认证委员会一致决定将"AMBA"这一代表着权威和质量的认证标志授予安泰。AMBA 认证主席 Robert Owen 博士在确认函中写道:"经过 AMBA 所有认证流程的严格审查,贵院的 MBA 和 EMBA 项目已经达到 AMBA 认证的要求,现 AMBA 认证委员会决定授予上海交通大学安泰经济与管理学院 AMBA 认证,希望贵院的 MBA 和 EMBA 项目能够在未来继续获得更大的进步和成功。"这标志着安泰的国际认证工作取得突破性成果,安泰的国际化发展从此迈上了新台阶。

2008 年 6 月,通过对学院使命战略、项目、教师、学生、科研、高层培训、学院资源、社区贡献、企业关系和国际化发展等十个方面的评估,历时三年,EQUIS 认证委员会最终将代表着全球顶级管理教育质量水准的 EQUIS 认证授予交大安泰,使学院成为当时国内唯一一家同时获得 AMBA、EQUIS 两项国际顶级认证的商学院。在对交大安泰的贺信中,EFMD 总裁兼 CEO 埃里克·科尼埃尔表示:非常高兴看到上海交通大学安泰经济与管理学院的飞速成长,希望交大安泰能够再接再厉,为中国乃至亚洲管理教育做出积极贡献。

EQUIS 认证的严格和权威是举世公认的,这不仅体现在对申请院校教育质量及使命陈述的考查上,更体现在对院校国际化、企业合作、项目多样化、社会贡献、毕业生职业发展等方面的要求上。能够获此认证是一所商学院具备高水平办学能力的有力佐证,EQUIS 认证因而成为全球各大商学院积极争取的一个目标。

对于获得 EQUIS 认证,王方华院长表示:"得知这一消息我感到非常骄傲,交大安泰成为世界上 113 所获得该项认证的商学院之一。参加 EQUIS 的论证,是中国商学院国际化战略的重要内容。我们以此为契机,加强规范化建设,密切与企业的联系,培养一流的学生,服务于企业、服务于经济、服务于社会。"

"过程重于结果"一直是安泰国际认证工作的重要理念。获得国际权威的 AMBA 认证和 EQUIS 认证,使学院国际化发展"对标国际、聚焦一流"的战略得到体现,也使学院获得了持续进步和快速发展的巨大推动力。

七、党建和精神文明建设

（一）教工文化建设

1. 党建活动

2006 年 3 月,学院改制成为安泰经济与管理学院,7 月,季建华书记提出教工党支部设置应根据学院改制进行调整。院党委经过讨论,将已有的 7 个教工党支部(工商管理系党支部、经济学院党支部、管理科学系党支部、会计系党支部、组室党支部、基础部党支部和退休教工党支部)调整成为管理学院、经济学院、机关 3 个党总支,下设 9 个党支部:管理学院第一/二/三党支部、经济系党支部、金融系党支部、教学管理党支部、行政党支部、学生工作党支部和退休教工党支部。2007 年 12 月 26 日,安泰经济与管理学院党委召开第一次党员代表大会,会上选举了徐飞、朱启贵、田新民、王方华、史福庆、武邦涛、严红、顾锋、于冷 9 人作为首届党委委员,学院党委工作自此开启了新篇章。

学院党委采取"走出去、请进来"、网络学习等形式多样的学习方式,组织班子成员及全体教师积极学习"三个代表""科学发展观"等党的重要理论和方针政策,并针对学院教师特点开展了如浦东新区建设科学调研、闵行校区建设巡礼、"赛诗会""赠书日"等丰富多彩的组织生活。学院重视对青年教师的教育与培养,致力于提高其教书育人的工作能力和水准,结合党员先进性教育,加强了教师师德师风建设,开展了如"杨锡山教授管理思想研讨会"等教风学风建设活动,号召年轻教师深入学习、弘扬老一辈优秀教师的崇高品格和模范师德,取得了良好的效果。

党建活动

学院积极推进党风廉政建设和反腐败斗争。管理学院党委从加强领导、加强教育、加强制度建设三个方面规范领导干部廉洁行为,院领导干部严格遵照教育部党组提出的廉洁自律"六项要求",坚持"标本兼治、综合治理"的原则,完善学院管理机制和监督机制,从源头上预防和治理腐败工作;坚决执行"重大决策、重大干部任免、重要项目安排和大额资金使用必须集体讨论做出决策"的规定,尤其在财务管理方面加大集体决策的范围和力度,成立了院人事与财务领导小组,并建立了规范的会议制度。2001年下半年,学院组建了二级教代会,凡重大决策和制度都要经过民主讨论、班子研究、集体通过后才在全院予以推行,进一步拓展了民主管理和监督的渠道;学院党委还聘请了部分老干部、教师担任特邀监察员和督察员,形成工作网络,分解责任,落实到人。

学院党委提倡"饮水思源的感恩文化"。在2005年保持共产党员先进性教育期间,学院部分教师前往湖南省平江县革命老区考察,返回后向学院同侪介绍了老区学生因贫困无力继学却依旧求学心切的情况。学院广大党员同志及其他教职员工深受感动,纷纷表示希望资助老区贫困孩子完成学业。经过商议,学院分党委与湖南省平江县县委决定联合开展"关注革命老区,帮助革命后代"结对活动。参加活动的教职工每人每年资助结对学生人民币500元,直至其完成九年制义务教育。活动开展至2009年,学院教职工共资助困难学生70名,累计资助人民币160 320元(包括捐给平江学校建设费用人民币27 920元)。2008年5月,汶川大地震发生后,全院教职工积极奉献爱心,与当地学生结对帮扶,捐款113 280元,党员同志交了总计达七万多员的特殊党费。学院党委还开展了挽救上海卢湾区吸毒人员等主题实践活动,取得了很好的社会反响。

安泰经济与管理学院党委(1996年4月－2006年3月为安泰管理学院党委)持之以恒地加强党委的执政能力建设、制度建设和精神文明建设,引领学院基层党支部及全体党员发挥战斗堡垒作用和先锋模范作用,为学院的发展注入强大的精神动力,提供坚强的政治保障。历届党委书记及党委班子励精图治,带领师生党员求真务实、开拓进取、屡创佳绩,学校级别的各类党建及精神文明奖项均有安泰或安泰师生党员的名字。2004年,学院被评为"上海市2001－2003年度劳模集体";2005年,法华镇路校区荣获上海市"花园单位"称号;2006年,学院团委荣获"上海市红旗团组织"称号。

2. 工会活动

在校工会和院党委的带领和指导下,学院工会以实践"三个代表"重要思想为工作主线,紧紧围绕学院的发展战略开展工作,真抓实干,努力扩大工会工作的覆盖面和影响力。学院工会秉持以人为本的信念,关心教职工生活,及时传递党组织和各级领导的关怀,积极地为全院职工办实事、办好事,努力做先进企业文化的倡导者,为学院的改革和发展做出了贡献。

学院工会为教职员工安排年度体检及暑期修养,在教职工生日、生病期间送上祝福或慰问,关心女性教职工的工作和生活,展示院内优秀知识女性的风采。工会积极组织开展以群众性文娱体育为主要内容的校园文化活动,开办舞蹈、声乐、钢琴等培训班,组织教职工做广播操、打太极拳,组队参加学校举办的教职工运动大会、合唱比赛等。学院对俱乐部进行了改建和完善,内设羽毛球场、乒乓球、桌球设备及各类健身器材,以供教职工进行活动和锻炼。学院工会还认真做好以帮困和医保为主要内容的生活保障工作,每年配合校工会组织"一日捐"活动,并不定期邀请医学专家来院讲授健康养生知识,为全院教职工办理重大疾病保险、年金保险,购买防止"非典"的营养品、接种流感疫苗等。

学院工会对全院教职工的精诚奉献有目共睹,2005－2009年间,学院工会建设受到广泛肯定,连续获得学校年度"模范教工小家"称号。

学院教师参加学校职工运动会

3. SIS(School Identity System)形象识别系统

2005 年 12 月 21 日,学院推出了 SIS(School Identity System)形象识别系统(试用)手册。SIS 形象识别系统是一个至少包括理念塑造、行为塑造、视觉与听觉塑造三个元素组成的系统。学院先后召集老教师、青年教师和机关工作人员召开多次价值观座谈会听取建议,又经院务会议的多次讨论,开展了管理学院形象用语的两轮征集和三轮网上评比以及两次现场问卷调查,过程中除了学院的师生、校友之外,也得到了交大其他院系师生和兄弟院校师生的大力支持,收获了许多很好的创意,一共征得了近 120 条形象用语,最后将获得普遍认同的"饮水思源,点石成金"确定为学院的形象用语。接着在全院师生进行的广泛讨论和认真调研的基础上,集中大家的智慧,经组织专家与相关职能部门参加论证和课题组讨论关于其中的内涵解释,由此,管理学院的核心价值观形成并以此为指引,形成学院愿景、形象标识等,形成专门的 SIS(形象识别)手册,这正是安泰管理学院在文化构建中首推的"新形象工程"设计。

管理学院 SIS 的开发是一个深刻挖掘、提炼、梳理学院固有核心理念的系统工程,也是一次弘扬民族文化的机会,对学院的办学理念、个体群体行为的规范性、视觉识别的统一性、校园格调的特色性和环境氛围的文化性,都发挥了润物无声、潜移默化的影响,有着十分重要的意义。SIS 手册的发布是学院在先进性教育活动中提出关于加强学院文化建设,凝练学院文化价值的重要步骤,有助于进一步明确学院教职员工的行为底线,在学院文化中努力倡导先进、进取、创意的意识,并于自身的工作中得以重新体现。SIS 手册的发布既有利于学院进一步设立品牌,形成统一的对外形象,便于广泛宣传传播,也有利于提高学院广大教职员工的凝聚力、战斗力,增加使命感、团队意识和主人翁意识。

(二) 学生文化建设

学院鼓励学生们在学习和科研上的合理竞争,以营造浓郁的学术气氛,提高学生整体的创新能力和科研学术水平。学院还鼓励学生在认真学好专业课的基础下,踊跃参加课外科技学术活动、多发表高水平的学术论文,积极参加社会实践、志愿者服务和从事公益性活动。

进入 21 世纪,学生生活的寝室、教室、食堂的"三点一线"逐渐被学生生活园区、学生社团以及互联网这三大公共环境所取代。2001 年底,学生工作党委成立了生活园区工作党支部和楼幢工作党支部,生活园区实行生活指导教师制度,从青年思政教师中选拔指导教师入住每幢学生公寓楼,担任学院的学生工作兼公寓团总书记,将思想政治教育、党团建设、生活学习咨询、帮困、心理辅导、生活园区文化建设等深入到学生寝室。

2001 年 8 月,中共上海交通大学学生工作委员会成立,并建成"学校党委—学生工作党委—院系党委(党总支)学生工作组—学生党支部"。安泰党委配合学校党委,于 2004 年 9 月成立了以党委书记季建华为组长;副院长陈宏民、副书记潘杰为副组长的院研究生工作组。在院党委的领导下,思政教师团结协作,工作热情饱满,认真做好学生的日常管理、党团建设、研究生学术和社会实践、学生心理发展和就业指导等方面的工作。

至 2006 年底,学院学生党员人数已达到 774 人,约占在校学生总数(除留学生外)的 34%;另有 528 名同学递交了入党申请书,积极向党组织靠拢。同时,学院以"示范群体"、学术论坛、学生课外科技活动、创业大赛和"跨世纪青年人才工程"建设为载体,全方位开展文化建设,狠抓学风建设,规范学生的考勤和"学风月"建设等制度,专门成立了学院学风建设小组进行规范管理。

2008 年,安泰学生党总支在闵行校区本科低年级中筹备设立学生党建研究会,以辐射党员先进性、提升支部活力、服务学生为宗旨,肩负组织、实践、宣传、联络的四大职能,在党建主席团统一规划协调与监督下,以学生党支部为依托,联络上设"秘书处",宣传上设"旗帜中心",实践上设"求索中心",以尽量达到学生党员自主管理的效果。

在院党委和学生党支部的努力工作下,学生的党员生活丰富多彩。2001 年 7 月,01 级春季博士生党支部举办"党旗飘飘"纪念中国共产党成立 80 周年系列活动,继承和发扬党的精神,不断开拓进取。邓研会定期举办各种理论学习活动;十六大召开后,学生党支部掀起学习"三个代表""科学发展观"的高潮,频频举办学习班交流研习心得。

学院学生党员表现突出,不断收获各种荣誉。2006 年单年,我院团委荣获上海市红旗团组织,F0512003 班、B0412093 班 2 个集体荣获上海市先进集体,F0512003 班被推荐参评上海市先进集体标兵;另有学生获评"上海市新长征突击手"1 人、"上海市市优秀学生干部"1 人、"上海市三好学生"4 人、"上海市高等学校优秀毕业生"35 人。

学院还持之以恒地开展了如博士生团凤阳县挂职、支援平江老区建设等既有学院特色又有较大社会影响的实践活动,让学生们在接受进步知识的同时,也不忘将所学所得回报社会,赢得了广泛的肯定和赞扬。2000 年,学院赴四川成都"三下乡"博士团,获团中央百支"三下乡"博士团称号和上海市暑期社会实践活动优秀项目奖;2001 年,赴云南红河州区域经济发展硕博联合考察团,获上海市"三下乡"优秀考察团称号;2002 年,赴内蒙古伊金霍洛旗"青年—知识—发展"博士服务农村实践团,获上海市暑期社会实践活动优秀项目奖;2006 年 6 月,上海交大团委选派 12 位党员博士生(其中安泰 11 名)组成"上海交大博士生凤阳挂职服务团",以安徽滁州凤阳县"十一五"规划为契机,用上海交大的智力资源服务凤阳地方经济,该团荣获学校当年度校长奖。

第七章
建设国际一流商学院
（2010－2018）

一、发展概要

（一）行政领导换届

2010 年初,在"人才强院"和"国际化"战略目标指引下,上海交通大学安泰经济与管理学院向国内外公开发出院长招聘公告,开了国内商学院面向国际招聘院长的先河。招聘公告吸引了众多国际著名学者、教授来校竞选。3 月,经过严格选拔,美国亚利桑那州立大学终身教授、著名经济学家周林教授受聘成为院长,前西安交通大学管理学院院长、著名管理学家李垣教授受聘成为执行院长,两位院长强强联手,形成了安泰经济与管理学院既有国际视野又深谙中国国情的领导核心。随后学院再度通过公开招聘副院长完成了行政领导班子的换届。

近年学院主要领导班子如下:

党委书记:沈大明(2009.4－2012.4)　余明阳(2012.4－)

院长:周林(2010.3－)

执行院长:李垣(2010.3－2017.3)

副院长:董明(2010.11－)　唐宁玉(2014.10－)　万国华(2014.10－)　张东红(2016.3－)　田新民(2015.7－)

党委副书记:朱启贵(2012.4－2015.12,兼纪委书记)　于冷(2014.10－,2017.8 起兼纪委书记)

新的领导班子以高标准、专业化要求自己，与全院教职员工同舟共济，精诚团结，立足新起点，开拓新思路，制定新规划，创造新环境，实施新举措，为学院接下来跨越式的发展奠定了体制机制上的保证。

周林，上海交通大学安泰经济与管理学院院长、经济学系教授、博士生导师。1982年获复旦大学学士学位，1989年获得美国普林斯顿大学经济学博士学位。曾在美国耶鲁大学、杜克大学和亚利桑那州立大学任教，也曾在中国香港城市大学和清华大学等校任教。周林教授2006年受聘为教育部长江学者讲座教授。2009年当选世界计量经济学会院士，成为唯一获此殊荣的中国大陆院校的学者。此前曾任上海交通大学经济学院院长和上海交通大学上海高级金融学院创院常务副院长，2010年4月起任上海交通大学安泰经济与管理学院院长。

周林

沈大明

沈大明，研究员。1994年获华东师范大学历史学硕士学位，2004年获华东政法学院法学博士学位。曾任上海交通大学团委副书记、党委办公室副主任、党委宣传部副部长；2002年9月—2005年8月任文科建设办公室副主任（主持工作）；2003年6月起任人文学院党总支书记、副院长，2004年3月任法学院党总支书记、副院长；2009年4月—2012年4月，任安泰经济与管理学院党委书记；后任上海闸北区委常委、宣传部部长等职。现任上海静安区委常委、宣传部部长。

余明阳，上海交通大学安泰经济与管理学院党委书记、市场营销系教授、博士生导师、上海交通大学中国企业发展研究院院长、上海交通大学品牌研究中心主任。1983年浙江大学哲学系本科毕业，1993年复旦大学管理学院硕士研究生毕业，1996年复旦大学管理学院博士研究生毕业，并分别于1999年和2004年在复旦大学管理学院管理科学与工程博士后研究与北京大学光华管理学院应用经济学博士后研究。2005年9月起任上海交通大学安泰管理学院工商管理系教授，后进入市场营销系。2012年4月起任上海交通大学安泰经济与管理学院党委书记。

余明阳

（二）第三届顾问委员会成立

安泰顾问委员会是学院同社会和业界联系的最高层平台，委员们对学院未来发展战略提供智力支持，对学院学科建设、科学研究和教学改革提出有价值的建议，为推动学院综合办学水平的提高发挥积极作用。顾问委员会的成员包括三部分：政府委员——政界及社会名流、学术委员——世界一流商学院院长，以及企业委员——五百强企业总裁。

安泰经济与管理学院于1991年成立第一届顾问委员会，并由上海市前市长汪道涵担任顾问委员会主任。2008年成立第二届顾问委员会，中国民主建国会中央委员会前主席、第九至十届全国人大常委会副委员长成思危先生担任第二届顾问委员会主席。2013年，由31位来自全球各领域的杰出人士组成的第三届顾问委员会成立，原全国人大常委会副委员长华建敏出任主席，校党委书记姜斯宪出任副主席。第三届顾问委员会成立以来已召开三次会议，包括原教育部副部长吴启迪、原上海市人大常委会副主任胡延照、中国核工业集团总经理孙勤、太平洋保险集团董事长高国富、中国建筑材料集团董事长宋志平、联想集团董事长杨元庆、香港溢达集团董事长杨敏德、上海电影集团董事长任仲伦、红杉资本合伙人沈南鹏、密歇根大学罗斯商学院院长 Alison Davis-Blake、耶鲁大学管理学院院长 Edward Snyder、密歇根大学罗斯商学院 Scott DeRue 等在内的20多位委员纷纷出席会议。委员在会上听取了安泰近年来的工作汇报，就学院的战略定位和发展规划进行了讨论，围绕学院的改革发展、智库建设、服务政府重大决策等方面战略规划建言献策，探讨未来的合作计划。

（三）实施"十二五""十三五"规划

2011—2015年是学院"十二五"规划工作期间。学院以科学发展观统领全局，各项工作以"解放思想、追求卓越"为指导，以商学院的社会责任为核心理念，以深化内涵建设为工作重点，以培养核心竞争力为主要抓手，强调将创新创业为学院教育发展的方向，以国际一流商学院为目标，将国际化战略贯穿学院的各项工作。在党的十八大以及十八届三中、四中全会精神的指导和学校政策的指引下，学院着力优化组织结构，深化管理制度改革，加强"人才强院"与国际化战略，以规范保质量，以质量创品牌，以品牌求发展，在建设"国内领先，亚洲一流，进而成为世界一流的商学院"这一道路上迈出了扎实的步子，取得了突出的成绩。

进入2015年，上海交通大学紧紧抓住创新型国家建设、上海"国际经济、金融、贸易、航运四个中心"建设、"一带一路"建设等重大历史性机遇，各项工作围绕"促进内涵、提高质量"，实现由外延发展向内涵发展、由数量积累向质量提升、由国内竞争向国际竞争、由物本思维向人本思维的种种转变，提出了"把上海交通大学建设成为国际化、研究型和综合型的大学"的战略目标，并以质量为先、育人为本、以人为本、协同创新作为新时代发展的主要指导思想。

2016—2017年，安泰全面贯彻落实中央精神，以党的十九大精神为指引，紧密围绕"四个全面"进行战略布局，持续推进"两学一做"学习教育常态化制度化，坚持"三严三实"，结合中央巡视组的巡视整改要求，坚决执行中央八项规定，对照检查积极整改，全面提升工作作风。学院制定并实施"十三五"发展规划，搭建"985""211"三期重点建设平台，按照"人才强院、协同发展、国际化、文化引领"四大发展战略，突出"学在交大""院为实体""多元评价""双一流"建设等核心工作，稳步推进综合改革，不断加强质量建设，全面提高学院的教学、科研综合实力，争取将更多的成绩书写在祖国大地上。

（四）恢复建院三十周年

2014年6月12日，安泰经济与管理学院迎来了恢复建院三十周年的日子。上海市人大常委会副主任、上海交通大学党委书记姜斯宪，全国MBA教指委主任、国家自然科学基金委员会管理科学部主任吴启迪，上海交通大学校务委员会名誉主任、原校党委书记马德秀，原校长谢绳武,副校长张安胜,原校党委副书记蒋秀明、潘永华,原副校长盛焕烨、张世民,安泰经济与管理学院主要领导、老领导,校机关部处有关领导,校友代表,学院师生等逾千人齐聚徐汇校区文治堂,共同庆祝学院的"而立生日"。

上海交通大学恢复建院三十周年院庆大会

上海交通大学党委书记姜斯宪指出,管理学科作为上海交大重要支柱学科之一,是学校高水平办学、创一流品牌的重要标志,在全校学科布局、科技创新、文化引领、服务社会等多个领域发挥了不可替代的作用。安泰经济与管理学院肩负建成"世界一流商学院"的历史使命,是学校建成"综合性、研究型、国际化"世界一流大学的重要组成部分。

回顾学院三十年走过的发展历程,经济管理教育的兴衰与国运的兴衰密不可分。没有三十多年的改革开放,没有中国经济飞速增长,就不可能有交大经济与管理学科的发展,而经济与管理学科三十年来在教学和科研方面取得的成绩,不仅为中国经济的发展贡献了智慧,更为社会培养了大批优秀人才。周林院长在院庆大会上总结了学院三十年来在国际论文发表、科研基金申请、师资队伍建设、应用型人才培养、人才引进、国际化合作、社会责任等方面取得的成绩;并指出学院未来将大力加强和交大内部其他学院的合作,开展跨学科的研究,培养复合型的人才,这是安泰未来发展的关键。学院将发挥综合性大学商学院的天然优势,加强同兄弟院系在中国全球运营研究项目上的合作,着力培养通晓科技发展和管理知识的复合型人才,为安泰的发展乃至对交大各个学科的发展提供前进的动力。

对于未来的发展,学院党委书记余明阳在院庆大会中强调,安泰将一以贯之地用国际化视野和本土化智慧稳步实现国际一流商学院的目标。国际化视野将引领安泰在学科建设水平、学生能力素养、学术科研地位等方面达到国际公认的一流大学水平,并在国际上具有一定的影响力和话语权；而本土化智慧则激发安泰牢牢根治于中国这块高速发展的神圣热土，服务国家大战略、培养中国栋梁材、成就社会智慧库、践行伟大中国梦。

（五）迁至徐汇校区

为顺应时代潮流，并进一步促进学院的发展，交大安泰决定进行战略转移，将校区搬回至地处徐家汇 CBD、具有百年深厚底蕴的交大发源地——徐汇校区。该决定得到了学校的大力支持与帮助，此后数年间，安泰主要对徐汇校区包兆龙图书馆、中院以及研一楼进行了改造，以适应新时代商学院的教学和办公需要。

2015 年 7 月，安泰正式由法华校区搬迁至徐汇校区，并于 10 月成功举办"上海市市长咨询会议企业家走进上海交通大学"等重大活动，为振兴百年交大徐汇校区注入了力量。徐汇校区悠久的历史文化、高度的国际化定位、强大的区位优势和良好的社会声誉也为学院持续快速发展加入了动力。

徐汇校区安泰经济与管理学院新大楼（原包兆龙图书馆）

安泰新楼（包兆龙图书馆）总高 19 层，建筑面积 23750 平方米。裙楼 1—5 层，主要为各部门行政办公室、会议室、教室、讨论室、实验室、图书馆、多功能活动中心等；主楼 6 层为行政办公区及会议室，主楼 7—19 层，为教师办公室及会议室。另有地下室一层作为仓储及设备用房。

中院楼宇共三层，总建筑面积 5 420 平方米。楼内主要有行政办公室、教室、实验室、博士工作室等。

二、学院建设更趋完善

（一）行政部门调整

2013 年春,安泰在管理学院下新增了创新与战略系,以响应社会对万众创新的不断追求。2015 年,为进一步凝聚力量、提升工作效率,安泰将经济学院与管理学院合并,其下部门与机构统归于安泰经济与管理学院之下进行全盘考虑、综合管理。学院以校区搬迁为契机,进行了行政部门改革,将原有的 31 个部门缩减至 17 个部门,明确了各部职责,优化了组织架构,为全院师生搭建"一站式"服务平台,大大提高了各行政部门的工作效率及服务质量。

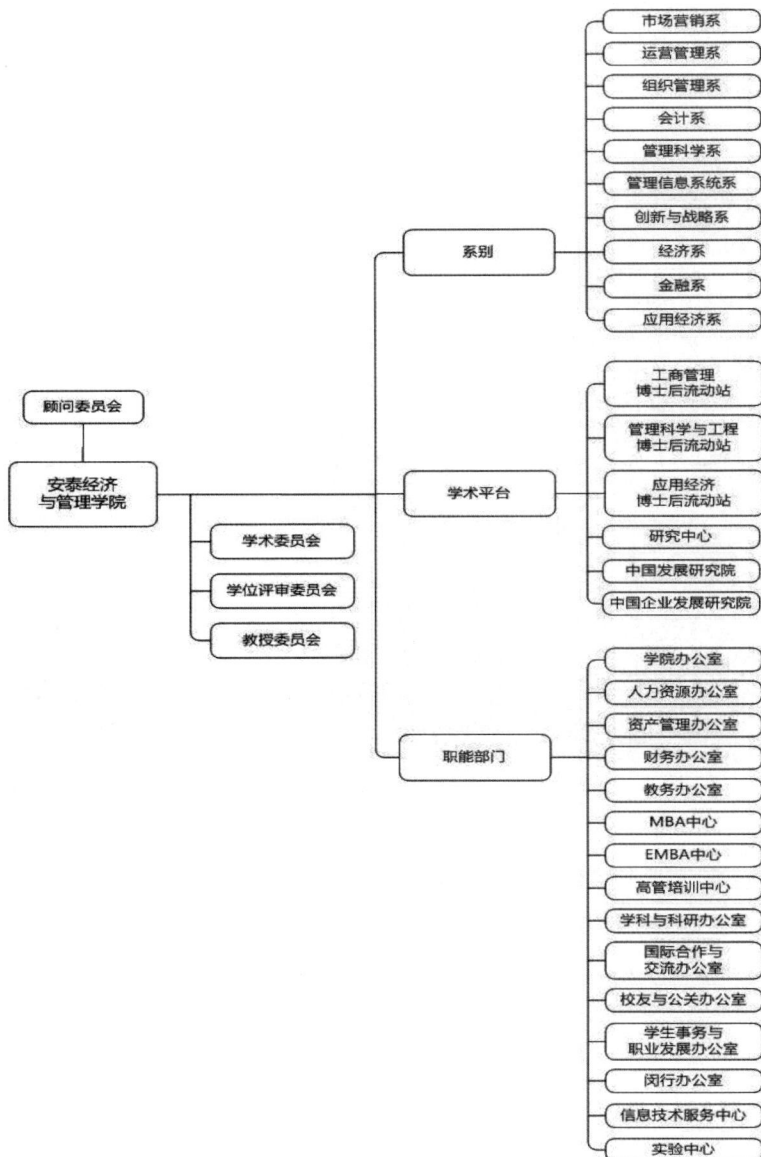

安泰经济与管理学院现行组织机构

（二）师资队伍建设

2010 年以来，安泰师资队伍建设取得重要成果。学院加强落实人才强院战略，在已有基础上推出更加科学有效、人性化、多元化的激励制度，为教职工的发展、成长和成功营造宽松、和谐的氛围。截至 2017 年底，学院共有教职工 376 人，其中教师 179 人，包含正高职称 56 人，副高职称 72 人；具有博士学位人数占教师总数的 93.9%，具有海外博士学位的比例为 35.8%，对比 2010 年时博士学位占比人数 84%，海外博士学位占比 25%，安泰的师资队伍在学历层次上有了较大的提高，同时年龄结构更趋年轻化。

为了实现建成国际一流商学院的战略目标，安泰经济与管理学院积极引进海外人才，坚持引进海外博士新教师和学术带头人，同时针对国内师资制定了引进高端人才和培养中青年骨干人才的计划，加大力气提升学院师资队伍和科研水平。2010—2017 年间，学院新增教师 49 人，新教师的海外博士学历拥有比率逐年上升，近两年已近 100%；另从国内院校引进全职高端人才 4 位。学院制订并完善了包括针对海外著名学者的特聘教授制度在内的各类柔性引进制度，陆续引进了来自香港科技大学、美国亚利桑那州立大学、美国 UT-达拉斯、美国芝加哥大学、美国罗格斯大学、美国得州莱斯大学、美国欧道明大学、加拿大约克大学等著名学府的兼职教授数十人。

学院积极引进人才的同时，也注重对教师进行内涵发掘和能力培养，积极派出老师出国交流进修，参加课程、案例培训，进行国际合作研究等。2010 年以来，学院派出教师进行三个月以上长期出访共 68 人次，其中 57% 以上获得了国家、学校或学院"海天计划"的资助，出访的院校大多为美、欧、亚地区的顶尖院校。

学院大力支持教师进行各类人才计划申报，师资队伍中已产生过 4 名长江学者、2 名青年长江学者，有 6 人获得国家杰出青年基金，5 人获得国家优秀青年基金，另有 3 人入选国家"千人计划"。学院在上海市及其他省部级的人才计划申报上历来多产，至今已有 2 位上海市领军人才，4 位上海市优秀学术带头人，还有 6 人入选"上海市千人计划"；其他如"浦江人才计划""曙光计划"等市级人才计划，几乎年年得中，各类校级人才计划获得者也比比皆是。

表 7-1　安泰国家级、市级重要人才计划汇总

序号	名称	获得者
1	国家千人计划	周林、谢晓岚、郑志强
2	长江学者	周林（讲座教授） 李垣、刘益、曾赛星（特聘教授）
3	青年长江学者	吴文锋、井润田
4	国家杰出青年基金	李垣、吴冲锋、曾赛星、朱庆华、万国华、蒋炜
5	国家优秀青年基金	吴文锋、梁建、尹海涛、荣鹰、罗俊
6	上海市领军人才	吴冲锋、李垣
7	上海市优秀学术带头人	曾赛星、蒋炜、万国华、朱庆华
8	上海市千人计划	周林、蒋炜、石维磊（长期） 苏良军、冯奇、管永沛（短期）

（三）制度建设

近年来,交大安泰参照世界一流商学院的标准确定战略定位与发展目标,尊重学术发展和人才成长规律,率先打破"铁饭碗",推行体制机制综合改革。学院制定、修改了一系列针对财务、资产管理、教学、人才引进与发展的内部管理规章,不断巩固"院为实体"的制度建设。

学院积极推进师资队伍分类发展改革,极力营造宽松学术氛围,注重高水平研究成果,引导和鼓励教师团队合作和多元化发展。自 2010 年起,学院推出了新的教师岗位与薪酬管理改革方案,并先后两次进行完善。新的教师岗位与薪酬管理办法以三年为聘期,注重聘期考核,进一步完善了以年薪制为主的薪酬体系,通过设置更多的岗位级别,使得每一位教师有更大的发展空间。此外,学院专门针对专职教学岗、专职科研人员岗位等推出了相关管理制度及奖励晋升方案,拓宽教师的职业发展路径。学院还通过制定团队奖励方案,鼓励和促进教师队伍跨学科的协作。学院教师薪酬制度改革本着优化结构、尊重现实、分类管理的思想,确定不同岗位的职责、要求和待遇标准,让每一位教师都能在学院发展的过程中找到适合自身特长和未来成长的岗位,以更好地实现自我价值,促进学院教学科研的进步。

学院不断完善教师招聘引进流程,推进师资国际化战略,2015 年起,制定并实施学院长聘体系(Tenure Track)方案。经过多方努力,学院最终获得学校授权,落实"院为实体"的战略方针,获得教师聘用自主权,并逐步形成与国际接轨的长聘教职薪酬体系及评估体制,为打造国际一流的师资队伍奠定基础。

同时,学院改革了行政人员的管理、晋升和薪酬方案,建立多元化的人才评价和激励体系,提高了行政员工的积极性和主观能动性,通过职能部门业绩考核,促进学院机关整体工作水平更上一个台阶。

（四）信息化和实验室建设

1. 信息化建设

2010 年后,面对网络经济的迅猛发展、国内外商学院信息化发展趋势以及日益加剧的市场竞争和挑战,安泰在用的信息系统已不能满足日益增长的业务发展需要,信息化建设成为学院工作的重点之一。高度的信息化不仅能够使学院的各项管理工作变得简单有效,而且能够加速学院发展,使学院更快、更好地迈进国际化步伐。

2011 年起,安泰信息与技术支持中心再度对学院网站进行改版。2013 年 10 月,新版中英文网站上线,实现了版面布局和内容的全面一致。学院网站参照国际一流商学院的标准进行建设,设置了主要包括学院概况、师资、本硕博、MBA、EMBA、高层培训、科学研究、职业发展、学生、校友和国际化发展等版块,内容丰富详实、更新及时准确,并通过持续的改版来不断完善页面和功能的设计,基本做到每半年一小改、每两年一大改,充分发挥宣传作用,并多次在学校举办的校园中英文网站评比中获得佳绩。

2012 年 11 月,安泰开始实施"学院新一轮整体信息化建设项目"。该项目借鉴国内外顶尖商学院的先进思想和理念，采用 Oracle PeopleSoft 套装软件，建设以客户关系管理（CRM）为核心的信息集成服务平台。项目建设分为三期，于 2016 年 12 月全面竣工，取得了丰硕的成果。项目构建了学院集中的信息平台和统一的门户系统，实现了学院数据的全面整合和教学、行政业务应用全覆盖；同时提供了移动版主要内容模块，为学院管理和发展提供更便捷、统一的数据。一站式、多渠道的服务门户系统，以及整合并优化后的业务流程使学院工作变得更加高效、规范；对新兴技术和移动应用的使用，也让学院的服务水平、管理效率都有较大提升。经过项目建设，安泰的信息化水平已处于全国商学院领先地位，与世界一流商学院的信息化差距也进一步缩小，现该系统已成为学院日常工作的一个重要平台。

作为学院信息化工作的重要组成部分之一，财务信息化旨在提高财务手续效率并便于财务数据分析，学院不断建设并完善学生收费系统、全面预算管理系统、网上预约报账系统和自由报表系统，形成新的财务系统构架，使学院的财务管理更加自动化、科学化、透明化。学院对与教师薪资息息相关的科研数据系统建设也投入了大量的心血，建成之后不仅便于教师在线录入、查询论文、项目等科研数据，还有助于其进行年终工作总结以及绩效结算；也便于学院全面把握全院的科研现状，能够有针对性地给出总结和指导，从而促进学院的科研发展。

2. 实验室建设

2010 年起，学院愈加重视文科实验室的功用，对国内外商学院实验室的发展情况进行了调研，积极筹备建设新的实验室。2012 年 11 月，独立于信息与技术支持中心之外的新"实验中心"正式成立，地点设在徐汇校区中院二楼，包括 1 间 48 位计算机模拟综合实验室、1 间行为模拟综合实验室、1 间眼动分析实验室以及虚拟实验室，旨在为师生们的教学课程、实验以及科研活动提供更优质的资源支持与服务。

2015 年 7 月，因安泰整体搬迁至徐汇校区，学院对原有实验室进行了整合，并应学院师生工作、学习需要，购买各类研究工具和研究数据，不断改善实验环境与配置。2016 年 6 月，随着大数据研究的重要性凸显，学院在综合办公大楼一楼筹建了大数据分析实验室，配置了音视频系统、核心服务器资源池和展示用 LED 和投影系统，以及 HPC 高性能计算与资源调度平台、数据加工分析、机器学习、可视化等软件平台，支持大数据实验课程、大数据分析处理、研究成果汇报展示等，将广泛应用于供应链、运营交通、金融、实验经济、健康医疗、认知行为、营销决策、舆情等实验教学和研究。学院还建设了 FDT 金融创新工场，配备交易系统、终端设备、分析数据等，期望能为国家培养一批德才兼备、业务精湛、兼具国际视野和本土情怀的金融投资领军人物。2017 年 3 月，学院为提高效率，将实验中心重新归入信息与技术支持中心，以便进行统一管理和整体规划，使学院的信息化和实验室建设更上一层楼。

三、国际影响增幅

(一)三大认证齐备

商学院国际认证是成为"国际一流商学院"的准入证,是商学院在国际化跑道上起飞的助动器。积极地参与国际认证,是上海交通大学安泰经济与管理学院重要的国际化发展战略,旨在通过"聚焦国际、对标一流",让安泰的教学、科研和项目管理的质量不断地获得提升和发展。以国际认证为抓手,坚定不移地走国际化的发展道路,是学院的坚定的战略选择。

AMBA、EQUIS 和 AACSB 是管理教育界国际公认的三顶皇冠。继 2008 年获得 AMBA、EQUIS 认证之后,学院全力投入 AACSB 的认证工作。在近三年的认证过程中,学院领导和教职员工对学院运行的各个方面进行了多轮自我评估,按照国际办学标准,找出现存的不足,制定并实施相应的解决方案,不断完善并提高自身。2011 年 4 月,交大安泰最终获得了美国精英商学院协会的 AACSB 认证,成为中国大陆首家获得三大国际认证的商学院,目前全球 13 000 所商学院中,仅有 75 家商学院同时获得此项殊荣。

2011 年 4 月 28 日,AACSB 授证

交大安泰的国际认证工作始于 2005 年,在经历了 6 年艰苦卓绝的国际认证之后,学院管理教育的整体水平又前进了一大步。国际认证不仅让学院得到了国际管理教育界的广泛认可,在"过程重于结果、以评促建"的精神指导下,学院也不断对标和学习,使得自身的使命、目标和战略更加明晰;使得学院经济和管理教育的标准和品质不断发展;使得学院的教学、科研、资源分配和内部管理持续完善;使得社区建设、企业联系和国际活动进一步加强,推动着学院尽快实现"亚洲一流、世界知名、进而世界一流"的目标。

此后,安泰始终以国际一流商学院的领先标准为要求,持续提升自身综合实力,分别于 2013 年、2014 年和 2016 年通过 AMBA、EQUIS 和 AACSB 的五年期再认证,这证明安泰已经全面按照国际规范和标准进行办学，是对学院近年来发展成果的高度认可，也是学院未来持续追求世界卓越商学院教育的不懈动力。

2013 年 9 月，安泰周林院长受 AACSB 理事会邀请，出任 AACSB 管理教育事务委员会（Committee on Issues in Management Education，简称 CIME）委员；2014 年 6 月，又应 EFMD 董事会邀请，担任 EQUIS 认证授证委员会（EQUIS Awarding Body）委员；2015 年 7 月，又任 AACSB 理事会理事，致力于探究全球商学院教育行业中出现的新兴事务及面临的挑战，为 AACSB 理事会提供政策、战略制定方面的建议。以上职务的授予，既表示了上述国际认证组织及成员对周林院长的信任，更表明交大安泰在国际管理教育行业的重要影响力受到进一步认可，安泰也将不负众望，更好地代表亚太地区商学院发声，为理事会带来新鲜而有价值的观点和视角，为全球管理教育的发展贡献自己更大的力量。

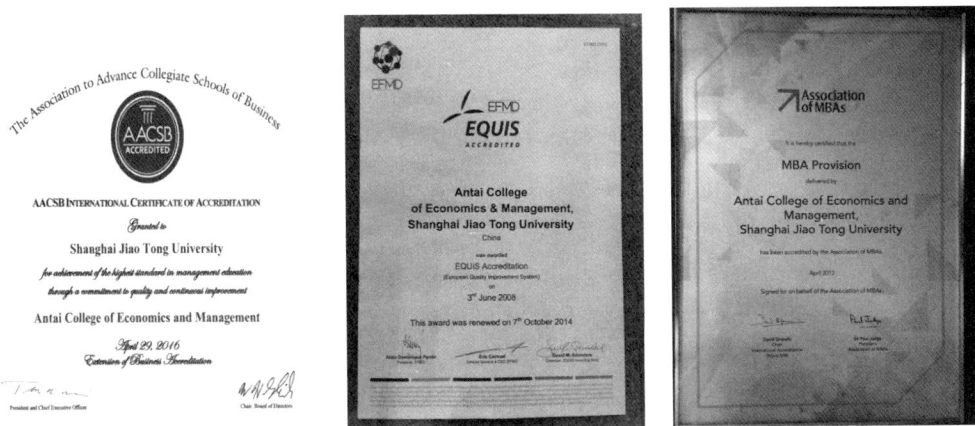

三大认证证书

（二）国际排名攀升

随着交大师生的锐意进取、开拓创新，学院的科研、教学水平不断提升，各类项目的国际排名也持续上升。

安泰 MBA 最早于 2008 年参评英国权威财经媒体《金融时报》（Financial Times，简称 FT）排名，管理学硕士项目于次年加入，至今已连续九年跻身全球 50 强。2015 年，EMBA 项目挺进 FT 全球高管工商管理硕士课程（Global Executive MBA，简称全球 EMBA）排行榜第 10 位，与新加坡南洋理工大学 EMBA 项目并列亚洲商学院第 1；高管教育项目 FT 排名全球第 15 位，亦居亚洲商学院之首，分指标回头率全球第 1，后续支持全球第 2，投资价值、教学材料、师资力量均进入全球前十。2016 年，MBA 项目在 FT 全球 MBA 排名中名列 39 位，位于本土商学院之首，使安泰成为当时国内唯一一家 MBA、EMBA、管理学硕士、高管教育定制课程四大核心项目全部进入 FT 排名全球 50 强的商学院。2017 年 12 月 4 日，FT 发布年度商学院排行榜，交大安泰名列亚太商学院榜首，MBA、EMBA、高管教育定制课程以及管理学硕士四大核心项目分别排名第 34、第 6、第 8 和第 32，连续两年位列全球 50 强，并保持良好的上升势头。

表 7－2　2013－2017 年安泰经济与管理学院英国《金融时报》排名情况

年份	管理学硕士	MBA	EMBA	高管教育（EE）
2017	32	34	6、独立办学项目 1	8
2016	33	39	7、独立办学项目 2	9
2015	36	55	10	15
2014	44	77	17	/
2013	47	/	32	/

　　在 FT 排行中，MBA 项目和高管教育定制课程项目各自连年占据本土第一和亚洲第一，EMBA 项目连续三年位居全球前十，亚洲第一，2017 年更获得独立办学项目第 1 位的好成绩（EMBA 项目前 5 名均为世界一流商学院合作办学项目）。2017 年的分项指标显示，安泰几大项目的各类表现均稳步提升，毕业校友的职业发展指标极为突出：以 EMBA 分项指标为例，薪资增幅（Salary increase）全球第 1 位，薪资（Salary today US＄）全球第 2 位。另有目标达成（Aims achieved）全球第 14 位，职业发展（Career progress）亦较 2016 年提升 44个名次；学院科研能力和国际化水平稳扎稳打，博士学历师资（Faculty with doctorates）比重达到 93％，FT 博士指标（PhD graduates）全球第 8 位。

　　值得一提的是，安泰一贯重视女性领导力的挖掘和提升，为社会各领域培养众多"半边天"中流砥柱之才。2017 年，EMBA 女性校友（Female students）位列全球第 13 位。在 2018年 3 月出炉的 FT2018 全球女性 MBA 排行榜（"Top MBAs for Women Ranking 2018"）中，安泰 MBA 高居榜首。该排名各项指标围绕女性学员职业表现展开调查评选，安泰 MBA 薪资增长率全球第 1，就业服务排名全球第 5，职业提升效果全球第 7，项目性价比全球第 9，女性学员占比、就职国际流动率、教职人员女性比等数据均有良好表现。

　　在《福布斯》中文版"中国最佳商学院排行榜"排名中，安泰亦收获颇佳。2012 年，安泰MBA 获"中国最具价值全日制 MBA 项目"第 7 名，以及"中国最具价值在职 MBA 项目"第5 名。2014 年，安泰 MBA 再获"中国最具价值全日制 MBA 项目"第 6 名和"中国最具价值在职 MBA 项目"第 3 名，EMBA 更获得"中国最有价值 EMBA 项目"第 2 名的佳绩。

　　在软科世界大学学术排名"2017 中国最好学科"的国内排名中，安泰工商管理、管理科学与工程、应用经济学分别排名在第 1、8 和 11 位；在国际排名中，管理学排在全球第 48 位，工商管理、金融学在 101～150 名，经济学排在 151～200 位。

　　在全球三大最具影响力大学排名之一的英国 QS 世界大学 2018 年学科排名中，安泰经济与管理学院"会计与金融""商业与管理""统计与运筹学"三个学科全部进入前 50 名，"经济学与计量经济学"也进入前 100 名。其中，"商业与管理"已连续三年排名前 50。

　　安泰各项排名的增长，反映了学院办学综合能力的提升，这不仅得益于中国经济的高速增长，也得益于学院全方位及长期的坚持和努力。安泰周林院长表示："学院坚持国际化办学模式，同时探索发掘出适合中国商学院的独特道路，把教育的答卷写在中国大地上。越是中国特色的，越是世界一流的，这也是安泰能在世界权威排行榜中，持续提升、全面提升的源动力。"

（三）国际化程度加深

作为中国大陆地区率先获得 AACSB、EQUIS 和 AMBA 全部三项国际顶级认证最高认证的商学院，安泰经济与管理学院致力于培养具有全球视野和国际竞争力的经济管理人才，同时注重学术研究和社会服务，以图为国内外企业和机构的发展提供智力支持。长久以来，交大安泰凭借理工科大学特有的务实笃信、拼搏奋进的姿态，以己身独特的风格迎接时代变革的洗礼，通过全院上下不懈的奋斗，现今已跻身国内领先、亚洲一流，并大步迈向世界一流管理教育机构的发展之路。此间，学院通过与世界一流商学院在管理教育方面的合作与交流，汲取其成功办学经验，来加强自身教育体系的建设，在师资、学生、项目专业设置、国际合作等方面都做出了切实的努力。

近年来，学院的国际化工作思路为：继续坚持以"北美"和"一带一路"为重心，同时"以我为主"地逐步加强和世界其他各个国家国内顶尖院校的合作，输出安泰名校影响力。

交大安泰在国际化办学过程中，积极寻求与国外一流商学院建立交流学习项目和联合培养项目，为更多的学生提供海外交流学习的机会，培养学生的国际视野、国际竞争力以及创新能力。近十年来，学院保持着年均增长 10 项合作协议的速度拓展海外合作项目，到目前为止，学院已经基本完成海外的全球布局，与超过 100 家国际知名院校建立了各种高质量的国际交流与合作关系，其中世界百强院校比例已超过 53%；与欧美知名院校签署的联合双学位培养项目达到十个以上。2014 年，安泰有 13 个本科交换项目成功入选国家留学基金委"优秀本科生国际项目"，当年全校共有 16 项本科交换项目入选。安泰平均每年派出约 170 名本科生和硕士、博士研究生以及 MBA 学生进行国际交流学习，接收约 200 名海外各阶段学生来华交流，一学期以上的交流生人数连续五年保持高增长。学院接受国际交换生的数量长年保持上海交大之首。另外，学院目前共有学位留学生 400 余名，占到学生总人数的10%。尤其是研究生层次的留学生数量已占到全校国际研究生数量近 40%，其中近六成学生来自欧美国家。学院为各学位层次的学生共开设了 90 门全英文课程，以提高学生的国际化专业水平。除了一学期以上的学生长期交流项目之外，学院着重打造的安泰全球暑期项目、安泰全球企业诊断项目、Doing Business in China 项目，以及 EMBA 和 CEO 高级管理人员赴海外游学项目、海外实习交换项目等均有助于学生的国际化培养。为鼓励学生参与国际交流，学院配合学校出台了一系列研究生、博士生国外访学和国际会议资助项目，以帮助学生了解国际科研动态，拓宽学术视野，进一步提高培养质量。近年来，安泰学生屡屡囊括学校国家留学基金委国际交流资助，获资助数量多年来一直位居全校之首。

1. 安泰全球暑期项目

2013 年，安泰创建了主要针对海外学生、以"中国商业实践"和"中国文化"为特色的全英文暑期项目。项目开设本科生和硕士研究生两个方向，被纳入上海交通大学教务处和研究生院小学期教学计划，学员完成教学计划后，经过考核可以获得上海交通大学授予的三个学分。项目设计主要强调四个模块：中国经济和管理课程、汉语语言和文化讲座、高端企业访问、中国文化体验活动和城市参观。

项目邀请一流学者开设讲座,讲授中国的经济文化背景及其下的管理思想和哲学;同时将案例讨论、企业论坛等模式与课堂教学相结合,注重培养学生的实践管理能力。企业参观为学生提供了直接接触企业管理者与行业精英的机会,开拓学生的视野。此外,项目课程还融入了中国文化特色,旨在带领学生体会中国文化的博大精深;社交互动则侧重培养学生的团队精神,增强学生对中国文化的感性认识和理性理解。

该项目开设北美班、本科班、硕士班、集中授课班四个班级,自开办以来,已吸引来自44个国家和地区的 332 名国际学生入读(2017 年底数据),近三年来保持在每届 80 人左右,生源多来自牛津大学、剑桥大学、斯坦福大学、纽约大学、佛罗里达大学、明尼苏达大学、墨尔本大学、悉尼大学等一批一流院校。经项目结束后的评估显示,学员对该项目的推荐率高达 100%。

课堂现场

企业访问

中华文化体验

城市参观

2. 安泰全球企业诊断项目（Antai Global Corporate Lab Program，简称 Lab）

2017 年，安泰隆重推出了创新之作"全球企业诊断项目"，成功吸引到美国明尼苏达大学卡尔森管理学院、密歇根大学罗斯商学院、杜兰大学弗里曼商学院、俄亥俄州立大学费舍尔商学院、密歇根州立大学布罗德商学院等一流商学院相继选派优秀学生来华，与上海交大博士生、硕士生（主要为 MBA）组成咨询团队，在中外导师指导的七周校企合作中，为在华跨国企业引入破题新思路、解决发展中的各种商务挑战，促进了学院和世界一流商学院以及优秀的在华跨国企业之间的互惠共赢。目前，已有如宜家、百思买、英特尔、尼尔森、华大基因、圣戈班等诸多国际知名企业成为安泰"全球企业诊断项目"的合作伙伴。

安泰全球企业诊断项目依托交大安泰强大的教育资源，以及海外顶尖国际商学院的合作伙伴关系，为在华的著名跨国公司、国内知名创业创新企业提供诊断咨询服务，该项目以实践导向学习的模式，促进安泰学生与国际最顶尖商学院最优秀学生之间的沟通和互动。

2017 年 3 月 22 日，首期安泰全球企业诊断项目（Lab）正式启动

表 7-3　安泰经济与管理学院全球合作院校

序号	国家/地区	院校	序号	国家/地区	院校
美洲					
1	美国	美国华盛顿大学 Foster 商学院	13	美国	美国马萨诸塞大学 Amherst 分校，Isenberg 管理学院
2		美国南加州大学马歇尔商学院	14		美国得克萨斯大学达拉斯分校 Naveen Jindal 管理学院
3		美国芝加哥大学	15		美国南卡莱罗那大学 Darla Moore 商学院
4		美国伊利诺伊大学厄巴纳-香槟分校	16		美国西北大学 MEDILL 媒体学院
5		美国宾夕法尼亚大学	17		美国杜兰大学弗里曼商学院
6		美国杜克大学富卡商学院	18		美国普渡大学克兰纳特管理学院
7		美国德雷塞尔大学 Lebow 商学院	19		美国明尼苏达大学 Carlson 管理学院
8		美国罗切斯特大学 Simon 商学院	20		美国夏威夷大学 Manoa 分校，Shilder 商学院
9		美国佛罗里达大学 Hough 商学院	21		美国马里兰大学
10		美国威斯康辛大学 Madison 分校，威斯康辛商学院	22		美国南卡莱罗纳大学 Darla Moore 商学院
11		美国东北大学工商管理学院	23		美国莱斯大学琼斯商学院
12		美国密歇根大学罗斯商学院			

（续表）

序号	国家/地区	院校	序号	国家/地区	院校
24	加拿大	加拿大卡尔加里大学 Haskayne 商学院	30	智利	智利大学商学院
25		加拿大麦基尔大学 Desautels 管理学院	31	巴西	巴西圣保罗大学
26		加拿大维多利亚大学商学院	32		巴西里约联邦大学 Coppead 商学院
27		加拿大不列颠哥伦比亚大学尚德商学院			
28		加拿大皇后大学商学院			
29		加拿大阿尔伯塔大学商学院			
欧洲					
1	法国	法国里昂管理学院	19	瑞士	瑞士苏黎世应用科学大学，ZHAW 管理与法律学院
2		法国格勒诺布尔商学院	20		瑞士圣加仑大学
3		法国北方高等商学院	21	瑞典	瑞典隆德大学商学院
4		法国巴黎政治学院	22		瑞典哥德堡大学经济、商业与法律学院
5		法国 ESCP 欧洲商学院	23		瑞典皇家理工学院管工业工程管理学院
6		法国 ESSEC 商学院	24	英国	英国伦敦国王学院
7	德国	德国欧洲商学院	25		英国阿斯顿大学商学院
8		德国 WHU-Otto Beisheim 管理学院	26		英国利兹大学利兹商学院
9		德国曼海姆大学商学院	27		英国伦敦城市大学 Cass 商学院
10		德国莱比锡管理研究院	28		英国斯特拉斯克莱德大学商学院
11	意大利	意大利博克尼大学商学院	29	爱尔兰	爱尔兰国立都柏林大学奎恩商学院
12	丹麦	丹麦奥胡斯大学商学院	30	奥地利	奥地利维也纳经济大学
13		丹麦哥本哈根商学院	31	荷兰	荷兰伊拉斯莫斯大学鹿特丹管理学院
14	挪威	挪威经济工商管理学院	32		荷兰马斯特里赫特大学工商管理学院
15	比利时	比利时布鲁塞尔自由大学索尔韦经济与管理学院	33		荷兰蒂尔堡大学经济与管理学院
16		比利时 ICHEC 布鲁塞尔管理	34	芬兰	芬兰 Laurea 应用科学大学
17		比利时天主教鲁汶大学管理学院	35		芬兰赫尔辛基 Aalto 大学商学院
18		比利时安特卫普大学应用经济系	36	葡萄牙	葡萄牙天主教大学里斯本商学院

（续表）

序号	国家/地区	院校	序号	国家/地区	院校
37	西班牙	西班牙拉曼鲁尔大学 ESADE 商学院	43	波兰	波兰 Kozminski 大学
			44	土耳其	土耳其科克大学
38		西班牙 IE 大学商学院	45	以色列	以色列特拉维夫大学商业管理研究生院
39		西班牙马德里自治大学			
40	捷克	捷克布拉格经济大学	46		以色列希伯来大学,耶路撒冷商学院
41	俄罗斯	俄罗斯国家经济联邦大学			
42		俄罗斯圣彼得堡大学管理研究生院			
亚洲					
1	新加坡	新加坡南洋理工大学商学院	11	中国（香港）	中国香港中文大学工商管理学院
2		新加坡管理大学	12		中国香港科技大学商学院
3	日本	日本名古屋商科大学	13	中国（台湾）	中国台湾交通大学管理学院
4		日本早稻田大学商业研究生院	14		中国台湾大学管理学院
5		日本庆应大学商学院	15		中国台湾政治大学商学院
6	韩国	韩国高丽大学商学院	16	哈萨克斯坦	哈萨克斯坦阿拉木管理大学
7		韩国成均馆大学商学院	17	印度	印度 MDI 商学院
8		韩国首尔国立大学商学院	18		印度管理学院 Ahmedabad 分校
9		韩国科学技术大学（KAIST）商学院	19	菲律宾	菲律宾亚洲管理学院
10		韩国延世大学商学院	20	科威特	科威特美国大学
大洋洲					
1	澳大利亚	澳大利亚蒙纳士大学商学院	4	澳大利亚	澳大利亚悉尼大学商学院
2		澳大利亚新南威尔士大学澳大利亚商学院	5		澳大利亚墨尔本大学商学院
3		澳大利亚昆士兰科技大学商学院	6		澳大利亚墨尔本皇家理工大学
非洲					
1	南非	南非开普敦大学商学院	2	摩洛哥	摩洛哥 ISCAE 商学院

2010 年来,交大安泰的师资国际化进步明显,目前获海外知名院校博士学位的教师比例已增长至 35.8%。学院和国际著名商学院建立了长期的师资培训协议,如美国麻省理工学院斯隆商学院、美国南加州大学马歇尔商学院、加拿大不列颠哥伦比亚大学尚德商学院等均为安泰制定了相应的教师培养计划。学院教师积极参加国际交流活动,2010 年至 2017 年间,赴国（境）外进修学习、参加会议、学术交流的团组连年递增,总计达到 1090 次。

在项目的设计和授课方式方面,安泰坚持不断向国外先进经验学习,在课程设计、专业设置、项目创新等方面逐步和国际接轨，多层次、全方位地建立国际合作体系。近年来学院在整合自身优势的基础上，开发了模式创新、水准一流又独具特色的安泰全球暑期项目和安泰全球企业诊断项目，为学院高端国际合作与交流起到重要的驱动作用。学院还开设了MIB项目、IMBA项目、全球运营领袖项目（CLGO）、MIT能源高管培训项目，并引进了分别与曼彻斯特大学和新加坡管理大学合作的DBA项目、与澳大利亚新南威尔士大学合作的MBA＋MIB双学位硕士项目、与美国德克萨斯大学达拉斯分校合作的1＋1金融学硕士项目、与美国莱斯大学商学院合作的会计硕士双学位项目、与西班牙IE商学院共同推出的MBA双学位项目以及MIB－MIM项目、与法国ESSEC商学院合作的本科2＋2项目、与香港中文大学以及日本早稻田大学共同合作的亚洲商业课程项目、与丹麦哥本哈根商学院以及挪威NHH经济学院联合开展的双博士联合培养项目等。

在科研方面，安泰一直将国际化、研究型视为发展方向。2014年，学院被批获得"985工程"三期"国际化发展基金"和"国际化环境建设基金"，组织申报的"东盟－中国商学院联盟"项目成功获评"国家级教育对外交流项目"，该项目全国仅设10项，上海交大全校获评的仅此一项。2017年学院教师在SSCI/SCI国际期刊上发表科研论文已达137篇。在国（境）外的一些重要国际学术会议和国际活动中经常有交大安泰的参与，学院现已加入AACSB、EFMD、AMBA、AAPBS、GMAC等国际著名的商学院协会和组织。同时，学院与一些国际知名高校、企业等机构保持着国际科研的合作。其中包括与美国佐治亚理工学院合作建立中美物流研究院，与美国明尼苏达大学卡尔森管理学院合作设置"安泰－卡尔森研究中心"、与美国密歇根大学罗斯商学院合作成立"安泰－罗斯研究中心"等，强强联合，成果显著。

在国际声誉方面，除了各大国际认证、国际排名的喜人成绩不断提升学院的国际品牌之外，学院每两年主办一次的"全球商学院院长论坛"已发展成为亚洲地区规模最大的商学院院长级别峰会，是世界范围内最具影响力和国际化的三个商学院论坛之一。该论坛自2006年以来历经十二年已成功召开六届，每届论坛都特邀40余名国际著名商学院院长出席演讲，有超过45个国家和地区的220名海内外知名商学院院长级别嘉宾注册参会，论坛的演讲嘉宾质量和规模已经在国际业界达到顶级水平，在国际商学教育领域深受瞩目。学院近年来主办的大型国际会议还包括2010年世界计量经济学年会、2011年中国EFMD认证商学院峰会、2015年第二届上海国际投资论坛，以及每年一度的诺贝尔大师中国论坛等。此外，学院还于2011年起开发了国家文化开放日、世界走进安泰系列活动，旨在加强安泰的对外合作与交流，进一步拓宽安泰师生的全球化视野。系列活动邀请来自世界各国政界、商界、文体界等杰出人士，开展包括讲座、会谈、文化日等形式多样的主题活动。这一系列高端活动的成功举办，为学院自身和学校乃至整个中国管理教育界创建了更广阔的国际交流与合作空间。

近年来，学院积极响应国家"一带一路"战略，对接"中巴经济走廊""16＋1"合作框架等国家级重大国际合作战略，不断与沿线国家促成合作，走访了哈萨克斯坦、罗马尼亚、匈牙利、波兰、捷克、塞尔维亚、斯洛文尼亚、菲律宾、泰国、越南等十余个"一带一路"沿线国家，并与以色列希伯来大学管理学院、印度IIMA管理学院、波兰Kozminski大学、科威特美国大学、泰国朱拉隆功大学、哈萨克斯坦阿拉木图管理大学等 10 余个"一带一路"国家的商学院缔结了合作关系。学院的全球商学院院长论坛、MIB、全球暑期夏令营等品牌项目在"一带一路"沿线也影响深远,相关国家的参与人数和参与热情得到显著提高。

四、办学情况

(一)学科建设

学院高度重视学科建设,于 2011 年设立学科建设办公室[①],为各学科的规划和发展服务。自第三轮学科评估以来,安泰认真总结经验,改革创新,在学科布局、以评促建等方面采取了一系列举措,发挥学科优势、补足学科短板,经过几年建设,在师资队伍、科学研究、人才培养和社会服务等各个方面均取得了长足进步,使得学院的学科总体上处于国内领先水平。

2011 年,学院获准设立应用经济学一级学科博士点,并于次年设立博士后流动站。2015 年起,学院学科建设进入快速发展期。当年,理论经济学一级学科硕士点获准设立(2017 年基于学校和学院学科发展的战略安排,理论经济学一级学科点不再建设),管理科学与工程入选上海市 Ⅱ 类高峰学科,工商管理被评为上海高校一流学科。2016 年,工商管理学科在 QS 国际排名中排至全球第 43,位于本土商学院前列,并以"商业与管理"进入教育部"双一流"学科建设名单。

2017 年,"中国最好学科排名"将安泰工商管理列为全国第一。年底,教育部公布第四轮一级学科评估排名,安泰工商管理成绩突出,排名居全国第一档 A+(前 2%,全国参评高校共计 240 所,交大 5 个学科进入该档),较第三轮学科评估排名第 8,位居前 7% 的成绩有了显著提高。管理科学与工程继上一轮学科评估后,再次排名为 A(前 2%~5%,全国参评高校共计 187 所,交大 25 个学科进入该档),比第三轮学科评估排名第 6,位居前 5.9% 的成绩也有了提升,继续保持领先优势。四年一度的全国一级学科评估是对学科建设的大检验,所获成绩是安泰学科建设成效的重要标志,也是全院上下共同努力的结果。

应用经济学一级学科博士点

1986 年,学院国际贸易学硕士学位点获准设立;1996 年,金融学和产业经济学硕士学位点获准设立;2006 年,金融学和产业经济学博士学位点获准设立;2011 年,安泰应用经济学一级学科博士点获准设立,并于 2012 年获准设立博士后流动站。该点所涉及的主要研究领域有金融学、产业经济学、农业经济学、国际贸易学、数量经济学、区域经济学等。在各研究方向上形成了合理的学术梯队,并形成若干有特色的研究团队,研究成果产生了良好的学术声誉和社会影响。

应用经济学专业致力于培养具有扎实的经济学理论基础和其他相关学科知识及方法,能够理论联系实际,具有较强研究和创新能力的专业人才,每届招收学术型硕士 25 人左右,学术型博士 15 人左右。

---

① 2015 年学院调整组织机构,学科建设办公室与科研办公室合并,改称为"学科建设与科研办公室"。

（二）本硕博办学情况

1. 本科生项目

2010年至今，安泰经济与管理学院共有经济学、金融学、国际经济与贸易、会计学和工商管理5个本科专业，按照经济学类和工商管理两个大平台进行招生，平均每届招收250人左右，目标在于培养拥有全球化视野、坚实理论基础和宽广知识背景，知晓国内外现代社会经济环境，掌握有效学习方法与持续学习的能力，能够综合运用所学知识、工具研究并解决问题，沟通技能良好，适应性强，国际竞争力高的复合型经济管理人才。安泰经济学类专业多年来一直是考生关注的高热度专业之一，高考录取线在全校名列前茅，其中金融学专业自2012年起持续蝉联武书连大学学科和专业排名全国第一，与工商管理专业一并被列入A＋＋专业。目前，学院共有本科生在读1 222人。

1）招生模式

（1）经济学类。

经济学类专业直接从社会高考招收学生，入学后不分专业，统编进入经济学类学习。2010年起，经济学类平台从第三学年开始分出经济类和经济类试点班两个方向，并选拔学生进入试点班。至三年级下学期，经济类、经济类试点班学生开始专业分流。经济类学生可选择的专业方向有：经济学、金融学、国际经济与贸易；经济类试点班学生可申请的本科专业有：经济学、金融学。

2011年后，学院将经济学类大平台的专业选拔提早到一年级下学期，并在经济类试点班之外增加了会计学专业选拔，大二开始分为：经济类、经济类试点班和会计学，前二者仍于大三下学期进行专业分流。同年，学院与数学系、电子信息与电气工程学院、机械动力工程学院共同打造的本硕贯通班（金融－数学本硕贯通班、工科－管理本硕贯通班）第一届学生入校学习，这是学校院系之间培养交叉学科人才的有益尝试。会计学本科专业课程于2011年顺利通过香港会计师公会评审获得认证，2014年后，会计专业重归工商管理类平台下进行招生。

（2）工商管理类。

2010年，为深入推进复合型人才培养模式，安泰推出了工商管理本科专业（Bachelor of Business Administration，简称BBA），旨在培养掌握管理基本知识和技能、了解中国经营环境和企业运作，具备国际视野、善于分析和解决问题并具有沟通技能和职业道德的复合型工商管理人才。BBA采用工科＋管理复合型、创新型人才培养模式，停止从社会高中招生，转而针对本校内有理工科背景的本科生进行工商管理专业教育和培养。BBA招收的学生大学前二年在本校理工科院（系）中学习，后二年进入安泰经济与管理学院工商管理专业学习。经过学习达到该专业毕业要求的学生将获得工商管理专业毕业证书和管理学学士学位。2010级－2014级共招收BBA学生113人。

2014年后，社会对商科专业的重视愈加提高，为响应高考生不断增加的商学院志愿选择，安泰工商管理类专业决定恢复从社会高考直接招生，入学后不分专业进入工商管理类学习，大一下学期进行专业分流，专业方向有会计学、工商管理。

（3）国际经济与贸易（体育特长班）。

按照上海交通大学本科招生政策，学院每年招收体育特长生，单独编班攻读国际经济与贸易专业。

表 7-4　安泰经济与管理学院现行本科专业设置

学期	1-2学期	3-4学期	5-6学期	7-8学期
本科专业设置	经济学类	经济类	经济学	
			金融学	
			国际经济与贸易	
		经济类试点班	经济学（试点班）	
			金融学（试点班）	
	工商管理类		工商管理	
			会计学	
	国际经济与贸易（体育特长班）			

2018年，学院将按照经济与管理实验班大平台招生，并按照 QS 分类标准将本科专业分为四个大类（经济与计量经济、会计与金融、商业与管理、统计与运筹），每个大类设若干专业（经济学、国际经济与贸易、会计学、金融学、市场营销、人力资源管理、信息管理与信息系统、商务数据分析），采用"主修＋辅修"模式进行培养。培养计划分通识课程、专业课程、研究实践类课程、个性化课程四个模块，目标在于通过系统的理论和工具课程的学习、丰厚的科研和实践活动的开展，从而培养具有坚实的现代经济学和管理学理论基础，具备知识转换能力、学习新知识和新技能的能力、适应能力和国际竞争力的优秀经管人才。

学院计划每年招收平台学生 270 人（国内学生约 220 人，留学生约 50 人）。学生于第 1～2 年进行通识和专业基础教育，第 3～4 年进行专业深度教育。学生可分别在第 4、第 6 学期申请主修、辅修专业，辅修专业可跨大类修读。该模式充分尊重学生专业选择的意愿，同时强化了复合型教育培养，以期为社会培养出更多知识面广、适应性强、实践力高的经管人才。

2）特色项目

（1）经济类试点班。

学院自 2010 年开办经济类试点班，旨在培养起点高、基础厚、具有社会责任感、全球化视野和国际竞争力的经济学人才，为国家和世界培养未来的经济学家。该班设有专门的课程体系，以强化学生的数学和经济学基础教育，注重对学生进行严格、规范的主流经济学研究范式以及研究能力的训练。该班为每位学生配备导师，并为优秀学生提供海外半年～一年的交流学习机会，以培养潜在高端经济学学术人才。

（2）ACCA 国际班。

学院 ACCA 国际班旨在培养熟悉国际惯例、熟练掌握外语、拥有国际资格、能够直接参与国际竞争的会计专业人才，至今已成功开办十五届。学院学生在完成大学一年级平台课程之后，经过双向选择，从二年级或三年级申请加入 ACCA 国际班。

ACCA 班注重对学生的基本素质和适应性、组织性、协调性的培养，不仅要求其掌握会计学科的理论知识和基本技能，突出计算机和理工学科基础在该学科的广泛应用，还将 ACCA 考试课程作为核心专业课程体系，全部参考 ACCA 的原版英文教材，进行双语授课，并邀请香港会计师培训公司（HKCA）提供 ACCA 课程培训。

特许公认会计师公会（The Association of Chartered Certified Accountants，简称 ACCA）成立于 1904 年，是目前世界上最负盛名的国际会计师团体，以培养国际性的高级会计专家和财务管理专家著称，被誉为"财务界的 MBA""会计师界的金饭碗"，其资格在国际上得到广泛认可。

2. 硕博研究生教育

1）全日制科学学位硕士、博士项目

安泰经济与管理学院全日制硕士项目致力于培养具有国际化视野、丰厚专业理论和跨学科知识、较强实践能力和创新能力、学术型和应用性并重，适应现代社会需要的高级经济、金融、管理专业人才。学院全日制硕士项目有管理科学与工程、工商管理和应用经济学 3 个一级学科点和西方经济学 1 个二级学科点（2003 年获得），通过统考、校内外推免（优才夏令营）进行招生。其中，优才夏令营已成为安泰硕士招生品牌项目，优质生源率年年攀升，近六年来平均达到 89.1%，2017 年报录比达到 20.6∶1。学院全日制硕士项目目前每年招生约 140 人，现有在校生人数 413 人，其中留学生 163 人。该项目学习年限为两年半，包含一年半课程学习阶段。硕士生除完成学院所规定的课程以及学位论文外，在答辩之前需至少以上海交通大学第一作者身份发表或录用一篇与学位论文主要内容相关的学术论文。符合条件的颁发硕士研究生毕业证书，并授予硕士学位证书。

安泰全日制博士项目旨在培养具有扎实的理论基础和宽厚、复合、外向的知识结构，熟练掌握数学、经济分析工具，善于发现、解决问题，拥有严密的逻辑思维能力和较强的理论创新能力的高层次研究型人才。学院全日制博士项目有管理科学与工程、工商管理和应用经济学 3 个一级学科博士点，通过硕博连读、入学申请和统考三种途径招录学生，每年平均招生 45 人左右，目前在校生人数 242 人，包含留学生 12 人，优质生源率稳步上升，近三年优质生源率平均达到 80%。博士项目学制 4 年，修完规定学分并完成毕业论文答辩后可获得研究生毕业证书和相应一级学科博士学位。

2）特色项目

（1）国际商务硕士项目（MIB）。

为了吸引更优秀的国际学生加入安泰经管学院，培养有跨文化背景，了解中国经济、历史、文化、法律、政策，掌握中西方管理理论和方法，通晓中国经营之道且具有国际视野的管理与商务人才，安泰自 2013 年建立全英文国际商务硕士项目（Master of International Business，简称 MIB），首届精收 10 人。2014—2016 年为项目品牌逐渐建立并快速发展的阶段，招生人数显著增加：2014 年招生 34 人，2015、2016 各招生 73 人，60% 以上为欧美学生，生源质量和结构明显优化。2017 年开始项目进入稳步发展阶段，生源质量优秀，欧美发达国家的生源占比达 76%。目前,MIB 项目已成为安泰与上海交大全英文教学项目的旗舰品牌,为学院与学校的国际化做出了显著贡献。

（2）硕博连读项目。

2006 年,学院推出了硕博连读特色项目,在三个一级学科博士点下招收学生,目前每届规模约 30 人。硕博连读项目学习年限 4～5 年。项目课程第一年以学科基础课为主,第二年以方向核心课和前沿选修课为主,以提高学生专业知识的精深程度和对本学科及相关专业前沿领域的全面了解,培养学生研究能力和创新性能力。课程学习后,学生进入学术研究和论文写作阶段,学院通过鼓励学生出国访学、参加国际会议、发放优秀论文奖学金等方式不断促进学生提升学术研究能力并收获学术成果。学生在培养期间需完成培养方案规定的课程学习,修满学分,发表论文达到《上海交通大学关于研究生在学期间发表学术论文要求的规定》之后,方可申请参加博士学位论文答辩。

（3）国际博士项目（管理科学与工程和工商管理领域）。

学院自 2013 年开始在管理科学与工程和工商管理领域设置了国际博士（IPHD）项目,该项目拥有国际化的师资和学术环境,并设置一流的讲座和研讨会以及国际交流学习的机会,旨在培养具有系统管理知识体系,身怀较强研究能力、创新能力、沟通能力和解决问题的能力,能够在一流的教育或研究机构中担任科研和教学工作的优秀人才。学制 5 年,课程学习原则上要求在一年半至两年内完成,第一年为专业基础课程,第二年为各专业方向的核心课程和选修课程,除选修课程外,均采用全英文授课;第二学年末可申请海外学习,通过资格考试者即进入海外学习和论文准备阶段,学术论文需在国外期刊发表。

（4）联合培养博士生项目（应用经济学领域）。

学院在应用经济学领域设置了联合培养博士生项目,旨在培养高层次优秀经济学学术研究人才。该项目直接选拔本科四年级优秀学生进行培养,前二年进行与国际一流大学接轨的课程学习,第一年为基础核心课程,第二年专业课方向课与海外高水平教授共建,包括与交大高级金融学院引进的教授共同建设部分金融学课程,第三年起由学院教授联合国际知名大学教授进行学术研究指导。

注:2015 年,学院对国际博士和联合培养博士的培养模式进行了整合,三个学科相关的培养模式和鼓励政策等趋同一致。

3）专业学位硕博项目

继成为首批获准设置会计专业硕士（MPAcc）学位项目的院校之后,上海交大安泰又接连被列为全国首批获准设置金融专业硕士（MF）和审计专业硕士（MAud）的院校之一。

（1）会计专业硕士（MPAcc）。

安泰自 2010 年起招收全日制会计专业硕士。该项目依托学校和学院管理学科和经济学科的综合优势,以国际化、战略型、管理型为项目特色,以培养国际化、战略型超越财务总监的企业高端管理人才为己任,不断创新培养体系,全力育成一批具有敏锐的洞察力、缜密的思考力、非凡的领导力、精准的执行力并乐于终身学习的高层次、高素质、全方位的会计专业人才。项目每届招生 35 人左右,多年来已为全国各地输送了大量的会计专业管理人才,获得了较高的社会声誉。

（2）金融专业硕士（MF）。

教育部于 2010 年批准设立了金融专业硕士学位（Master of Finance，简称 MF），安泰于当年获准进行招生，并于 2011 年开班，至今已历 7 届，目前每届招生 45 人左右。金融专业硕士旨在培养掌握现代金融前沿理论、熟悉国内外金融实务的高层次、应用型金融专业人才。项目强调三个特点：知识结构的国际化和专业性、熟悉金融专业岗位的具体实践技能、面向上海国际金融中心建设的高素质、高层次人才。在项目师生的共同努力下，安泰 MF 项目已在国内高校和社会上树立良好口碑，并在 2015 年全国金融硕士专业学位授权点专项评估中名列前茅。

（3）审计专业硕士（MAud）。

审计专业硕士（Master of Auditing，简称 MAud）项目是为了适应我国社会经济发展对审计专门人才的迫切需求，完善审计人才培养体系，创新审计人才培养模式，提高审计人才培养质量，而设置的专业学位，旨在培养具备良好的政治思想素质和高尚的审计职业道德素养，系统掌握现代审计学基本理论及相关领域的知识和技能，具有开阔的国际视野、较强的专业实战能力、能够创造性地从事政府审计、注册会计师审计和内部审计工作的高层次应用型审计专门人才。上海交通大学是首批批准开展审计硕士专业学位教育试点工作单位中仅有的 2 所 C9 高校之一，并且是上海唯一招收审计硕士的 985、211 高校。安泰于 2011 年起招收全日制 MAud，2012 年开班，至今已开展 6 届，每届招生 10 人左右。

（4）工商管理学博士（DBA）。

安泰国际合作 DBA（Doctor of Business Administration）项目是学院唯一一个中外合作的在职博士学位项目，分别与英国曼彻斯特大学 Alliance 商学院和新加坡管理大学李光前商学院合作开展，致力于打造引领中国未来的商界领袖，培养兼具卓越领导力和科研精神的高层次国际化管理人才。

上海交大－英国曼彻斯特大学 DBA 项目自 2011 年开办至今，是华东区唯一一个获得教育部认证的管理学博士学位教育项目，被公认为具有"严谨的学术理论和务实的实践研究"，采用全英文教学的英式博士培养模式。

上海交大－新加坡管理大学 DBA 项目开办于 2017 年，采用了双语教学的美式博士培养模式，旨在为商界领袖提供一个用理论解决商业实践问题的机会，突破行业管理思想界限，为高层管理人员提供将教育作为第二职业的路径。

安泰国际合作 DBA 项目学员多为各行业领军人物，随着学员不断毕业离校，他们扎实的学术贡献对业界影响广泛，获得多方好评。安泰 DBA 已成为业内最新动向的风向标。

表 7 - 5 安泰经济与管理学院现行硕、博一级学科专业列表

学科类别	管理科学与工程	工商管理	应用经济学
硕士	a. 金融工程与风险管理 b. 优化与运作管理 c. 信息系统及管理 d. 技术创新及管理 e. 管理决策科学	a. 组织行为与人力资源管理 b. 企业战略管理 c. 运营管理 d. 市场营销管理 e. 技术经济管理与创新 f. 旅游管理 g. 会计、审计(专硕)	a. 金融(专硕) b. 国际贸易学 c. 产业经济学 d. 农业经济管理
博士	a. 金融工程及风险管理 b. 优化与运作管理 c. 信息系统及管理 d. 技术创新及管理 e. 管理决策科学	a. 企业战略管理 b. 市场营销与战略 c. 供应链与物流管理 d. 组织行为和人力资源管理 e. 企业伦理与管理 f. 会计与资本市场 g. 公司财务与治理	a. 金融学 b. 产业经济学 c. 国际经济与贸易 d. 数量经济学 e. 区域经济与城市经济 f. 农业经济学

3. MBA 教育

1) 招生及课程

交大安泰 MBA 项目 1993 年开办至今,致力于培养具有品行正、视野宽、基础实、创新力强、人文底蕴深厚的商界领袖和业界精英,培养学生具有较高道德情操、全球化视野、系统的工商管理知识、综合运用知识和自主创新的能力。开办 25 年来,已招收上万名 MBA 学员,并于 2012 年底成立交大安泰 MBA 深圳教育中心。

安泰 MBA 项目自 2008 年在全国首推提前面试政策以来,在坚持"公开、公正、公平、公信"的基础上,不断革新招生政策,实现了从追求生源数量向生源质量的成功转型,获得了社会各界的一致好评,成为全国 MBA 院校招生改革的引领者。2011 年,项目获批进行专业学位研究生教育综合改革试点工作。课程改革最早从 2010 年 3 月开始启动,经过一年半的细致研究和反复讨论,新版培养方案在部分 2011 级学生中试行,并从 2012 级起全面实施。新版 MBA 方案进行了"一大调整、双向延伸"的重大变革,争取通过努力,使自身成为国际一流兼具中国特色的顶尖 MBA 项目。

"一大调整"是指将集中学习的 MBA 课程分类简化为核心课、选修课两大模块。核心课主要搭建基本知识框架和主体思路;选修课则丰富知识,拓展视野,进行软技能培养。同时,尝试增加具有知识整合性和实践性特点的整合项目,并加大学生全球化学习、交流的力度,提升现有海外交换项目,鼓励 MBA 学生赴海外参观学习。各模块之间承上启下,通过"剖析－整合－深化－再整合"的学习过程让学生逐渐领悟所学知识。

"双向延伸"包括向开学前、毕业后延伸。"向开学前延伸"指在正式集中学习开始的前

四个月（即 5~8 月）进行学前教育，针对领导力提升和团队沟通建设，为正式的 MBA 学习奠定良好基础；"向毕业后延伸"指对 MBA 校友实行终身化教育，学生毕业后仍可随时回校学习，参加选修课程和讲座论坛，申请创业基金。

同时，项目构建了一系列保障体系，强化对课程教学的过程管理，推进核心课程组活动，加强课程教授间的沟通联系，将优秀的教学理念、教学组织过程和教学方法等标准化、程序化。项目加强教师梯队建设，建立核心课程师资聘任制，并完善各类教学激励机制；还成立了教师委员会，设计了教学投诉仲裁机制，以保证项目的高质量运行。

现今，安泰 MBA 课程主要分为全日制国际 MBA 项目（IMBA）、全日制中国全球运营领袖项目（CLGO）、非全日制 MBA（综合 MBA、金融 MBA）三大类。其中，安泰 IMBA 项目是国内首家全英文授课、生源国际化的本土国际 MBA 项目。安泰与加拿大 UBC 尚德商学院、新加坡南洋理工大学、法国马赛商学院长期建立合作办学，以"基于中国的国际化"作为办学的基本思路和特色，从课程设置、教材选择、教学模式应用、师资队伍建设、学生来源全方位贯彻国际化 MBA 的办学理念，致力于培养既有全球视野，又立足本国市场的国际化高端管理人才。非全日制 MBA 项目致力于培养懂管理、会经营，具有国际视野和创新精神的复合型人才，课程重视结合经典理论与中国实际，着重培养学生创新和创业能力，以满足各行业对经营管理人才的需求。

中国全球运营领袖项目（China Leaders For Global Operations，CLGO）作为国内首个全日制、跨学科的双硕士学位项目（MBA 和工程硕士），由上海交通大学安泰经济与管理学院、机械与动力工程学院和电子信息与电气工程学院联合发起。CLGO 项目前身为 2007 年开办的上海交大 CLFM 项目，2010 年 7 月 1 日，经管理委员会批准正式改名为 CLGO（中国全球运营领袖）项目。该项目采用 MIT 久负盛名的"全球运营领袖"（LGO）项目模式，特别强调理论和实践的同步，通过与国内外多家先进企业深度合作，建成了代表国际先进制造及运营管理水平的实践平台及网络。CLGO 项目每年组织本院学生与 MIT 学生联合组建项目小组，为中外企业提供咨询服务，提高了学生对跨学科复杂问题的分析和解决能力，也使合作企业获益良多。CLGO 项目分别于 2010、2014 年获得上海交通大学教学成果一等奖、上海市教学成果一等奖。

CLGO 同学在美国 Intel 大楼前合影留念

CLGO 同学在 MIT 与 LGO 师生课后合影留念

表 7 - 6　安泰 MBA 项目历年开展情况

入学年级	入学人数	毕业人数	经贸委班	全日制班	全日制国际班	CLGO班	金融班	技术班	业余班	深圳班	新加坡班	山东班
1993	27										1	
1994	84								1	1	1	
1995	40								1		1	
1996	81	27							2		1	
1997	269	84	2						4	1	1	
1998	344	40	2						6	1	1	1
1999	324	81	2	1					4	1	1	
2000	352	233	2	1					4	1	1	
2001	347	332	2	1	1			1	4	1	1	
2002	488	336	2	2	1			1	4	1	2	
2003	585	297	3	1	1		1	1	3	1	2	
2004	554	417	3	1	1		1	1	3	1	2	
2005	527	538	2	1	1		1	1	3	1	2	
2006	557	536	3		1		1	1	4	1	2	
2007	544	477	4		1	1	1	1	3	1	1	
2008	543	517	3		1	1	1	1	4	1	1	
2009	475	502	2		1	1	1	1	4	1	1	
2010	492	521			1	1	1	1	6	1	1	
2011	532	526			1	1	1	1	6	1	1	
2012	594	431			1	1	2		6	1	1	
2013	582	485			1	1	1		7	1	1	
2014	566	483			1	1	1		7	1	1	
2015	547	580			1	1	1		7	1		
2016	581	532			1	1	2		6	1	2	
2017	675	550			1	1	1		8	1	2	
总计	10710	8525	32	8	17	11	16	11	107	22	31	1

2）鼓励创新创业

安泰率先在我国打造了 MBA 创新与创业特色教育，通过创业课程、创业大赛和创业基金，构筑了从创业理论到创业训练再到创业实践"三位一体"的体系。项目开设《创新精神与创业管理》选修课程，兼顾培养职业经理人和创业者的需求，塑造学生的创新思维，发展其创新管理知识以及外部资源获取能力,并通过设计创业计划来获取实践创业的机会。

项目从 2007 年起以学院的名义组织年度"中国 MBA 创业大赛",经过不断发展,现已成为全国性的 MBA 著名赛事,每年有上百支来自港台和大陆著名商学院的 MBA 创业团队报名参赛,一大批参赛项目被各类投资机构看中。参赛者通过比赛能获得专家现场指点;整合创业资源,体验创业团队管理;并接触更多的天使和风险投资人,为创业融资创造条件。

MBA 创业大赛

2011 年 11 月,学院与上海市大学生科技创业基金会共同设立"安泰 MBA 创业专项基金",双方总投入 2000 万元,全力支持安泰 MBA 学生和毕业五年之内的校友创业。资助期内,创业基金不分红,不收取利息,与创业者共同承担创业风险,还为创业者提供对外宣传、创业指导、成果转化、合作开发以及再融资和融资担保等服务,是真正的"天使"公益基金。创业基金的设立标志着交大安泰 MBA 的创新创业教育真正从理论和模拟走向了实践,形成了从创业课程、创业大赛、创业沙龙和创业基金的一体化教育。基金现已成功资助了一批安泰 MBA 校友才俊实现了创业梦想,并于 2014 年荣获上海市大学生创业基金会优秀分会奖。

此外,学院积极营造创新与创业文化氛围,每年举办几十场创业论坛或创业沙龙,MBA 同学会创业俱乐部和安泰 MBA 创业俱乐部也定期组织创业者沟通交流,并鼓励学生将创新意识和创业家精神根植到本职工作岗位上,为培养创新型的企业家奠定良好的基础。

3）国际交流与合作

安泰 MBA 十分注重开展国际交往,目前已建立了广泛而扎实的国际联系网络。近年来,每年都有四到五所国际优秀院校与安泰 MBA 签订交换合同,至 2017 年,项目已与美国、加拿大、澳大利亚、英国、意大利、德国、法国、新加坡、比利时、丹麦、韩国等 20 多个国家的百余所知名商学院建立了长期友好国际合作关系。

项目也积极与各种优秀国际组织建立友好联系。交大安泰是 GMAC(管理专业研究生入学考试委员会)内地五个成员之一,安泰 MBA 得益于 GMAC 的广大平台,与全球各地知名商学院建立良好互动,见证世界商科教育的发展。安泰 MBA 亦是 CFA 协会的重要合作伙伴,并通过合作增进学生对于 CFA 考试的了解,促进其报考积极性,帮助其有效建立金融界人脉。

为了加快学院国际化进程,更好地为学员服务并提供更多境外交流学习机会,安泰

MBA 项目提供了如双学位项目、海外交换项目、海外游学项目等不同种类的国际项目。

（1）双学位项目。

双学位项目有助于学生深入了解东西方商业环境和文化差异，提高国际管理水平和综合竞争力，为国际化职业发展奠定坚实的基础。2012 年以来，安泰陆续与美国斯隆商学院、西班牙 IE 商学院、澳大利亚新南威尔士大学、美国莱斯大学、美国杜兰大学、法国 ESCP 等六所高校合作建立双学位项目，目前仍与其中 4 所大学维持项目发展。

（2）海外交换项目。

安泰 MBA 每年选派优秀学生赴国外参加为期 3～6 个月的交换学习，近年来，海外交换名额达到年均 80 多个，分别来自北美洲、欧洲、亚太地区等近 50 所全球知名院校，大多数院校最新排名都在本国或本地区顶尖之列，并不断进行结构调整、优化。

项目接收的国际交流生也逐年增加，近三年共接收来自美国、英国、法国、澳大利亚、捷克、日本、加拿大、德国、新西兰、中国香港等地交流生 120 余人。项目为每一名国际学生安排一名中国学生作为"生活向导"，为他们提供帮助；组织丰富多彩的文体活动，创建增进友谊、融合团队的平台；每周为国际学生提供免费的中文课程，帮助其了解中国文化；安排诸多公司访问、嘉宾演讲和行业俱乐部活动，以便让国际学生更好地了解中国商业环境。项目全心全意的服务，获得了来访交流生的高度评价和推荐。

（3）海外游学项目。

游学项目已经是安泰 MBA 教育服务延伸的重要一环，于 2012 年首次开展。目前，项目每年组织 180 名左右学生参加境外游学，根据学员和校友的需求量身定制境外游学和考察行程。让学生通过对知名商学院的访问和学习，以及与国际知名教授的近距离交流，切身感受顶级商学院的培养模式、授课风格、学习氛围；通过企业参观，与实业界人士就热点经济管理话题进行深入交流。海外游学项目精品化运作，在就读学员中有良好的口碑，参与学生规模稳定递增。

4）社会贡献

为促进中国西部 MBA 教育事业的发展和提高，全国工商管理硕士（MBA）教育指导委员会（简称 MBA 教指委）实行了一系列西部 MBA 师资开发及办学能力建设的计划，希望通过东、西部合作，提高西部院校的师资水平和办学能力，建设具有较高水准和质量的 MBA 教育项目，培养更多、更优秀的管理人才，以解西部经济发展之急需。

2008 年 9 月至 2011 年 8 月，上海交大安泰与四川大学工商管理学院、西南交通大学经济管理学院和电子科技大学经济与管理学院建立了合作关系，接收了来自四川大学、电子科技大学、西南交通大学的 19 位 MBA 教师和 8 位 MBA 项目职员来院进修，并派遣 12 位院内教师前往三校交流授课。2012 年 9 月至 2015 年 3 月，交大安泰又接收了海南大学、宁夏大学、青海民族大学、石河子大学、昆明理工大学和云南财经大学共 15 位 MBA 教师来院进修。通过开展师资交流与培训，帮助六所院校的 MBA 师资水平、项目管理能力、办学能力以及科研和学术能力。在两次合作项目中，各院校均顺利完成了既定目标，在 MBA 师资水平、办学能力以及科研和学术能力等诸多方面互促共进，都获得了良好的发展。

5）社会声誉

多年的用心经营，使安泰 MBA 项目在国内外收获了良好的社会声誉。近年来，已获得"2010 年度商学院杰出贡献奖"（教育部中国教育网、中国教育在线）；"2011 中国 MBA 成就奖—MBA 顶级院校奖"；在 21 世纪传媒发起的"2010－2011 年度 21 世纪商学院竞争力调研"中，业余制 MBA 项目获"最具品牌竞争力 MBA 项目"，CLGO 项目获"中国特色竞争力 MBA 项目"；2012 年跻身《经理人》杂志年度"中国最佳 MBA"前三甲，并获中国 MBA 领袖年会"2012 年度中国十大 MBA"奖（全国 MBA 教育指导委员会、中国职业经理人协会指导，中国 MBA 联盟）和"2012 年度最具创新商学院"奖（教育部中国教育网、中国教育在线）。项目自 2013 年起连年获得如新华网、新浪网、腾讯网等各大网络媒体发布的年度中国影响力 MBA 类奖项。2018 年，项目在英国《金融时报》MBA 排名中复登全球第 34 位，连续三年稳居全球四十强，薪资增长率和就业率再度排名全球第 1；2018 年《金融时报》还首度发布了"全球女性 MBA 排行榜"，交大安泰 MBA 项目一举夺得榜首。

4. EMBA 教育

1）招生与课程

安泰 EMBA 项目自 2002 年开办以来，秉承上海交通大学"天地交而万物通，上下交而其志同"的精神，以"贡献管理智慧，培养有德的领导者，引领经济社会发展"为使命，旨在以综合性大学的学术研究和知识创造为核心，搭建创新课程体系，培养具有全球化视野、战略性思维、卓越领导力和社会责任感的领导者，并使自身发展成为具有学术和市场影响力的国际一流 EMBA 项目。

面对复杂严峻的市场形势，安泰 EMBA 项目坚持以"深化内涵、狠抓质量、科学发展"为指导思想，以"培养领导力"为主线，提升品牌为目标，稳定推进课程体系改革，深化课程内涵，加强师资建设，开展各富特色的班级活动，不断细化招生、教学、市场、校友等工作。项目持续加强与企业、行业协会和媒体的深入合作，运用外脑和力量创新，提升软实力，服务经济社会，促进内外平台互动与战略合作，以联合策划与多维度互动打造交大安泰 EMBA 品牌。

交大安泰 EMBA 同学毕业合影

近年，教育部不断以高标准、严要求来规范全国高校 EMBA 项目办学，2016 年出台了《教育部关于进一步规范工商管理硕士专业学位研究生教育的意见》2 号文件，规定从 2017 年起所有 EMBA 考生需参加工商管理硕士专业学位全国统一入学考试。安泰依照教育部要求,在全国招生率陡降的形势下,通过强大的品牌优势和不断的项目创新,成功跻身EMBA联考界招生第一梯队。2018年,安泰EMBA再度凭着优秀的办学质量和国际声誉趁势而上,实现了申请人数、联考报名人数、录取人数三大突破,创造了联考时代的新纪录。

课程建设是安泰EMBA的生命之源。秉承"年年有革新,四年一改革"的原则,安泰EMBA始终坚持教学实践思考和课程效果跟踪制度,不断提升师资水平,持续优化课程体系。在师资方面,项目在重视海外师资的同时,近来着力培养具有优秀海外教育背景的"交大系"师资。相比前者,后者既明了中国经济和企业的实际情况,又熟悉国际经济大局和发展趋势,在进行大量国内企业实践研究后,能够准确理解中国经济发展的现状与未来,汇集优秀的管理理念、理论和方法,将教学与实践有机结合,助力中国企业家抓住时代脉搏。在课程方面,项目于2014年进行了第四次课程体系改革,优化原有课程,提升"赢利模式、绩效提升、领导力反思"三大整合项目的内涵,新增"创新＋、金融＋、互联网＋"三个"加"模块,依托学校综合型大学的雄厚实力推出"交大探究"模块,将技术、工程、医学与管理学科进行融合创新,为学员打开深入了解交大其他学院和学科发展的窗口,整合菁英校友资源,实现商工结合和产业对接,对中国体制内商学院EMBA课程改革起到了标杆作用。改革后的课程体系对学分、学时有更为严格的要求,以保证交大安泰EMBA学生的高含金量①。

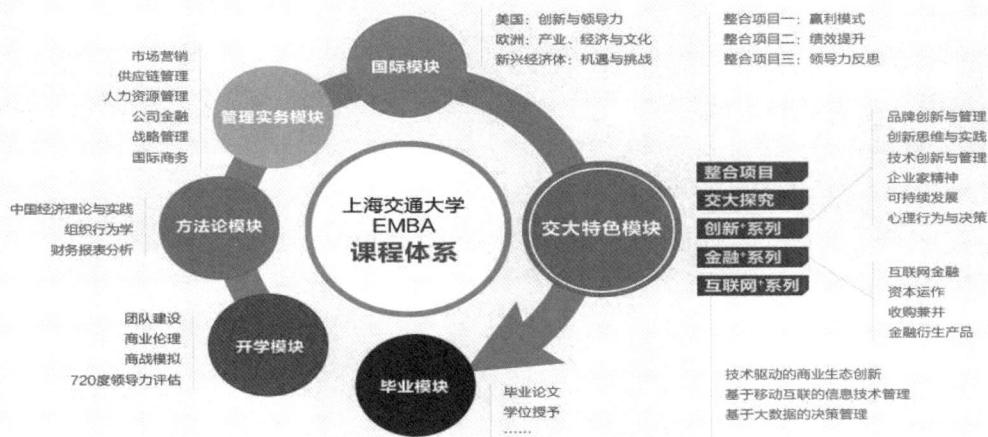

安泰 EMBA 现行课程体系

2)公司赢利模式大赛

在极具交大特色的课程体系中,包括"公司赢利模式大赛"在内的三大整合项目作为安泰EMBA的整合性体验式教学模块,已成为商学院教学从理论走向实践再走向产业的一个风向标。其中,"公司赢利模式大赛"自2002年召开以来,已成功举办了28届。大赛凝聚智慧精华,涌现过许多杰出案例,项目将其成果集结成册,陆续出版了《盈利胜经》(2005)、《盈

---

① 2014版EMBA课程体系要求学生必须完成36学分,课内学习不低于576学时方可获得学位。高于国家教育部2002年64号文件规定高级管理人员工商管理硕士(EMBA)必须修满32学分,课内学习不低500学时的要求。

利模式新突破》(2007)、《盈利模式 3.0——变革时期的竞合》(2009)、《盈利模式 4.0——网络时代企业盈利模式新突破》(2012)和《赢利模式：企业战略的原点》(2018)，获得广泛的社会关注。许多参赛案例直接得到产业化，或受到注资，或最终上市，产生了如成功登陆美国纽交所的"易居中国"，主板上市的休闲食品品牌"来伊份"，在创业板成功上市的"巴安水务"，在新三板成功挂牌的"巨灵信息"，全国首家数字化有机农场"一亩田"，开创"网络商城＋实体体验"材料采供新模式的"绿城电商"，打造中国最大公路物流网络交易平台的"上海申丝"，融入异域文化的餐饮品牌"耶里夏丽"，"五芳斋"衍生品牌"优米一家"，以及中国唯一一家阿胶生产示范基地"东阿国胶堂"等一批极具成长性的企业。

EMBA 公司赢利模式大赛

2010 年，为加深两岸 EMBA 学生的了解，让两地学生以创意会友，以自身企业模式交集新的商业思想，上海交大安泰 EMBA 与台湾新竹交大管理学院 EMBA 联合主办了首届"海峡两岸赢利模式菁英邀请赛"。该赛事每两年轮流在沪、台举办，为两岸 EMBA 企业家搭建起良好的商业沟通平台，为两岸经济合作和交流做出了积极的贡献。2016 年，第四届邀请赛已在台湾成功召开。

3）国际交流

作为学院国际化建设的重要环节，EMBA 着重提升学生的国际化管理水准，以适应全球化竞争态势。从 2004 年首届赴美游学以来，安泰 EMBA 的海外课程主要包含 6 条线路：美国《创新与领导力》课程、英法《产业、经济与文化》课程、德国《工业 4.0》课程、以色列《机遇与挑战》课程、新加坡《探秘新加坡模式》、台湾《产业升级与转型》。以上课程通过让学生在海外一流商学院和知名公司深入学习，开阔视野、体会差异，进行思维转换，实现改革创新。

同时，安泰 EMBA 积极与国际知名高校共同设立精彩的合作办学项目——①新加坡南洋理工大学 EMBA 项目。南洋理工大学是全球顶尖五十强大学中发展最快的学校，在 2015 年 QS 世界大学排名榜中名列第 13 位。交大－南洋 EMBA 项目多元化、国际化、独树一帜而又严谨创新，曾连续两年被评为中国市场最具领导力的 EMBA 合作项目第一名。全球移动课堂是该项目课程的一大特色，有许多授课教授是政府机构的高层管理人员以及知名企业的总裁和顾问，学员们师从治学一流的学术权威和商界精英，均获益不浅。2017 年，交大－南洋联手推出了新版南洋 EMBA 项目，项目定位于"全球经济、国际前沿、中国机遇"，秉承"顶天立地"的办学理念，以期培养更具国际竞争力的经济管理者。②上海交通大学－美国南加州大学全球 EMBA 项目（GEMBA）。项目发展后期，有 50% 的学生来自美国、德国、韩国、日本等 15 个国家或地区，是名副其实的国际化 EMBA 项目，于 2016 年荣获"上海市示范性中外合作办学项目"。后由于南加大全球项目进行战略调整，该项目于 2017 年停办。③上海交大－法国马赛商学院双学位 EMBA 项目。自 2002 年设立以来，交大－马赛项目通过实战型的学习，提升领导者的战略视野与领导力，并打造国内与国际个人品牌。后因安泰国际化合作办学进行战略调整，该项目于 2016 年停办。

4）国内合作

安泰 EMBA 积极与各地区、各行业组织、各大企业展开深度合作，与上海市委组织部、贵州省委组织部、广西区委组织部、河南工信委、宁波江北区、上海金山区政府、闵行区科委、上海市城市规划设计研究院、中国银行、交通银行、中信银行、中石油、中石化、中移动、上海市电力公司、海尔集团、海航集团、均瑶集团、上海良友集团、光明乳业、来伊份、上海实业、伊甸之林、丽人丽妆、外联出国、哥伦比亚、斐讯、国泰君安、一嗨租车等众多知名企业达成了战略合作关系。安泰 EMBA 尤其重视与上海各区以及外省市各地的合作，以期为地区建设添加己力。2011 年 10 月，上海交通大学与广西壮族自治区共同主办的"上海交通大学·上海知名企业广西行"大型合作交流活动在广西南宁拉开帷幕，包括 EMBA 多位优秀校友在内的近 150 名上海企业家与校友走进广西，最终达成 300 多亿的投资合作，助力当地的经济发展。2013 年，EMBA 管理论坛走进山东临沂。同年，安泰 EMBA"和谐商道论坛"在南通举行，"EMBA 管理论坛"走进武汉。2015 年 6 月底，部分 EMBA 校友跟随学院与上海知名企业组成的代表团赴贵州，与当地专家和校友共谋"一带一路"框架下的贵州发展之路。同年，安泰 EMBA 与川沙启动"创新＋"战略合作。2017 年，安泰 EMBA 访绍兴互动交流。这一系列"走进"活动，为安泰 EMBA 同学与当地政府与企业相互交流、探讨相关产业发展趋势和业务合作架设了桥梁。

5）品牌活动与校友

丰富多彩的活动是安泰 EMBA 的另一大亮点。安泰 EMBA 倾心打造了"上交创业汇"（月度）、"上交金融家"（季度）、"互联网＋训练营"（半年度）三大品牌系列论坛，先后邀请到真格基金联合创始人徐小平、SOHO 中国董事长潘石屹、万科创始人王石、携程旅行网联合创始人范敏、"饿了么"创始人张旭豪、大众点评联合创始人龙伟等著名企业家来到活动现场，与创新菁英、创业新锐们同伴同行。"上交创业汇"作为一个公益平台，邀请创业家重回母校分享经验，打造多领域校友交流、合作、投融资的创业生态圈。"上交金融家"通过交大系金融家的悉心解析与热情分享,为投资者拨清迷雾,打造最具互动影响力的商学院金融平台。"互联网＋训练营"的嘉宾从理论与实践不同角度出发,产学结合,共探创业者如何能站在互联网＋浪潮之巅。同时,项目还定期举办名家论坛、人文讲堂、创新思维训练营等各具特色的活动,丰富同学的第二课堂。此外,同学们也通过积极参加体育运动来深切领悟团队协同作战的重要性。从2006年参与首届商学院"玄奘之路戈壁挑战赛"开始,同学们体验玄奘精神,践行戈壁领导力,不断取得个人及团队佳绩。2016—2017年,安泰EMBA蝉联第十一、十二届戈壁挑战赛冠军,囊括"汇添富上马商学院赛中赛"男子团体、混合团体、男子个人三金,通过不断挑战极限,实现自信、自豪、自省、自强。安泰EMBA还通过"校友风采""走进校友企业"等活动,树立模范,表彰榜样。

项目构成了中国最具影响力与价值的菁英校友网络,安泰EMBA企业家在中国经济与文化领域发挥着日益重要的影响。2015年,上海交大安泰EMBA重磅开启年度颁奖盛典,其中设置的叔同奖、玉刚奖、学森奖、浩然奖、思源奖、致远奖六大奖项,融入了安泰EMBA人对新时代企业家精神的思考。这次颁奖盛典既是对2008、2009两次年度评选的薪火相传,也是对历届杰出校友的肯定与嘉奖,寄托了母校对校友们的殷切希望。

"回归·融慧·再前行"——2015安泰EMBA校友年会暨首届毕业十周年返校日暨2015年上海交大安泰EMBA年度颁奖盛典

6）社会声誉

项目砥砺发展十六年来,让交大安泰EMBA在业内筑起了良心口碑。自2007年起,安泰EMBA项目连续七年在《经理人》杂志排名中居领先地位。2011—2012年,项目连续获得"21世纪商学院竞争力调研EMBA十大品牌"称号,并于2012年率先通过"中国高质量MBA认证",被认定为"领航商学院"。2014—2015年,交大安泰EMBA蝉联《福布斯》(中

文版）"最有价值 EMBA 项目"排名第二。项目于 2013 年起参与英国《金融时报》全球
EMBA 排名，至 2017 年已名列全球第 6 位，并在独立办学 EMBA 项目中位列全球第 1，连
续 3 年进入全球 10 强（2015 年第 10；2016 年第 7）、亚洲第 1。EMBA 办公室亦凭借其优质
的服务，获评 2010 年上海市总工会"上海市五一巾帼奖"和"2014 年度全国巾帼文明岗"。

表 7-7　2003—2017 年安泰 EMBA 历届入学、毕业人数

年份	班级数	入学人数	毕业人数	年份	班级数	入学人数	毕业人数
2003	9	452	/	2011	6	267	217
2004	7	300	/	2012	5	265	192
2005	5	211	360	2013	5	274	159
2006	7	300	256	2014	5	225	167
2007	4	203	161	2015	5	218	151
2008	5	303	274	2016	6	338	155
2009	6	341	167	2017	4	196	185
2010	7	310	196	总数	86	4203	2640

5. 高管教育（EE）

学院成人教育培训中心自 1985 年成立以来，至今已入第 34 年，曾一度更名为高层管理
培训中心，2016 年 6 月，为顺应国际惯例，培训中心正式更名为高管教育（Executive
Education，简称 EE）中心。作为学院的对外窗口，EE 中心秉承上海交通大学严谨务实的办
学风格和追求卓越的办学宗旨，以"中国智慧、国际视野、科创上海、人才安泰"为理念，传播
全球成功的管理思想和经验，致力于打造和培养引领中国、改变世界的创业创新型商业领
袖，通过订制式、咨询式课程方案助力企业持续发展，通过管理思想传播推动国家经济发展。
EE 中心以成为亚洲顶尖，世界一流的高管教育中心为目标，强调开拓进取、务实严谨、团队
协作、职业敬业，着力打造中国高管教育的学习型、研究性、创新型的高效团队，倾心为中国
企业家和高层管理人员解决现实问题，帮助其在复杂的国际经济、社会和技术环境下基业长
青，累计至今已为 1200 多家企业，8 万余名学员提供了优质、高效的培训。

中心兼顾政府机构、本土企业和国际合作项目，服务过的政府部门包括中组部、上海市
委组织部、上海市经信委、浦东新区、广西、广东、浙江、常州等地政府；同时积极寻求与包括
国家核电、中国银行、工商银行、上海汽车、可口可乐、IBM、卡夫食品、芬兰通力电梯、新加坡
胜狮集团等国内外一流企业进行战略合作，产生了良好的社会影响和经济效益；同时还与来
自欧洲、北美、亚洲、非洲等地的商学院开展高层培训合作。长期以来，EE 中心引领企业发
展，助理行业变革，以一流的课程、一流的师资、一流的服务得到了委托单位和学员们的高度
认可，获得了一系列的荣誉称号。2010 年，上海交通大学获中共上海市委组织部、中共上海
市教育卫生工作委员会授予"上海市干部教育培训高校基地"称号；学院荣获"2007—2011
年上海市学习型社会建设与终身教育工作先进集体"称号；2011 年，学院荣获"上海市推进

学习型社会建设与终身教育先进单位"称号;2013－2014 年度,EE 中心荣获上海交通大学"文明班组"称号;2015－2016 年度,EE 中心获得上海交通大学"三八红旗集体"荣誉称号。

目前 EE 中心的课程分为公开课程、定制课程和国际课程三类,自开办以来均得到了蓬勃发展。公开课程中如"中国 CEO 创新管理高级研修班"自 2001 年已开办 41 期,"中国 CEO 私募股权投融资高级研修班"和"高级工商管理硕士课程研修班"自 2008 年业已各开办 21、27 期。

定制课程是 EE 中心的特色,目的在于整合资源"实际问题实际解决",为企业提供解决方案,与企业建立管理教育的深度合作,是依据企业发展要求而量身定制的专门课程,具有高度的前沿性、实战性、实用性、针对性、启发性、灵活性和专业化的特点。在结合企业需求及学院责任教授的主持下,EE 中心已成功完成一系列有鲜明特色的专题定制课程,并在此过程中诊断了大量企业案例,解决了大量实际问题。

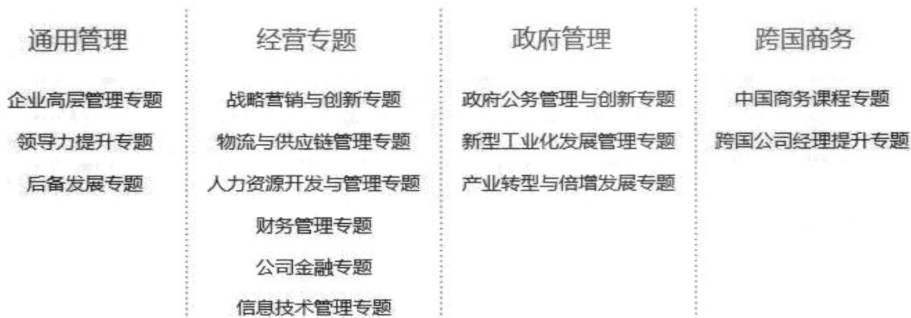

通用管理	经营专题	政府管理	跨国商务
企业高层管理专题	战略营销与创新专题	政府公务管理与创新专题	中国商务课程专题
领导力提升专题	物流与供应链管理专题	新型工业化发展管理专题	跨国公司经理提升专题
后备发展专题	人力资源开发与管理专题	产业转型与倍增发展专题	
	财务管理专题		
	公司金融专题		
	信息技术管理专题		

交大安泰高管课程定制方向

"国际化"是 EE 中心和学院的重要发展战略,中心长期坚持探索,适时推出各种国际课程,大大扩展了学院的国际影响力。随着中国经济的强劲增长,越来越多的跨国公司将其全球业务的重心转移到中国,有些甚至将总部搬至中国。但是,要在中国有效地经营业务,外籍企业高管需要特殊的知识和技能,以及适应复杂业务环境的能力。为了解决这些需求,交大安泰于 2009 年推出了专为外籍商务人士设计的"中国商务"定制课程,帮助外籍高管深入了解中国的经济、金融、文化、政治和商业环境,以尽快融入中国市场。课程多采用授课、案例教学和公司参访相结合等互动模式,自 2009 年以来已有来自英国曼彻斯特大学、瑞士圣加伦大学、比利时鲁汶大学、瑞典哥德堡大学等十几批 EMBA 和 MBA 国际学生团体入学。2014 年,EE 中心在新加坡开办"东盟华商 CEO 高级研修班",旨在提高东盟华商 CEO 的综合管理素质,强化前瞻、创新的经营理念,这是交大安泰作为中国顶尖商学院在境外开设的首个 CEO 项目,开创了新加坡华文高管教育课程的先河,也标志着安泰国际化战略在高管教育中迈开了"走出去"的重要一步。2016 年,EE 中心积极响应国家科技部的号召,承办了"一带一路沿线国家高校科技创新体系建设与管理国际培训班",来自埃及、巴基斯坦、菲律宾、哈萨克斯坦、苏丹等 8 个"一带一路"沿线国家高校的 16 名副校长和科研、外事副院长来院进行了为期两周的学习和探讨。针对大数据时代中国各行各业急需精准定位,专业精算师供不应求的现状，EE 中心和英国卡斯商学院（CASS）、英国肯特大学（KENT）共同开设了精算硕士研修课程。2018 年初，EE 中心又推出"智行天下、求索创新"系列国际课程，锁定全球主要创新国度，采取名校学习、名师讲座、名企参访、文化体验、企业家交流等综合性体验式学习方式，帮助学员提升创新思维、学习创新方法、领悟创新精神。此外，EE 中心还有"CEO 赢创全球课程－'一带一路'背景下的欧洲"等国际课程，抓住时代机遇，紧扣国家战略，助力中国企业深入考察"一带一路"沿线机会，成就企业理想。

2010 年，英国曼彻斯特大学首期"中国商务"课程班

2014 年 10 月 8 日，首届"东盟华商 CEO 高级研修班"开学典礼

　　中心关注国际化的同时,也坚持积极参与国家地方发展,努力为各地建设添加自身的助力。2009 年 12 月,EE 中心和浦东新区科经委合作"企业家创新领导力"项目,每年开办"浦东新区企业家持续竞争力发展高级研修班",以提升科技企业家的创新和领导力,助力浦东新发展。2013 年 5 月,EE 中心开设交大安泰高管教育中心宁波培训点,全面负责宁波及周边地区的高管教育项目,协助宁波构筑人才智慧高地。2014 年 10 月,交大安泰 EE·中国CEO 俱乐部包机前往广西,与当地政府合作投资洽谈会,以图促进当地产业经济发展。2017 年 9 月,EE 中心与江苏省常州市委市政府合作,推出"校地合作"新模式,全面展开常州市民营企业家队伍建设"百千万工程"培训项目,积极助力"长三角一体化"。

2014 年 10 月,学院领导及校友参加第二期"上海交通大学·上海知名企业广西行"

2017 年 9 月,首期常州市民营企业家队伍建设"百千万工程"开班仪式

　　EE 中心通过项目开展,接触了众多企业和各行高层管理人员,了解了不同经营管理的

思想与模式，深谙中国企业发展的过程与走向。2016 年 12 月，中心集菁取萃，编辑出版了《中国商学院·管理思想践行》一书，传播企业家校友管理思想与企业实践，盼为中国广大企业家提供借鉴与思路。2018 年 1 月，中心隆重举办了首届"安泰 EE·年度管理践行人物"颁奖盛典，通过对 2017 年度在读企业家学员管理实践案例的分析及评选，促进管理思想与实践的融合，以期达成打造和培养引领中国、改变世界的创业创新型商业领袖之效。

"凯迪拉克之夜"首届"安泰 EE·年度管理践行人物"颁奖盛典

长期的努力奋进，为交大安泰高管教育（EE）带来了不负众望的好成绩。在 2017 年英国《金融时报》全球高管教育排行榜中，交大安泰高管教育定制课程跃居全球第八，连续三年排名亚洲商学院之首，8 项核心指标位列全球前十。其中，回头率（Future use）连续两年全球第 1，投资价值（Value For Money）全球第 2，后续支持（Follow up）、教学方法与教学材料（Teaching methods & materials）全球第 4，增长能力（Growth）全球第 5，课前准备（Preparation）、课程设计（Program design）全球第 9，师资力量（Faculty）全球第 10。此次交大安泰 EE 公开课程首评 FT 便位列全球 32，居中国本土商学院之首。目前，交大安泰、北大光华、清华经管、清华五道口、长江、中欧这六家内地商学院已正式加入"国际高级管理培训大学联盟"（UNICON），与哈佛商学院、麻省理工斯隆管理学院、沃顿商学院、斯坦福商学院、剑桥商学院、牛津商学院等世界知名商学院结盟，共同筹谋高管教育的实践教学和未来发展。

（三）教学成果

1. 教师成果

为人师表，任重道远，教学始终是学院的根本任务，如何提高教学质量是学院长期紧抓的工作重心。围绕建设"优质教师－优质课程－优质教材－优质成果"，学院全体进行了长期孜孜不倦的探索。

上海交大标榜"立德树人、教书育人",学院教师历来也将此作为衡量自身的标准。自2010年以来,学院教师砥砺琢磨,在教学工作上投注大量精力,以磅礴浩渺的专业知识和春风化雨的教学态度获得了学生和各级教育工作者的高度认可,获得了诸多重要奖项,力揽学校各奖次"优秀教师奖"52次、"烛光奖"13次。为了钻研教学技能,学院教师们积极参加学校组织的各类教学竞赛,力求在竞争中取长补短,精益求精。学院也于2017年组织召开院内教学竞赛,吸引众多教师踊跃参加。

表7-8 2010—2017年安泰教学类荣誉汇总表

序号	奖项名称(奖次)		获得者(获奖年份)
1	唐立新教学名师奖		钟根元(2016)、唐宗明(2017)
2	上海交通大学首届"教书育人奖"	(二等奖)	黄丹(2017)
3	上海交通大学首届"科研成果奖"	(一等奖)	刘益(2017)
		(二等奖)	顾海英、罗继锋、史清华(2017)
4	上海交通大学优秀教师奖	(凌鸿勋奖)	尹海涛(2012)
		(特等奖)	曾赛星(2015)
		(一等奖)	王青(2010)、谈毅(2012)、李欣(2013)、顾海英(2014)、吴文锋(2016)
5	上海交通大学烛光奖	(一等奖)	陈景秋(2013)、陆蓓(2015)
6	上海交通大学青年教师"全英语教学"竞赛	(三等奖)	王良燕、朱祁(2011)
7	上海交通大学第二届青年教师教学竞赛	(二等奖)	谢维思(2017)
		(三等奖)	荣鹰(2017)
8	上海交通大学首届"管理服务奖"	(二等奖)	吴鑫磊(2017)
		(三等奖)	张晓丽(2017)

注:表中上海交通大学优秀教师奖及上海交通大学烛光奖仅列出一等奖及以上名单,二等奖、三等奖因人数众多,没有列出。

教师们对完善自身知识和技能的不断追求,造就了学院不断增加的优质课程。2010年后,安泰经济与管理学院新增了国家级精品课程1门,市级精品课程3门,另有上海市重点课程4门,校级优质课程22门;随着学院国际化程度的提高,双语课程和全英文课程的建设受到了十分的重视,多位老师在国家留学基金委的赞助下出国学习海外商学院的优质课程。目前,学院成功建设了1门"上海市高校示范性全英文教学课"、1门"全国来华留学英语授课品牌课程"和5门"上海市留学生英语示范性课程",同时有21门课程被认定为校级全英文课程。近两年,随着公众对再教育和网络课程持续提升的关注度,学院教师也积极进行了慕课课程建设,在"好大学在线"网站上推出了一系列高质量的课程,并有着较高的复开率。

表 7 - 9　2010—2017 年安泰国家级和市级课程建设汇总表

序号	课程名称	课程类型	负责人	评定年份
1	经济学的理解与运用——价格扭曲与通货膨胀(1—6讲)	国家精品视频公开课程	胡海鸥	2013
2	公司财务	上海市精品课程	胡奕明	2011
3	计量经济学		冯芸	2013
4	中级微观经济学		钟根元	2017
5	金融学	上海市重点课程	唐宗明	2015
6	管理心理学		陈景秋	2015
7	环境经济学		尹海涛	2015
8	高级财务会计		张天西	2017
9	质量管理(A类)	全国来华留学英语授课品牌课程、上海市高校示范性全英文教学课程	蒋炜	2014
	国际金融	上海市高校示范性全英文教学课程	李欣	2011
10	质量管理	上海市教委留学生英语示范性课程	蒋炜	2013
11	管理信息系统		周志中	2014
12	环境经济学		尹海涛	2014
13	商业银行经营管理		李楠	2015
14	货币银行学		张国雄	2015
15	中级财务会计	慕课课程	傅仁辉	备注:好大学在线
16	公司财务			
17	文化软实力于国际谈判		张祥	
18	服务经济			

　　在育人子弟之外,学院教师也非常注重知识的留存与分享,积极编撰各类教材和专著、译著。自 2010 年至 2017 年,学院教师共出版约 235 本著作,包含教材 66 本、专著 141 本、译著 26 本和文集等 2 本。其中有不少教材获评国家级规划教材和各类优秀教材。

表 7 - 10　2010—2017 年安泰教师出版优秀教材汇总表

教材名称	奖项	奖次	编者/著者
《运营管理》(第2版)	"十一五"普通高等教育本科国家级规划教材	/	季建华、吴迪、吴迪、汪蓉
《电子政务》		/	张鹏翥
《国际贸易理论与实务》(第4版)		/	陈宪
《企业伦理学》(第2版)	"十一五""十二五"普通高等教育本科国家级规划教材	/	周祖城

（续表）

教材名称	奖项	奖次	编者/著者
《技术管理》	"十二五"普通高等教育本科国家级规划教材	/	李垣
《战略性品牌管理与控制》		/	李杰
《组织行为与管理》		/	唐宁玉
《中级财务会计》（第3版）		/	张天西
《国际贸易理论与实务》		/	陈宪
《战略管理》		/	徐飞
《中级财务会计》（第2版）	上海市普通高校优秀教材奖	一等奖	张天西
《战略性品牌管理与控制》		一等奖	李杰
《资产组合管理》		二等奖	蔡明超、杨朝军
《人际传播学》		二等奖	薛可（媒设学院）、余明阳
《中级微观经济学》	校级优秀教材	特等奖	钟根元、陈志洪
《财务会计》		一等奖	张天西
《公司财务》		一等奖	胡奕明
《品牌学通论》		一等奖	薛可（媒设学院）、余明阳
《商法》		二等奖	王英萍

学院教师勤恳精进，坚持在教书育人、科学研究之路上进行探索，不断追寻创新、渴求突破，2010年以来，已获得多项教学成果奖。

表 7－11　2010—2017 年安泰经济与管理学院教学成果奖

年份	成果名称	成果完成人	奖次
校级教学成果奖			
2010	通过行动导向的培养模式"制造"出结果导向的人才－CLGO 全面重视实践的产学合作人才培养模式	陈晓荣、董明、陈笠、李柠、杨斌	一等奖
2012	课程教学质量评估体系的设计与实施	赵旭、周林、董明、吕巍、唐宁玉	特等奖
	多层次、多模式融合协同创新，培养符合国家战略的全球制造与运营领袖人才	周林、董明、吕巍、陈晓荣	一等奖
	《公司财务》系列课程建设	胡奕明、王惠、陈欣、郝盛泉、程江	一等奖
	大学教学与管理创新模式与绩效	史清华、朱喜、卓建伟	二等奖
2015	全方位、多层次和多路径的国际化经管类人才培养的创新实践	周林、李垣、唐宁玉、万国华、张晓丽、汪海徽	校长教学奖
	构建全新"品牌管理课程体系"，均衡施教，培养面向21世纪的优秀人才	李杰、顾锋、余明阳、王良燕	二等奖

年份	成果名称	成果完成人	奖次
2016	国际留学生协同管理机制的设计与创新	周林、余明阳、唐宁玉、董明、万国华、张东红、张晓丽、王晓蔚等	二等奖
2017	多重并举,提高本科人才培养质量	周林、唐宁玉、张晓丽、钱军辉、郑兴山、康聪娟、汪海徽、史苗、辛玉芳	一等奖
	服务需求,对接行业:安泰金融硕士项目培养体系建设	冯芸、吴文锋、唐宗明、张晓丽、宋月琴	一等奖
省部级教学成果奖			
2013	多学科、多层次、全方位协同培养复合型应用人才:中国全球运营领袖项目	周林、吕巍、陈晓荣、刘少轩、任建标、路琳、董明	一等奖
	以"责任、奉献、创新"为导向的大学生理想信念教育实践及成效	马德秀、朱健、王伟明、施索华、胡薇薇、解志韬、龚强、沈丽丹、王琳媛、沈小丹	一等奖
	覆盖全体学生、贯穿本科全程的大学通识教育改革与实践	徐飞、陈业新、鲁莉、田冰雪、杨西强、高捷、关增建、李康化、杨力、彭崇胜	一等奖
	基于人才培养目标、循环改进的经管类本硕博教学质量评估体系的设计与实施	周林、赵旭、吕巍、唐宁玉、陈宪、于冷、田澎、万国华、蒋炜	二等奖
	跨学科融合、全阶段实践、多导师辅助的新闻传播本科教学实践大平台建设与应用	薛可、张国良、李本乾、余明阳、李武	二等奖
2017	多重并举的经管类本科人才培养创新体系建设	周林、唐宁玉、张晓丽、钱军辉、郑兴山、康聪娟、汪海徽、史苗、辛玉芳	一等奖
	服务需求,对接行业:安泰金融硕士项目培养体系建设	冯芸、吴文锋、唐宗明、张晓丽、宋月琴	一等奖
国家级教学成果奖			
2014	优秀运动员学生全面培养及转型发展的探索和实践	毛丽娟、孙麒麟、田新民、唐宁玉、刘庆广等	二等奖

2. 学生成果

1）赛事及获奖

"如切如磋,如琢如磨",安泰的学生真切地继承了上海交大踏实稳健又求新求变的学风,形成了蓬勃向上的良好学术氛围。近年来,安泰学生已产出多篇市级、校级优秀学位论文。

表 7 - 12　上海市研究生优秀成果(学位论文)

年份	论文名称	学位	学生姓名	导师	学科
2012	多维风险视角下的期权定价和资产配置研究	博士	徐维东	吴冲锋	管理科学与工程
	中国农户收入、生产行为与技术效率研究——基于税费改革背景下的实证	博士	徐翠萍	史清华	农林经济管理
2013	多视角下企业绿色创新影响因素及对财务绩效的影响	博士	齐国友	曾赛星	管理科学与工程
	低碳经济目标下的上海产业结构优化政策研究	硕士	蔡丽丽	赵旭	应用经济学

2016 年,为了建立崇尚学术、勇于创新的氛围和导向,激励博士生潜心从事原创性的科学研究,鼓励导师对博士生的悉心指导和精心培育,进一步提高博士学位论文质量,增强博士毕业生的国际竞争力,学校进行了校内优博论文评选。当年,安泰管理科学与工程学科博士生林翰的《重大基础设施工程社会责任耦合机理及评价体系》(指导教师:曾赛星)和汪训孝的《基于高频数据金融市场波动率研究》(指导教师:吴冲锋)两篇学位论文获得首届上海交通大学优秀博士学位论文提名;2017 年,管理科学与工程博士生苏蕙荞的学位论文《三类调度问题的复合派遣算法及其在医疗运营管理中的应用》(指导教师:万国华)被评为第二届上海交通大学优秀博士学位论文,是为安泰第一篇校优博论文。

潜心学术的同时,安泰的学生也乐于挑战自我,不断参加各级各类竞赛评比,并取得骄人成绩。2010－2017 年间,安泰的学生们在科技竞赛、志愿者实践、文体艺术等方面的获奖基本保持平稳增长,共获得国际奖项 31 项,国家级奖项 220 项,市级奖项 194 项,另有获得各类校级奖项年均 200 余项,凭借专业的技能、高度的热情和活跃的姿态,成为上海交大学子之中一道亮丽的风景线。

表 7 - 13　2010－2017 年安泰学生部分重要获奖

序号	项目类别	名称	获奖等级	获奖时间
1	科技竞赛	ICM 美国大学生数学建模大赛(一等奖至三等奖)	国际级	2010－2017 年
2		全国大学生数学建模竞赛(一等奖至三等奖)	国家级	2010－2017 年
3		中国研究生数学建模竞赛(一等奖至三等奖)	国家级	2010－2017 年
4		HSBC 商业案例大赛(一等奖至三等奖)	国家级	2010－2017 年
5		全国大学生英语竞赛(一等奖至三等奖)	国家级	2010－2017 年
6		CFA 全球投资分析挑战赛(一等奖至三等奖)	国际级	2017 年
7		十五届挑战杯全国大学生课外学术科技竞赛一带一路国际专项赛特等奖	国家级	2017 年

序号	项目类别	名称	获奖等级	获奖时间
8		第十五届"挑战杯"全国大学生课外学术科技作品竞赛二等奖	国家级	2017 年
9		大中华区时富量化投资比赛（亚洲赛区三等奖）	国家级	2017 年
10		全国大学生房地产策划大赛二等奖	国家级	2017 年
11		第 38 届头脑奥林匹克竞赛大学组世界冠军奖杯	国家级	2017 年
12		企业文化案例分析大赛（一等奖至三等奖）	国家级	2017 年
13		第十五届"挑战杯"上海市大学生课外学术科技作品竞赛特等奖	省部级	2017 年
14		Bridge＋全国青年商战模拟大赛全国第五名	国家级	2016 年
15		第九届全国大学生创新创业年会"优秀创业项目"	国家级	2016 年
16		第十届"挑战杯"全国大学生创业计划竞赛银奖	国家级	2016 年
17		中国青年互联网创业大赛优秀作品奖	国家级	2016 年
18		第四届"中译杯"全国口译大赛（英语）华东大区赛冠军	国家级	2016 年
19		高顿财经杯商业精英挑战赛第四名	省部级	2015 年
20		中国科技创业计划大赛优秀奖	国家级	2014 年
21		21 世纪中英创业计划大赛中国赛区第一名	国家级	2014 年
22		2014 年全国大学生能力竞赛特等奖	国家级	2014 年
23		全国大学生创业大赛学术论文二等奖	国家级	2014 年
24		风险投资/私募股权国际学术竞赛第一名	国家级	2012 年
25		挑战杯创业计划大赛全国金奖	国家级	2012 年
26		第七届上海市大学生创业计划大赛金奖	省部级	2012 年
27		第七届"挑战杯"一汽－大众中国大学生创业计划竞赛金奖	国家级	2010 年
28		全国大学生管理决策模拟大赛一等奖	国家级	2010 年
29		"知行杯"上海市大学生暑期社会实践三等奖	省部级	2017 年
30		上海小金牛基金会"青年行动家"大学生暑期公益实践项目优秀奖	省部级	2016 年
31	志愿实践	上海市大学生暑期社会实践优秀项目	省部级	2014 年
32		"知行杯"上海市大学生暑期社会实践二等奖	省部级	2014 年
33		上海市大学生暑期社会实践活动优秀项目奖	省部级	2014 年
34		上海市大学生暑期社会实践先进个人	省部级	2012 年
35		"知行杯"上海市大学生暑期社会实践一等奖	省部级	2011 年

（续表）

序号	项目类别	名称	获奖等级	获奖时间
36	文体艺术	CBDF 全国锦标赛暨闵行区国际标准舞(体育舞蹈)全国公开赛高等院校组 B 摩登舞第一名	国家级	2017 年
37		"华语辩论世界杯"八强	国家级	2017 年
38		里昂世界桥牌青年公开赛	国际级	2017 年
39		2016 上海市学生运动会游泳比赛 50 米蛙泳第三名、100 米自由泳第四名	省部级	2016 年
40		第四届全国大学生艺术展演活动器乐类和声一等奖	国家级	2015 年
41		长江三角洲英语辩论公开赛十佳辩手	国家级	2014 年
42		中国辩论大师赛十佳辩手	国家级	2014 年
43		上海市学生阳光体育大联赛冬季长跑比赛本科女子团体二等奖	省部级	2012 年
44		全国大学生网球联赛团体乙组第五	国家级	2011 年
45		上海市高校阳光冬季联赛定向越野团体一等奖	省部级	2011 年
46		上海市"阳光体育大联赛"篮球男篮冠军	省部级	2011 年
47		上海市"阳光体育大联赛"篮球女篮冠军	省部级	2011 年
48		上海"世博号角"国际之春艺术节比赛金奖第一名	省部级	2010 年
49		上海大学生阳光体育篮球联赛女子组冠军	省部级	2010 年
50		两岸三地高校"澳门之歌"系列歌曲歌唱大赛上海南赛区优异奖	省部级	2010 年

2）就业情况

安泰对于学生的就业投注了高度重视，为低年级学生梳理职业生涯发展理念，引导其认识自我；为高年级学生辅导职业发展技能，推送求职实行等相关信息，为学生打造"全程化的职业发展体系"。学院为学生开拓了丰富的职业发展资源，平均每年开办 30 场职业发展论坛、80 场职业宣讲会、4 场招聘会、18 场职业体验日，并拥有 94 家用人单位作为实习基地，大大增加了学生与企业的接触机会；职业导师制实施以来，已开展了 23 期职业导航活动，参与的职业导师超过 600 人次，为提高学生职业素养，帮助学生完成由校园人向职业人的成功转化起到了巨大作用。在为学生提供职业发展服务的同时，学院也十分注重对学生价值观的塑造，引导优秀学生到关系国计民生的重点领域、关键行业中去发挥交大人的作用，启发学生在谋求自身更好未来的同时为国家和社会做出更大的贡献。

学院平均每年有本科毕业生约 220 人，毕业去向主要为出国深造、国内深造及就业三类，总体就业率保持在 99% 左右。其主要就业方向为金融、咨询、会计事务所及实体制造业等行业领域的领军企业；通过公务员考试、选调生选拔进入如中华人民共和国商务部、上海科技信息管理办公室等政府机关的毕业生人数也逐年增加；深造率也逐年提升，目前总体高达 60%～70%,出国深造和国内深造的比例相当。其中,选择在国内深造的学生 95% 以上会进入北京大学、清华大学、上海交通大学和复旦大学;选择出国深造的学生,60% 以上能进入 QS 世界大学排名前 100 的学校就读,能进入 QS 世界大学排名前 20 学校的学生也占到 15% 以上。

学院平均每年有硕士毕业生约 200 人,有 90% 以上的硕士毕业生选择就业,约 10% 的硕士毕业生选择继续深造,总体就业率均保持在 99% 以上。其主要就业方向为投资银行、商业银行、基金公司、金融服务及监管机构、管理咨询、政府部门以及实体制造业等领域的领军企业或重要机构。选择就业的硕士毕业生有 55% 以上进入国有性质的企业就业,包括中国人民银行,上海证券交易所,深圳证券交易所,证监会,外汇交易中心,各省份选调生,中粮集团,北控水务,五矿集团,交通银行总行等,进入政府机关、事业单位、央企等重点领域关键行业的人数也逐年增加。

学院的博士毕业生基本保持 100% 就业,其中每年有超过 50% 的博士毕业生选择教育类科研机构继续进行学术研究;进入政府、企事业单位就业的毕业生也多占据研究型岗位。其中,部分优秀博士毕业生赴中国科学技术大学、上海财经大学、天津大学、四川大学等 985 高校就职;也有部分博士毕业生到复旦大学、上海交通大学、西安交通大学、上海财经大学等 985 高校攻读博士后。在政府、事业单位和国企方面,部分博士到中国银监会、中国证监会、中国人民银行、安徽省政府发展研究中心、广西壮族自治区组织部、国家发改委经济研究院、上海市公务员局、陕西省委组织部、浙江省平湖市委组织部等单位任职;部分博士到四大银行、中国石油集团、国家电网等国企就业。此外,部分博士毕业生进入企业的研究岗位,代表性企业包括各证券公司、各商业银行等。

安泰的各层毕业生以其个人扎实的专业知识、务实的工作态度、优秀的专业素养及沟通技能,获得了用人单位的良好评价;同时,在团队工作中,也能快速学习新的知识,有效制定行动方案并助力方案的实施,具有良好的决策能力,受到各行各业的广泛认可。

五、学术与科研

（一）学术活动

为扩充学生的知识面,深化推进实践性教学,安泰各学术单位积极邀请学界、商界知名学者和专家来院进行演讲,自 2010 年－2017 年,仅各系主持召开的学术演讲、报告会等就达到了 864 次。各系师生对学术讲座表现出了高度的参与热情,有效促进了学术思想的沟通融合,推动了师生们的科学研究发展。

除了各系组织的学术讲座之外,安泰各部门都依仗学院强大的学术资源平台形成了各富特色的品牌学术活动,如:MBA 中心的"安泰论坛";EMBA 中心的"上交创业汇""上交金融家""互联网＋训练营""品牌思享荟";EE 中心的"高管教育高端论坛"和"安泰 EE 管理研习社";中国企业发展研究院的"深度思考"品牌论坛和"上发中心—交大论坛";中国发展研究院的"安泰·问政"论坛和"经邦论道"讲座;校友与公关办公室的"诺奖交大行"和"安泰智库媒体沙龙";学生事务与职业发展办公室的"职业发展论坛"等,吸引众多学生、校友和社会各界人士参加,形成了极强的品牌影响力。

表 7 – 14　2010—2017 年安泰学术讲座、论坛召开情况

发布单位	2017 年（场）	2016 年（场）	2015 年（场）	2014 年（场）	2013 年（场）	2012 年（场）	2011 年（场）	2010 年（场）	总计（场）
管理学科各系	55	57	52	72	75	66	60	63	500
经济学科各系	67	59	42	42	57	34	28	35	364
年度小计（场）	122	116	94	114	132	100	88	98	864
MBA 中心	21	14	10	15	15	10	17	55	157
EMBA 中心	42	48	53	38	37	28	24	20	290
EE 中心	31	29	24	22	22	18	17	13	176
小计	338	323	275	303	338	256	234	284	2351

表 7 – 15　2010—2017 年安泰部分重要学术会议列表（百人以上）

年份	会议名称	年份	会议名称
2010	第二届上海新年论坛	2013	第三届中国量化投资国际峰会
2010	第十届世界经济学大会	2013	第七届运营与供应链管理国际学术会议
2010	第十届国际电子商务会议	2013	中国金融改革国际论坛
2010	2010 年管理国际大会	2013	中国管理研究国际学会 MOR 上海会议
2010	第三届卓越金融与地产论坛	2014	2014 年中国企业社会责任高峰论坛
2010	2010 中国技术与创新管理发展论坛	2014	第五届中国量化投资国际峰会
2010	第二届东亚和东南亚次区域千禧年发展目标高层论坛	2015	第二届上海国际投资论坛
2010—2011	第一、二届国际 LP&GP 合作高峰会	2015	上海市市长咨询会议 IBLAC 企业家走进上海交通大学
2011	中国新能源高峰论坛	2016	2016 年中国消费者行为研究论坛
2011	中国制造业全球运营高峰论坛	2016	2016 年技术预见国际研讨会
2011	中国 EFMD 认证商学院峰会	2016	2016 年上海交通大学公益慈善论坛
2012	2012 年中国会计与财务研究国际研讨会	2016	中美质量创新高峰论坛
2012	第五届"管理学在中国"学术研讨会	2017	上海交通大学首届"金融聚交"论坛
2012	"中国·实践·管理"论坛	2017	第十三届亚太管理会计学会（APMAA）年会

（续表）

年份	会议名称	年份	会议名称
2012	全球化与营销战略会议暨第八届皇家银行国际研究论坛	2013—2017	第一、二、三届中国发展研究双年会
2012	第四届"中国技术管理学会年会"	2010—2017	第三—十届《中国金融评论》国际研讨会
2013	第八届中国管理学年会	2010—2017	第三—六届全球商学院院长论坛
2013	第二届全球运营高峰论坛	2010—2017	第二—六届"诺奖交大行"

表 7－16　历届"诺奖交大行"举办情况

届数	时间	诺贝尔经济学奖获得者（获奖年份）	演讲主题
1	2009 年 5 月	Paul Krugman 保罗·克鲁格曼（2008）	危机后的世界经济格局
2	2010 年 6 月	OliverE Williamson 奥利弗·威廉姆森（2009）	制度变革与经济增长
3	2011 年 5 月	Christopher Pissarides 克里斯托弗·皮萨里德斯（2010）	经济发展中的就业动态
4	2013 年 3 月	Christopher Pissarides 克里斯托弗·皮萨里德斯（2010） Alvin Roth 埃尔文·罗斯（2012）	国际宏观背景下的现代服务业 市场设计
5	2014 年 6 月	Lars Peter Hansen 拉尔斯·汉森（2013）	不确定性带来的影响
6	2016 年 4 月	Lars Peter Hansen 拉尔斯·汉森（2013）	不确定性在变动环境中对经济的影响
7	2018 年 3 月	Oliver Hart 奥利弗·哈特（2016）	监管的利弊得失分析

上排：保罗·克鲁格曼、奥利弗·威廉姆森、克里斯托弗·皮萨里德斯

下排：埃尔文·罗斯、拉尔斯·汉森、奥利弗·哈特

（二）科研成果及获奖

学院以赶超国际先进水平和满足国家重大需求为出发点，推进学科团队整合，带动高水平研究开展，实现重点学科突破。2010 年以来，学院完成了"985""211"三期建设项目验收，以优异的成绩通过了教育部第三、第四轮一级学科评估；2015 年，管理科学与工程一级学科入选上海市高校Ⅱ类高峰学科，顺利结束第一期建设并取得第二期全额资助；2017 年，学院"商业与管理"入选教育部"双一流"学科。

2010 年至 2017 年，学院在科研项目上取得了令人瞩目的成果，共获得纵向项目 378 项，纵向经费总额超过 1 亿 4 千万元，单年度最高超过 2 100 万元。其中国家自然科学基金项目 153 项，国家社会科学基金项目 21 项，省部级以上项目 204 项。一批重大、重点项目为学院和学校创造了历史：2011 年，沈惠璋获得学院第一项国家社会科学重大项目，对学院申报教育部文科基地起到了关键性的帮助；2012 年，吴文锋、梁建获得首批国家自然科学基金优秀青年科学基金项目；2014 年，李垣领衔的团队获得国家自然科学基金委创新群体项目，这是上海交大（除医学院外）当年唯一获得的群体项目，填补了学校管理学群体建设的空白；曾赛星获得上海市科委"优秀学术带头人"称号，为学校文科领域第一位"优秀学术带头人"；刘益领衔获得教育部创新团队并顺利通过论证，打破了上海交大文科学院创新团队项目的"零纪录";2015年,谢富纪获得学院第一项教育部重大攻关项目;2016年,史占中获得国家社科艺术类重大项目,为学校打破了在该项目上的零纪录。

表 7-17　2010—2017年安泰国家自科、社科基金资助情况汇总表

项目类别		2010	2011	2012	2013	2014	2015	2016	2017	总计
国家自然科学基金项目	青年	9	3	8	4	8	3	4	3	42
	面上	12	9	13	11	9	10	8	12	84
	重点	顾琴轩	李垣 唐宁玉	—	顾海英	井润田	蒋炜	董明 朱庆华 张鹏翥	—	9
	杰青	曾赛星	万国华	—	蒋炜	—	—	—	—	3
	优青	—	—	吴文锋 梁建	尹海涛	—	荣鹰	—	罗俊	5
	重大	—	—	—	曾赛星 （子课题）	李垣 （创新 群体）	—	—	吴冲锋 （子课题）	3
	国际 合作	—	—	—	吴冲锋 （重点）	—	万国华 （重点）	曾赛星 （重点）	李垣	4
国家社会科学基金项目	重大	—	沈惠璋	罗守贵 徐丽群	陆铭	朱启贵 杨朝军	—	顾海英 史占中 （艺术类）	顾琴轩	9
	重点	—	陈宪 朱启贵	史占中 胡奕明	谢富纪 史占中	—	顾海英	—	—	7

表 7-18　2010—2017年安泰自科、社科、教育部重要研究项目列表

序号	立项年份	课题负责人	课题名称	类别	备注
			国家自然科学基金		
1	2013	曾赛星	重大基础设施工程的社会责任、产业竞争力与可持续发展研究	重大项目	
2	2014	李垣	运营与创新管理	创新群体项目	
3	2017	吴冲锋	互联网背景下金融产品/服务创新、风险及其定价理论	重大项目	
4	2010	顾琴轩	组织文化与组织创造力研究—基于组织的二元情境视角	重点项目	

序号	立项年份	课题负责人	课题名称	类别	备注
5	2011	唐宁玉	新生代员工和人力资源多样化管理：基于包容性的多层次研究	重点项目	
6	2011	李垣	企业研发网络优化、技术创新能力演进及其相互促动机制的研究	重点项目	
7	2013	顾海英	气候变化背景下低碳农林业发展战略及政策研究：基于作用、潜力和成本效益的分析	重点项目	
8	2014	井润田	变革环境下中国企业领导行为研究	重点项目	
9	2015	蒋炜	基于物联网的产品状态智能监控与质量管理	重点项目群	
10	2016	朱庆华	可持续供应链协同管理与创新	重点项目	
11	2016	董明	基于价值链重构的互联网环境下制造业企业转型升级研究	重点项目	
12	2016	张朋柱	大数据驱动的全景式个性化心血管健康管理研究	重大研究计划重点项目	
13	2013	吴冲锋	金融市场不同机制创新和产品创新的价值和风险关系研究	重点国际合作项目	
14	2015	万国华	开放网络下医疗资源配置和优化的模型、算法及应用研究	重点国际合作项目	
15	2016	曾赛星	我国重大基础设施工程创新孤岛、柔性创新与能力跃迁	重点国际合作项目	
16	2010	曾赛星	面向可持续竞争力的企业环境创新管理理论与方法	自科杰青	
17	2010	朱庆华	物流与供应链管理	自科杰青	
18	2011	万国华	服务运作管理	自科杰青	
19	2013	蒋炜	质量控制与管理	自科杰青	
20	2012	吴文锋	公司金融与公司治理	自科优青	
21	2012	梁建	员工建言研究	自科优青	
22	2013	尹海涛	环境信息管理与政策	自科优青	
23	2015	荣鹰	服务运营优化	自科优青	
24	2017	罗俊	"互联网＋"环境下的随机服务系统优化与管理	自科优青	
国家社会科学基金					
1	2011	沈惠璋	群体行为涌现机理及风险辨识研究	重大项目	学院首个

（续表）

序号	立项年份	课题负责人	课题名称	类别	备注
2	2012	罗守贵	基于产业链技术链与价值链融合的文化科技创新研究	重大项目	
3	2012	徐丽群	我国大中城市公共交通可持续优先发展的制度设计与运营机制研究	重大项目	
4	2013	陆铭	推动我国经济持续健康发展的基本要求、根本途径和政策选择研究	重大项目	
5	2014	朱启贵	完善经济社会发展考核评价体系研究	重大项目	
6	2014	杨朝军	产业升级背景下优化发展中国多层次资本市场体系问题研究	重大项目	
7	2016	顾海英	共享发展理念下的我国新型城乡土地制度体系构建研究	重大项目	
8	2016	史占中	文化产业的金融支持体系研究	重大项目（艺术类）	学校首个
9	2017	顾琴轩	创新驱动下中国企业人力资源管理多模式比较及策略选择研究	重大项目	
10	2011	陈宪	技术创新与现代产业体系发展演进机理及其对中国的启示	重点项目	
11	2011	朱启贵	中国能源—环境—经济综合核算体系研究	重点项目	
12	2012	史占中	世界产业发展新趋势与我国培育发展战略性新兴产业跟踪研究	重点项目	
13	2012	胡奕明	地方政府性债务管理与风险防范研究	重点项目	
14	2013	谢富纪	实施创新驱动发展战略研究	重点项目	
15	2013	史占中	新产业革命背景下我国产业转型的体制机制创新研究	重点项目	
16	2015	顾海英	三权分置、农地流转与农民承包权益保护研究	重点项目	
			教育部		
1	2013	刘益	服务外包创新管理	创新团队项目	
2	2015	谢富纪	创新驱动发展战略的顶层设计与战略重点研究	重大攻关项目	学院首个

　　学院在论文发表上也取得了长足的进步，发表国际著名期刊论文尤其发展迅速。从1990年UTD24（管理学类24本国际顶级期刊上发表的论文）建立数据库到2010年，学院共发表17篇UTD论文（上海交大共19篇），发表在FT45（金融时报45本国际顶级期刊上发

表的论文)上的论文 24 篇(上海交大共 29 篇)。2011 年后,学院教师发表 SSCI/SCI 等国际论文的数量呈直线上升之势,UTD 发文排名保持在全国领先梯队,一度排名大陆院校第一位。2014 年起,随着我国综合国力的不断提升,科研和学术影响力的逐渐加强,"中国特色经济管理"愈加夺人眼球甚至引发效仿,国内学术期刊的重要性也日益凸显。学院明察学、商、政各界动向,在关注国际重要影响期刊论文发表的同时,加大了对国内 CSSCI 期刊的重视,鼓励海外引进人才、博士后以及其他相关人员在高水平国内期刊上发表研究成果。2010 到 2017 年,学院共发表 CSSCI、CSCD 高质量中文论文 1698 篇,发表 SSCI/SCI/EI 等高水平国际论文 982 篇,较之前阶段,论文结构更趋平衡,国际化程度不断提高。

　　2014 年,爱思唯尔发布 2014 中国高被引学者(Most Cited Chinese Researchers)榜单,该榜单采用上海软科教育信息咨询有限公司(ShanghaiRanking Consultancy)开发的方法和标准,在爱思唯尔的数据(Scopus 数据库)及技术协助下,基于客观引用数据对中国研究者在世界范围内的影响力进行了系统的分析。2014 年—2017 年,安泰共有 6 位教师陆续进入该榜单。

表 7‑19　安泰 2014—2017 中国高被引学者列表

序号	年份	姓名	高被引领域
1	2014—2017	陈工孟	经济、经济计量学和金融
2	2014—2017	董明	工业和制造工程
3	2014—2017	曾赛星	商业、管理和会计
4	2014—2017	尹海涛	商业、管理和会计
5	2015—2017	万国华	决策科学
6	2017	朱庆华	商业、管理和会计

注:信息源自爱思唯尔科技部中国区网站。

表 7‑20　2011—2017 年安泰高水平论文发表情况对比
(数据截至 2017 年 11 月 30 日)

年度	UTD	TIL	国际 A	国际 A‑	国际 B	国际 C	中文 A	汇总
汇总	57	58	60	75	189	192	71	585
2017	10	9	11	12	24	25	7	77
2016	3	11	5	13	31	36	8	93
2015	14	16	17	13	35	22	7	94
2014	11	6	7	9	24	46	9	95
2013	4	7	4	10	29	28	14	85
2012	10	7	10	9	32	19	8	78
2011	5	2	6	9	14	16	18	63

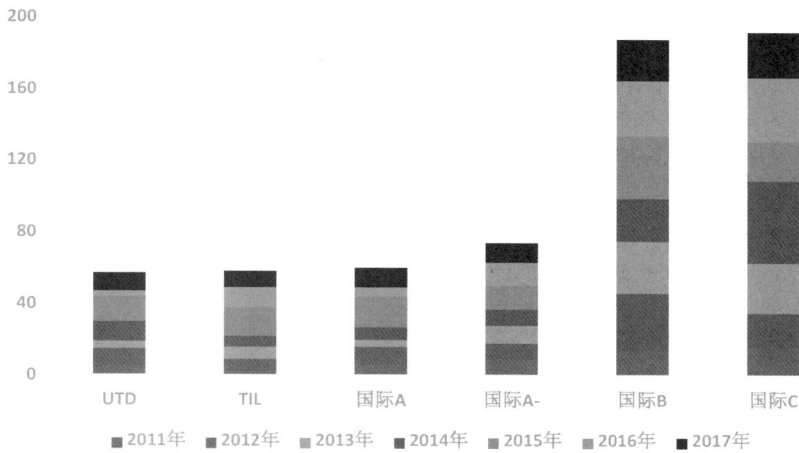

2011—2017 年安泰国际 C 以上论文篇数

　　随着科研实力的上涨,学院教师团队的科研获奖也不断增加。2010－2017 年间,共获得国家、上海市,以及其他各类奖次 56 项。如获得第六、第七届"教育部高等学校科学研究优秀成果奖(人文社会科学)"8 项,每届各有一、二等奖 1 项,其中刘益获得 2013 年该奖第六届一等奖,创造了上海交大的历史,第七届另有三等奖 4 项,数量占整个交大该奖次的 1/3;获第七至十一届"上海市决策咨询研究成果奖"17 项,包含一等奖 6 项,二等奖 8 项;获"上海市哲学社会科学优秀成果奖"20 项,包括一等奖 1 项,二等奖 8 项。另有"上海市邓小平理论研究和宣传优秀成果奖"二等奖 1 项,三等奖 2 项;2016 年史清华的《中国农家行为研究》获得第六届"张培刚发展经济学研究优秀成果奖著作奖",全国仅 5 篇论文获得该奖项。

表 7 - 21　2010－2017 年安泰各类科研获奖汇总表

编号	获奖项目名称	奖励名称	获奖等级	人员及排名	获奖时间
教育部高等学校科学研究优秀成果奖(人文社会科学)					
1	How does justice matter in achieving buyer-supplier relationship performance	第七届	一等奖	刘益(1)	2016
2	The Effectiveness of Online Shopping Characteristics and Well-Designed Websites on Satisfaction		二等奖	罗继峰(1)	
3	Psychological Antecedents of Promotive and Prohibitive Voice: A Two-Wave Examination		三等奖	梁建(1)	
4	现阶段"新二元结构"问题缓解的制度与政策——基于上海外来农民工的调研		三等奖	顾海英(1)	

（续表）

编号	获奖项目名称	奖励名称	获奖等级	人员及排名	获奖时间
5	关于税、资本收益与劳动所得的收入分配实证研究		三等奖	胡奕明(1)	
6	城市规模与包容性就业		三等奖	陆铭(1)	
7	Governing Buyer-supplier Relationships Through Transactional and Relational Mechanisms：Evidence from China	第六届	一等奖	刘益(1)	2013
8	农家行为研究		二等奖	史清华(1)	
上海市决策咨询研究成果奖					
1	现阶段深化开展上海农村土地制度改革探索研究		一等奖	顾海英(1)	
2	专车兴起背景下出租车监管改革的思路与建议	第十一届	一等奖	黄少卿(1)	2017
3	基于知识竞争力评价的具有全球影响力的科技创新中心建设研究		二等奖	罗守贵(1)	
4	上海轨道交通系统颗粒物污染评估研究		二等奖	赵来军(1)	
5	上海进一步深化农村土地管理制度改革研究	第十届	一等奖	顾海英(1)	2015
6	上海城乡统筹发展若干重大问题研究		二等奖	于冷(1)	
7	上海食品安全监管策略研究	第九届	一等奖	顾海英(1)	2013
8	能源汽车产品战略和商业模式研究		二等奖	王方华(1)	
9	上海大力发展工业物联网产业对策研究		一等奖	高汝熹(1)	
10	上海节约集约利用土地研究	第八届	二等奖	顾海英(1)	2012
11	上海知识竞争力研究		三等奖	罗守贵(1)	
12	关于有效利用上海郊区集体建设用地的调研		一等奖	顾海英(1)	
13	上海服务经济产业结构研究		二等奖	王方华(1)	
14	上海耕地资源保护对策研究		二等奖	顾海英(1)	
15	本市农民专业合作社实施问题研究	第七届	二等奖	顾海英(1)	2010
16	上海知识密集产业的结构优化战略及总体思路研究		三等奖	罗守贵(1)	
17	服务业转变上海经济发展方式的机制分析		三等奖	陈宪(1)	
上海市哲学社会科学优秀成果奖					
1	节能减排统计研究	第十三届	二等奖	朱启贵(1)	2016
2	知识管理在科研网络及企业中的应用研究		二等奖	张朋柱(2)	

（续表）

编号	获奖项目名称	奖励名称	获奖等级	人员及排名	获奖时间
3	网上不同卖家特征和网站设计对顾客满意影响的有效分析	第十二届	一等奖	罗继峰(1)	2014
4	汇率期限结构理论及实证研究		二等奖	冯芸(1) 吴冲锋(3)	
5	中国农村文化市场发展研究		二等奖	史清华(1) 晋洪涛(2)	
6	金融深化、企业贸易信贷和现金管理研究		二等奖	吴文锋(1) 吴冲锋(3)	
7	中国现代服务经济理论与发展战略研究	第十一届	二等奖	陈宪(1)	2012
8	现阶段"新二元结构"问题缓解的制度与政策——基于上海外来农民工的调研		二等奖	顾海英(1)	
9	中国经济增长的可持续研究		三等奖	高汝熹(1)	
10	变革性领导对团队业绩的影响:团队冲突管理的中介效应		三等奖	张新安(1)	
11	要素配置扭曲与农业全要素生产率		三等奖	朱喜(1) 史清华(2)	
12	《国际金融中心:历史经验与未来中国(三卷本)》	第十届	二等奖	潘英丽(1)	2010
13	《资产定价研究》		三等奖	吴冲锋(1)	
14	《医疗服务供求矛盾:透视与破解》		三等奖	黄丞(1)	
15	区域演化和知识扩散——来自中国三个领先地区的实证		三等奖	罗守贵(1)	
16	大贷款人角色:我国银行具有监督作用吗?		三等奖	胡奕明(1)	
17	中国民营上市公司高管的政府背景与公司价值		三等奖	吴文锋(1)	
18	国际一体化会促进中国环境的改善吗?		三等奖	尹海涛(1)	
上海市邓小平理论研究和宣传优秀成果奖					
1	创新开放模式,全面提升对外经贸发展水平	第十届	二等奖	陈飞翔(1)	2014
2	征地一定降低农民收入吗?——上海7村调查	第九届	三等奖	史清华(1) 朱喜(2)	2012
3	一种新的货币危机识别方法及对中国的实证研究		三等奖	覃筱(1)	

(续表)

编号	获奖项目名称	奖励名称	获奖等级	人员及排名	获奖时间
其他奖项					
1	Two-Way Capital Flows and Global Imbalances	浦山青年论文奖	论文奖	许志伟(3)	2017
2	中国农家行为研究	第六届张培刚发展经济学研究优秀成果奖	著作奖	史清华(1)	2016
3	中国农村能源消费的田野调查——以晋黔浙三省2253个农户调查为例	上海市第十一届中国特色社会主义理论体系研究和宣传优秀成果奖	二等奖	史清华(1)	
4	破解效率与平衡的冲突——论中国的区域发展战略		二等奖	陆铭(1)	
5	国际货币体系未来变革与人民币国际化	2015年商务部发展研究成果奖	三等奖	潘英丽(1)	2015
6	中国服务经济发展报告2013		三等奖	陈宪(1)	
7	市场VS政府,什么力量影响了我国菜农农药用量的选择?	江苏省第十三届哲学社会科学优秀成果奖	三等奖	顾海英(2)	2014
8	"美国经济与中国经济"系列文章(四篇)	网络理论宣传优秀成果奖	/	沈思玮(1)	2010

（三）科研机构和智库建设

1. 科研机构

2011年,上海市政府发展研究中心陈宪工作室(服务经济)、顾海英工作室(城乡统筹发展)先后成立,被列入学校"985"文科特色研究基地。

2012年,罗守贵组织申报的上海市软科学基地《知识竞争力与区域发展研究中心》立项,全市立项的软科学基地共有四个,除上海交大外,还有华东师范大学、上海社科院和上海图书馆。同年5月29日,上海市政府发展研究中心发展战略研究所潘英丽工作室(国际金融中心建设)在上海交通大学挂牌,工作室主要的研究重心将为国际货币体系改革与人民币国际化,以及在人民币国际化过程中的上海国际金融中心建设及其与香港的战略关系。

2013年,学院工商管理一级学科完成"上海市教委实施的上海高校各类研究基地建设项目"认定，和杜克大学联合成立"中美全球外包联合研究中心"；管理科学与工程和沃顿商学院合作筹建"中美信息经济学与战略管理联合研究中心"；经济学科和新加坡管理大学联合成立"量化经济金融研究中心"；2016年，安泰与丹麦哥本哈根商学院联合研究中心成立。至2017年底，学院共有各类研究机构20多所，进行不同领域的科学研究。

2. 智库建设

2013年，习近平总书记提出要建设中国特色的智库，并将智库视为体现国家软实力的重要部门。安泰牢记自身社会使命，紧随中央精神，现设有中国企业发展研究院（简称"中企院"）、中国发展研究院（简称"中发院"）、中美物流研究院（简称"物流院"）和国家战略研究院（简称"国战院"）四大智库，以系列研讨会、各种论坛、各种专项问题研究、圆桌会议、成果出版和发布等方式，从微观、中观和宏观三个层面，对国家政策、制度改革、经济和企业发展等方面进行解读，并提出建议和资政建言等，扩大了学院对各级政府决策及优质企业发展的影响力。

1）中国企业发展研究院

中国企业发展研究院成立于2009年4月，依托安泰经济与管理学院，聚焦中观产业研究，以战略与品牌、产业与金融为两大研究基石，秉承融合与创新的理念，在多个领域开展实践研究。在新的历史挑战与背景下，致力于成为基于中国管理实践的开放式研究平台与传播机构，成为国家智库建设的一股重要力量。

2009年4月18日，中国企业发展研究院成立仪式

成立以来，中企院取得了一定的成绩，包括诸多独立研究成果的发布，研讨会与讲座的组织，大型专题论坛的举办，以及与各地区政府、组织机构、企业团体在多领域进行合作研究，深入中国管理实践的第一线。中企院建设了中国企业管理案例库，打造案例教学资源平台，出版的案例集包括《上海交通大学MBA经典案例集》系列、《中国企业经典案例》系列、

《中国企业跨国并购 10 大案例》《中国最佳商业案例》《世博让企业更辉煌——上海世博合作企业市场开发 10 大经典案例》等。中企院持续推出关于中国企业的皮书系列研究成果,包括《中国企业发展年度报告》(年报)、《中国品牌报告》(双年报)。中企院还积极举办各类论坛及研讨会,包括中国企业家务虚会、中国管理学年会、"中国·实践·管理"论坛、"管理学在中国"学术研讨会、中国中小企业发展研讨会,中国技术管理学会年会、"天地交·万物通"系列论坛等。其中"深度思考"系列品牌论坛对中国企业发展中的热点现象、突出问题,进行深层次挖掘,坚持以问题为导向进行研究,形成独到的观点得到各大媒体的发布与转载。

2017 年 11 月,为了挑选出未来中国经济发展中坚力量的百强企业,促进证券市场良性发展,提高资本市场资源配置效率,中企院推出了上市公司竞争力百强排行榜。该榜单试图从中立的视角出发,主要通过财务化方法独立筛选出成长性和稳健性兼顾的中国百强竞争力企业,排序具备客观性、真实性和独立性。该榜单能够为证券市场投资者提供重要的价值参考坐标,回归价值投资取向,有助于推进建立多层次资本市场,同时能够为中国企业的发展及竞争力的提高提供参考意义。

2) 中国发展研究院

中国发展研究院成立于 2013 年 12 月,是上海交通大学的一个政策性研究平台,定位于中国一流、世界知名的智库,依托交大安泰强大的教授群体和专业团队,服务政府、企业和社会各界。研究院通过与国内外一流研究机构建立广泛的协同创新机制,致力于为中国社会经济发展提供理论和实践的咨询,为制定公共政策提供研究依据,积极推动建立中国特色的经济学政策研究创新体系。

2013 年 12 月 28 日,中国发展研究院揭牌仪式

中国发展研究院自成立以来,直面国家重大需求,聚焦重大问题,通过跨学科联合开展学术、政策和战略研究,同时开展多形式、多层次、多维度的国际交流与合作,加强全球性重

大经济和发展问题的研究，以更加宽广的视野观察世界、思考中国，在深度参与国际对话中发出"中国声音"。中发院坚持学术独立，通过各种国内外主流媒体，对中国经济改革发展过程中的重要前沿问题发表专业性见解。近年来，研究院承担了多项国家级和省部级项目，获得了多项成果和奖励。研究院组织的"安泰问政"论坛、"经邦论道"讲座和"上海经济学人圆桌会议"等系列大型活动，已经成为沪上高校的品牌活动，引起社会各界的高度关注。中发院的多项研究成果以各种专报和要报的形式上报，得到有关领导和部门的批示和采纳。2017年，中发院入选《中国智库综合评价AMI研究报告（2017）》核心智库榜单，标志着上海交通大学中国发展研究院已经跻身于中国最为重要的经济政策智库之一，成为上海乃至全国在城市化、宏观经济、国际金融、公共政策和创新创业等领域的重要智库和研究平台。2017年6月，中发院陈宪教授受李克强总理邀请参加经济形势座谈会，做了题为"经济企稳、动能转换与'双创'发力"的发言，提供资政建言，受到总理重视。

　　3）中美物流研究院

　　2005年10月，中美物流研究院得到国家发改委、交通运输部、上海市人民政府、香港董氏慈善基金会、美国商务部、美国佐治亚州政府等共同支持而成立（下称"物流院"）。物流院是上海交通大学直属的独立平台式物流研究机构，挂靠安泰经济与管理学院，其发展宗旨为依托安泰经济与管理学院的学科特长，以及学校在信息技术、数字制造和机械工程、国际航运、法律、环境等相关学科上的综合优势，重点发展制造业物流、智慧物流、航运物流与可持续发展物流四个研究领域；形成跨学科平台，促进校内相关学科的发展，培养具有国际视野的高端物流与航运管理人才，解决物流与航运领域中的重大问题，并为提升中国航运与物流企业的国际竞争力提供智力支持。物流院根据国家经济、民生重大需求，以及科学技术发展需要，发挥其在物流决策优化、物流金融、物流信息技术、供应链管理方面的学术优势，采用政、企、学协同创新，并多学科交叉、多学院合作的方式，建立重要的研究基地和实验室，力争在学术和应用两方面取得重要成果，培养理论和实际全面发展的优秀人才。

2005年10月20日，中美物流研究院揭牌仪式

　　物流院围绕制造业物流、智慧物流、航运物流与可持续发展物流四个研究领域,积极开展各类研究。至 2017 年,已承担了纵向项目 30 余项,包括国家自然科学基金 13 项,国家社科基金项目 1 项,省部级项目 20 余项,另有企业咨询项目 59 项。2013－2017 年,物流院依托项目共发表 SCI/SSCI 论文 113 篇,其中 2016－2017 年发表 SCI/SSCI 论文数达 61 篇;公开出版学术著作 11 部,获得发明专利 1 项、实用新型专利 1 项以及软件著作权 3 项。

　　近年,物流院稳步进入发展上升期,校企合作活跃,国际学术交流活动广泛。其多式联运研究服务"一带一路",已被应用于新疆物流业发展规划和上海与内地的海铁、海江联运业务规划;其可持续供应链管理、逆向物流研究的成果获政府采纳并得到高层批示,被应用至国家和上海市政策制定之中,还产生了一定的国际影响。

　　物流院还形成了一些富有特色的研究项目和研究方向,如:面向企业实际需求,与风神物流有限公司开展长期合作,建立广东省汽车物流工程研究中心;面向国家重大需求,研发公路运输"互联网＋营改增"税收服务系统;面向国际航运领域的国家战略,提供政府和企业多层次的咨询服务;面向国家绿色、安全、协调可持续发展的重大需要,开展包括危险化学品物流、突发事件应急物流、物流交通与环境的理论与应用研究;面向国家节能减排重大战略催生的新兴企业需求,开展逆向物流基础与应用研究。

　　对于人才培养,物流院坚持以广阔的国际视野、宽厚的理论基础及扎实的实务经验三大理念贯穿培养过程,与政府、国内外知名企业以及国际著名高校进行合作,积极吸收国外优秀师资力量,努力为中国培养物流精英和领袖人才。截至 2017 年,物流院有学生 59 人在读,207 人毕业;物流院人才培养质量优异,毕业生去向主要为党政机关、国有大中型企业和世界著名企业、出国留学、自主创业等,就业率达 100%,其中到国家重要单位就业的比例超过 50%。

4) 国家战略研究院

　　上海交通大学作为一所在人文社科和工程技术领域有着极为深厚底蕴的大学,服务国家战略是交大人不可推卸的历史使命和社会责任。2016 年 4 月,学校和国务院参事室联合成立的国家战略研究院在安泰落户(下称"国战院")。国战院依托安泰,整合校内及社会资源,研究国家重大战略问题,目标就是要建设成为国内一流、世界知名、引领时代的中国特色新型高端智库,为党中央、国务院和中央军委决策提供理论和智力支撑。自成立以来,国战院聚焦领域热点、突出前沿重点、破解发展难点,共组织上报了 20 余篇高质量的咨政建言报告,多次受到国务院、中央军委等中央领导同志的批示和肯定。国战院围绕十九大习近平总书记"加快建设军民融合创新体系"重要思想展开相关研究,出版《军民融合战略概论》专著一套。2017 年,国战院开始探索实施上海市军队转业干部进高校培训专项任务,经过一年多的实践,承办了上海市检察院、公安系统、市区各级政府军转干部的进高校培训任务,培训工作得到了上海市军转办和用人单位各级领导的高度肯定。

国家战略研究院成立仪式

（四）学术期刊运营良好

《系统管理学报》（Journal of Systems & Management）近年保持着良好的运营状态，接收的投稿稳中有升，质量不断提高。

《中国金融评论》自 2007 年创刊以来得到了海内外广大学者的支持，成为金融经济学者和金融政策制定者的重要参考期刊。该刊凭借高质量的学术文章以及严谨的办刊原则得到了国际知名出版社 Emerald 的青睐。2010 年，Emerald 与上海交通大学合作出版了全英文版的国际期刊 China Finance Review International（简称 CFRI），多年来，已被多个权威数据库收录：ABI/INFORM Complete、Cabell's Dictionary、ProQuest、EBSCO、Summon、RePEc、Econlit、Read Cube's Discover service，并进入 ABDC 和 Association of Business Schools'（ABS）、Academic Journal Guide 及 The Australian Research Council ERA Journal List 等一系列评级列表。2016 年，《中国金融评论》国际版接连被 Scopus、和英国汤森路透公司于 2015 年 11 月推出的 Emerging Sources Citation Index（ESCI）数据库收录，这表明国际出版界和学术界对该刊质量和发展潜力的认可。《中国金融评论》的国际影响力已进一步提升，向被 SSCI 收录的目标迈出了坚实的一步。

为了适应学科发展和学院发展的需要，安泰自 2012 年开始筹办一本管理类国际期刊。在学校的支持下，经过两年的筹备，国际期刊 Journal of Management Analytics（简称 JMA）于 2014 年 4 月创刊，在线投稿系统于 2014 年 4 月 30 日正式上线。JMA 是由交大安泰自主创办的英文学术期刊，主编由学院李垣教授和海外特聘教授许立达教授联合担任，编委会由来自中国、美国、英国、加拿大、瑞典、波兰以及中国香港地区的 20 多位海内外知名学者组成。

JMA 依托管理科学与工程学科，目标成为管理领域有重要影响力的国际学术期刊，致力于为来自中国大陆以及海外的学者提供一个国际学术平台，推动中国管理学科的建设与发展。JMA 以英文发表原创性的文章为主，辅以专刊（Special Issue），主要刊登管理学科在

　　理论、方法上的最新研究成果及实际案例分析。

　　JMA 聚焦数据分析理论与方法及其在管理学科中的应用,应用学科涵盖管理学分支学科如会计、金融、管理、营销、运营、供应链管理及信息管理等;研究方法包括基于大数据的数据分析、仿真、管理科学,以及实证分析等。

　　JMA 创刊至今已出版 14 期,并每年与国际一流商学院联合组织有影响力的国际学术研讨会。JMA 办刊标准严格遵循国际期刊出版标准和学术诚信准则,作者、编委、审稿人都呈现出国际多样性,JMA 文章被 50 多本 SSCI/SCI/ESCI 检索刊物所引用(引用期刊包括 MIS Quarterly 等 Top 期刊),JMA 论文平均被引超过 2.0,JMA 期刊的学术影响力提升显著。2017 年 7 月,JMA 期刊正式被 ESCI 数据库收录,这是办刊工作取得的重大进展,为提升上海交通大学的学术影响力和国际声誉做出了贡献。

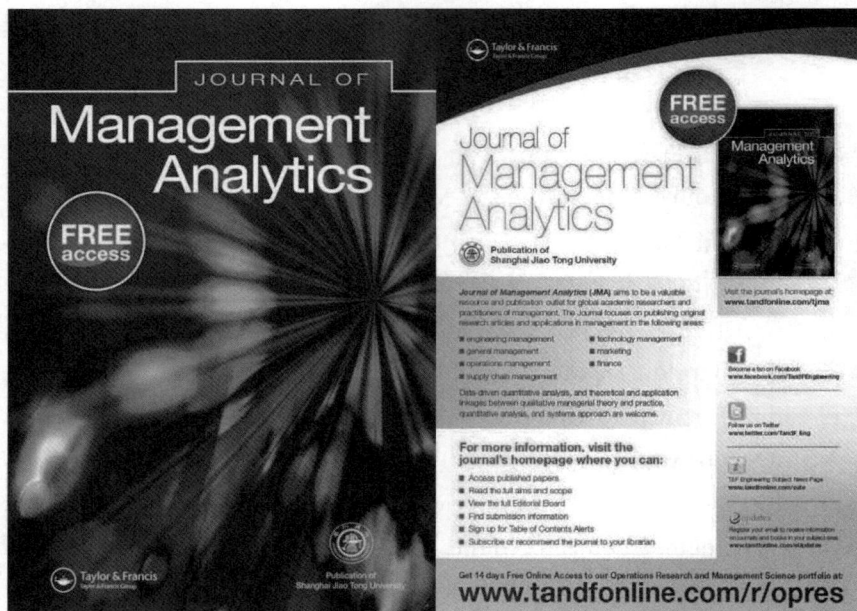

JOURNAL OF MANAGEMENT ANALYTICS

六、校友服务

　　自 1920 年 12 月铁路管理科获得首届毕业生 30 人起,发展至今,上海交通大学安泰经济与管理学院已有包括本科、硕士、博士、MBA、EMBA、EE 等各教学项目的校友近五万名,涵盖各行各业,遍及世界各地。

　　2009 年 11 月,安泰成立了校友与基金会办公室,次年 6 月更名为校友与发展办公室,2015 年校区搬迁之时,又经学院部门调整合并,发展为校友与公关办公室(简称"校友办")。学院联合校友办和各教学项目办公室,链接起遍布全球的交大安泰校友,通过毕业周返校日、新年音乐会、组织俱乐部等各种形式,为校友们搭建一个可以进行充分交流和沟通互动的平台;通过开展各类健康积极的活动与联谊,加深校友与校友之间、校友与学院之间的感情,努力为其营造学习共进、合力同赢、和谐愉快、感恩回馈的文化氛围,以期更好地服务校友、回馈母校。

(一)校友组织

为了全面有效地服务校友,安泰逐步建成了纵横交错、立体架构的校友会组织,其中包括如 MBA 同学会、EMBA 校友会、CEO 俱乐部等各教学项目的校友会;同时在深圳、广州、无锡、苏州、宁波等地成立了十多个地区校友会;此外还有如校友产业投资俱乐部、IT 与电子商务创业俱乐部、营销俱乐部、户外俱乐部、高球俱乐部等十多个不同类型的行业和兴趣类俱乐部。

上海交通大学 MBA 同学会成立于 1997 年 4 月 8 日,是国内最早成立的 MBA 校友组织之一,其成立宗旨是:加强海内外 MBA 校友与母校、校友之间的联系,沟通彼此信息,发扬母校优良传统,团结合作,支持校友创业与发展,共同为母校的未来和中华民族的伟大复兴贡献力量。多年来,上海交通大学 MBA 同学会已经形成了一个汇聚大批企事业高层主管的会员网络,丰富的人脉资源为会员的事业发展提供了强有力的支持。

上海交通大学中国 CEO 俱乐部成立于 2002 年 10 月 19 日,最初的会员均来自于交大安泰 EE 中心历届"中国 CEO(总裁)创新管理高级研修班"的学员和学术专家。发展至今,俱乐部已成为拥有全球 4000 余名商界、产业界和学术界精英人士组成的会员团体,其范围覆盖各大产业领域和学术机构。两任会长分别为安泰前任院长王方华和均瑶集团总裁王均豪。俱乐部一直秉承效忠国家、服务社会、关心民生的宗旨开展大量有益活动和慈善事业,也从学术和商业的角度深度思考、实践中国经济产业发展的形态模式,同时为广大会员提供切实的商业服务和学术理论指导。俱乐部下设有投融资俱乐部、物流俱乐部、艺术品鉴赏投资俱乐部、文化创意俱乐部、醇享汇、高尔夫球队、乒乓球队以及合唱团等分俱乐部,通过分俱乐部的活动,更大程度地拓展会员的交流空间,提高会员的凝聚力。

上海交通大学 EMBA 校友会成立于 2003 年 10 月,至 2018 年 3 月已有会员 5500 余位。EMBA 校友会相继在广东、无锡、苏州、台湾、广西、河南、安徽等地成立分会,并筹设如高尔夫、足球、羽毛球、乒乓球、篮球、帆船、户外、太极养生国学等体育项目俱乐部,和摄影、合唱、读书等文娱类俱乐部,以及如汽车、创新创业、文娱等行业协会,另有人才俱乐部、私董会、女性俱乐部领琇汇、亲子俱乐部等校友组织。通过定期组织活动,将相同行业或相同爱好的 EMBA 校友联系在一起,共谋发展。

上海交通大学校友产业投资俱乐部成立于 2012 年 9 月 22 日,是安泰支持指导下成立的第一个面向全体安泰校友及部分交大校友的行业校友组织,会员主要分布在产业、金融、政府、传媒等行业。因其注重于产业投资与研究(Investment)、行业并购与整合(Integration)、创新公司盈利模式(Innovation)三方面的学习与交流,故又简称"3I 俱乐部"。俱乐部以新能源和新材料、节能环保、高端装备制造业、新一代信息技术和互联网、现代服务业、文化产业、金融业七大新兴产业作为学习交流主题,活动包括投资论坛、企业参访、学术年会、行业沙龙、定期报告、公益活动以及战略研讨等形式,并定向开展与各地经济开发园区的对接交流。

表 7 - 22　上海交通大学安泰经济与管理学院备案校友组织（数据截至 2018 年 3 月）

（按成立时间顺序排名）

序号	类别	名称	成立时间
1	项目校友组织	上海交通大学 MBA 同学会	1997 年 4 月 8 日
2		上海交通大学中国 CEO 俱乐部	2002 年 10 月 19 日
3		上海交通大学 EMBA 校友会	2003 年 10 月 17 日
4		上海交通大学 MPAcc 同学会	2007 年 7 月 21 日
5		上海交通大学中国全球运营领袖（CLGO）校友会	2011 年 1 月 20 日
6	地区校友组织	上海交通大学安泰经济与管理学院宁波校友会	2012 年 7 月 29 日
7		上海交通大学安泰经济与管理学院南通校友会	2013 年 4 月 20 日
8		上海交通大学安泰经济与管理学院深圳校友会	2017 年 5 月 21 日
9		上海交通大学 EMBA 广东校友会	2007 年 12 月
10		上海交通大学 EMBA 无锡校友会	2009 年 8 月 22 日
11		上海交通大学 EMBA 苏州校友会	2010 年 11 月 6 日
12		上海交通大学 EMBA 广西校友会	2010 年 11 月 13 日
13	行业校友组织	上海交通大学校友产业投资俱乐部	2012 年 9 月 22 日
14		上海交通大学校友产业投资俱乐部·医药健康分会	2013 年 5 月 27 日
15		上海交通大学校友产业投资俱乐部·现代服务业分会	2014 年 1 月 4 日
16		上海交通大学校友产业投资俱乐部·文化产业分会	2014 年 5 月 23 日
17		上海交通大学校友产业投资俱乐部·新一代信息技术与互联网分会	2016 年 1 月 16 日
18		上海交通大学校友产业投资俱乐部·金融分会	2016 年 3 月 26 日
19		上海交通大学安泰系统工程与管理科学委员会	2016 年 4 月 8 日
20	主题性校友组织	上海交通大学 MBA 同学会卓越金融与地产俱乐部	2006 年
21		上海交通大学 MBA 同学会卓越运动俱乐部	2007 年
22		上海交通大学 MBA 同学会卓越营销俱乐部	2008 年 5 月 1 日
23		上海交通大学 MBA 同学会卓越医疗与医药管理者俱乐部	2009 年
24		上海交通大学 MBA 同学会卓越创业俱乐部	2010 年 4 月 18 日
25		上海交通大学 MBA 同学会卓越电商俱乐部	2013 年 6 月 22 日
26		上海交通大学 MBA 同学会卓越能源与环境俱乐部	2013 年 11 月 16 日
27		上海交通大学安泰 MBA 爱心社	2009 年 2 月 20 日
28		上海交通大学安泰 MBA 读书会	2010 年 12 月

（续表）

序号	类别	名称	成立时间
29		上海交通大学安泰 MBA 创业与行业协会联盟	2015 年 3 月
30		上海交通大学 EMBA 高尔夫俱乐部	2006 年 3 月 8 日
31		上海交通大学 EMBA 户外俱乐部	2010 年 5 月 12 日
32		上海交通大学 EMBA 足球俱乐部	2011 年 12 月 29 日
33		上海交通大学 EMBA 摄影协会	2012 年 3 月 29 日
34		上海交通大学 EMBA 帆船俱乐部	2012 年 12 月 15 日
35		上海交通大学 EMBA 合唱团	2014 年 5 月
36		上海交通大学 EMBA 人才协会	2014 年 6 月
37		上海交通大学 EMBA 太极养生国学协会	2014 年 6 月
38		上海交通大学 EMBA 羽毛球俱乐部	2014 年 6 月 8 日
39		上海交通大学 EMBA 读书俱乐部	2014 年 6 月 8 日
40		上海交通大学 EMBA 汽车行业协会	2016 年 12 月 31 日
41		上海交通大学 EMBA 亲子俱乐部	2016 年 12 月 31 日
42		上海交通大学中国 CEO 俱乐部·投融资俱乐部	2010 年
43		上海交通大学中国 CEO 俱乐部·物流俱乐部	2011 年
44		上海交通大学中国 CEO 俱乐部·艺术品鉴赏投资俱乐部	2011 年
45		上海交通大学中国 CEO 俱乐部·文化创意俱乐部	2012 年
46		上海交通大学中国 CEO 俱乐部·醇享汇	2012 年
47		上海交通大学中国 CEO 俱乐部·乒乓球队	2013 年 8 月 28 日
48		上海交通大学中国 CEO 俱乐部·高尔夫球队	2014 年
49		上海交通大学中国 CEO 俱乐部·合唱团	2014 年
50		上海交通大学中国 CEO 俱乐部·苏河读书会	2015 年

（二）校友期刊

　　为帮助校友全面获悉学院动态,安泰通过学院网站、微信公众平台等途径定期向全体校友发布《安泰校友每周资讯》(电子刊)和《校友季刊》(实体书/电子刊),并持续对线上线下各类学习活动信息进行及时更新,以保持母校与校友之间的信息沟通和资源共享。

　　《安泰校友每周资讯》于 2010 年 10 月 22 日创刊,内容主要包括:院校要闻、活动预告、教授观点、招生信息、管理故事、好书推荐、名人名言等版块,以电子邮件方式发送给校友,至 2018 年 3 月已发布 371 期。

　　《校友季刊》创刊于 2011 年,以图文并茂的形式,报道学校及学院的新闻,公布校友活动,展现校友风采,分享校友经验,提升文化品格,是安泰形象的展示窗口、校友感情的联络纽带。该刊截至 2016 年底共发布 20 期,总发行量超过 175 000 册。2017 年初,《校友季刊》

整合改版，更名为《同窗—安泰》重新出发，改版后的内容包括：专题报道、院校聚焦、活动回顾、校友专访、安泰智库、安泰同窗及好书推荐。

《安泰校友每周资讯》

《同窗—安泰》

（三）安泰校友新年音乐会

学院的进步仰赖于交大的优良传统和全体师生的努力，也得益于广大校友及社会各界的鼎力相助。从 2012 年起，为感谢校友长期以来对母校和安泰的支持，学院开创了"安泰校友新年音乐会"特色活动，至今已成功举办七届。"新年音乐会"作为安泰的品牌性校友年度盛事，每届邀请千余名校友欢聚一堂、共襄盛典，加深了校友间的联络，使同窗之情和归属之感得到进一步凝聚。

表 7 - 23　历届安泰校友新年音乐会情况（数据截至 2018 年 4 月）

活动名称	举办时间	举办地点	邀请乐团	指挥
2012 首届安泰校友音乐会	2012 年 1 月 8 日	上海商城剧院	奥地利施特劳斯爱乐乐团	萨伯
安泰校友音乐会 2013	2013 年 1 月 13 日	上海文化广场	上海歌剧院交响乐团	张国勇
安泰校友音乐会 2014	2014 年 1 月 4 日	交大文治堂	匈牙利柯达伊爱乐乐团	丹尼尔·索莫吉·托斯
安泰校友音乐会 2015	2014 年 12 月 27 日	交大文治堂	拉脱维亚国家交响乐团	托瓦斯·罗克斯汀伽罗
安泰校友音乐会 2016	2015 年 12 月 19 日	交大文治堂	俄罗斯国家模范交响乐团	巴尔库·康斯坦丁
安泰校友音乐会 2017	2016 年 12 月 24 日	交大文治堂	德国海顿交响乐团	格德·穆勒·洛伦兹
安泰校友音乐会 2018	2017 年 12 月 23 日	交大文治堂	意大利米兰爱乐乐团	马西莫·马拉斯皮纳

2017 年 12 月 23 日，2018"联璧之夜"安泰校友新年音乐会暨 2017 年度校友与校友组织颁奖典礼

（四）校友回馈

饮水思源，无论所在何方、身处何职，安泰的学子们感念教恩，心系母校，长年来，校友们或捐资，或赠物，积极为母校和安泰的发展贡献自己的力量。

2008 年，学校成立了非公募基金会"上海交通大学安泰教育发展基金会"（简称"安泰教育发展基金会"）。安泰教育发展基金会设置了教育研究、国际交金、校园建设、教席捐赠、学子奖助学、专项发展等多种基金项目，旨在促进安泰与社会各界之间建立多维互动、双边互惠的合作关系。近年来，学院在此基金框架下收到了安泰学子和社会各界热心教育事业的个人和组织的许多支持。这些捐赠与资助,对于安泰经济与管理学院传承交大百廿年浓厚文化传统,在瞬息万变的商业环境当中紧跟最前沿的教育管理和研究方向,吸引并培养高端学术人才和高级管理精英,发掘优秀青年教师才俊,支持开展一流的科学研究,营造与世界一流商学院相匹配的校园环境,进而逐渐实现跨越式发展,成为中国领先、世界一流的管理教育机构,都有着极大的推动作用。

七、党建和文化建设

（一）教职工

1. 党务建设

在建设国际一流商学院过程中,安泰经济与管理学院党委找准定位,努力做好全院教职工思想政治学习的引领者和学院文化的倡导者,2009 年年中至 2012 年,以中央、市委和学校党委关于开展创先争优活动的整体部署为契机,号召党员同志站得更高,想得更远,集思广益,统一思想,大胆深化学院综合改革,推动学院国际一流目标的尽快实现。由此,学院民主化建设和管理工作有了长足的推进,各类决策事项的程序都做到依法决策、科学决策和民主决策。通过不断完善学院党政联席会议、院务会议、院长行政办公会议、民主生活会和教代会等会议制度,以及"三重一大"等重大问题的决策规则,推动党务、院务公开化、制度化、规范化和程序化。邀请退休教授、资深教授、系主任、学科骨干、青年教师代表和机关行政人员代表等召开各类主题的座谈会征询意见,为学院发展献计献策的做法得到延续和发扬。

2012 年 4 月,余明阳同志接任学院党委书记,朱启贵同志接任学院党委副书记兼纪委书记。纪委书记的设置加强了学院党风廉政建设工作,结合 2013 年党的群众路线教育实践活动,学院党委坚持"标本兼治、综合治理、惩防并举、注重预防"的方针,加强廉洁自律教育,使党员干部筑牢防腐拒变思想防线,从源头上堵塞漏洞,防止腐败行为的发生。加强民主管理小组的工作,做到各项重大决策之前,要广泛听取教职员工特别是民主管理小组的意见。同时,加强与民主党派之间的交流与互动,做好各民主党派和无党派人士的统战工作。2017年初,中央巡视组来到学校进行巡视。学院按照学校党委的统一部署和巡视整改方案总体要求,形成了十八项巡视整改问题清单和十五项巡视整改任务清单,进行认真自查和整改,抓好学院规范化建设,加强党的领导;严肃党规,抓好党支部建设;加强监督,落实全面从严治党。2017 年中,安泰分纪委成立,由学院副书记于冷同志兼任纪委书记;基层党支部建设方面设立专任纪检委员,对支部学习及组织活动均有严格前期计划和后期报备,使得组织生活更加严肃规范。

上海交通大学党委书记姜斯宪和安泰经济与管理学院领导召开民主生活会

2016年4月，中共上海交大安泰经济与管理学院第二次党员代表大会成功召开，会议选举产生了新一届党委委员八人：余明阳、张东红、于冷、田新民、万国华、董明、钟根元、赵建敏，教工党支部数也由原先的九个调整为十个：管理第一/二/三党支部、经济系党支部、金融系党支部、机关第一/二/三/四党支部和退休教工党支部。几个年轻有为有良好群众基础的党员担任了支部书记工作，形成了更富有朝气与活力的班子结构。

学院党委积极开展丰富多彩的组织生活，号召全体师生党员学习十八大、十九大精神和习近平总书记系列重要讲话，组织各类专题讲座，提高党员理论修养。2011年11月，作为学校理论学习试点支部，金融系教工党支部策划赴安徽省凤阳县小岗村的考察活动，为高校基层党支部活动开展探索了有益的经验。2013年，学院深入开展党的群众路线教育实践活动，以"改进作风，提升效率，推进学院工作上新台阶"为主题，狠抓"工作作风、教风、学风、院风"，2016年，学院党委根据统一部署，开展"两学一做"学习教育活动，号召党员同志将学习和实践有效结合在一起。

学院党委坚持开展多项公益活动，拓宽服务社会的方式。2010年上海世博会期间，学院作为社区的一分子，响应新华社区"世博相逢行动"世博安排活动，安排120位教职员工加入到社区公交站点守护平安的志愿者队伍中，承担起维护一方平安的神圣职责；学院党委还承接了4月徐汇区的城市志愿者服务以及10月最佳城市实践区志愿者服务工作，参与了世博会试运行、开幕式的志愿者服务，共有470名学生志愿者参与到世博服务中。2010年青海玉树地震、2013年四川雅安地震，每有祖国各地区受灾时，学院都及时组织人员献上爱心与帮助。2016年，以"关注革命老区，帮助革命后代"为主题的平江项目结束，项目开展11年来，学院教师共资助三批困难学生70人，累计资助金额近人民币40万元。

近年来，安泰经济与管理学院党委被评为"上海市教委系统先进基层党组织"（2011年）、"'世博先锋行动'先进基层党组织"（2011年），被屡次评为"上海交通大学先进基层党组织"，学院关心下一代工作委员会被评为"上海市教育系统五好关工委组织"（2013年），余明阳同志被评为"上海市教卫工作党委系统优秀党务工作者"(2016年),沈惠璋同志被评为"上海市教卫工作党委系统优秀共产党员"(2016年),学院团委获得"上海市红旗团委"称号(2012年)。

2. 工会活动

为促进"三育人"工作深入、持久地开展,学院工会在党政组织的领导下,积极开展各种以加强师德师风为核心的职业道德教育活动,配合党政组织推荐教师参加优秀教学人员的评选;认真组织各类教学、科研相关竞赛,推动新一轮新老教师"拜师结对"活动的深入开展。2017年,安泰开展了首次学院内部教学竞赛,并推出线上"师者喻德""安泰范儿"等专栏宣传教书育人教师的典型,以榜样的力量鼓舞人心。

表 7-24 2010—2017 年安泰教师师德师风荣誉汇总表

序号	奖项名称(奖次)	获得者(获奖年份)
1	上海市"育才奖"	万国华(2014)、曾赛星(2016)
2	上海市"三八红旗手"	刘益(2017)
3	上海交通大学"三育人"先进个人	顾海英(2010)、罗守贵(2012)、万国华(2014)、朱喜、董正英(2016)
4	上海交通大学"校园新星"("科研新星")	曾赛星(2011)
5	上海交通大学"教学新秀"	胥莉(2010)、张新安(2012)、周志中(2016)
6	上海交通大学"三八红旗手"	冯芸、唐宁玉(2010)、王良燕(2016)

为促进学院内部融合,增强向心力和凝聚力,学院工会不断充实"教工小家"建设的内涵,在已经取得的成果基础上,进一步准确定位,增加投入,扎实工作。学院工会积极支持青年教师联谊会活动,关心女教职工发展,组织各种针对女性员工的活动,促进广大女教职工的政治思想、科学文化和业务工作素质的不断提高。学院工会积极组织各种院内文化与体育活动,满足教职工在精神文化层面上的需求。学院历来大力倡导"每天健身一小时,健康工作五十年,幸福生活一辈子"的健康文明生活方式,乐于为全院教职工参与体育活动创造有利条件,为员工添设按摩椅、跑步机、乒乓球桌、各类身体素质测量仪等器具,以供员工使用。为提升员工健康意识,树立绿色环保理念,学院工会于2012年推出"绿色环保健康行"户外10公里徒步活动,每年春季学期及秋季学期各办一次,组织教职工共同参与徒步,至今已有十一届,每年吸引学校工会成员同行,已成为学院的品牌活动。每次健康行的路线各有特色,如"山(佘山)""岛(崇明岛)""塘(塘下公路)""江(长江)""河(太浦河)""湖(滴水湖)""海(奉贤海湾)"以及"郊野公园(浦江)"等。在健康行活动的带动下,学院教工中涌现了一大批健步走爱好者,不少老师坚持每天走路万步,战绩经常占据学校健步走协会每周网络健步赛的榜首,健步走已成为大部分安泰人的一种生活方式。

绿色环保健康行

为了丰富员工精神生活，学院鼓励员工参加校工会举办的包括舞蹈、拳操、声乐、绘画等各种文体辅导培训班，并发动员工陆续成立不同文体项目协会，比如长跑协会、乒乓球协会、羽毛球协会、足球协会、游泳协会、舞蹈协会、诗词协会等。各协会建立了微信群，开展丰富多彩的群体活动，吸引了许多教工加入经常性的体力、脑力锻炼行列中，促进教职工群众文体活动的持久开展。

长久以来，学院党委在创新工作内容、夯实工作基础以及营造团结奋进积极向上的学院文化氛围方面做出了许多努力，赢得了诸多赞许。自2010年，学院分党委曾被授予上海市教卫系统先进基层党组织称号、上海市教卫系统"世博先锋行动"先进基层党组织称号；团委荣获"上海市五四特色团组织"荣誉称号；学院多次荣获上海交通大学文明单位称号；多个支部获评上海交通大学先进基层党组织，另有获评校级优秀党务工作者、优秀党员多人，安泰唐宁玉副院长也于2012年顺利当选徐汇区第十五届人大代表，并于2016年成功获得连任。

（二）学生

学院紧密围绕社会主义核心价值观，不断思考和完善学生教育与引导、服务与管理的综合体系，以党建为核心，以团建为抓手，以职业生涯发展为主线，切实围绕学校"四位一体"的人才培养目标，积极探索"价值引领、知识探究、能力建设、人格养成"的有机统一，培养胸怀家国、学识扎实、素质过硬的一流经管人才。自2010年以来，学院连续多年荣获上海交通大学学生工作先进集体、先进基层党组织、就业质量一等奖/二等奖、征兵贡献一等奖/二等奖等荣誉称号。学院团委获评"上海市五四特色团委""上海市五四红旗团委"，累计48个团支部获校级嘉奖，2018年F1612005团支部喜获团中央活力团支部殊荣。

1. 学生党建

2012年6月,在学院党委的领导下,安泰学生工作党总支主办的院系二级党校——"求索培训班"正式开班。求索培训班主要面向优秀的学生入党积极分子,通过体验式培训、团队社会调研、社会考察、主题沙龙等方式,培养团队精神和实践能力,增进同窗感情,为今后更好地参加学校青马党校打下基础。培训班自创办以来在闵行校区已成功举办八期,为青马党校输送了大量优秀学员。2018年3月,徐汇校区第一期求索培训班也正式开办。求索培训班极大地完善了入党积极分子的考察程序,提高了积极分子的活动参与热情。学院将把求索培训班作为学生党建工作的试验田,不断积累实际工作中的经验,反省工作中出现的问题,为把求索培训班打造成交大学院层面的党建工作标杆而努力。在此过程中,学院不断健全求索培训班制度,向青马党校输送学生党建人才,自2010年至2017年,已成功培养出优秀的学生党员827人。2016年10月,继闵行校区党建研究会之后,徐汇校区首届学生党建研究会也正式成立,服务于本科高年级及研究生中的党员和积极分子。

2018年3月22日,第九期求索培训班开班典礼

2. 学生团学

(1)基础:学习能力、朋辈教育。为切实提升安泰学子的学习方法和自主学习能力,自2008年起,学院每年举办多场学子论坛,分为学术和职场辅导两类主题,邀请了校内外的教授、专家和职场人士,通过论坛、辩论、讲座等多种形式,解读时政热点,加强莘莘学子对实际问题的思考和剖析能力。

根据学院留学生多、分2个校区的实际情况,学院于2014年启动了Buddy Program,吸引了来自20多个国家数百名海外学子关注并加入,加快了学生工作的国际化步伐。作为德育重要元素的朋辈教育也在本科生中以大二结对大一的Mentorship项目等形式开展,促进学生们见贤思齐,共同成长。每年3月、6月和10月,学院组织开展学习经验交流会以及"爱心传递,知识传承"书籍捐赠活动,传递书香,传承文化。

2017年,学院与上海交通大学图书馆共同创建"圕·安泰书道"品牌活动,旨在推广阅读,提升学生的阅读素养、学术素养、交流表达能力、公益责任意识与领导力。自创建以来,极富创意地开展了多元多维的阅读推广活动,如"寒假共读—假期读书活动""阅读时光—读书沙龙"等,一举荣获全国高校"阅读推广"优秀社团。

(2)主导:价值引领、志愿实践。学院注重培育和践行社会主义核心价值观,积极开展"一学一做"教育实践。自 2011 年起,陆续建立了以微博、人人网、微信公众号等为主阵地的网络信息宣传平台,定位于"情怀、视野、求索",在宣扬正确的世界观、人生观、价值观的同时,及时掌握学生的思想动态。多层次的社交网络平台覆盖了学生的思想引领、学习分享、校园文化、实习就业等各方面,在学生中建立了极高的知晓度,"安泰之声""安泰范儿""安泰研会"等微信公众号平台的累计粉丝关注度已逾万人。

"安泰之声"　　　　　　　"安泰范儿"　　　　　　　"安泰研会"

长期以来,学院积极引导学生奉献爱心,提高自身修养,为社会做出更大贡献。2012年,"志愿者库"的出台不仅实现了志愿者工作信息化,保证了志愿活动长期有序进行,更增强了志愿者活动的社会影响力,打造出多项品牌活动。2010 年,470 余名志愿者投身世博会志愿服务,2008 级本科生顾宇丰同学荣获"世博服务岗位标兵"荣誉称号。2013 年,学院组织的钱学森图书馆义务讲解团,先后在华东师范大学、东华大学、上海外国语大学、上海东海职业技术学院等高校进行了共计 60 余次讲解,最终获评"上海交通大学校园文化建设年度特色项目"。为响应团中央"四进社区"号召,并加强社区团建工作,自 2010 年起,学院先后与上海市政协民族宗教委员会、上海市少数民族联合会、长宁新华社区团工委、长宁区残联、吴泾三小、天山街道"阳光之家"智障患者活动中心、江川街道、上海交通大学图书馆等 8 家单位建立了长期合作机制,累计举办 800 余场志愿活动,服务对象达到 15000 多人次,实现团员青年志愿服务参与率百分百。此外,作为推进素质教育和精神文明建设的重要抓手,学院弘扬"人道、博爱、奉献"的红十字精神,以"责任教育、奉献教育"为引领,近几年学生累计献血 500 余人次,涌现出不少留学生、学生党员和学生干部典型。

马德秀书记慰问安泰世博会志愿者

　　每年寒暑假,安泰学子奔赴全国各地,开展形式多样、内容深刻的社会实践活动,彰显出当代大学生的家国情怀。2013 年 7 月,由党委书记余明阳作为指导老师,经管各学科 20 余名研究生参与的实践项目《城镇信息化,点燃中国梦——基于枫泾镇和黄桥镇信息化建设发展的对比研究》经过层层选拔、脱颖而出,被团中央评为"全国重点团队"(上海交通大学仅有 2 支团队获评),这是安泰近十年来首次获该项殊荣。2017 年,"'匹配中介'模式的提出与检验——基于上海市科技型小微企业和商业银行的调研"项目荣获"知行杯"上海大学生社会实践大赛三等奖,"Youth Spotlight 留守儿童夏令营"项目获千校千项全国前 30 名。"'书香传递,墨香农家'乡村图书馆建设"项目已成为学院的品牌活动,连续 3 年在校级社会实践中获奖。

　　(3) 核心:卓越精神、创新创业。学院积极搭建创新人才培养的大平台,营造良好的创新人才培养氛围。2013 年,安泰"涵泽领导力培训营"系列活动拉开帷幕,该培训营开展了领导力专题讲座、企业参观访问、读书交流会、户外素质拓展等形式多样的活动,深受营员好评。该项目于 2014 年荣获上海交通大学校园文化建设特色项目。为响应国家大众创业、万众创新口号的号召,提高安泰学生的创新创业意识和能力,学院于 2017 年成立"创+"工作室和"FDT 创新工场"两个社团,通过开展综合素质、知识技能和实战演练三个板块的培育孵化,有效提升了学生的创新意识,培养了创新能力。社团成立一年来,已有 3 个项目获得500 万融资。

　　与此同时,学院鼓励学生积极参加全球商务挑战赛、"毕马威"杯企业文化案例大赛、CFA 协会大学投资分析比赛、汇丰商业案例大赛等国内外知名大赛,培养学生的创业能力;并重点依托"挑战杯"、上海交通大学创业计划大赛等项目,深入推进青年就业创业行动。学院于 2017 年主办了"安泰杯"上市公司投资分析挑战赛,备受业界关注。同年,博士生刘哲铭、孙大鑫及本科生马佳倩的团队项目——"'一带一路'国家重大工程投资风险识别与防范"作品荣获挑战杯"一带一路"国际专项赛特等奖。本科生汪洋参与的"为梦独行：城市'空巢青年'现象聚焦"项目获挑战杯常规赛人文社科组二等奖。

安泰学生团队获得第十五届挑战杯"一带一路"国际专项赛特等奖

（4）提升：综合素质、全面发展。为培养德智体美劳全面发展的学生，学院尊重个体的不同特点和个性发展，注重培养学生的综合素质。安泰学子踊跃参加校园十佳歌手大赛、新生杯体育比赛、棋牌大赛、辩论赛等丰富多彩的文体活动，并屡获佳绩。2010 年至今，多名同学获得了上海市大学生围棋联赛冠军、里昂世界桥牌青年公开赛青年女子组第三、上海市第一届智力运动会大学组桥牌比赛第一、全国桥牌青年团体赛瑞士团体赛第二等多项荣誉。朱以恒、陈淑筠、许海纳同学分别担任了 2016 级军训晚会、2017 级本科生开学典礼、2017 级校级迎新晚会等多项校级大型活动主持人。

留学生也呈现出百花齐放的态势，本科生生雅惠作为上海交通大学代表队成员参加了第 38 届头脑奥林匹克竞赛世界总决赛，最终捧得大学组世界冠军奖杯；由王亦婷、刘丞庆等多名本科留学生参与的"廿四节令鼓"已成为交大品牌节目，受邀到全国多所高校进行巡回演出。

附录 1 安泰经济与管理学院发展大事记（1903－2018.3）

1903 年

8 月 盛宣怀呈"开办高等商务学堂折"，奏请将南洋公学改为"高等商务学堂"。

1917 年

唐文治认为中国铁路路政腐败，呈请交通部核准，参照欧美各大学课程，斟酌我国需要，设铁路管理专科。

1918 年

春 唐文治校长正式开办铁路管理科，第一届招收新生 38 人。任命中学科校长徐经郛，兼任铁路管理科科长。聘任徐广德、李伟伯为铁路管理科教员。

1920 年

夏 铁路管理科第一届学生共 30 人毕业。

12 月 将北京邮电学校、北京铁路管理学校、唐山工业专门学校及上海工业专门学校合并，改称"交通大学"。

1921 年

春 铁路管理科科长徐经郛辞职。教员徐广德任铁路管理科科长。

4 月 28 日 本校铁路管理科奉命移并北京学校，北京之邮电班移并本校。

1922 年

铁路管理科以京校设备简陋，又非工商实业交通枢纽，呈交通部核准，迁回上海。加之，1921 年考取未赴京校者，又由其他学科转回管理科，共有学生 150 余人。

9 月 15 日 召开教务会议，聘请胡仁源为铁路管理科科长。

1923 年

3 月 10 日 新聘徐佩琨先生、谭怀先生为管理科一年级教授。

6 月 30 日 学校举行毕业典礼及创始人盛宣怀铜像落成典礼（铜像为南洋同学会捐铸），其中铁路管理科有毕业生 16 人。

1924 年

3 月 26 日　铁路管理科三年级全体学生,在徐佩琨教授带领下,参观华商证券交易所。

6 月 30 日　学校举行毕业典礼,铁路管理科有毕业生 22 人。

秋　铁路管理科开辟会计实验室与统计实验室。

1925 年

铁路管理科科长胡仁源教授辞职,铁路管理科科长由校长暂兼。

铁路管理科设经济研究室,为同学撰写著作、论文、报告提供资料阅览服务。

6 月 28 日　举行毕业考试,铁路管理科有 27 人毕业。

1926 年

6 月 30 日　举行毕业典礼。铁路管理科第六届学生共 32 人毕业。

秋　铁路管理科决定将经济研究室扩充为经济科学馆。

9 月 27 日　凌鸿勋校长发出《关于遴选本年毕业生出洋留学给交通部总次长的呈文》。铁路管理科章焕昌同学为备选生第二名。

10 月 26 日　交通部批准派遣铁路管理科毕业生薛椿荫等 4 人赴美留学。

1927 年

5 月　徐佩琨为铁路管理科科长。

9 月　改铁路管理科为交通管理科,分车务、财务二门。

1928 年

1 月　经济科学馆筹备完成,开始工作。

1 月　南洋公学同学会编辑的《南洋友声》第一期刊登"交通部第一交通大学分科系统表",其中交通管理科分为:普通营业门,铁路管理门,邮电管理门,航政管理门。

2 月　《交通部第一交通大学教职员表》交通管理科教职员名单公布。

4 月 23 日　在文治堂举行全校国语辩论决赛,优胜者将代表交大参加四大学国语辩论赛。辩论决赛由管理科主任徐叔刘先生负责。

8 月 16 日　全国交通会议决议:将交通管理学院分为四院,上海设电机工程及交通管理学院,唐山设土木工程学院,北平设交通管理学院。根据交通部全国交通会议精神,本校"交通管理科"更名为"交通管理学院"分设铁路管理、营业管理、邮电管理、航政管理四门,造就交通四政管理专家。

秋　管理学院推举出第一届学生会执行委员。

9 月　交通部发表《交通大学组织大纲》,将第一交通大学、第二交通大学、第三交通大学合并,称为交通部直辖交通大学。上海的第一交通大学改称为交通大学机械工程学院、电机工程学院及交通管理学院,北平的第三交通大学为交通大学交通管理学院分院,以上海各学院为本部。任命王绳善为机械工程学院院长,徐佩琨为交通管理学院院长,沈琪为交通管理分院院长。

1929 年

1月1日　《交通管理学院院刊》创刊号出版发行。

1月1日　交通大学编辑的《交通与经济》出版发行。

4月10日　应经济学会邀请,洛克哈博士莅临演讲,题目是"赋税之管理"。

4月24日　交通管理学院同学为抵制日本图谋侵占我满蒙铁路建设权,成立"满蒙铁路研究会"。

6月　改交通管理学院为铁道管理学院,办院宗旨是"养成专门人才,以供国内铁路、车务、会计、总务、材料各处之用"。

在黎照寰副校长建议下,本年铁道管理学院四年级添设财务门,有 8 名同学愿入该门。试题是:"中国国有铁路盈利之可能""中国铁路会计之研究"等。

11月13日　铁道管理学院邀请前平奉铁路局局长顾振先生莅临演讲,内容是"中国铁路材料管理问题",听众达 200 余人。

1930 年

5月26日　经济学会召开本季全体大会,钟伟成院长发表演讲,内容是关于铁路经营管理问题。

6月29日—7月1日　举行第三十届毕业生典礼及新建筑落成礼。本届毕业生铁道管理学院 39 名。预科管理班 11 名。

10月3日　经济学会邀请铁道管理学院教授诸青来先生发表演讲,题目是"中国经济之问题";邀请马寅初先生发表演讲,题目是"田赋状况"。

1931 年

铁道管理学院改称管理学院,除原有铁路管理科外,又新增实业管理、公务管理、财务管理三科。

5月16日　北平管理学院参观团抵沪,黎照寰校长设宴款待。

6月29日—7月1日　举行第三十一届毕业典礼,政府及行政院派员参加。本届毕业生管理学院 47 人。预科管理班 9 人。

1932 年

10月24日　著名经济学家何培若先生莅临交通大学演讲,题目是"国难期间青年的思想与出路",提出往农村去一条出路供大家参考。

11月16日　管四材料门、土四铁道门同学在潘承梁教授的带领下,参观北车站。

11 月 28 日　应管理学院邀请,中央大学教授黄荫莱博士莅临并演讲,题目是"德国经济大势"。

1933 年

7 月 1 日　"交通大学第三十三届毕业典礼"在文治堂举行。本届毕业生中管理学院有49 人。

9 月 9 日　《交大三日刊》(第 264 期,265 期)公布《各院新聘教授一览》,管理学院:金通艺,安绍芝,区兆荣,谢循初,周凤图,曹丽顺,俞希稷。

1934 年

3 月 3 日　管理学院邀请两路管理局检查课课长黎万初先生莅临演讲,题目是"铁路站账与营业进款账"。

4 月 13 日　管理学院邀请国家税则委员会副委员长盛俊莅临演讲。

4 月 30 日　黎照寰校长邀请税务专门学校校长朱元彬先生莅临演讲,题目是"银价问题"。

5 月　交通大学经济学会出版部编辑的《交大经济》第一期出版发行。

5 月 17 日　经济学会邀请中国经济统计专家刘大钧先生莅临演讲,题目是"银价问题"。

9 月 24 日　邀请全国经济委员会委员、本校特约研究员陈伯庄先生演讲,题目是"中国铁路货运问题"。

9 月 26 日　实业管理同学会举行成立大会。

10 月 12 日　管理学院邀请浙江兴业银行总务科科长杨荫溥先生莅临演讲,题目是"美国白银政策下之银价趋势及对于中国之影响"。

10 月 18 日　实业管理同学会邀请本校电机学院院长演讲,题目是"民营电厂之设计及其权利与义务"。

10 月 25 日　管理学院邀请南洋兄弟烟草公司人事科张屠哲隐先生莅临演讲,题目是"人事管理之实施"。

10 月 26 日　经济学会邀请潘序伦先生莅临演讲,题目是"会计学上之编制问题"。

10 月 31 日　管理学院邀请京沪沪杭甬铁路调度课主任李经纬先生莅临演讲,题目是"调度车辆手续"。

11 月 2 日　实业管理同学会邀请工商管理专家、中央造币厂会计处长霍克恭先生莅临演讲。经济学会与科学社联合邀请陈高庸先生莅临演讲,题目是"如何使中国科学化"。

11 月 7 日　管理学院邀请京沪铁路苏淞段段长陈佑申先生莅临演讲,题目是"段站行车管理"。

11 月 9 日　管三铁道门同学由熊大惠教授带领,参观了招商局英船厂新造之海元新轮。晚间,经济学会召开全体大会,邀请浙江实业银行经理章乃器先生莅临演讲,题目是"白银问题与中国"。

11 月 22 日　管理学院邀请徐永祚会计师莅临演讲,题目是"簿记法分类之研究"。

11 月 29 日　管理学院邀请华丰搪瓷厂厂长顾炳元先生莅临演讲,题目是"工厂人事管理"。

12 月 8 日　管理学院邀请立法院委员卫挺生先生莅临演讲,题目是"财政收支系统"。

12 月 14 日　管理学院举行第一届铁道经济辩论赛。

12 月 15 日　《交大三日刊》(第 356 期)刊登报道,管理学院熊大惠教授的《运输学水运编》出版发行,全书共有 17 章,此外,熊大惠教授出版的著作还有《铁道编》《航空编》等。

12 月 16 日　管理学院邀请两路杭嘉段文书股主任吴禄曾先生莅临演讲,题目是"车辆调度与列车行驶"。

12 月 22 日　管理学院邀请两路管理局车务处副处长刘鼎新先生莅临演讲,题目是"两路管理局之组织及最近之改进"。

12 月 27 日　管理学院邀请商务印书馆副经理孔士谔先生莅临演讲,题目是"中国国际贸易之手续"。

12 月 31 日　交通大学经济学会出版部编辑的《交大经济》第三期出版发行。

1935 年

3 月 20 日　管理学院邀请两路车务处运输课行车股主任王辅功先生莅临演讲,题目是"行车工作"。

4 月 24 日　管理学院邀请立法委员卫挺先生莅临演讲,题目是"统计法与预算制度"。

5 月 11 日　《交大三日刊》(第 383 期)刊登消息,针对"俄文人才需要孔殷",本校俄文班已开办两年,管理学院作为第二外语选修。

6 月　本校经济学会编辑的《交大经济》第四期出版发行。

1936 年

2 月　交通大学经济学会出版部编辑的《交大经济》第五期出版发行。

2 月 29 日　管理学院与演讲学会新增设财政法规专家讲座,邀请卫挺先生演讲。

3 月 14 日　管理学院邀请杨汝梅先生演讲,题目是"中央及地方预算法规"。

3 月 21 日　经济学会正式改名为管理学会。

3 月 29 日　管理学院财政法规专家讲座邀请会计局副局长闻亦友先生发表演讲,题目是"中央及地方预算"。

4 月 2 日　管理学院财政法规专家讲座邀请前交通部司长顾宗林硕士莅临发表演讲,题目是"中国铁道运价问题"。

校庆期间,管理学院编辑的《管理》(二月刊)创刊号出版发行。

4 月 29 日　管理学院与演讲学会邀请上海市审计处林襟宇先生莅临发表演讲,题目是"审计法规"。

5 月 5 日　管理学会召开全体大会,邀请马寅初先生莅临演讲,内容是"非常时期之管理经济"。

5 月 9 日　管理学院与演讲学会邀请卫挺先生莅临演讲,题目是"关盐统税"。

5 月 22 日　管理学院与演讲学会邀请江苏财政厅厅长莅临演讲,题目是"地方税赋"。管三同学由汪仲良教授带领,赴卫生署参观最新式电动计算机(纽约万国商业机器公司制造)。

5 月 29 日　管理学院邀请顾鼎吉先生莅临演讲,题目是"科学管理方法实施之检讨"。

7 月　交通大学管理学院编辑的《管理》(二月刊)第一卷第二期出版发行。

9 月　交通大学管理学院编辑的《管理》(二月刊)第一卷第三期出版发行。

9 月 23 日　《交大三日刊》(第 459 期)刊登消息,管理学院邀请陈伯庄先生担任长期演讲,近期每星期五上午演讲题目是"中国铁路问题举要"。

10 月 24 日　《交大三日刊》(第 468 期)公布本学年第一学期注册人数,管理学院173 人。

11 月　交通大学管理学院编辑的《管理》(二月刊)第一卷第四期出版发行。

1937 年

4 月　交通大学管理学院编辑的《管理》(二月刊)第二卷第一期出版发行。

铁道管理程振粤(上海本部民二十级铁道管理科车务门毕业)被录取为第五届留英公费生。

交通大学管理学院编辑的《管理》(二月刊)第二卷第二期刊登"本院教员中文著作一览表"。

1938 年

10 月　管理学院学生杨天龄、杨宝蝶、张芝祥、苏挺、邓津梁等人,发起重新组织实业管理学会。目标是"提倡科学管理精深之研究,及赞助中国实业之发展与改进"。

10 月 10 日　实业管理学会召开第一次全体大会。

1939 年

2 月 22 日　实业管理学会召开第二次全体大会,通过了学会章程。

11 月　《交通大学实业管理学会会刊》出版发行,封面由唐文治先生题签。

管理学院院长钟伟成之《管理学院二十八年度第一学期总结报告》公布了本年度(1939年下半年－1940 年上半年)管理学院第一学期情况。

1942 年

8 月 8 日　教育部下令"交通大学即行由沪迁渝,该分校并入办理,迁渝后设土木、电机、机械、航空、管理五系,改为交通大学本部"。

8 月 25 日－29 日　为交大本部(渝校)招生报名时间。招生专业有:电机、机械、土木、航空、管理系。

《交大概况》刊登"国立交通大学学生人数简表",即 1942 年第一学期各系各级学生人数,其中管理系:一年级 52 人(男 44 人,女 8 人)。

6 月 学校奉令接受重庆江北溉澜溪商船专科学校,自本学年起增设造船、运输管理、财务管理、工业管理四系及轮船、驾驶两专科。

1945 年

1 月 渝校继续扩大发展,在校学生共有 1340 人,运输管理系 140 人,工业管理系 103 人,财务管理系 79 人。

春渝校受交通部电信总局委托,并呈教育部批准,添办电信管理系与电信专科,目的是为国家电政机关,造就电信管理人才与培养电信工程中级干部。

4 月 渝校邀请运输管理专家沈奏廷先生演讲,题目是《工业建设与运输》;邀请美驻华使馆经济顾问莅临演讲,题目是《战时经济问题》。

1946 年

6 月 "上海临时大学第一分组"并入交大。本校恢复工学院、理学院、管理学院(钟伟成任院长)三院制,并正式开学上课。

1947 年

4 月 交通大学管理学院主办的刊物《管理》第一期(季刊)出版发行。

7 月 印发《国立交通大学三十六年度招考新生简章》。报名时间定为 8 月 7—9 日,考试时间定为 8 月 15—16 日。考试分别在本校、北平、广州、重庆四地举行。管理学院拟招人数:运输管理系、财务管理系、电信管理系、航业管理系各 30 名。

本年度实际录取新生情况是:运输管理系 29 人,财务管理系 27 人,电信管理系 28 人,航业管理系 24 人。

1948 年

1 月 交通部电信总局为造就电信管理及电信技术人才,经本校同意,增设电信管理、电信技术两专科,请本校电专科主任陈湖主持。

《交大友声》第二卷第三、四期有关"管理学院概况"如下:

1. 系科设置

运输管理系(四级均全),财务管理系(四级均全),电信管理系(缺四年级),航业管理系(有三年级与一年级),电信管理专科(有一年级)。

2. 人事组织

院长:原由钟伟成担任,现由程孝刚校长代。

运输管理系主任:黄宗瑜。教授计有:黄宗瑜、郁仁充、蔡泽、曾世荣、吴君实、龚请浩、张震、张宗谦、梁在平、严砺平、倾家骥、徐宗蔚、王思立、朱啸谷、朱曾杰、蔡继初、顾其行、尹宪华、周健民、王文瀚、王同文、左任侠等。

财务管理系主任:杨荫溥。教授:杨荫溥、陈清华、安绍芸、李炳华、蒋士麒、周仁、余良、方瑞典、邹宗伊、徐松麟、郑惠益、张孝炎、卓宜来、郭森麟、娄尔品、乐挺、华文煌、胡元民、邱祖谋、潘家振、陈绍元等。

电信管理系主任:郁秉坚。电信管理专修科主任:郁秉坚兼;教授计有:吴兴吾、汤天栋、华士鉴、朱曾沛、李桐等。

航业管理系主任:黄慕宗。教授计有:黄慕宗、郭懋来、盛建勋、刘镇谋、唐雄俊、沈琪、诚嘉震、沙荣存、龚伯坚、许旺善、胡匡清等。

常务院务:郁仁充、蒋士麒。

3.图书馆

本院图书战后损失过半,现有藏书 3 000 余册。

4.学生动态

在校学生:运管系 292 人,财管系 212 人,电管系 84 人,航管系 58 人,电管专科 40 人。毕业班计有两届,均为运输、财务管理两系。

1949 年

8 月 1 日　军管会公布吴有训等 19 人为交大校务委员。钟伟成当选校务委员会常务委员,兼任管理学院院长。

据《1949 级纪念刊·管理学院概说》记载,全院此时共有学生 600 余人。

8 月 20 日　华东军政委员会下发通知,将上海的暨南大学理工学院并入交大,转入交大的 70 多名学生中有一部分进入管理学院学习。

1950 年

8 月 29 日　中央人民政府教育部发文交通大学,将航业管理系并入上海航务学院,由此拉开了管理学院调整的序幕。

1951 年

6 月 10 日　华东军政委员会教育部通电交通大学"奉中央教育部六月四日电高壹字五三六函称:兹为调整交通大学系科,决定将上海交通大学运输管理系所有学生 136 名、教授副教授 9 名、助教 6 名全部调往北方交通大学,希望遵示执行为要"。

6 月 12 日　财务管理系除个别教师工作需要,组织调配留在本校,其余 14 名教师全部并入上海财经学院。至此,交大管理学院暂时被中断发展。

全国高校院系调整后,交大管理学院被撤销了,从事企业管理教学的部分老师被并入交大机械系,面向全校各专业学生开设与企业管理相关的课程。直至文化大革命,这些课程也被取消了。

1978 年

年初　在国内拨乱反正、改革开放的形势鼓舞下,在国内外校友和各方人士的帮助下,学校决定重建管理学院。经过反复酝酿,决定分两步实现这一目标:①首先重建工业管理系;②在工业管理系发展到一定的规模时重建管理学院。

11 月　学校从船舶制造系、机械工程系抽调了人员组成工业管理系筹备组。筹备组成员有周志诚、徐柏泉、刘涌康三人。

1979 年

4 月 12 日　工业管理系在新上院(上海交大徐汇校区)正式成立。系主任是国内管理学界著名的周志诚教授。初成立的工业管理系下设一个办公室、两个教研组,以及一个计算机试验室和一个图书资料室。工业管理系成立之初,处于资金、师资、设备"三无"状态,面临的生存环境极为艰难。工业管理系采取了两条措施:一是通过校内外调集教师以及同浙江大学、西安交通大学联合举办研究生班,建立和培养师资队伍,研究生班中有不少后来成为本校乃至国内外知名院校的骨干教师;二是举办企业管理短训班。成功举办了"两班"。一是为六机部(造船总公司)举办厂长培训班,培训时间为三个月。二是受六机部委托举办了第一期厂长级干部进修班,为期一年半。同时,为空军航空工程部举办了 3 期厂长班,每期一年左右。此后,又分别接受国家计委和经贸委的委托,举办全国性的干部进修班若干期。

工业管理系成立不久,联合上海有关高校管理专业成立"上海高校管理专业协作组",交通大学工业管理系是牵头单位,负责人是系主任周志诚教授。同时,成立上海技术经济与现代化管理学会,并举办管理的系列讲座,推广现代化的管理思想和方法。

1980 年

9 月　在美籍华人朱传榘教授的协助下,上海交通大学与美国宾州大学沃顿商学院签订了长期合作的办学协议。协议规定两校在管理领域进行长期合作。

1980 年沃顿商学院与工业管理系合作举办了一期计算机、决策科学双硕士研究生班。这个班毕业的学生,有的成为美国著名投资银行的高层管理人员,有的就职于联合国有关机构,更多的成为国内外知名高等院校的骨干教师。

1981 年

4 月　上海交通大学成立校直属的系统工程跨系学科委员会,工业管理系是其成员之一,开展能源系统工程等方面的研究。

美国华盛顿大学美籍华裔学者刘汉城教授来上海交大工业管理系讲学,内容是"生产经营管理"。对了解当时美国管理学科的发展具有启蒙作用。

11 月 3 日　工业管理系的"管理工程"专业获得硕士学位授予权。是国务院学位办首批批准的硕士学位授予点之一。

1982 年

上海交大工业管理系开始通过全国统一高考招收本科生及大专生(大专生只招了一届)。

11 月 1 日　在系统工程跨系学科委员会的基础上,经上海市科委和教委的批准,上海交大自动控制系成立系统工程研究所,这是国内最早建立的系统工程专门研究机构之一,后与工业管理系等合并成立管理学院。

11 月 3 日　系统工程研究所的"系统工程"专业获得硕士学位授予权,是国务院学位办首批批准的硕士学位授予点之一。

1983 年

在当时上海市市长汪道涵同志的大力支持下,经过香港中文大学潘光迥博士的努力,以及香港实业家和校友唐祥干、孔祥逸、李荣森、刘浩清、胡法光等的资助,交通大学工业管理系与香港中文大学联合举办了 10 期高级管理干部培训班和 7 期宾馆中高层管理人员培训班,这对整个上海市宾馆管理水平的提高和上海交大管理学院成立旅游管理系起到了重要的作用。这些班的学员后来有许多成为上海市或其他有关省市的领导成员。

秋　适逢国家教委与加拿大国际开发总署 CIDA 启动一个"管理教育"项目,上海交大的对口学校是加拿大不列颠哥伦比亚大学(UBC)。一方面,上海交大向 UBC 派遣访问学者和攻读硕士、博士的留学生;另一方面,UBC 派人赴上海交大管理学院短期讲学和举办高级研修班。另外,在加拿大国际开发总署资助下,在上海交大举行了有关国际学术研讨会。工业管理系系主任张震教授和徐柏泉老师首次访问加拿大不列颠哥伦比亚大学(UBC),联系落实工业管理系赴加访问学者及留学生事宜。

工业管理系系主任张震教授和黄洁纲教授与美国宾州大学沃顿商学院合作从事"卡车调运方法"课题的研究。

1984 年

至年初,工业管理系已有教职工 76 人,系下设有管理工程、运筹学、工业外贸 3 个教研室,1 个人力资源研究所,1 个计算机应用实验室,1 个系资料室。

4 月 11 日　国家教委批准,成立上海交通大学管理学院。

6 月 12 日　原工业管理系和自动控制系所属的系统工程研究所共同组建成立管理学院,杨锡山任恢复建院后的首任院长。成立大会上,国家计委领导、著名经济学家马洪出席了大会。管理学院成立时共有教职工 129 人,院下属主要机构有:工业管理系、决策科学系、工业外贸系、系统工程研究所、交通运输研究所、人力资源研究室、计算机试验室、院资料室。

6 月 12 日　管理学院工业外贸系建立,该系前身是由学校直接领导的工业外贸专业。办这样的专业在我国是一种新的尝试,目的是培养融外贸与工程技术为一体的外贸人才。

与德国康斯坦茨大学签订联合举办高级企业经营管理干部培训班协议。

12 月 31 日　经国务院学位办批准,管理学院在系统工程研究所设立"系统工程"博士点。

1986 年

7 月 28 日　经国务院学位办批准,管理学院设立"管理科学"硕士点;在管理工程系设立"工业管理工程"博士点。

9 月　管理学院系统工程研究所与自动控制系联合建立"系统工程"博士后流动站。

在上海市高校管理专业的评比中,上海交大管理专业被评总分第一。

在香港知名实业家张曾基博士的资助下,上海交大和香港大学联合举办全国高级企业管理人员培训班。

上海交大管理学院举办"中加合作管理教学研讨会",中国和加拿大双方各有 8 所高校的 50 多位教授和专家出席。

1987 年

管理学院创建之初,在科研方面成绩斐然。有许多老师主持或者参与国家或上海市等省市的一些重要课题的研究。例如,王浣洗尘教授参与的由前国家科委主任宋健同志负责的"人口系统定量研究"的课题,获得 1987 年国家科技进步一等奖。

5 月　上海交大与柏林工业大学在西柏林共同举办"中欧管理和技术合作的前景和问题"的国际研讨会。管理学院张震教授和刘樵良教授出席了这次会议。

上海交大管理学院与柏林工业大学合作从事"在华中德合资企业成功因素"的研究。课题得到德国大众汽车基金、中国国家经委和上海市科委的资助。中方参加人员有:徐纪良、刘樵良、宣国良、潘伯文教授。德方也有三位教授参加。

6 月　管理学院由徐汇校区执信西斋搬迁至法华校区。

11 月 3 日　受上海市委组织部、上海市人事局和高教局委托,管理学院举办二年制"上海市高级管理人员在职研究生班"。

1988 年

1 月 13 日　经国家教委批准,宾馆管理系(旅游管理系的前身)成立。

3 月 4 日　上海交通大学、锦江(集团)联营公司联合办学理事会正式成立。汪道涵任名誉理事长,上海交大校长翁史烈任理事长,上海锦江集团董事长任伯尊任副理事长,理事10 人。

王浣尘等 8 人的《动态模式经济控制论模型在我国钢铁工业中的应用及钢铁需求预测研究》获国家教委科学进步奖二等奖。

1989 年

王浣尘教授主持的《动态模式经济控制论模型(DYPECM)开发研究》获国家教委科学

进步奖二等奖。

1990 年

8 月 31 日　在新加坡实业家莫若愚先生的资助下,由美国宾州大学沃顿商学院和上海交大管理学院在上海联合举办的高级管理进修班在新锦江饭店举行结业典礼。结业学生有:华建敏、孟建柱、蒋以任等。

经国务院学位办批准,管理学院设立"技术经济"硕士点,并开始招生。

在上海市高校管理专业的评比中,上海交大管理专业第二次被评为总分第一。

1991 年

经国务院学位办批准,管理学院设立"工业外贸"硕士点,并于当年开始招生。

成立上海交大管理学院顾问委员会。汪道涵任主任委员,杨锡山、周克任副主任委员,委员有徐匡迪、龚兆源、余永梁、陈祥麟、龚浩成、梁玉源、王祖康、王乃粒、任吉安、王基铭、黄佩洲、李文华、陈美福、李荫瑞。

王浣尘教授主持《新疆经济计划工作模型》获国家教委科学进步奖二等奖。

1992 年

1 月 6 日　经学校批准,将"人力资源管理研究室"升格为"人力资源管理研究所"。并经国家教育部批准,于 1995 年开始招收本科生。

吴健中教授主持的"江西省山江湖发展治理宏观战略研究"项目获得国家科技进步三等奖。

11 月 2 日　台湾中央大学管理学院院长宋恺教授(台湾新竹交大毕业生)率 6 人访问团来上海交大访问。

11 月 9 日　上海交大—加拿大不列颠哥伦比亚大学管理培训研究中心揭幕并首期开学。

1992 年底学校决定将社会科学及工程系的技术经济专业并入管理学院,与管理学院原决策科学系合并成立经济管理与决策科学系。

1993 年

2 月 10 日　经国家教委批准,管理学院的工业管理工程系设会计学专业,经济管理与决策科学系设国际金融专业。

5 月 18 日　经国务院学位办批准,管理学院成为第二批具有工商管理硕士(MBA)学位授予权的试点单位之一。第二批批准的总共有 17 家试点单位。

1994 年

10 月 21 日　上海交大会计财务系举行成立大会。由香港知名实业家张曾基博士和叶仲午先生出资赞助。

11 月 8 日 由国家经贸部与欧盟委员会签署协议,经国家教委批准,由上海市政府、欧共体(欧盟前身)和上海交大合作,成立中欧国际工商学院。中欧国际工商学院的具体办学单位是上海交通大学和欧洲管理发展基金会。董事长由上海交通大学校长担任。上海交大管理学院有部分教师在中欧国际工商学院担任重要职务。

经国家教育部和学校同意,管理学院在新加坡设立 MBA 硕士点,与新加坡华夏管理学院合作办班,上海交大管理学院负责提供整套教育计划并派遣教师赴新授课和学位管理工作,华夏管理学院负责招生和日常教务工作。

1995 年

5 月 底第三届全国管理科学与系统科学青年研讨会在上海交大召开。

经国家教育部和学校同意,管理学院在深圳市设立 MBA 硕士点,由上海交大管理学院负责教学和学位管理工作,深圳市青年学院负责招生和日常教务工作。

经上海市决策咨询研究成果奖评审委员会审议通过,管理学院王浣尘教授等人《市区立体化综合交通网络配套建设方案研究》荣获上海市决策咨询研究成果三等奖。

1996 年

4 月 8 日 在经贸部副部长、上海交大管理学院院长张祥教授的努力下,上海交大校长翁史烈教授和安泰国际集团总裁柯溥仁签署协议,美国安泰国际集团出资 1 000 万美元与上海交大合作共建上海交通大学管理学院。上海市副市长谢丽娟出席仪式并讲话。

4 月 上海交通大学翁史烈校长和荷兰国际集团执行董事、国际金融事务主席侯诚嘉先生签署协议,由荷兰保险公司独家资助并与学校携手创建的"上海交大—荷兰保险培训考试中心"成立。

9 月 管理学院与新加坡华夏管理学院联合举办的工商管理硕士(MBA)班有 24 名学员获得 MBA 硕士学位。中国驻新加坡大使傅学章,上海交大校务委员会执行主任王宗光,华夏管理学院院长刘嘉照等 140 人出席毕业典礼和学位授予仪式。

王浣尘教授等人参加的《上海人口负增长与人口管理对策研究》获国家教委科学进步奖二等奖。

1997 年

1 月 上海交大管理学院 MBA 项目经国务院学位办批准,招生人数从原来的 30 人猛增至 200 人。

11 月 27 日 上海交大安泰管理学院董事会第一次会议在上海交通大学举行,上海交通大学校长谢绳武任董事长,Patrick Poon 任副董事长,张圣坤、张祥、王方华、潘敏、尹衍梁、吴志盛、陈定国、孙穗芬任董事,金纬任秘书长,徐家渊任副秘书长。

管理学院根据国务院学位办第一次颁布的管理学科分类目录进行了学科调整:撤销原

来的"管理工程"博士点,改为"企业管理"博士点;撤销"系统工程"博士点,改为"管理科学与工程"博士点。原来的硕士点、学士点和有关教师所属的系、所、室也作了相应的调整。

在 1997 年到 1998 年间,管理学院进一步明确和加强了以院为办学实体的管理体制。

1998 年

5 月 9 日 — 6 月 8 日　上海交大与加拿大不列颠哥伦比亚大学(UBC)大学合作开展了"UBC—交大上海暑假项目"。

12 月 19 日　上海交大学生在中国首届高校企业管理案例分析挑战赛中夺冠。

1998 年管理学院新增金融学、会计学、旅游管理 3 个硕士点。管理科学与工程博士后流动站申报成功。

管理学院成功举办了我国管理学界规模最大、层次最高的"第三届管理国际大会"。

1999 年

9 月 27 日　由上海交通大学管理学院发起并与上海邮电管理局合作、在我国率先举办的 MBA、考研远程教育辅导班,首播获得成功。

经上海市决策咨询研究成果奖评审委员会审议通过,管理学院宣国良教授《浦东空港地区产业发展研究》荣获上海市决策咨询研究成果二等奖。

2000 年

2 月 20 日　"上海交通大学现代金融研究中心"在浩然高科技大厦 102 举行成立仪式。1999 年度诺贝尔经济学奖得主罗伯特·A.蒙代尔教授出席仪式并受聘担任中心顾问,王宗光任第一任主任。

3 月　按照交通大学和安泰国际集团达成的共建上海交通大学管理学院的协议,管理学院更名为安泰管理学院。

6 月 9 日　根据上海交大与德国康斯坦茨大学联合培养我国高级企业家的"MPCS 培养计划",第 16 期 MPCS 培训班的全体学员顺利结业。

7 月 24 日　上海交大安泰管理学院与香港理工大学联合举办的"第七届亚太金融学会年会"在浦东金茂大厦召开。全国人大常委会副委员长成思危担任大会主席并作主题报告,上海市副市长周禹鹏出席了年会的开幕式。

9 月　管理学院学生张军、龚智超、黄楠雁在第 27 届奥运会夺得金、银牌。

11 月 13 日　全国新增 MBA 培养院校培训会议在上海交通大学安泰管理学院召开。国务院学位办领导和全国 MBA 指导委员会专家,西部十所 MBA 新增院校领导出席会议。

12 月 8 日　诺贝尔经济学奖得主罗伯特·A.蒙代尔教授来校指导现代金融研究中心工作。

管理学院教授吴冲锋获国家杰出青年基金资助。被国家人事部批准入选国家"百千万人才工程"第一、二层次。

2001 年

2 月 15 日　管理学院与加拿大不列颠哥伦比亚大学（UBC）在浦东金茂大厦正式签订了双方在上海合作开设 MBA 课程协议。首批招收国际工商管理硕士（IMBA）50 名。

3 月 10 日　"上海交通大学中国创业资本研究中心成立大会暨中国创业资本上海论坛"在安泰大楼会议厅举行。谢绳武校长为"中心"揭牌并致辞,外经贸部副部长、安泰管理学院院长、"中心"理事长张祥作了中国创业资本上海论坛首场报告。

3 月 25 日　"上海交通大学 MBA 职业发展中心"正式成立。

4 月 8 日　安泰教学大楼落成。

4 月　按照学校"985 工程"的要求,成立"上海交通大学现代物流研究中心"。"中心"成员由电子信息学院、管理学院、机械学院、船舶与海洋工程学院等院系的专家、教授和有关人员组成。

8 月 29 日　香港科技大学与上海交大签署"科技管理领域长期合作备忘录",在上海携手推出"技术管理硕士（MTM）"学位教育项目。

9 月　农学院农村经济系全体师生并入管理学院,32 名教师编入管理学院。农村—经济管理专业三个班级 74 名学生,国际经济与贸易专业两个班级 44 名学生,金融专业一个班级 34 名学生,开始在闵行校区正式上课。

2001 年　澳大利亚《亚太商业》周刊公布了 2001 年度亚太地区商学院的排名,上海交通大学安泰管理学院名列 23 名。

2001 年　安泰管理学院率先在全国推出了 MBA 专业化教学。其中技术管理 MBA 已经开班。

经上海市决策咨询研究成果奖评审委员会审议通过,管理学院两项成果荣获第四届上海市决策咨询研究成果奖,其中,王浣尘教授《上海市国民经济和社会信息化"十五"规划研究》荣获一等奖,宣国良教授《上海市轿车消费政策研究》荣获二等奖。

2002 年

4 月 18 日　上海交通大学东方管理研究中心成立大会举行。

4 月 18 日—21 日　在美国西雅图华盛顿大学举办的"全球商务挑战赛"中,上海交大安泰管理学院获得亚军。全球商务挑战赛（GBC）是一个国际性学术竞赛。

4 月 24 日　美国商务部 Evans 部长来安泰管理学院访问并作演讲。

8 月 2 日—6 日　由国际系统科学学会（ISSS）、中国系统科学研究会主办,上海交通大学承办的"国际系统科学学会第 46 届年会"在上海国际新闻中心召开。这是中国,也是发展中国家首次承办大型国际性系统科学大会。

8 月 28 日—30 日　"海峡两岸组织行为与人才开发首届学术研讨会"在上海交通大学安泰管理学院举行。

10 月 19 日　上海交通大学管理学院举行中国 CEO 俱乐部成立仪式,这是中国第一家名校企业家俱乐部。

10 月 24 日　由校研究生院和管理学院联合举办的"2002 上海交通大学高级经理人才培养模式研讨暨 EMBA 推介会"召开。

11 月 24 日　上海交通大学与新加坡南洋理工大学签署在上海举办 EMBA 项目的合作协议。

2003 年

3 月 1 日　首届高级管理人员工商管理硕士（EMBA）举行升学典礼。

9 月　学院与校后勤集团签署协议，由学院全面负责法华校区的服务与管理。

10 月 19 日—20 日　成功举办"2003 中国 MBA 发展论坛"。

从 2003—2004 学年第一学期开始，上海交通大学安泰管理学院进行教学改革，在为本科新生新开设的《经济与管理通论》课上，16 位知名博士生导师为新生同上这门课程。

11 月 7 日　上海交通大学和新加坡南洋理工大学在上海合作招收的首期 EMBA 开学典礼暨研究生项目全面合作协议签字仪式在徐汇校区浩然高科技大楼举行。

11 月 18 日　第三届"两岸三地博士生工作坊"开幕式在上海交通大学安泰管理学院举行。

11 月 19 日　由世界管理协会联盟中国委员会、上海交通大学东方管理研究中心、复旦大学东方管理研究中心联合主办的"2003 年世界管理论坛暨第七届东方管理学术研讨会"在上海交通大学安泰管理学院召开。

12 月 8 日　由中国贸易促进会从美国引进的全球唯一的专业会展培训认证体系"注册会展经理（CEM）"培训认证在上海交通大学安泰管理学院开班授课。

12 月 22 日—24 日　农业经济管理学科研究生论坛在上海交通大学安泰管理学院举行。

2003 年　工商管理一级学科博士点（包括企业管理、技术经济、会计学、旅游管理二级学科博士点）和农业经济管理二级学科博士点申报成功。

2003 年　学院教师集体编著出版了《世博会与上海经济》一书。

2003 年　在由高等学校大学外语教学指导委员会和高等学校大学外语教学研究会主办的 2003 年全国大学生英语竞赛中，学院本科生获得上海交大唯一的特等奖。

2004 年

1 月 8 日　由《商务周刊》、网易等国家十余家媒体共同参与的国内首次针对中国大陆市场 EMBA 项目进行的《2004（首届）中国市场最具领导力 EMBA》评选活动在北京揭晓。上海交大 EMBA 被评为"中国市场最具领导力 EMBA 品牌"。

2 月　第二次全国学科评估结果显示，上海交通大学安泰管理学院工商管理学科排名第二。

3 月　《现代科学技术概论》课程在上海交大安泰管理学院第一次开设。中国工程院院士、上海市第四届科协主席、交大原校长翁史烈等 18 名院士、教授共同上课,介绍能源、电力、环境、生命、机械、动力、科学史等各学科领域的基本概况和发展趋势。

4 月 管理学院职业发展中心推出职业导航计划,从校友和社会精英中选拔资深人士担任在校生职业导师。

4 月 15 日 在上海展览中心召开的上海市科学技术奖励大会上,管理学院教授参与的项目荣获 2003 年度上海市科学技术进步二等奖。

4 月 上海交通大学安泰管理学院被评为上海市"2001—2003 年度劳模集体"。

5 月 与美国南加利福尼亚大学马歇尔商学院合作培养全球高级管理人员工商管理硕士研究生(GEMBA)项目正式启动。

6 月 12 日 上海交通大学安泰管理学院举行恢复建院二十周年庆典。上海市人大常委会副主任、安泰管理学院名誉院长朱晓明博士,上海交通大学党委书记马德秀教授,上海交通大学校长谢绳武教授等领导和兄弟院校代表以及安泰管理学院校友、师生代表共 400 余人出席了大会。

10 月 23 日 350 多名金融学术界和实业界人士齐聚上海交大安泰管理学院,出席主题为"金融产品创新与设计"的上海市金融工程研究会年会。

11 月 16 日 上海交通大学和中国管理科学与工程论学术委员会联合主办"第二届中国管理科学与工程论坛"。

12 月 2 日 在澳门揭晓了"2004 中国人力资源年度奖(第三届)"的各大奖项,上海交大安泰管理学院院长王方华教授荣获"中国商学院领导成就奖"。同日,安泰管理学院荣获"中国最佳 EMBA 教育机构奖"。

12 月 4 日 第三届"上海 IT 青年十大新锐"评选活动正式揭晓,上海交大 MBA 校友、交大慧谷信息产业股份有限公司总裁王亦鸣当选。

12 月 4 日 《2004(首届)MBA 成就奖》评选结果在北京隆重发布,上海交通大学安泰管理学院杨国平等八名 MBA 毕业生榜上有名。

12 月 14 日 由上海交通大学安泰管理学院等主办的"决策行为 & 实验经济学国际论坛"正式开幕。论坛由 2002 年诺贝尔经济学奖获得者 Vernon Smith 及其研究团队全程主持。

2004 年 管理学院工商管理博士后流动站申报成功。

2004 年 管理学院 MBA 教育在创出特色的同时树立了教育品牌,被《亚洲商业周刊》评为东亚第三名。

2004 年 安泰管理学院学生 3 人 8 次获得国际级奖项荣誉,其中一名博士生获得了美国林肯土地研究院学位论文奖学金,一名本科生获得了包括英特尔杰出项目成就奖和美国国土资源部政府奖在内的 6 项国际奖项。获得 11 项国家级大奖,包括第四届"挑战杯"中国大学生创业计划竞赛 2 项金奖 3 项银奖。以及 25 人次、三个团体获得 22 项上海市级奖项荣誉。

2005 年

4 月 9 日　在美国加州大学伯克利分校举办的第七届全球商务挑战赛上，安泰管理学院学生代表队再次获得第二名的好成绩。

4 月 22 日　北京品牌时代公关顾问公司联合国内外十余家媒体共同举办的《2005（第二届）中国市场最具领导力 EMBA》评选在北京长城饭店发布，安泰管理学院 EMBA 项目获"中国市场最具领导力 EMBA"第二名。

5 月 31 日　作为中法文化年"马赛周"活动中的重要组成部分之一，上海交通大学安泰管理学院和马赛商学院共同举办"2005 中法国际论坛"开幕并为合作成立的"中国—欧洲地中海多元化研究中心"举行揭牌典礼。

6 月　上海交大团委成立了由 12 名党员博士生（其中管理学院 11 名）组成的"交大博士生凤阳挂职服务团"，以凤阳"十一五"规划为契机，用上海交大的智力资源服务凤阳地方经济。10 月 28 日上午，滁州市凤阳县"十一五"规划答辩论证会在上海交大安泰管理学院举行。上海交大党委书记马德秀教授、滁州市委书记汪国才同志、安泰管理学院院长王方华教授、院党委书记季建华教授共同领衔的答辩论证委员会对博士们的规划报告进行了联合会诊。

6 月 8 日　北京大学、上海交通大学、美国亚利桑那州立大学和解放日报共同主办"中美新市场经济（上海）暨经济学人上海圆桌会议国际论坛"。出席的嘉宾美方有 2004 年诺贝尔经济学奖得主、美国亚利桑那州立大学教授爱德华·普雷斯科特，中方有全国政协常委、北京大学光华管理学院名誉院长厉以宁教授。

6 月　在上海市绿化委员会组织的评比中，安泰管理学院所在的法华校区荣获上海市"花园单位"称号。

7 月 6 日—11 月 23 日　根据校党委的统一部署，安泰管理学院开展了保持共产党员先进性教育活动。

8 月　管理学院成立"中国都市圈发展与管理研究创新基地"，这是国家"985 工程"二期哲学社会科学创新基地建设项目之一。本基地将以安泰管理学院为依托，同时整合有关院系的科研力量进行联合攻关。

10 月 30 日—31 日　由中国农业经济学会、上海农村经济学会和上海交通大学联合主办，上海交通大学安泰管理学院承办的"2005 年全国中青年农业经济学者年会"暨"第三届长三角农业经济管理学科研究生论坛"举行。

12 月　《化工销售物流一体化方案与信息系统设计实施》荣获由中国物流采购联合会颁发的 2005 年度科技进步一等奖。

12 月 21 日　安泰管理学院推出《SIS 形象识别系统（试用）》手册。SIS 是 School Identity System 的缩写。这是安泰管理学院在文化构建中推出的"新形象工程"。经过几轮征集评比"饮水思源，点石成金"这条形象用语得到了广大师生的普遍认同。

12 月　安泰管理学院团委荣获上海市"五四红旗团委"称号。

2005 年　安泰管理学院制定"十一五"发展规划,明确将深入贯彻"人才强院"战略,以学科建设为抓手,继续加大学科建设力度,继续完善学院的管理,继续深化学院的改革,实现由教学研究型向研究型商学院的转变,优势学科保持国内领先,综合办学能力与水平进入国内前三,争取进入亚洲一流商学院行列,并在国际合作与交流方面有所突破。

2005 年　经济学科建设再上台阶,金融工程和产业经济学二级学科博士点申报成功。

2005 年　《上海交通大学 MBA 教育品牌的构建和提升》获国家教育成果奖二等奖;《依托学校学科优势,创建管理类本科生复合型人才培养体系》等 7 项分别获上海市级教学成果一、二、三等奖。《市场营销》《运营管理》和《管理学原理》被评为上海市精品课程。

2005 年　经过欧洲管理发展基金会 EFMD 会员资格审查委员会的严格审核,上海交通大学安泰管理学院正式获得"非欧洲"会员资格,成为 EFMD 的正式会员之一,这是安泰管理学院第一次加入全球性的国际商学院组织。

2005 年　张鹏翥教授获得学院第一项国家自然科学基金重点项目。

2005 年　TNT 集团捐资 100 万,支持学院发展。

2006 年

2 月 27 日　安泰"管理科学与工程学科建设"顺利通过"211 工程"验收专家组验收和评估。专家组认为我院该学科建设项目已处于国内先进水平,部分达到国内领先水平。

2 月 27 日　由上海商业信息中心、上海工业经济联合会、上海商业联合会、上海交通大学等著名高校共同发起成立的"上海品牌促进中心"召开揭牌仪式。

3 月 5 日　安泰与上海电视台第一财经"头脑风暴"栏目合作,以《上海品牌未来发展》为主题,就上海品牌的沉浮展开热烈的对话和讨论。

3 月 29 日　安泰举办"2006 年全球商学院院长论坛",以"跨文化的领导力——东西方管理思想的融合"为主题,积极探索中国商学院国际化发展的创新之路,同时加强国内外商学院和国际权威认证组织的交流与沟通。

3 月 29 日　谢绳武校长在"2006 年全球商学院院长论坛"论坛开幕式上,正式宣布上海交通大学安泰管理学院更名为"上海交通大学安泰经济与管理学院",由王方华教授出任院长、徐飞教授任执行院长;下设经济学院和管理学院,分别由周林教授和陈方若教授担任院长,费方域教授和田澎教授担任执行院长。设市场营销系、运营管理系、组织管理系、会计系、管理科学系、管理信息系统系、会展与旅游管理系、经济系和金融系,以及系统工程研究所、人力资源研究所、交通运输研究所、市场营销研究中心和现代金融研究中心等 30 个研究机构,建有管理科学与工程、工商管理两个博士后流动站。

4 月 12 日　安泰举办"上海经济学人圆桌会议",该会议由安泰主办、《解放日报》参与。"上海经济学人圆桌会议"是一项旨在扩大上海地区经济学家交流与影响,对社会经济重大问题进行广泛深入的争鸣与讨论的会议。

4 月 15 日—16 日　王方华院长在"中国市场学会第四届会员代表大会"上连任副会长(主管学术),吕魏副院长被选为常务理事兼学术委员会副秘书长,工商管理系主任黄沛教授与品牌战略研究所所长余明阳教授被选为常务理事。

5 月 13 日—14 日 王方华院长在"中国营销论坛"上被授予"菲利浦·科特勒理论贡献奖"。该奖为菲利浦·科特勒授权《销售与市场》杂志在中国国内颁发的营销方面最高奖项,王方华院长是国内第二位获得该奖的专家。

5 月 27 日 安泰 EMBA 项目荣获"2006(第三届)中国市场最具领导力 EMBA"综合排名第二名,"财富增量"单项第一名。同时,2003 级张毅伟、刘宝瑞、任仲伦、吴振芳四位 EMBA 学员入选"中国 EMBA 荣誉毕业生"。

5 月 我校有史以来规模最大的一门课"创新与创业课程"拉开帷幕。交大整合校内外资源,将大课讲座、小班辅导、模拟操练、创业比赛等有机结合,探索创业教育新模式。

6 月 21 日 安泰举办"2006 国际电气和电子工程师协会服务运筹、物流与信息化国际学术年会(2006 IEEE SOLI)"。该会议由 IEEE、上海交通大学、中国国家自然科学基金委(NSFC)、美国国家自然科学基金委、IBM、SUN、SSG 联合主办。

6 月 26 日 安泰喜获 EQUIS(欧洲质量发展体系)认证可行性资格,这标志着学院的国际化发展已经迈上新的台阶。

7 月 9 日 安泰召开"2006 年全国会计硕士专业学位(MPAcc)教育指导委员会及培养院校工作会议",旨在提高 MPAcc 教育办学质量。

7 月 18 日 安泰举办"世博会与展览展示国际论坛",该论坛由安泰、亚洲会展节事财富论坛、世博集团上海现代国际展览有限公司共同主办。

8 月 24 日 首届"安泰优才夏令营"举行开营仪式。参加本届夏令营的营员由来自清华大学、北京大学、中国人民大学、浙江大学、复旦大学、中国科技大学、南京大学、西安交通大学、武汉大学、华中科技大学、南开大学、中山大学、中南大学、哈尔滨工业大学、四川大学、天津大学、山东大学、西北工业大学、东南大学、厦门大学等 20 所知名高校的优秀大四学生组成。本次活动旨在促进中国高校优秀本科学生之间的交流,加深其对经济与管理学科的理解,同时从中选拔优秀大学生进入我院继续学习和深造。

8 月 29 日 安泰与校内机械与动力工程学院、电子电信与电气工程学院联合开办的"中国制造业领袖项目(CLFM)"正式启动。该项目旨在为领先制造型企业培养复合型管理人才,是中国首个专门培养下一代生产及运营领袖的双学位教育项目。该项目由 MIT 提供授权及学术支持,第一批学员于 2007 年 9 月入学。

10 月 安泰 MBA 项目蝉联《经理人》杂志"中国最佳 MBA 排行榜"第四名。

11 月 4 日 安泰举办"中国会展教育论坛——大型会展案例研究学术会议暨中国会展教育委员会年会",该会议由安泰和中国会展经济研究会会展教育委员会共同主办。

11 月 9 日 王方华院长接受美国《商业周刊》北京分社社长罗谷(Dexter T.Roberts)的专访。

12 月 9 日 安泰举办"国际 MBA 群英会暨 2006 中国 MBA 人物评选活动",王方华院长荣获"推动中国 MBA 教育贡献人物奖"。该活动由中央电视台、亚太 MBA 联合会联合中国二十家主流媒体及亚太地区百所知名管理学院共同举办。

12 月 16 日 安泰举办以"文化·创新·和谐"为主题、以"搭建平台、广泛交流、推陈出新、和谐共赢"为宗旨的第一届上海市经济与管理博士生论坛。

12 月 20 日 安泰和上海市行为科学学会联合举行了"杨锡山教授管理思想研讨会",缅怀原管理学院院长杨锡山教授波澜壮阔的一生和不断创新的精神。

2006 年 本科生课程《市场营销学》被评为 2006 年度国家级精品课程;《管理学院原理》《金融工程》被评为 2006 年度上海市级精品课程。至此,学院共有五门市级精品课程:《市场营销学》《管理学院原理》《运作管理》《金融工程》《战略管理》。

2006 年 上海交通大学正式获得国际精英商学院协会(AACSB)会员资格,成为 AACSB 的正式会员之一。

2006 年 根据"2005 年度中国科技论文与引文数据库"统计结果,中国科技信息研究所公布安泰主办的《系统工程理论方法应用》获得 2005 年第五届"百种中国杰出学术期刊"的称号。

2006 年 陈方若教授与周林教授被聘为"长江学者讲座教授",实现了交大文科"长江学者"零的突破。

2007 年

1 月 10 日 安泰经济与管理学院教学委员会正式成立,下设科学学位和专业学位两个分委员会。

3 月 1 日—2 日 交大举办"第十七届亚太期货研讨会",该会议由上海交通大学、香港浸会大学、道琼斯指数、彭博资讯、Stoxx、eBroker Systems、noble group、上海证券报等联合赞助举办。

3 月 10 日—11 日 王方华院长在"中国会展经济研究会第二届会员大会暨学术年会"上当选为副会长,市场营销系过聚荣副教授被选为副秘书长,其专著《会展导论》荣获"首届中国会展经济研究优秀成果奖——优秀著作奖"。

5 月 12 日 安泰邀请 2003 年"诺贝尔经济学奖"得主克莱夫·格兰杰教授进行了题为"股票市场的价格预测:给预测者的启示"的演讲。

5 月 15 日 华威慧创(上海)投资管理咨询有限公司捐款 100 万元,支持学院发展。

6 月 8 日 安泰 MBA 项目和 EMBA 项目正式通过 AMBA 可行性资格评估,进入 ABMA 自我评估阶段,标志着我院国际认证进程进一步加快。

7 月 19 日 "2007 上海金融论坛"正式召开,该论坛由上海交通大学、上海国际金融中心研究会、上海发展研究基金会联合主办。

8 月 4 日 安泰举办"第三届 ESA 实验经济学亚太会议","实验经济学之父"、诺贝尔经济学奖得主 Vernon Smith 教授向会议表达了祝贺和期望。

12 月 12 日 安泰举行"经济形势分析报告会",上海市人民政府发展研究中心周振华和国家信息中心首席经济师祝宝良分别作了题"2007 年中国经济形势回顾与 2008 年中国经济形势展望"的报告。

2007 年   安泰 EMBA 项目顺利通过国务院学位委员会 EMBA 专业学位教育合格评估,由试点转为正式实施。在评估中,安泰 EMBA 项目成绩名列前茅,获得专家组一致好评。

2007 年   安泰在《经理人》杂志"中国最佳 EMBA 排行榜"首次排名中,位居全国前四强。安泰 EMBA 在"2007(第四届)中国市场最具领导力 EMBA"评选中获综合排名第一。安泰 EMBA 项目获胡润百富"中国 EMBA 最佳表现奖"。

2008 年

1 月 28 日   安泰在《金融时报》2008 年度 MBA 全球百强排行榜"中名列全球第 41 位,是我国唯一一家进入该榜单的全日制大学商学院。

2 月 29 日   安泰首届 EMBA 学员张旭辉入选由《中国直销》杂志举办的"2007 中国直销风云榜",位居"2007 中国直销十大最有价值职业经理人"榜眼。

2 月 29 日   安泰举办"上发中心—交大论坛:国际大都市研究专题(一)——上海大都市圈建设与区域产业发展战略研讨会",该会议由上海市人民政府发展研究中心和安泰主办。

4 月 7 日   安泰成立旨在充分发挥教授治学的积极性和主动性的教授委员会,并召开第一次会议。

4 月 16 日   安泰举行"长三角信息中心"建设工作会议,为建设长三角信息中心数据库的下一步工作指明了方向。

4 月 23 日   安泰喜获 AMBA 权威认证,是学院国际化发展"对标国际、聚焦一流"的战略体现,也是学院持续进步和发展的巨大推动。

5 月 16 日   "2008 第一届中国卓越营销论坛"召开。本次论坛由恒辉研究咨询机构、国际经济学与商学学生联合会(AIESEC)联合主办,世界专业研究者协会(ESOMAR)、上海九龙山城市会所赞助,上海交大 MBA 同学会、卓越营销俱乐部(EMC)联合协办。

5 月 25 日   安泰蝉联"2008(第五届)中国市场最具领导力 EMBA"综合排名第一名。

5 月 28 日   王方华院长在"2008 年国际 MBA 协会(AMBA)国际年会"上发表题为"商学院与企业关系"的演讲,并代表安泰正式接受 AMBA 国际认证证书。

6 月 3 日   安泰正式通过欧洲质量发展认证体系 EQUIS 的商学院认证,成为中国内地第二家获此项认证的大学商学院,同时也成为国内唯一同时获得 AMBA、EQUIS 两项国际商学院认证的中国内地商学院。

6 月 12 日   安泰建院 90 周年庆祝大会在徐汇校区文治堂举行。

8 月 6 日   安泰公布 2009 年 MBA 提前面试方案,MBA 招生政策将较往年有重大调整。

9 月 15 日   安泰举办题为"变化中的世界环境:机遇与挑战"的"上海世界经济学会 2008 年学术年会",该会议由上海世界经济学会主办、安泰承办。

9 月 16 日   安泰举办"上发中心—交大论坛:国际大都市研究专题(三)——国际大都市应急救灾体系建设内部研讨会",该会议由上海市人民政府发展研究中心和安泰主办,中国都市圈发展与管理研究中心和上海交通大学经济学院承办。

9月23日　安泰正式公布 MBA 学费及奖学金改革方案,增加学费,新增学费将很大程度上用于奖学金改革。

10月14日　上海交大 EMBA 项目在由鲍尔中国和《品位》杂志社主办的"2008品位盛典"颁奖活动中获"2008品位盛典年度领导力"大奖。

11月　安泰学生代表队晋级 IIBD 国际案例大赛决赛。

11月3日—4日　安泰举办题为"商学院的社会责任"的2008全球商学院院长论坛,该论坛由上海交大主办,安泰承办。

12月　陈宪教授的《上海服务业发展的经济效应与战略选择》荣获上海市纪念改革开放30周年理论研讨征文活动一等奖。

12月9日　安泰举办题为"转型与创新——中国企业在金融海啸下的战略选择"的首场"商学院院长系列论坛",该论坛由上海管理科学学会主办,由安泰承办。

12月27日　安泰 EMBA 在"第四届全国 MBA 教育指导委员会第二次全体会议暨纪念改革开放30周年中国 MBA 教育创新研讨会"上获得"中国 MBA 教育创新研讨会优秀论文奖"。

2008年　由上海交通大学中国都市圈发展与管理研究中心组稿、中心主任王方华教授担任主编、上海三联书店出版社出版发行的《都市圈发展与管理研究系列丛书》列入"十一五"期间国家重点图书出版规划。

2008年　安泰在《经理人》杂志"中国最佳 MBA"榜单中再次名列第四。

2009 年

1月15日—16日　由美国麻省理工学院(MIT)资深教授、LFM 项目学术主任 Tom Allen 率领的专家组对上海交通大学"中国制造业领袖"(CLFM)进行了项目评估。

2月16日　王方华院长在新加坡参加欧亚商学顶尖商院院长会议期间接受了法国 INSEAD Knowledge 网站专访。

3月3日　安泰 MBA 学员林颉、周兵、夏舒艺、王雷等组成的上海交大代表队,在第二届"北京大学 MBA 案例大赛暨东方剑桥杯全国邀请赛"决赛中,一举夺魁。

3月3日　专家组对交大"985工程"二期"中国都市圈发展与管理研究创新基地"进行验收,一致同意项目通过验收。

4月1日　为庆祝交大建校113周年,安泰举办"上发中心—交大论坛:国际大都市研究专题(六)——世博倒计时400天行动与国际贸易中心建设内部研讨会",该论坛是由上海市人民政府发展研究中心和安泰主办。

4月18日　交大正式成立"中国企业发展研究院",该研究院是在政府部门、学校、企业等社会各界的大力支持下成立的,致力于成为世界一流的基于中国实践的国际开放式研究平台与传播机构。

5月12日　诺奖中国周上海交大站在上海交大徐汇校区文治堂举行。克鲁格曼做主题演讲并被聘为上海交通大学的荣誉教授。

6 月 5 日　交大安泰 EMBA 项目在"2009（第六届）中国市场最具领导力 EMBA"评选中实现三连冠。

6 月 12 日　上海交通大学安泰经济与管理学院成立 91 周年暨恢复建院庆祝大会在法华校区举行。

7 月 13 日　世界计量经济学会主席、2007 年诺贝尔经济学奖得主罗杰·梅尔森教授、世界计量经济学会副主席约翰·摩尔教授、世界计量经济学会执行主席拉法尔·瑞普罗教授在由世界计量经济学会、上海交通大学主办，上海交通大学安泰经济与管理学院、上海交通大学高级金融学院共同承办的"全球金融体系的重建"论坛上演讲。

7 月 17 日　安泰举办"第二届（2009）《中国金融评论》国际研讨会"，该会议是由安泰、交大现代金融研究中心、《中国金融评论》杂志社共同主办。

8 月 17 日—18 日　安泰举办"全国 MBA 企业伦理学教学研讨会"，该会议是由全国 MBA 教育指导委员会主办，安泰承办。

8 月 22 日　上海交通大学 EMBA 社会责任研究中心正式成立。

8 月　英国《卫报》和《金融时报》发表我院 John ROSS 教授文章。

9 月 25 日　安泰举办题为"以创新赢在后危机时代"的"2009 年度企业创新峰会"，该会议由安泰、上海行为科学学会和创新企业中国共同承办。

9 月 29 日　党委副书记田新民老师在"国务院第五次全国民族团结进步表彰大会"中荣获"民族团结进步模范个人称号"，并出席表彰会，接受胡锦涛等党和国家领导人颁奖。在京期间，田新民还受到俞正声、韩正接见。同时，还获邀观礼了国庆 60 周年阅兵和群众大游行等庆祝活动。

11 月 16 日　安泰学生参加奥巴马与中国青年对话活动。

11 月 19 日　安泰举办"2009 安泰—AMBA 亚太地区商学院领导人会议"，该会议由安泰和国际 MBA 协会（AMBA）共同举办。

11 月　周林院长当选世界计量经济学会院士（Fellow），成为我国大陆高校首位入选该学会的院士。

11 月 16 日—23 日　安泰学子代表学校参加"国际大学生技术创业挑战赛"取得佳绩。

12 月 20 日　徐飞教授担任"共和国 60 年经济盛典系列评选"的评审专家。

2009 年　史清华老师的著作《农户经济可持续发展研究：浙江十村千户变迁》在教育部高等学校科学研究优秀成果奖（人文社会科学）评选中，获教育部高等学校科学研究优秀成果奖二等奖。

2009 年　安泰管理科学硕士项目首次参加英国《金融时报》2009 年度 MSC（管理硕士）全球评选便取得佳绩，列全球第 37 位，成为此次评选中国大陆唯一一家进入该榜单的商学院，也是 MSC 评选排行榜设立以来大陆的第一家进入榜单的大学商学院。

2009 年　安泰 EMBA 在《经理人》杂志"中国最佳 EMBA 排行榜"评选中，并以全国首创的具有整合性、综合性特点的创新课程"赢利模式"，获得课程单项第一。

2009 年 武邦涛教授获上海旅游局研究成果一等奖,被聘为上海旅游发展研究中心专家委员会委员。

2009 年 潘英丽、陈宪、于冷同时各获一项国家社会科学重点项目,使学院"第一项"社科重点项目喜迎三花并蒂。

2010 年

1 月 14 日－16 日 安泰召开中国风险投资与私募股权领域的年度顶级盛会"2010 国际 LP&GP 合作浦东高峰会",该会议是有安泰与中国风险投资研究院共同主办。

2 月 26 日 上海交大与中国国际经济交流中心联合在中华世纪坛大屏幕厅举行研究成果发布会,推介"CCIEE－全球航运景气指数"。

3 月 31 日 安泰召开"EMBA、MBA、EDP 和上海交通大学企业社会责任研究中心公益活动专题会议",旨在加强学员参加公益活动的意识,为学员提供公益活动实践,联合搭建公益活动平台,以提升学院的社会公众形象。

4 月 安泰通过全球公开招聘院长和执行院长,周林教授和李垣教授受聘担任院长和执行院长。

4 月 13 日 安泰举办"上发中心—交大论坛:国际大都市研究专题(十)——'十二五'上海转变城市发展方式的思路和重点内部研讨会",该会议由上海市人民政府发展研究中心和安泰共同主办。

5 月 由上海交大环境科学与工程学院、安泰经济与管理学院的四名本科生及研究生组成的队伍获国际可再生能源案例挑战赛中国区亚军。

5 月 在共青团中央、教育部联合开展的"全国三好学生""全国优秀学生干部"评选表彰活动中,安泰黄佳妮同学获"全国优秀学生干部"荣誉称号。

5 月 7 日 周林院长入选"中国管理模式杰出奖"遴选理事会。

5 月 13 日 徐飞教授受聘担任 2010－2015 年教育部高等学校创业教育指导委员会首批委员。

5 月 28 日 安泰正式成立"安泰校友发展同盟",致力于充分发挥自己的资源优势,让校友获得更多、更有效的信息,帮助校友攀上职场的新高峰。

6 月 5 日 安泰 MBA 在校生联合会在"第十一届中国 MBA 发展论坛暨首届中国 EMBA 高峰论坛"上,荣获"2010 年中国十大优秀 MBA 联合会奖",是上海地区唯一获得该项殊荣的 MBA 联合会。

6 月 9 日 安泰举行"全国 MBA 课程改革与创新研讨会",该会议是由全国 MBA 教育指导委员会主办、安泰承办。

6 月 18 日 安泰在"《2010(第七届)中国市场最具领导力 EMBA》发布会、颁奖典礼暨(第七届)中国 EMBA 高层论坛"上继 2007 至 2009 年连续荣获"三连冠"之后,再次被评为综合排名第一,且成为"中国 EMBA 荣誉毕业生"当选人数最多的学校。

7 月 16 日 "第三届(2010)《中国金融评论》国际研讨会"在法华校区召开。《中国金融评论》是安泰和 Emerald 出版社合作的产物。

7 月 24 日 安泰举办"2010 年管理国际大会"，本次大会由国家自然科学基金委员会主办，安泰承办，会议围绕"后危机时代的管理：多元化的世界，多元化的管理"主题展开讨论。

8 月 17 日 交大举办"2010 第十届世界经济学大会"，该大会是由交大主办，中国计量经济学会、上海财经大学、复旦大学、中欧国际工商学院协办。大会涵盖经济学的各个方面，既有计量经济学、微观经济学和宏观经济学等学科的理论型研究，又有经济学理论在各个研究领域的应用型研究。

10 月 17 日 交大举办以"危机后的商学院重塑"为主题的"第三届全球商学院院长论坛"，该论坛由交大和美国国际精英商学院联合会（AACSB·International）共同举办。

10 月 26 日 安泰举行"2010 中国技术与创新管理发展论坛"，本次论坛由管理现代化研究会（中国管理学会）技术与创新专业委员会主办，安泰承办。

12 月 20 日 安泰在由教育部中国教育网、中国教育在线主办的首届"教育公益盛典"获得"2010 年度商学院杰出贡献奖"。

2010 年 隽志才教授负责的项目《西部地区公路运输大通道集疏运应用技术研究》获中国公路学会科学技术一等奖。

2010 年 安泰团委参评的"上海市大学生创业动态及高校扶持创业政策研究分析报告"获团市委优秀调研成果奖，名列高校组第一。

2010 年 曾赛星、朱庆华教授获国家杰出青年科学基金资助。

2010 年 交大举办"2009 年诺贝尔经济学奖得主奥利弗·威廉姆森中国行"活动，该活动是由交大与《每日经济新闻》报社共同主办的。

2010 年 安泰在《经理人》杂志最佳 MBA 院校排名中名列第四。

2010 年 吴冲锋教授当选 2010 年度上海市领军人才。

2010 年 安泰在"全球著名财经媒体美国《商业周刊》（中文版）（Businessweek China）中国优秀商学院"评选中跻身前三甲。

2010 年 安泰管理学硕士项目在全球著名财经媒体英国《金融时报》2010 年度 MSC（管理硕士）全球评选中再创佳绩，位列全球第 46 位，是此次评选中国大陆唯一一家进入该榜单的商学院，并且位列中国所有参评院校之首。

2010 年 学院采用国际一流大学通常的培养模式，不直接从高中生招收"工商管理"专业本科生，改为在大学三年级时从全校理工科学生中招生。

2011 年

1 月 25 日 上海市慈善基金会捐资 100 万，支持学院发展。

5 月 14 日 安泰举行 2011 全球经济与中国方向——"诺奖中国行"活动，2010 年诺贝尔经济学奖得主、伦敦经济学院教授克里斯托弗·皮萨里德斯教授（Christopher A. Pissarides）发表演讲。

6 月 24 日 安泰召开"中国管理研究国际学会：第一届上海信息交流会"，该会议由中国管理研究国际学会及安泰共同举办。

6月30日 安泰党委获上海市教卫党委系统先进基层党组织称号。

7月 在由二十一世纪传媒发起的"2010－2011年度21世纪商学院竞争力调研"评选中,安泰"EMBA项目"以及"业余制MBA项目"分别被选为"2010－2011年度21世纪商学院最具品牌竞争力EMBA项目"和"最具品牌竞争力MBA项目"。同时,安泰"全球运营领袖MBA项目(CLGO)"被评为九大"特色竞争力项目"之一。

7月5日 同华公益基金会捐资385.668万元,支持学院发展。

9月2日 安泰举办"2011中国制造业全球运营高峰论坛",就中国制造业在全球的处境以及如何进行全球运营进行了深入的探讨和思考。

9月29日 北京京润房地产有限公司捐资150万,支持学院发展。

11月 上海交大发布《中国会展经济发展报告(2011)》。

11月 路琳老师获自然科学基金委中德科学中心资助,作为中方负责人,与德国慕尼黑大学Martin Hoegl教授联合开展中德合作项目"信任、知识共享与创新:中德合作的跨文化比较研究"。

11月12日 东吴基金管理有限公司捐资300万,支持学院发展。

11月15日 原国资委主任李荣融受聘担任上海交通大学兼职教授。

11月19日 徐飞教授在"中国高等教育学会大学素质教育研究会成立大会暨2011大学素质教育高层论坛"上当选为中国大学素质教育研究会副理事长。

11月23日 安泰职业生涯发展协会(CDA)正式成立,致力于为安泰学子领航职业生涯。

12月1日 安泰举办"2011年中国新能源高峰论坛暨SJTU－MIT新能源高管研修班开班式",该活动由上海交通大学主办,安泰承办。

12月10日 由安泰与《中国经营报》联合举办的2012"中国企业社会责任优秀实践"评选活动正式启动。会上发布了2012年"中国企业社会责任优秀实践"的评选标准。

12月16日 安泰举办"中国EFMD认证商学院峰会",该会议由交大与欧洲管理发展基金会合作举办。会后,安泰等八家中国大陆已经获得EQUIS认证的商学院院领导共同签署了致力于实践国际化战略、共同探索如何将国际认证标准和中国教育政策和环境高度融合的"上海共识"。

2011年 安泰通过AACSB(国际精英商学院联合会)认证,目前全球不到5%的商学院获得了AACSB认证,至此,安泰成为国内首家获得三项权威认证商学院。

2011年 安泰团委喜获"上海市五四特色团委"荣誉称号。

2011年 交大安泰MBA将进一步推进招生改革,全面实现"国家线录取"政策,并评审上实行"一票通过制"。同时,为了鼓励更多的优秀考生报考安泰MBA项目,将大幅度提高"新生奖学金"的金额和获奖人数,并对校友实施"终身化服务"。

2011年 安泰在全球著名财经媒体《金融时报》2011年度MSC(管理学硕士)全球50强评选中再创佳绩,位列全球第46位,成为内地唯一一家入选榜单的商学院。

2011 年　安泰推出新版 MBA 培养方案,进行"一大调整、双向延伸"重大变革。

2011 年　万国华教授获国家杰出青年科学基金资助。

2011 年　沈惠璋教授获得学院第一项国家社科基金重大项目。

2011 年　推出两个"本硕贯通"试点班——"数学—金融本硕贯通试点班"和"工科—管理本硕贯通试点班",贯通式培养复合型创新人才。

2012 年

2 月 20 日　交大正式与戴尔合作成立戴尔供应链研究院。

2 月 23 日　安泰学子代表交大荣获两岸大学生企业并购大赛冠军。

5 月 19 日　计量经济学理论与应用国际研讨会(SETA 2012)在上海交通大学安泰经济与管理学院隆重开幕。

5 月 29 日　安泰举行上海发展战略研究所潘英丽工作室揭牌仪式暨"国际货币与国际金融治理"研讨会,致力于推进上海国际金融中心建设。

6 月　以董明教授为负责人的上海交通大学团队获得欧盟第七框架(FP7)资助。该项框架将加深合作框架内研究机构的合作,进一步提升上海交通大学的国际化研究水平。

6 月 5 日　上海筑金投资有限公司捐资 100 万,支持学院发展。

7 月　罗守贵教授组织申报的上海市软科学基地《知识竞争力与区域发展研究中心》获上海市软科学基地立项。

9 月 14 日　安泰接受中国高质量 MBA 教育认证专家组现场评估,也是国内首批接受中国高质量 MBA 教育认证现场评估的商学院。

9 月 18 日　安泰管理科学与工程硕士项目在《金融时报》2012 年度全球管理学硕士全球 50 强排名中从去年的第 46 名晋升至第 45 名,蝉联全球 50 强。

9 月 22 日　交大正式成立"校友产业投资俱乐部"。

9 月 28 日　安泰召开"中国世界经济学会年会暨 2012 世界经济重大理论研讨会",该会议由中国世界经济学会和交大联合主办。

9 月 28 日　上海立天唐人投资集团有限公司捐资 200 万,支持学院发展。

10 月 19 日　安泰举行"上海市软科学研究基地—上海交通大学知识竞争力与区域发展研究中心揭牌仪式",并发布 2012 亚太知识竞争力指数。

10 月 18 日—19 日　安泰举行以"新兴市场中的商学院教育"为主题的"第四届全球商学院院长论坛"开幕式,该活动由上海交通大学主办。

11 月　史清华教授等撰写的专著《中国农村文化市场发展研究》被列入国家新闻出版总署"迎接党的十八大主题重点出版重点物",并得到国家出版基金项目支持,正式出版。

11 月　安泰 MBA 在由《经理人》杂志主办的"2012 中国最佳 MBA 排行榜"中进入前三甲,位列第三。

12 月 9 日　交大安泰在由中国 MBA 联盟主办的"第六届中国 MBA 领袖年会暨 2012 创业投资高峰论坛"上,荣获"中国十佳商学院"称号。

12 月 10 日　安泰荣获腾讯网"十大 MBA 教育学院奖"。

2012 年　安泰经上海市委组织部推荐、市专家组的评审荣获"上海市推进学习型社会建设与终身教育先进单位"称号。

2012 年　吴文锋、梁建副教授获得首批国家自然科学基金优秀青年科学基金项目。

2013 年

1 月 9 日　安泰举行由上海市政府发展研究中心、上海交通大学和上海 WTO 事务咨询中心联合成立的"全球经济治理与产业运行"研究基地揭牌仪式。

3 月 8 日　安泰举办第一期"CCDS 中国发展研讨会",该会议是由中国发展研究中心(Center for China Development studies,CCDS)主办。

3 月 14 日－15 日　季建华、王方华、吴冲锋三位教授主持的国家自然科学基金"十一五"重点项目被评为优秀。

春　创新与战略系成立,由原管理科学系曾赛星教授担任系主任。

4 月 2 日－3 日　东盟－中国商学院联盟(ASEAN ＋ China Business School Network)正式成立,吕巍副院长当选"东盟－中国商学院联盟"联席主席。

4 月 7 日　教育部发布《关于颁布第六届高等学校科学研究优秀成果奖(人文社会科学)的决定》,上海交大共有 8 项成果获奖。其中,安泰刘益、史清华老师分获高校人文社科一、二等奖。

4 月　国家社会科学基金项目《成果要报》发表陈飞翔教授研究成果。

4 月 17 日　安泰九十五周年院庆系列活动举行,吴敬琏作题为"中国新时期的改革议程"的讲座。

5 月 16 日－17 日　AMBA(国际 MBA 协会)在波兰华沙召开 2013 年年会,安泰正式通过 AMBA 再度认证。这是继 2008 年学院初次获得 AMBA 认证以来,学院再度通过了 AMBA 为期五年的再认证审查。

5 月 17 日　安泰举行"企业伦理与企业社会责任教学国际研讨会"。

6 月 6 日－7 日　于冷教授出席由联合国粮农组织(FAO)和经济合作与发展组织(OECD)联合主办的"2013 世界农业展望大会",并做了大会发言。

6 月 23 日　安泰召开以"供应链的创新和可持续发展"为主题的"第七届运营与供应链管理国际学术会议",该会议由交大、中欧国际工商学院和华南理工大学共同举办。

7 月 3 日　安泰举行了首届金融硕士毕业典礼。

7 月 6 日－7 日　安泰举行"首届中国发展研究双年会",就中国宏观经济发展、人力资本、人民币国际化、收入分配等涉及中国发展各方各面的问题进行交流。

7 月 7 日　安泰举办题为"中国经济的升级版:挑战与对策"的"中国发展研究圆桌论坛"。

7 月 10 日　"青春践行中国梦"2013 年交大暑期实践活动启动仪式在闵行校区陈瑞球楼报告厅举行。由学院党委书记余明阳教授作为指导老师,学院各学科 20 余名研究生参与的实践项目"城镇信息化,点燃中国梦——基于枫泾镇和黄桥镇信息化建设发展的对比研究",经过层层选拔、脱颖而出,被团中央评为全国重点团队。

7月26日 安泰举办"2013首届中国商学院职业发展论坛",该论坛由安泰职业发展中心和MBA中国网联合主办。

7月29日 安泰举行"交大－杜克中美全球外包联合研究中心"揭牌仪式,该中心由安泰和美国杜克大学富库商学院联合建立。

9月 吕巍教授在2013年度"第四届亚洲最佳商学院榜单"中荣膺2013年度"亚洲最佳营销学教授"殊荣,是大陆地区唯一被提名该奖项并最终获奖的教授。

9月 周林院长应邀担任AACSB管理教育事务委员会(CIME)委员并出席会议。

9月21日 安泰举行"中国金融改革国际论坛",本次论坛由交大主办。

10月17日 安泰举办以"中国智造业未来"为题的"2013第二届全球运营高峰论坛",该论坛由交大主办,安泰承办。

10月21日 安泰在英国《金融时报》2013年全球商学院EMBA百强榜中第一次参评便跃居本土EMBA之首,位列第32位。安泰与法国凯济商学院(前马赛商学院)合作项目的排名也从去年的48位上升至43位。

11月 安泰EMBA项目在《经理人》杂志主办的第四届"中国最佳EMBA排行榜"中荣居榜单四强。自2007年至今,安泰连续四届排名名列前茅,单项排名EMBA课程独占鳌头,展现了交大安泰EMBA项目十多年稳步发展过程中的锐意进取。

11月8日－9日 第八届(2013)中国管理学年会,在交大徐汇校区文治堂隆重举行。年会的主题为:"中国管理的国际化和本土化"。

11月30日 "2013－2017教育部高等学校管理科学与工程类专业教学指导委员会管理科学本科专业教学质量国家标准"第一次研讨会议在徐汇校区中院召开,教育部管理科学与工程专业教学指导委员会十余位委员以及来自全国20多所高校的40多位专家学者参会。

12月 由刘益教授领衔的"服务外包创新管理"科研团队喜获教育部2013年度"创新团队发展计划"资助,这也是安泰在创新团队建设方面取得的一个突破。"长江学者和创新团队发展计划"是教育部2004年启动的"高层次创造性人才计划"。

12月5日 安泰在由腾讯网主办的2013"回响中国"教育盛典中获"十年最具社会影响力MBA院校"奖。

12月9日 新华信托捐资100万与安泰共建财富管理研究中心。

12月28日 上海交大中国发展研究院揭牌仪式举行,交大党委书记马德秀教授与安泰周林院长共同为上海交大中国发展研究院揭牌。

2013年 尹海涛副教授获国家优秀青年科学基金项目。

2013年 史清华教授专著《中国农家行为研究》入选国家新闻出版总署"三个一百"原创出版工程。

2013年 蒋炜教授获国家杰出青年基金资助。

2014 年

1 月 27 日　安泰 MBA 项目获 2014 年度英国《金融时报》全球 MBA 排名 77,居上海本土商学院之首。

3 月 28 日　安泰 EMBA 项目、业余制 MBA 项目和全日制 MBA 项目在《福布斯》"2014 年中国最佳商学院排行榜"中,均位列榜单前茅。

4 月 3 日　安泰在"2014 年全国 MBA 培养学校管理学院院长联席会议"上,获得了"中国高质量工商管理教育认证"证书,成为国内首批获得该认证的五所院校之一。

4 月　安泰主办的期刊《Journal of Management Analytics》创刊,是由交大自主创办的英文学术期刊。

4 月 4 日　伊甸之林(上海)商贸有限公司捐资 120 万,支持学院发展。

6 月 15 日－17 日　周林院长参加欧洲管理发展基金会(EFMD)2014 年年会,并应邀担任 EQUIS 认证授证委员会委员。

8 月 15 日　李垣教授领衔的团队获基金委管理科学部创新群体,为学校(除医学院外)当年唯一获得的群体项目。

9 月 15 日　安泰管理学硕士项目在英国《金融时报》公布的本年度管理学硕士全球前 70 名榜单中位列第 44 位,连续 6 年名列全球 50 强。

10 月 9 日－10 日　安泰举办题为"创新与创业"的"2014 年第五届全球商学院院长论坛",该论坛是由安泰主办,260 余位全球知名商学院院长和嘉宾参与了本次论坛。

10 月 19 日－20 日　安泰举办"第一届安泰组织管理与发展论坛",该论坛由安泰主办、国家自然科学基金委员会管理科学部支持。本次论坛以顾琴轩教授主持的国家自然科学基金重点项目"组织文化与组织创造力研究——基于组织的二元情境视角"为基础,围绕"组织创新和创造力"论坛主题展开学术研讨与交流。

10 月 20 日　安泰 EMBA 项目在英国《金融时报》发布的 2014 年全球商学院 EMBA 百强榜单中排名第 17 位(2013 年第 32 位),蝉联本土中文 EMBA 项目之首,继续领衔中文项目整体上扬。

12 月 4 日　中国华银(国际)金融控股集团有限公司捐资 500 万,支持学院发展。

12 月 19 日　安泰联手第一财经共同打造"2014·中国企业社会责任高峰论坛"。

12 月 20 日　安泰校友黄海清当选上海"IT 青年十大新锐"。

2014 年　曾赛星教授获得上海市科委"优秀学术带头人"称号,为学校文科领域第一位"优秀学术带头人"。

2015 年

1 月 26 日　安泰 MBA 项目在英国《金融时报》公布的本年度全球 MBA 百强排行榜中位列第 55 名(2014 年第 77 位),居中国本土商学院之首,其全球实力与国际声誉再次得到了权威认可。

2 月　周林院长当选为国际商学院认证组织美国精英商学院协会（AACSB）理事会（Board of Directors）理事。

4 月　刘益教授领衔的"中国服务外包创新管理研究基地"获得上海市教育委员会批准，成为"上海市高校人文社会科学重点研究基地"。

5 月 8 日　安泰举办"第二届上海国际投资论坛"，该论坛是由安泰和美国弗吉尼亚大学达顿商学院共同主办，本届论坛聚焦时下炙手可热的跨境投资。

5 月 18 日　2015 年英国《金融时报》高管教育课程全球排名揭晓，上海交通大学安泰经济与管理学院高管培训（EDP）项目定制课程首次参评，位列全球第 15 位，居亚洲商学院之首。

5 月 18 日　安泰 EMBA 校友陈邦栋获"上海市青年科技杰出贡献奖"。

6 月 27 日　安泰承办主题为"'一带一路'框架下的绿色可持续发展"的专题高峰会议，本次主题峰会由中国发展研究基金会主办，贵州省政府发展研究中心、安泰等单位承办，是充分利用生态文明贵阳国际论坛这一国际交流平台，推动贵州加快对外开放的重大举措。

7 月 16 日　安泰正式搬迁至上海市华山路 1954 号上海交大徐汇校区，办学主楼为原包兆龙图书馆大楼。

7 月 25－26 日　安泰举办"2015（第十三届）中国 MBA 创业大赛"全国总决赛。

9 月 11 日　中央电视台《新闻联播》节目为专题片"天南地北新疆人"专访田新民副院长。

9 月 14 日　安泰管理学硕士在英国《金融时报》公布的本年度管理学硕士排名中上升至第 36 位，连续七年跻身全球 50 强。

9 月 22 日　安泰校友阎东升荣获美国精英商学院协会（AACSB）首届影响力领袖奖。

10 月 13 日　安泰校友联合水务集团董事长俞伟景先生与夫人慷慨捐资，正式签约支持母校徐汇校区"饮水思源碑"修缮项目。

10 月 13 日　上海斐讯数据技术通信有限公司捐资 100 万，支持学院发展。

10 月 19 日　安泰 EMBA 项目在英国《金融时报》发布的 2015 年全球 EMBA 百强榜排名中位列第 10，首次进入全球十强，并且与新加坡南洋理工大学 EMBA 项目并列亚洲商学院第一。

11 月 8 日　交大安泰 EMBA 包揽上海国际马拉松赛"2015 汇添富上马商学院赛中赛"三项冠军。

12 月 13 日　安泰学子获 CFA 协会投资分析挑战赛上海赛区冠军。

2015 年　谢富纪教授主持的课题《创新驱动发展战略的顶层设计与战略》获得学院第一项教育部重大攻关项目。

2015 年　荣鹰教授获得国家优秀青年科学基金项目。

2015 年　蒋炜教授获得上海市"优秀学术带头人"称号。

2015 年　"管理科学与工程"入选上海市Ⅱ类高峰学科。

2016 年

1 月 12 日　安泰举办"中国经济去杠杆学术研讨会",该会议由安泰主办,中国发展研究院承办。

1 月 25 日　安泰 MBA 项目在英国《金融时报》发布的 2016 年度全球 MBA 百强榜中跃居全球第 39 位,领衔本土商学院进入 50 强,居本土商学院之首,创历史新高。

4 月 11 日　安泰举行第六届"诺奖交大行",邀请 Lars Peter Hansen 教授进行题为"不确定性在变动环境中对经济的影响"的演讲。

4 月 15 日　安泰正式加入"国际高级管理培训大学联盟"(UNICON),推动安泰高管培训中心在未来的国际化的发展中更上一个新台阶。

5 月 11 日　安泰举办中国经济开放论坛 NO.2:"房地产与城市群发展"专题研讨会,该研讨会是由安泰、中国发展研究院和北京大学国家发展研究院联合主办。

5 月 16 日　安泰的主办的《中国金融评论》期刊被 Scopus 收录。

5 月 23 日　安泰高管培训定制课程项目在英国《金融时报》发布的 2016 年全球高管教育排名中,跃居全球第 9 位,再次荣膺亚洲商学院之首,8 项核心指标位列全球前十。

6 月 5 日　上海交通大学校友会金融投资分会捐资 200 万,支持学院发展。

6 月 17 日　光明乳业股份有限公司捐资 300 万,支持学院发展。

6 月 27 日　史占中教授主持的项目《文化产业的金融支持体系研究》获国家社科艺术学重大项目立项,实现了交大和安泰在社科艺术学重大项目上"零的突破"。

7 月 1—2 日　安泰举办题为"拥抱大数据,驱动质量创新"的首届中美质量创新高峰论坛,该论坛是由国家自然科学基金资助,安泰运营管理系主办。

7 月 13 日　安泰举办主题为"企业和经济发展中的伦理、创新与福祉"的"第六届国际企业、经济学和伦理学学会世界大会(ISBEE)",该会议由上海社会科学院承办,上海市社会科学界联合会、安泰、上海中欧国际工商管理学院等单位协办。

7 月 16 日　安泰举办"第九届(2016)中国金融评论国际研讨会(2016 China Finance Review International Conference)",本次研讨会围绕经济发展与资本市场新常态、量化投资与国际期货市场、互联网金融风险控制与监管、地方政府债务等热点金融问题展开了深入讨论和交流。

9 月 12 日　安泰管理学硕士项目在《金融时报》发布的管理学硕士全球排行榜中,位列第 33 名,较 2015 年上升三位,连续 8 年进入全球前 50 强。

9 月　安泰主办的《中国金融评论》期刊被 ESCI 收录,是国际出版界和学术界对期刊质量和发展潜力的认可,表明其国际影响力进一步提升,并向被 SSCI 收录的目标迈出了坚实的一步。

10 月 16 日—18 日　安泰举办"2016 年第六届全球商学院院长论坛",该论坛是由安泰主办,以"科技与管理"为主题,深度探讨科技的发展和管理教育之间相互影响。

10 月 17 日　安泰 EMBA 项目在英国《金融时报》发布的全球 EMBA 排行榜中,位列全球第 7 位,连续两年进入全球 10 强、亚洲第 1。安泰 EMBA 在非合作项目中,继 Insead 之后位列全球第 2,在全球商学院榜单中交出了优异成绩单。

11 月　安泰与美国南加大马歇尔商学院合作举办的 EMBA 项目(GEMBA 项目)荣获"上海市示范性中外合作办学项目"称号,成为本届评选中唯一获此殊荣的中外合作 EMBA 项目。

11 月 19 日　史清华教授的专著《中国农家行为研究》获第六届张培刚发展经济学优秀成果奖。

11 月 22 日　交大国家战略研究院举办"2016 年度国家战略研究指南发布会暨咨政建言研讨会"。

12 月 1 日　光明乳业股份有限公司捐资 300 万,支持学院发展。

12 月 20 日—21 日　安泰举办"2016 年上海高校大数据学术研讨会暨国家自然科学基金创新群体项目(71421002)和国家自然科学基金重大研究计划重点支持项目(91646205)年度研究讨论会"。

2016 年　"网络营销与服务外包创新研究基地"获批为上海市社会科学创新研究基地。

2016 年　万国华教授获得上海市"优秀学术带头人"称号。

2017 年

1 月 30 日　安泰 MBA 项目在英国《金融时报》发布的 2017 年度全球 MBA 百强榜中实现"四连扬",排名跃居全球第 34 位,延续了安泰 MBA 项目近年来呈现的上升趋势,再度代表中国商学院挺进全球 50 强,取得的斐然成绩充分彰显了交大安泰 MBA 项目的国际声誉和全球实力。

3 月　董明、陈工孟、曾赛星、尹海涛、万国华入选 2016 中国高被引学者名单。

3 月 22 日　FDT 香港金融数据技术有限公司捐资 200 万,支持学院发展。

5 月 15 日　安泰高管教育(简称 EE)定制课程项目在英国《金融时报》发布的 2017 年全球高管教育排行榜,跃居全球第 8 位,连续三次位列亚洲商学院之首,8 项核心指标位列全球前十。交大安泰 EE 公开课程今年首次参评,位列全球 32,居中国本土商学院之首。

6 月 9 日　安泰举办首届"重大基础设施工程可持续性学术会议",本次会议由管理科学与工程学会工程管理研究会(筹)主办,安泰承办,聚焦了重大工程这一社会热点话题,探讨工程与人、社会、环境间的和谐互动与可持续发展。

6 月 11 日　安泰举行"饮水思源,聆听叔同"纪念李叔同诞辰 137 周年活动。

6 月 10 日　安泰举办"第十届(2017)中国金融评论国际研讨会(2017 China Finance Review International Conference)",围绕期权定价、信用风险、市场的流动性、波动性风险、公司信用、中国的债券市场等热点金融问题展开了深入讨论和交流。

7 月 19 日　安泰主办的学术期刊《Journal of Management Analytics》被 ESCI 数据库收录。

9 月 11 日　安泰管理学硕士项目在《金融时报》公布的 2017 年管理学硕士全球排行榜

中，跃居全球第 32 位，连续九年挺进全球前 50 强。

9 月 23 日—24 日 陈宏民教授在"管理科学与工程学会 2017 年年会暨第十五届中国管理科学与工程论坛"上当选为副理事长及常务理事，蒋炜教授、曾赛星教授、周志中副教授当选学会理事。

10 月 16 日 安泰 EMBA 项目在英国《金融时报》全球 EMBA 排行榜中，位居全球第 6 位，在独立办学 EMBA 项目中位列全球第 1（前 5 名均为世界一流商学院合作办学项目），连续 3 年进入全球 10 强、亚洲第 1。

11 月 6 日—9 日 安泰召开"第 13 届亚太管理会计学会（APMAA）2017 年年会"，这次会议是由安泰会计系承办，会议主题是 Management Accounting and Society：A Global Perpective，旨在从全球发展的视角探讨管理会计未来发展方向。

12 月 4 日 安泰在《金融时报》发布的年度亚太商学院排行榜中，名列榜首，再次印证了安泰的国际影响力。

12 月 19 日 上海丽人丽妆化妆品股份有限公司捐资 100 万，支持学院发展。

12 月 上海交通大学中国发展研究院入选 2017 年度中国核心智库。

12 月 安泰 MBA 在 Quacquarelli Symonds（QS）教育集团发布的 2018 全球 MBA 项目排行榜，跻身百强之列，为中国本土商学院中唯一一所名列全球百强的商学院。

2017 年 安泰"工商管理"和"管理科学与工程"在教育部第四轮学科评估中分别获评 A＋和 A；"工商管理"被"中国最好学科排名"列为全国第一；"商业与管理"入选教育部"双一流"学科。

2017 年 罗俊副教授获得国家优秀青年科学基金项目。

2018 年

1 月 5 日 安泰百年庆首场论坛狮城启动，本次论坛聚焦"智能革命与业态创新"。

1 月 29 日 安泰 MBA 项目在英国《金融时报》（简称 FT）2018 年度全球 MBA 百强榜中排名第 34 位，稳居全球四十强，其中薪资增长率和就业率排名全球第一，彰显了交大安泰 MBA 持续上升的国际美誉度，更体现了交大安泰 MBA 学生职业发展的斐然成绩。

2 月 安泰在英国 QS 全球教育集团发布的 2018 年世界大学学科排名中再度收获国际肯定——本次 QS 学科排名中经管相关的学科共 4 个，安泰有 3 个学科跻身全球前 50，全部 4 个学科继续持续前百。其中工商与管理学科已连续三年稳居全球前 50 强。

3 月 安泰在英国《金融时报》（简称 FT）发布的 2018 年度全球女性 MBA 排行榜中位居榜首。

3 月 14 日 安泰举办本年度"诺奖交大行"，邀请了 2016 年诺贝尔经济学奖获得者奥利弗·哈特（Oliver Hart）教授来校演讲。

3 月 安泰在汤森路透 Web of Science（SCIE/SSCI）更新中，"经济与商业"（ECONOMICS & BUSINESS）学科以其突出表现，成为上海交通大学进入 ESI 前 1% 的第 18 个学科。

3 月　朱庆华教授获上海市"优秀学术带头人"称号。

3 月　安泰本科项目"多重并举的经管类本科人才培养创新体系建设"、金融硕士项目"服务需求,对接行业:安泰经济与管理学院金融硕士项目培养体系建设"两项教学成果获上海市教学成果一等奖。

3 月 22 日　安泰举办"高新技术发展与会计法制建设"研讨座谈会,该会议是由上海市会计学会会计信息化专业委员会主办、安泰会计系承办。本次会议主题是探讨在大数据、智能化、移动互联网和云计算等高新技术快速发展的背景下,我国会计法制建设面临的挑战、问题及对策。

附录2 安泰经济与管理学院历任党政主要负责人
（1984－2018.3）

职务	姓名	任期	职务	姓名	任期
院长	杨锡山	1984.5－1987.10	分党委书记或党总支书记	徐柏泉	1984.6－1996.3
	张祥	1994.7－2003.1		蒋秀明	1996.7－1997.8
	王方华	2003.1－2010.3		王笃其	1997.8－2001.3
	周林	2010.3－		潘敏	2001.3－2002.7
名誉院长	李家镐	1991－1998.5		季建华（女）	2002.7－2007.4
	张祥	2003.1－		徐飞	2007.4－2009.4
	朱晓明	2004.1－		沈大明	2009.4－2012.4
	蒋以任	2007.7－		余明阳	2012.4－
常务副院长或主持工作的副院长	徐柏泉	1985.3－1992.5			
		1994.3－1996.3			
	潘介人	1988.2－1990.2			
	张国华	1992.5－1994.3			
	俞自由（女）	1995.9－1997.8			
	王笃其	1997.8－1998.7			
	黄培清	1998.7－2000.10			
	王方华	2000.10－2003.1			
	徐飞	2006.3－2009.4			
	李垣	2010.3－2017.3			
副院长	王浣尘	1984.5－1994.3	分党委副书记或党总支副书记	史福庆	1984.4－1985.12
	潘介人	1984.5－1988.2			1987.4－2001.3
	范　煦	1987.12－1992.9		张永春	1984.4－1985.12
	徐柏泉	1992.5－1994.3		武剑明	1985.12－1987.4
	张维炯	1992.9－1997.4			1990.8－1992.7
	石金涛	1993.9－1998.8		纪凯风	1992.12－1996.11
	仰书纲	1994.3－1997.8		许定	1996.3－1997.8
	吴振寰	1994.7－1996.7		王笃其	1996.8－1997.7
	俞自由（女）	1995.6－1995.9		田新民	1997.8－2015.7
	吴冲锋	1996.3－2010.11		潘杰	2004.2－2007.11
	黄培清	1997.8－1998.7		朱启贵	2008.1－2009.6
	金纬	1997.8－2004.3			

（续表）

职务	姓名	任期	职务	姓名	任期
	王笃其	1998.7－2001.3		朱启贵（兼纪委书记）	2012.4－2015.12
	王方华	1998.6－2000.10			2014.10－
	陈俊芳	1998.8－2001.3		于冷（兼纪委书记）	2016.8－
	陈宏民	2000.10－2010.11			
	史福庆	2001.3－2009.12		张东红	2016.3－
	季建华（女）	2001.3－2007.4			
	潘敏	2001.3－2002.7			
	吕巍	2003.3－2014.10			
	徐飞	2004.2－2005.3			
	赵旭（女）	2004.3－2014.10			
	何志毅	2008.12－2010.11			
	董明	2010.11－			
	唐宁玉（女）	2014.10－			
	万国华	2014.10－			
	郑毓煌	2014.10－2015.7			
	田新民	2015.7－			

注:此表根据上海交大有关文件整理。管理学院于 1984 年 6 月恢复建院;学院党委于 1985 年 12 月成立,此前为党总支。

主要参考文献

1.《上海交通大学校史》(八卷本)[M].上海:上海交通大学出版社,2016.

2.《上海交通大学纪事》(上下卷)[M].上海:上海交通大学出版社,2006.

3.《上海交通大学志(1896－1996)》[M].上海:上海交通大学出版社,1996.

后 记

　　上海交通大学的发展历史,正是中国科教强国、实业报国、追求中华民族伟大复兴的历史缩影。1896 年,当盛宣怀先生提请奏折创办交通大学开始,这个学校的命运便与我们这个民族的发展命运紧密联系在一起。也正因为如此,上海交通大学最早以工科见长。随着各工科学科的发展,越来越多的有识之士发现实业报国的道路和人才兴邦的路径并不能完全靠技术来解决。即便拥有大量先进的技术,如果没有管理、人文和经济学的思想,这些技术都难以形成生产力,难以改变农耕时代、半殖民地半封建社会的落后面貌。于是交大于 1901 年由蔡元培先生创办了经济特科,翻译和引进当时西方发达国家权威的经济学著作,在中国培养具有现代产业意识和管理能力的经管人才。在这个班中,涌现出了黄炎培、邵力子、李叔同等一大批政商名流和文化翘楚,为交大的人文社会科学和经济管理学科的发展,播下了种子,积累了一定的思想理论基础。但是要将人文和经济学思想与技术和科学相结合,仍然缺乏具体的抓手和途径。在当时铁道科学代表着工业时代前沿水准的背景下,交大毅然把铁路管理科作为管理学的突破口予以立项,成立了当时在亚洲都非常领先的铁路管理科,这便是交大管理学科的开端。从此百年来,薪火相传,开枝散叶,成就了今天的上海交通大学经管板块。

　　1918 年,交大的铁路管理科引进了西方最新的管理理念,并将这些理论与当时中国的铁道技术和铁道科学相结合,不但为中国铁道事业的发展做出了卓越的贡献,而且为中国管理学科的发展奠定了扎实的基础。其他的制造业和各种工商业门类,都开始纷纷引进和吸收管理学的思想,为产业的提升和人才的培养做出了不可磨灭的贡献。那一阶段交大所培养的管理人才,在当时中国的工业化和现代化建设方面,起到了重要的推动作用。1931 年,亚洲最早的管理学院之一———交通大学管理学院正式成立。当时一大批在国外顶尖大学取得博士学位的精英学者纷纷加盟交大,将最先进的管理理论与中国的现实需求紧密结合,让国人理解了"管理是这个社会发展的重要力量"这么一个在今天看来很浅显的道理。20 世纪 50 年代,由于院系的调整,并伴随着交通大学部分西迁西安,作为学科的管理学院虽然停办,但管理学科和管理学知识的传播,在上海交通大学从未间断。这也成就了后来钱学森学长等倡导的系统科学、控制论等一大批与工科相关又超越工科范畴的学科。

　　1979 年,上海交通大学复建工业管理工程系,将散落在交大各个学科门类中的管理学学者集聚起来,用管理学的思想和方法,来研究和解决工业企业发展中的一系列问题,这在当时中国所有的高校中也是比较领先的。1984 年,上海交通大学在合并工业管理工程系和校属系统工程研究所的基础上,恢复建立了管理学院。上海交通大学不但是中国改革开放以后第一批复建管理学院的学校之一,管理学院也是上海交通大学首个学院建制的二级单位。尽管交大的船舶、机械动力、电子、材料、化工等专业很有优势,但以学院建制出现的,管理学院是为最早,充分说明了交大当时的决策者对管理学科价值的高度认同,对中国未来人才需求的精准预测。从本科到硕士,从硕士到博士,从博士到博士后,从高级研修班到招收留学生,从校企合作到中外高校之间的合作,从学术型学位到专业型学位,交大的经管学科体系日益完善,在国内外的影响不断放大。

1996 年,美国安泰集团向上海交通大学捐资 1 000 万美元,2000 年学院更名为上海交通大学安泰管理学院,成为中国最早顺应国外商学院发展共识、由企业冠名的商学院之一。1993 年招收 MBA,2002 年招收 EMBA 学生,2006 年又将经济学科纳入大商学板块,定名为安泰经济与管理学院,并提出了"中国领先、亚洲一流、世界著名"的学院发展目标。

2018 年,在我们迎来交大经管板块百年华诞的历史节点上,我们既定的战略目标业已完成。国家公布的"双一流"建设计划中,上海交通大学成为 36 所一流 A 类学校之一,"商业与管理"成为交大 17 个一流学科之一,而且是上海市唯一的一流学科。在教育部第四轮学科评估中,上海交通大学"工商管理"获得 A＋评级,"管理科学与工程"获得 A 评级,分别跻身于全国的前 2％和前 5％,这一成绩在中国的商学院中排名第二。在 FT 亚洲商学院排名中,安泰经管学院位居全亚洲第一名;在全球排名中,我们的 MBA、EMBA、EE 和管理学硕士四项核心项目排名均进入全球前四十强。在 QS 排名中,我们有三个学科进入全球前五十强。其中,FT 女性 MBA 项目荣获全球第一,EMBA 独立办学项目荣获全球第一。在这一份靓丽答卷的背后,凝聚了一代又一代交大人辛勤的付出,得益于在中国共产党领导下中华民族伟大复兴的坚定信念。今天的安泰已拥有近 400 名教职员工,我们的教师已几乎全部拥有名校的博士学位,其中有三分之一的教师在国外获得顶尖大学的博士学位。我们是中国第一家通过三大国际认证的商学院,我们每年有几百名来自全球各地的留学生在安泰攻读博士、硕士和学士学位,其中绝大部分来自欧美发达国家,他们对中国文化充满着憧憬和好奇,对中国创造出来的经济奇迹给予了高度的评价和赞赏。我们与全球近百所高校建立了战略联盟,学分互认、教师互访、科研合作、校际交换等各种形式的互动,使安泰不但成为全球优秀商学院行列中重要的一员,而且为国际管理界输出了中国管理的许多思想和理念。2018 年 6 月 12 日,将是上海交通大学经管板块的百年华诞,安泰作为经管学科的核心传承者,我们纪念百年华诞,也倍感身上的担子很重,责任很大。我们将前人的成果和过往的历史进行梳理,既是对这些成果卓著的学者们的纪念,也是学院未来发展的重要精神动力。

为此,一年前,安泰成立了院史编写小组,由我作为召集人,并担任院史的主编。我聘请汤石章老师和何怡婷老师担任院史的副主编,整合安泰的各方面力量,开启了院史整理编写的艰难旅程。这其中,黄国祥老师、仲健心老师、沈良基老师等一批熟悉学院发展过程的老师们,为院史的编写做了大量的工作。我们召开了几十次研讨会,从各方征集素材,努力将各个时间节点和事件本身还原到最真实的程度。学院各个部门也积极配合,他们共同为这部院史的面世做出了积极的贡献。因为资料较少,前三章的内容,我们大量选取了原上海交通大学党委书记王宗光教授主编的《上海交通大学校史(八卷本)》的资料,也得到了学校校史馆的大力支持。同时我们也查阅了兄弟院校西安交通大学、北京交通大学、西南交通大学、台湾新竹交通大学的相关史料，争取做到精准、完整。后几章的内容素材很多，我们努力理清主线，根据统一的逻辑结构，将素材较为完整地予以引述，尽可能将重大的事件吸纳在本书之中。但因为时间匆忙，我们能力有限，错误和缺失还是在所难免。我们有决心通过不断的修正使其日益完美，为上海交通大学和安泰经济与管理学院留下一份珍贵的精神财富，也为中国经管学科的发展提供一个个案和范例，这便是我们的初衷所在。

　　"盛世修史，懿年纂志。"当前的中国，正处于历史发展的最好阶段，国家强盛，民众富足，科技日兴，人才辈出，环境祥和。在此背景下，我们怀着对管理学科发展的崇敬之心，和对学校发展的感恩之心，来承接这个看似简单实则责任重大的艰巨任务。给我们精神动力的是，安泰的校友们对母校的一片赤诚，安泰广大教职员工对我们的一番信任，以及党政联席会议全体成员给予我们的强大支持。在编写过程中，汤石章老师在前期做了大量的工作，后期的集成我委托何怡婷老师来完成，他们两位在本书的成稿中，起了最重要的作用。另有陈昌辉、沈良基、黄国祥、仲健心同志帮助对学院发展的主线脉络进行了把关，其中沈良基同志和汤石章同志还为大事记的撰写耗费了无数心血。此外在学院各部门发展历史的内容撰写及相关事务上，陈昌辉、陈瑜、钱华、陈静、吴鑫磊、王辰轩、刘超阳、杨希凝、马源、张晓丽、刘训飞、薛静、毛阿曼、康聪娟、吕婧、王晓蔚、朱伊、马文玉、徐文娇、陶远勇、彭娟、沈刃奇、刘红玉、杨冬梅、吕垠桦、汪海徽、刘颖、黄淑绢、冯倩、章璇、章君秋、赵建敏、吴琼雷、蒋录全、严红、严功翠、顾蓓蕾、张天、滕潇烨等同志，都付出了诸多辛劳，在此向所有为院史编写付出心力的同仁们致以崇高的敬意。尤其感谢上海交通大学党委书记姜斯宪教授为本书作序，使本书增色不少，也体现了学校党政主要领导对安泰的一片厚爱和殷切期望。同时感谢上海交通大学出版社社长谈毅教授、经管图书事业部主任提文静博士为本书出版所付出的心力。我们愿共同努力，以此作为起点，在未来的发展中，尽快将安泰经管学院建成卓越的国际一流商学院。

余明阳
上海交通大学安泰经济与管理学院党委书记、教授、博士、博士生导师
2018 年 4 月 23 日